戦国期文書論

矢田俊文 編

高志書院刊

はじめに

本書は戦国期古文書学の論文集である。また、戦国期古文書学の入門書でもある。

戦国期古文書学の入門書ではあるが、中世前期古文書学の論文も織田信長・豊臣秀吉期の古文書学の論文も収め、中世前半から織豊期・近世初期の古文書学の動向を見通すことのできるものとしている。

戦国期は各地で権力の自立が起こる時代で発給文書にもそれぞれの権力の支配の特徴があらわれる。そのため、九州・畿内・北陸・東国・東北の特徴が読み取れるように構成した。各地の武家権力が発給する判物・印判状の研究論文だけではなく、興福寺発給文書・本願寺発給文書の研究論文も収めている。女性発給文書の研究論文、料紙論・検地帳論の論文も収めている。

それぞれの論文は文書をそのまま掲げ、すべてではないものの文書の読み下しを付けた。また、掲げた文書の一部については写真を掲げている。これにより、文章で説明した文書がいかなるものなのかを実感できるようにした。

序章は、戦国期文書論の前提となる中世前期を中心とした文書論である。

高橋一樹「中世前期における書状のコミュニケーション論的考察」は、武士階層とのかかわりを意識しながら、書状様式をめぐる論点の整理と事例分析を行ったものである。

第1部　判物・奉書と権力は、六本の論文からなる。

小谷利明「判物と折紙―三好長慶文書の研究―」は、武家権力の発給文書がどのように呼ばれたのかについて検討して、その歴史的性格を明らかにするという分析方法により、三好長慶関係文書を考察したものである。

田中慶治「『大乗院寺社雑事記』に記された奉書に関する一考察」は、日記中に文書が記されている場合、その前後の日記の記述により当該文書が発給された背景、文書発給者及び受給者の意思が明確になることから、『大乗院寺社雑事記』に記された奉書を中心に、当時の文書がどのように認識、呼称されていたのかを明らかにしようとしたものである。

森田真一「戦国期東国における奉書式印判状の成立」は、奉書であることを明示する「奉」あるいは「奉之」の文言に着目することによって、どのような歴史的経緯を経て奉書式印判状が成立したのかについて考察したものである。

矢田俊文「戦国期北陸における権力構造と判物」は、戦国期北陸の権力構造を明らかにするための基礎作業として、それぞれの地域に発給された判物等を検討することによって、当事者主義的に文書を理解することが地域の権力構造の解明にいかに有効なのかを明らかにしようとしたものである。

村井良介「戦国期大友氏勢力圏における判物発給をめぐって」は、十六世紀に本格化する判物の発給は新たな「公的」秩序の形成と関係していて、判物発給という行為の持つ意味を追究することは「公的」秩序形成のメカニズムを解明する上で有効な手がかりとなると考え、九州北部の大友氏勢力圏を対象として判物発給の状況を分析し、「公的」秩序との関係を検討したものである。

播磨良紀「織田信長印判状論」は、信長発給文書は室町幕府将軍・戦国大名の影響を受けて作成されているものと考え、発給文書を「直状」・書状の二つに大別するという観点から信長印判状の変化とそのもつ意味を考察したものである。

第2部　様式・形と機能は六本の論文で構成される。

高橋　充「戦国期奥羽の書状の形態をめぐって――「竪紙・竪切紙書状」の展開――」は、料紙の形状、紙面の使い方、折り方、封じ方など、書状のルールや作法に関する事項を検討し、戦国期奥羽の書状の形態的な特徴を明らかにしようとしたものである。

片桐昭彦「戦国期の過所・伝馬宿送手形と印判状」は、戦国期の印判状と過所・伝馬宿送手形について考えるため、室町幕府の過所、および戦国期越後における上杉輝虎・景勝の過所や伝馬宿送手形を検討したものである

川岡　勉「戦国期守護の寺社統制と幕府・朝廷―大内氏分国を中心に―」は、戦国期の大内氏分国における寺社統制や寺社関連相論を通じて中央と地方の関係を検討することにより、戦国期において守護の分国支配と分国を超える秩序がどのような関わりを持っていたかを浮かび上がらせようとしたものである。

西尾和美「戦国・織豊期毛利氏妻室の文書と署名―「つほね」呼称・候名・実名―」は、戦国・織豊期から近世初期における武家妻室の文書について毛利隆元室尾崎局、同輝元室清光院を中心に、女性の文書の差出者としての署名や、女性宛の文書の宛所に見える「つほね」呼称、候名《さぶらいな》、実名を検討したものである。

安藤　弥「戦国期本願寺文書の一考察―顕如期を事例として―」は、本願寺文書のうち顕如発給文書を考える際に基礎となる法宝物裏書(本願寺住職が門末に下付する法宝物の裏書)、法名状(門末への法名下付状)、書状(檄文・大坂退去・懇志受取状)の具体的実態について検討したものである。

谷口　央「太閤検地帳史料論―検地規定の変遷と名請人の理解を目指して―」は、豊臣秀吉が定めた太閤検地規定(検地条目)が時期を経てどのような変異を遂げるのかを明らかにし、その上で太閤検地規定(検地条目)を受けて作成された検地帳はどのような形で把握内容に変化があったのかについて名請人把握認識を中心に検討したものである。

歴史学の基礎は理論と史料である。本書は史料のうちの文書を研究対象とした論文集である。

二〇〇四年には『戦国期の権力と文書』(高志書院)を刊行している。本書とは性格のことなる本なのでこちらもお読みいただきたい。『戦国期の権力と文書』は文書論だけではなく文書論から権力を考える論考も含んでいた。それ

に対し、本書は文書論に焦点をしぼった論文集である。それによって、それぞれの論文は検討対象が別なのであるが、戦国期の文書論にとって共通の重要な論点を導き出すことに成功している。

その戦国期文書論の重要な論点を私の言葉でまとめると、書き止め文言が書状様式の文書であっても判物とすべきである。戦国期になってはじめて登場する文書様式はなく、戦国期の前の時期にすでにその様式は用意されている。文書名は文書・日記に記された文書名から考えることが重要である。文書の様式にとらわれることなく文書の署判者を中心に文書を理解しなければならない。このようにまとめることができよう。

これらの論点は戦国期特有のことではなく、中世のすべての時期を通して重要な論点である。なお、このようなまとめにおさまらない貴重な成果も多く出されているので、本書をじっくりとお読みいただきたい。

中世文書は文書を発給する側ではなく、文書を受け取ることによって利益を得るものを中心に内容を読まなければならない。また、文書を出すことを要望されて署判をした者がいかなる者なのかを考えなければならない。

中世の時期に同一内容の文書を一斉に発給することはなかなか考えがたい。しかし、本書の安藤論文は他の武家権力とはことなり、一斉に同一内容の大量の文書を本願寺が発給したことを指摘している。安藤氏は絵像本尊の下付をうけるため門徒は大坂本願寺まで上山して持ち帰ったこと、使者が顕如発給文書を携えて西国に下向し各地の門徒集団を廻ったことなどの丁寧な検討を行ったうえで、一斉に同一内容の大量の顕如の文書が発給されたことの重要性を指摘している。

一斉に同一内容の大量の顕如発給文書が各地に届けられたことは間違いないが、それはどのように届けられたのか。この本願寺による同一内容の大量の一斉文書発給は戦国期社会のあり方を変えるものなのかどうか。興味深いところである。

歴史学の基礎の一つの史料論（本書では文書論）が変れば、個々の歴史像を変えていかねばならない。そのために各地域の文書を具体例によって示しながら文書論として検討したのが本書である。戦国期の九州から東北までの各地域、そして織豊期の歴史像に変更を迫る研究が文書論である。

本書を手がかりに各地の文書を検討し、新たな歴史像をつくっていただきたい。

二〇一九年八月三十一日

矢田　俊文

目次

第2部　様式・形と機能

序章　中世前期における書状のコミュニケーション論的考察

高橋一樹

はじめに

日本の中世文書を特徴づける現象として、古文書学の発展とともに指摘されてきたのは、武家様(文書)の成立、当事者主義の貫徹、書札様文書の隆盛と「公文書」化、そして地下文書の出現(1)、などである。これらは相互に関連しあう同根の諸側面であると想定されるが、本書の掲げる戦国期文書という命題を念頭におくと、武士階層とのかかわりを強く意識しながら、書状様式をめぐる論点の整理と多少の事例分析を中世前期に即して試みるのが本稿に与えられた課題となろう。

すでに私はこの問題に関して、古代文書から展開してくる中世の書状を近代的な「公私」概念のもとで性格規定することに異論を唱え、書式や文面、字種の選択で相対的に自由度が高く、個人が主体となった文書のフォルムである点にこそ、書状の本質的特徴があると別稿(2)で見通しを述べた。行政ツールとしての古代文書の一隅をしめる書式のひとつにすぎなかった書状が、中世社会を通じて形式上の派生をともないながら、公武を問わず広く多用されていくのは、文書を扱う階層と場の拡大、機会の多様化によって、書状に許容される緩慢なフォルムに依拠せざるを得なかったから、と考えたのである。

書状への依存度が高まる具体的な環境としては、公家政権における官僚制的編制原理の変質はもとより、文書の作成能力や識字力に乏しい武士たちの政治的進出、そして公武政権の複合的展開などを想定しているが、その全体像のもとに本稿で書状を論じることは困難を極める。そこで、中世文書論の枠組みにおいてさえ個別分散化している研究の現状をふまえ、中世前期を対象に、おおまかな研究史理解を示したうえで、若干の事例分析にもとづく方法論的転回を意図したいくつかの私見を対置することにしたい。

1　文書様式とコミュニケーション論

日本における古文書学の形成は、黒板勝美氏による文書・記録・典籍の三区分と公式様・公家様・武家様の発展段階的分類の提唱を嚆矢とする。[3]とくに黒板氏は、送受信の伝達機能を要件として日本の「文書」に関する特殊な定義(「書面の一部分を占めるにすぎない書札様文書の特性を、強引に全体へ及ぼしたもの」[4])を行ったが、そこからの〝解放〟をめざした佐藤進一氏は、照合機能をはじめとする文書の多様な機能の究明へとパラダイムの転換をはかった。[5]「伝達機能の有無に関係なく現実に対して働きかけや規制をなすような書類をもって文書とした」[6]といわれる所以である。

さらに佐藤氏は、一九七〇年代から、文書の様式を機能とのかかわりから、文面にとどまらない複数の要素の組合わせとして把握し直すことを説く。その考え方をよく示す叙述部分[7]を読み返してみる。

人間の社会生活上の手段として、人間が他者に働きかけるために、文字(もしくはその代替物)を以て作成したもの、という表現で最小限の共通認識が得られるならば、このような意味での文書は、働きかける側と働きかけられる側との関係と、働きかける側の意志(働きかけ方と言いかえることもできる)とによって、具体化の枠が設定される。その枠が、用材(紙・木・布等)・文型・文体・書体等の総体としての様式であって、いわば文書の様式は、文書の機能の表現形式である。

文面や署判のかたちにのみ限定せず、物質的要素なども含めた「総体」を文書の様式と規定している。永村眞氏は、おもに寺院史料の解析に立脚しながら、これが中世社会で共有される認識であり、寺院の聖教類にマニュアル化されていたことを論証している。(8) 近年進展した中世文書の料紙や筆跡に関する分析の成果も、(9) そうした中世社会の「働きかける側と働きかけられる側との関係」において、文書が何らかの機能を「具体化」する諸要素のなかに戻しつつ、あくまで「総体」的に読み解かねばならない。

その際、佐藤氏のいう文書が帯びる諸要素の「総体」を機能との緊張関係から解析していくにあたり、西洋史料論で定着をみているコミュニケーション論の範疇を導入することが有効だと考える。(10) 当然そこには、中世の多国間における比較文書学への参画も念頭にある。

コミュニケーションといっても、口頭による音声を介したそれがすべてではない。日本列島の中世社会で実際に文書を書き送ったり、受け取ったりしていた人びとは、もとより文字や署判だけでなく、紙の形態や使い方、包み方の状態なども含めて、それらのすべてをコミュニケーションにまつわる情報として認識していたはずだ。

とりわけ中世という時代は、文書というメディアを介したコミュニケーションの担い手が、階層的に拡大するだけでなく、個人がその主体として確立・発展することともかかわって、書状・消息といった文書様式が多用され、そのかたちも多様化していく。文言や文体、署判のバリエーションに加えて、文字列情報の支持体にもなる紙というモノが、単に植物の種類や漉き方、仕上げ方、色などによる区別けだけではなく、紙の大きさ、厚み、形、あるいは折り方、封のしかたとも組み合わされて、文書というメディアを使ってコミュニケーションをとる人間関係の差異や濃淡＝グラデーションを表現する重要な要素になる。

そこでは、礼儀の厚薄を表現することが常に意識されているように、書状を中心とした中世文書の機能に儀礼的要素が高い比重をしめることも否定できない。

言い換えれば、差出側と受取側の双方の意識として、彼我の身分的関係性が文書の諸要素を駆使した「かたち」で具体的に可視化されるものなのだ、というコミュニケーションの成立を想定することになる。中世の人びとは、こうして書状などの文書というメディアを植物原料の紙で作成する、という作法をますます拡充させ、紙を文書の支持体とすることから抜け出せなくなった、という理解も可能である。

コミュニケーションに供される中世のメディアといえば、平安中期から姿をみせる往来物のような書式集に加え、十三世紀後半から書状の文言を中心とした規範化の動きを観察できる書札礼もある。[11] もとより書札礼がすべてを規律したわけではないが、その役割は、貴族と武士を包含した支配階層の具体的な文書をめぐる実践の積み重ねとそれら情報の集積・共有をはかる、〝文書リテラシー〟[12]の教育ツールとしての側面を持っていたことは否定できない。

さらに日本中世には、西洋中世にはない支配階層の記録(日記など)が豊富に残り、その記事から、書状などの文書が作成されるプロセスや機能の実態などもうかがい知ることのできる史料条件が整う。十五世紀前半の『薩戒記』などは、前世紀末の南北朝統一と公武関係の新たな展開という条件もあり、その典型例といってよかろう。

文書を取り巻く外在的な歴史情報(たとえば記録や文学作品)を積極的に活用した文書論の立ち上げは、すでに矢田俊文氏が日本の中世後期を対象に提起している。[13] それを中世社会の通時代的な〝文書実践〟という動態の分析に高めることが必要である。

人間関係の政治性や儀礼性を表現する書状、という視角から、戦国期の支配階層におけるコミュニケーションの特質を探ろうとした試みも、じつは山田邦明氏によってすでに開始されていた。[14] それをさらに深めていくためには、書状のような文書と、それを運ぶメッセンジャーの伝える音声等とを、どちらかに力点を置いた択一ではなく、佐藤進一氏の強調する「総体」として、コミュニケーション論の範疇でとらえる意識を明確にすることが不可欠である。周知のように、十五〜十六世紀の室町・戦国期でさかんにやりとりされる書状の文面には、誰々がこの書状を届ける、ということがほぼ例外なく記されている。したがって、書状を相手側に運ぶ使者の人選も、コミュニケーションを構成する重要な要素になる。重臣を使者に選べば、それだけ相手側を重視している、とみられたはずで、その逆は正反対の評価を先方に与える。つまり、文書の文字列や署判、紙などのほかに、人間関係のグラデーションを表現する方法は、文書を相手側に届ける使者にも当てはまる。

さらに、室町・戦国期の武家文書をはじめとして数多く残る書状には、文末に、使者となった人物が詳しいことを伝達するので、そちらを聞いてほしい、という記述が普遍的に見られる。ここから、コミュニケーションの主役は文書ではなく、むしろ使者による口頭伝達＝音声なのだ、という議論が浮上することになった。とくに網野善彦氏は、それを先鋭的に書状の機能と結びつけて、書状はさしあたり使者の身分証明書ほどの意味しかなくなる、とまで述べている[15]。

しかし、中世書状の機能は、ほんとうにメッセンジャーの「身分証明書」だけにとどまるだろうか。それなら、メッセンジャーが役割を終えて主家に戻ったあと、当該の書状は捨てられずに、なぜ大切に保存されるのだろうか。情報伝達の観点からいえば、使者による音声の内容が重視されるべきことは明らかである。とはいえ、使者が持参した書状は、その差出者（使者の主人など）の意向が概略的に記されており、使者がそれとは異なった内容を話すことができず、音声での情報伝達を方向付ける力を持つことはいうまでもない。また、杉本一樹氏は、書状を例として、メッセージが伝達された事実を記録するというメタ機能から、書状の伝来理由を考えようとしている[16]。

さらに、書状をツールのひとつとして用いたコミュニケーションの「総体」をつぎのように分解すれば、

・書状をやりとりする人間関係のグラデーションを表現する要素

①文字列：書札礼で規範化された文言やレイアウト、文体・字種・書体
②形式：直状（本人が署判）か奉書（侍者が伝達）かなど
③署判の種類と位置：自署・花押の有無・印判の種類・墨の色、日下・奥上・袖など
④紙質：植物原料の種類、漉き方、厚み・色・皺・二次的加工の有無など
⑤紙の形状・折り：竪紙・小切紙・縦切紙・横折紙・縦折紙など
⑥本紙の封の有無と方法、文字列の有無とその内容
⑦包紙の有無と封の方法、文字列の有無とその内容
⑧使者の身分や口頭、ゼスチャーの伝える聴覚・視覚内容

使者の口頭による話し方や身振り⑧とあいまって、書状の要素①〜⑦が段階的に組み合わされ、差出側と受取側の人間関係を紙面のうえで可視化し、それを相互で確認する（不適切な点があれば、受け取りを拒否することも厭わない）[17]、このすぐれて儀礼的な機能を書状などの文書が発揮していることを見逃すべきではない。

中世文書のモノとしての役割をコミュニケーション論の文脈でとらえなおすと、西洋中世文書学との対話の可能性も含め、日本の古文書学がドメスティックな環境下で進められてきたことの隘路から抜け出すための新たな視界が開けてくる。

2　古代と中世を切り結ぶ書状研究

佐藤進一氏は「文書の諸様式の個別性と、相互関係とを歴史的に明らかにすることが、まず必要ではないだろうか」と述べ、古文書学固有の課題として文書史の追究を掲げていた。さきに引用した文書様式に関する見方を含め、

それらの着想を土台に一九八〇年代から劇的な発展をみせたのは、むしろ古代文書の研究であった。とりわけ正倉院文書の核心をなす「写経所文書」の分析が長足の進歩を遂げ(18)、さらに早川庄八氏による口頭(音声)から文書(書面)への展開を明らかにした宣旨論(19)などが特筆される。

古文書学から史料学・史料論への脱皮を視野に、そうした古代文書研究の成果を受け止める中世文書論も、富田正弘氏と村井章介氏によって九〇年代後半に登場した(20)。古代と中世の文書研究の架橋に取り組んだ初期の仕事といってよい。

富田氏は「中世文書の総体とその時代的変遷を体系的に捉える試みは、中世古文書学の根本的課題である」と提起したうえで、中世文書の二大潮流を公式様文書(下文系文書)と書札様文書とし、両者の関係をあとづけようとした。そこでは、記録としての公式様文書(下文系文書)とその伝達作用の脆弱さを指摘する一方で、対極にある書札様文書の性格とその歴史的変化が強調されることになる。

書札様文書については、戦国期を盛期とする書状類の精緻な研究の蓄積が中世史側にはある。その際、中世文書の歴史的推移を「私文書の公文書化」「公文書として機能する私文書」とするシェーマでとらえてきたことも深くかかわって、公式様文書やその系譜をひく公家様文書との対比から、ともすると書状をほんらいプライベートな書面(私信)とみる性格規定が前提にあったように思われる。

たとえば、古代の官僚などの個人が作成・発給する啓・状を一四パターンに分類し(年号の有無など)、平安中期の書状との継承関係に言及した相田二郎氏は、

書札式の文書で公の意味を持つてゐるものに就いては、既に幾つかの部類を立てて説いたのであるが、尚ほ公の意味を持ったもので、其等の如く特殊な名称を付け難く、如何にしても書状消息として付け得ないものが多くある。而して意味に於ても公私両様を兼ねたもの、若くは公私の区別を付けかねるものもある。また純然たる私

的のものもある。又文書を受取った人が、更にそれに返事を書いて送ったものもある。

と述べ[21]、私信であるはずの書状のなかに「公私の区別」をつけられない事例が少なからずある実態認識を率直に表明している。これは古代から中世を連続させた書状研究の課題を提起していたともいえるが、古代の書状研究じたいは、後述する正倉院文書や出土文字資料を素材に、九〇年代からようやく活況を呈することになった。

村井章介氏は、その成果と課題をふまえて、中世の書状を具体例に、正倉院文書研究の議論が中世史料にも有効であることを明示している[22]。にもかかわらず、中世文書研究の趨勢は、その前提をなす古代文書の研究について、黒板氏以来の公式様文書を中心とした固定的な理解にとどまったまま、中世文書の時代的枠組みに閉じこもって研究を「深化」させているのではないか。そうした動向に風穴をあけようとした富田・村井両氏の問題提起を十分に受け継ぐことができていないように感じられる。

公式様文書との関係を軸に、書状など書札様文書の通時的研究の必要性を提起するにあたり、中世文書を論ずる側がまず参照しなければならないのは、杉本一樹氏の指摘である。つぎの文章をよく咀嚼したい。

律令国家(それを構成する官人を含む)が、自ら発信する文書について、一定の書式にメッセージを載せることで、意図を正確に伝達する、というのは、従来からの常識的理解である。ここに私は、公式令文書の体系は、どんな条件下でも伝達の保証を行う、という点を付け加えたい。空間的・心理的に離れた他者との間でも、あるいは受信側の理解・共感を当てにしなくても、最低伝達の役目だけは果たす、というわけである。

総じていえば、このような公式令文書に、文字を使ったすべての伝達行為についての責任を負わせるのは、やはり酷というべきであろう。

(中略)伝えたい用件を、公式令の様式にのせて発信するか、それとも相手との当事者どうしという意識のうちに、そこからの逸脱を自らに許すか。その選択の結果として、本来なら必要とされる文言を省略したり、書状形式で発信したりすることもありうる。あるいは木に書くか、紙に書くか。紙であればどのような紙に、どのような文体で、どの程度のかしこまり方(書体・大きさ・墨色)で文字を書くのか。折り方、封や容器の有無、使に誰をたてるか(中略)。これら全ての選択が、可能性としては、発信者に委ねられている。そこから、発信者―受信者の関係に応じて、あまたの選択をへた結果が、文書にあらわれた様式に他ならない。[23]

公式様文書と書状との関係、とりわけ「公私の区分」とは異なる、日本列島の文書世界における書状形式の性格についてのきわめて示唆に富む文章である。公式令に規定される公式様文書の限界性を明示した早川庄八氏の先駆的研究をもふまえつつ、中世文書研究における書状のとらえ方は、この杉本氏の考えから出発するべきだと思う。

さらに古代の書状研究は、古瀬奈津子氏や丸山裕美子氏らによって、書儀を素材とした日唐比較の視野から正倉院文書研究にも及んでいる。[24]古瀬氏の注目すべき指摘を引用しておきたい。

早川庄八氏が「古代の古文書学」を提唱されて以来、文書についても関心が持たれるようになってきたが、主に官司間で交わされる公文書が対象であった。しかし、近年中国では、敦煌書儀の研究が進み、公式令に規定された公文書以外にも、書儀に書式や文例が記載されている表・状・啓にも関心が持たれるようになってきた。日本でも、正倉院文書における書儀の受容の研究が行われるようになってきた。私も正倉院文書に残されている書状が官司内における公的文書であることを明らかにした。…また、私は日本古代の書状が私的な場ではなく、公的な場において使用され始めたことを論証した。日本古代の書状には、中国の書儀・書状の影響ばかりではなく、中国では官人個人から皇帝へ奏上される公文書の一種である上表文の文言の影響があることが指摘されている。それは、上述のように、日本の場合、書状が単に私的なやりとりの文書ではなく、公的な性格を有するものであったことを示している。日本ではその後平安時代になると、奉書という主君の意を側近が記す書状様文書が発達し、綸旨・院宣・御教書が下文とともに、貴族社会の主要な文書になっていく。

こうした古代の書状研究の高まりをみるとき、中世文書の二大潮流を下文系文書(公式様文書)と書札様文書とし、それぞれの様式・機能の特色とその推移・展開を論じた富田正弘氏の仕事は、これから実証的に乗り越えていく必要がある。富田説の核心部分を再読しよう。

ところで、「宣」を施行するところの書札様文書と符以下の公式様・下文系文書とがどのように使い分けられるかについては、すでに佐藤進一の指摘がある。時代的段階をおさえてものをいわねばならないが、古い順からいえば、まず宣旨や下文そして書札は公験化した符・牒に対してその手続き文書であり、やがて公験化した宣旨や下文に対して、書札はその手続き文書であった。(中略)書札様文書は、鎌倉前期までは手続き文書であり、公文書における補助的文書であったのである。

鎌倉中期以降、院宣・綸旨が、官符・官牒・弁官下文に代わって所領・所職等の安堵・裁許・給付に使用されるようになり、これに呼応して他の御教書・奉書も、下文等に代わって公験化していったのである。このような公験化した一部の書札様文書は、後述のようにその様式を公式様・下文系文書に接近させることとなるが、それが下文系文書・書札様文書という中世文書の二大系譜が混淆していく第一歩となったのである。ついで、源頼朝と異なり御家人の間から幕府の主となった足利尊氏は、その最高位の文書に直状の御判御教書・御内書を採用した。とくに、御判御教書については、充所の有るものと無いものとに二大別できるが、前者は御教書系、後者は下文・下知状系のものと考えられ、ここに中世文書の二大系譜の統一が試みられており、その混淆が大きく進んだのである。さらに、下克上の進展とともに守護・守護代以下の武士の直状である書下・折紙が公験となる時代となると、直状の一部の公験化はもちろん、下文系文書と書札様文書との混淆は決定的となっていく。印判状・判物はこうした流れの先にあるものであろう。

公式様文書(下文系文書)を伝達する文書としての書札様文書と両者の様式上の混淆を説き、これが中世文書の歴史的展開であるとする主張は明快である。しかし、書札様文書はほんらい「私信」で「手続き文書」にとどまるのだろうか。杉本氏が古代文書で論じるように、紙面に書き載せることのできる情報の質的差異にともなうフォルムのバリエーションととらえ返す余地は、中世の書札様文書にはないのか。

また、南北朝期の御判御教書や御内書をひとつの達成とする、下文系文書と書札様文書との混淆が「決定的」になるというプロセス(25)は、どのように描かれるのか。そして、戦国期の印判状や判物は、ほんとうにその延長線上にあるものなのかどうか。

下文系文書と書札様文書(とりわけ奉書形式)との「混淆」は、古文書学的には、鎌倉幕府における下知状の開発と定着を嚆矢とするようなイメージが強い(26)。しかし、「依○○○、下知如件」という奉書形式を取り込んだ下文系文書は、『平安遺文』を検索すれば明らかなように、すでに十二世紀の東大寺公文所や五師所、興福寺政所などの下文(27)に確認することができる。むしろ武家政権の成立とその権力伸長とのかかわりから注目すべきなのは、つぎのような文書形式の出現であろう。

〔史料1〕寛喜元年十一月二十六日付藤原頼経袖判下文(28)

(花押)

可早任坊城女房申請、為有須河堂領、伊勢国原御厨・越前国山本庄各預所・地頭職、河内国大窪庄地頭職事

右、件所々、為当知行之間、奉為故右大臣家追孝、令寄附所建立之堂云々、向後更不可有違乱之状如件、

寛喜元年十一月廿六日

(本文読み下し)

早く坊城女房の申し請うに任せ、有須河堂領と為すべき、伊勢国原御厨・越前国山本庄各預所・地頭職、河内国大窪庄地頭職の事、

右、くだんの所々、当知行たるの間、故右大臣家の追孝を為し奉り、建立するところの堂に寄附せしむるとうん
ぬん、向後は更に違乱有るべからざるの状、くだんの如し、

袖判の花押は九条頼経のもので、源実家の菩提を弔うために建立された有須河堂に坊城女房が所領を寄進することを安堵した寛喜元年(一二三一)の文書である。同時期に頼経が安堵文書として発給している袖判下文とは異なり、右の文書には、下文様式に不可欠の「下　〇〇〇〇」という書き出し部分がなく、いきなり事書部分から始まっている。

その理由は、鎌倉殿頼経が主従関係にある一般の御家人に対するのとは違って、「下」から書き出す下文の発給を憚ったからではないか。これは、ほぼ同じ時期に北条氏の家政文書にも見受けられ、下知状との関係を考えるうえでも興味深い。そもそも関東下知状にしても、十三世紀半ばまでに、五つの類型から安堵と裁許に即した二大様式へと確立するが[29]、その特徴は十二世紀に先例のある「依〇〇〇仰、下知如件」の書止文言よりも、下文の形式的特徴である冒頭の「下　〇〇〇〇」と書止の「以下」を完全に削除したところにあると思われる。

各種の史料集で「下文」と名付けられている右の文書は、形式的には日下に署判する場合も許容されるわけで、そうなると下文というよりは同じ直状でも書下との親近性が高くなってくる。幕府権力の拡大にともなって、鎌倉殿と主従関係にない公家や寺社などから所領安堵などの文書発給をもとめられるケースが増加するなか[30]、そうした下文系文書や書状(書下や奉書)がどのような関係を相互に及ぼしあい、様式的な変容を生み出すのか[31]。鎌倉幕府を核とした政治的コミュニケーションの量的・質的な広がりという観点から、その発給文書の転回について追究すべき課題はいまだに数多く残されている。

3　下文と書状の相補機能

書状の「私信」「手続き文書」にとどまらない機能にせまるうえで、文書が行政ツールであった古代とは異なり、当事者主義的な様相が深まる中世の「公験」意識の出現を無視することはできないであろう。中世の文書世界でなにが「公験」とされたのかは、決して自明のことではない。その内実を文書機能論の重要な検討課題として探るためには、かつての「中世的文書主義」や「文書フェテシズム」論[32]にも学びつつ、文書をとりまく当事者側の同時代的な意識と行動から掘り起こしていかねばなるまい。

上杉和彦氏は、中世文書をめぐる意識と行動を析出する作業として、「中世的文書主義」の成立過程を具体的にあとづけるべく、平安中期に出現する国司庁宣をそれとセットで発給され機能する書札様文書(庁宣副状と概念化)との関係から論じた[33]。国司庁宣と「庁宣副状」とは、つぎのようなものである。

〔史料2〕嘉承二年十二月日摂津国司庁宣[34]

庁宣　八部郡司并書生津守永行

可早令任橘経遠寄文・坪付、立券右衛門督家領宇治村石重名田畠事、

右、得橘経遠去長治二年二月十日寄文云、件田畠等、経遠之先祖相伝之所領也、而今永可寄進右衛門督殿御領者、任寄文・坪付、可立券之状、所仰如件、但至于《(衍)》但至于他領相交坪者、注付其由、令立券、国使・惣判官代津守永行并在地郡司・刀祢等、宜承知令立券、以宣、

嘉承三《二》年正《十二》月　日

文章博士兼守菅原朝臣(花押)

(本文読み下し)

庁宣す　八部郡司ならびに書生津守永行

早く橘経遠の寄文・坪付に任せ、右衛門督家領宇治村石重名田畠を立券せしむべき事、

右、橘経遠去んぬる長治二年二月十日寄文を得るにいわく、くだんの田畠ら、経遠の先祖相伝の所領なり、而るに今、永く右衛門督殿御領に寄進すべしといへり、寄文・坪付に任せ、立券すべきの状、仰するところくだんの如し、但し他領と相交わる坪に至りては、其の由を注し付け、立券せしめ、国使・惣判官代津守永行ならびに在地郡司・刀祢ら、宜しく承知し立券せしむべし、以て宣す、

〔史料3〕（嘉承三年）正月十四日摂津守菅原在良書状(35)

経遠寄文成立券庁宣并免判献之、非無微忠、自今以後、尚令申之事、可有許容歟、上洛在近、期其次之状如件、

正月十四日　　　　摂津守菅原在良

右衛門督殿

（本文読み下し）

経遠が寄文、立券を成す庁宣ならびに免判これを献ず、微忠なきに非ず、今より以後、なおこれを申さしむる事、許容有るべきか、上洛近くに在り、其の次いでを期すの状、くだんの如し、

摂津守の菅原在良が嘉承二年（一一〇七）末と翌年初めに発給した文書で、橘経遠という人物が寄進した宇治村石重名の田畠を右衛門督家の所領として立券することにかかわる内容である。前者が国司庁宣、後者が書状で上杉氏のいうところの「庁宣副状」となる（ただし、その発給者は必ずしも庁宣のそれと一致しない、とする）。上杉氏は、この「庁宣副状」について、国司庁宣との関係からつぎのように説明している。

庁宣の発給に伴って、庁宣の実際の宛所を文面上の宛所としてかつ実際の宛所として送付され、庁宣による権利付与とそれに関する経過の説明を行う書状様式の文書、ということになろう。副状の存在によって、形式的に留守所等を宛所としている庁宣が、それ以外の所へ送付されるという手順が円滑に果たされたのではないだろうか。

国司と国府が分離する新たな状況の下で生み出された国司庁宣が、それによって権利を賦与されるような場合、形式上の宛所になる国府＝留守所ではなく、権利を獲得した当事者に渡され、当事者側でその庁宣を留守所に運んで機能させる、という当事者主義的な動きをすることは、すでに佐藤進一氏が明らかにしたところである。(36)

上杉氏はそれに「庁宣副状」＝書状などが加わっていることに着目して、国司庁宣のような権利付与文書は伝達送付の方向性が極限まで縮小されたと考え、それじたいが所有の客体たる「もの」として意識される〈文書の物権化↓「中世的文書主義」の形成〉のに対して、庁宣を実際に受け取る当事者を宛先とした書状などが文書授受の流れで果たす役割を抽出しようとしたのである。これは富田正弘氏のいう手続き文書としての書札様文書の機能を、古代から中世への過渡期における文書授受システムとのかかわりから具体化を試みたものといえる。

事実、上杉氏はこうした書状などに研究者の注目が集まらなかったそもそもの理由として、つぎのような推論を展開している。

　ここで問題となるのは、庁宣の現存数に比しての、副状の現存数の少なさであろう。（中略）公験として後代まで保存する価値があると認識されたのはあくまで庁宣のみであり、副状には、正に庁宣の授受の当座においてのみ役割を果たす文書として、多くの場合保存の価値を見出されなかったのではないだろうか。

上杉氏の推測が正しいとすれば、前掲の摂津守による国司庁宣と書状の伝来は特殊例ということになるのだろう。しかし、上杉氏が「発見」した国司庁宣と「庁宣副状」のような組み合わせは、中世成立期から〈同一人物〉が〈同一の案件〉で〈同一ないし近接する日付〉で発給した、下文系文書と書札様文書（書状）のセットとして敷衍できるのに加え、後者が文書の授受以後、用済みのものとして保存されなかったわけではないことを、いくつかの事例で確かめることができる。(37)

〔史料4〕長承二年九月七日備前守平忠盛下文(38)

下　鞆田御庄司
可令早任度々下知旨、沙汰東大寺御領鞆田庄家訴申寺領地子并所役事、
右、件所役、任先例可勤仕之由、度々雖令下知、弥以所渋為宗之由、有其訴、若有由緒者、注子細可言上之処、無弁、定致対捍之條、甚以不穏便事也者、且任先例、令勤仕寺役、且可停止狼藉之状、所仰如件、宜承知、勿違失、以下、
長承二年九月七日
備前守平朝臣（花押）
（本文読み下し）
下す　鞆田御庄司
早く度々の下知の旨に任せ、沙汰を致さしむべき、東大寺御領鞆田庄家訴え申す寺領の地子ならびに所役の事、
右、くだんの所役、先例に任せ勤仕すべきの由、度々下知せしむると雖も、いよいよ以て所渋を宗と為すの由、其の訴え有り、もし由緒有らば、子細を注し言上すべきのところ、弁えなし、定めて対捍を致すの條、甚だ以て穏便ならざる事なり、てへれば、且つうは先例に任せ、寺役を勤仕せしめ、且つうは狼藉を停止すべきの状、仰するところくだんの如し、宜しく承知し、違失するなかれ、以て下す、
〔史料5〕（長承二年）九月七日備前守平忠盛請文(39)
鞆田庄訴事、重下文謹進上之、不承引候之條、返々奇恠候事也、重又可召仰沙汰人候也、縦雖非道事、於仰者、更不可勿緒之由、便所存候也、東大寺修理事承候了、兼可勤仕一事候也、早可仕候事を、可注下給候也、恐々謹言、
九月七日　　　備前守忠盛請文

（本文読み下し）

鞆田庄訴の事、重ねての下文、謹んでこれを進上す、承引せずに候の條、返すがえす奇恠に候事なり、重ねてまた沙汰人に召し仰すべく候なり、たとい非道の事と雖も、仰せに於いては、さらに勿緒すべからざるの由、便ち存じ候ところなり、東大寺修理の事、承り候いおわんぬ、兼ねて一事を勤仕すべく候なり、早く仕るべく候事を、注し下し給うべく候なり、恐々謹言、

六条院領の伊賀国鞆田庄に包摂された東大寺領田畠の地子等の課役が納められない状況をうけて、同庄を預かる平忠盛が荘官に指示を与えた長承二年（一一三三）の下文と、同日付で忠盛が東大寺に書き送った請文で、いずれも東南院文書である。後者は公式様文書の解から発展する請文とは異なる状・啓様式[40]、つまり書状の系譜に連なるものであり、二通の文書は下文系文書と書札様文書のセットとみなしてよい。

下文の宛所は鞆田庄の荘官となっているが、同日付の書状とともに、東大寺が受け取ったことは明らかだ。では、忠盛書状（請文）は上杉氏のいう「庁宣副状」と同じ機能が予想されるかというと、そもそも宛所がないことからも、東大寺に対する下文の伝達機能に特化させるわけにはいかない。

むしろ忠盛は、形式や文言などで制約の大きい下文系文書では載せられない情報を、比較的自由度の高い書状様式で伝えることにしたと考えられ、上杉氏のいう「権利付与とそれに関する経過の説明を行う書状様式の文書」である点にこそ、当事者にとっての重要な意味があるように思われる。

両文書を受け取った東大寺側も、下文と書状をいずれも問題解決に必要な文書と認識し、鞆田庄の荘官におそらくは両文書を披露したのちも、寺庫で大切に保存したのであった。その意味で、下文を「公験」、書状を時限的な「手続き文書」として、差別する意識と行動はみられない。

源頼朝も下文と書状を挙兵直後からセットで発給していた。『吾妻鏡』治承四年十月十六日条によると、反乱軍と

して相模国府に入った頼朝は、相模国早河庄を箱根権現に寄進するとして、「御下文」に「御自筆御消息を相副えて」、雑色により別当行実のもとへ運ばせたという。『吾妻鏡』の地の文にある「相副えて」という表現から、上杉氏のいう「庁宣副状」と同質な書札様文書に対する認識が読み取れるようにも思われる。しかし、頼朝の雑色が直接に箱根別当のもとに下文などを届けているように、頼朝の書状は文書授受を円滑にする目的に特化していたわけではない。

『吾妻鏡』では続けて、頼朝が認めた仮名交じりの「御書」に箱根別当の忠節を称える内容があったこと、さらに「御下文」として寄進状を引用している。寄進状には、所領寄進の理由は記されておらず、同じ頼朝からの「御書」によって明文化されたことになる。

これらの下文と書状はいずれも現存しておらず、『吾妻鏡』編者の創作であったとの疑念も残る。仮にそうだとしても、同書が編纂された一三〇〇年前後の武家社会においては、こうした頼朝クラスの武士による下文と書状のセット発給やそれぞれの内容が違和感なく受け入れられる状況であったことは動かない。事実、頼朝の下文と書状のセット発給が一般的に行われていたことは、他の事例からも確かめられる。

源頼朝から前尾張少将(藤原隆頼)に対する、元暦二年(一一八五)の肥前国晴気領(保)の給与についてのケース(41)がそれである。晴気領(保)はのちに宗像社領となることから、関係文書は鎌倉期のうちに同社に移動した。

現存するのは頼朝が日下に花押を据えた八月五日付けの隆頼あて書状と、元暦二年八月五日付けで頼朝が奥上署判を加えた下文の写し(断簡)だが、前者は長沼賢海氏が収集したことが知られ、後者は宗像大社文書として伝来した(42)。つまり頼朝書状は近代までに宗像社から離れたのであるが、中世の宗像社には、たしかに頼朝の下文と書状が、それぞれ「晴気文書」の「御教書」と「仮名書御書」として、厳密に保管されていたことが応永十六年(一四〇九)四月十四日宗像社家文書惣目録写(43)から判明する。

頼朝の下文が精巧な写しを作ってでも宗像社に保存されねばならなかったのとは対照的に、頼朝書状に「保存の価値」が見失われたのは、中世ではなく、近世以降、おそらくは近代以降の意識であった。

「庁宣副状」のような書札様文書の多くが現存しないからといって、その機能を中世の同時代に遡及させて消極的に評価することは、中世社会における書状の認識を誤ったものにしてしまう。本稿では文書と同時代の目録とを併行的に分析する手法を採ったが、それにとどまらず、新たな分析の方法論的開拓が求められる。

4　書状の実務的機能

下文系文書と書札様文書のセット発給は、平忠盛や源頼朝といった「武家の棟梁」クラスに特徴的な現象ではない。たとえば、播磨国内に藤原定家の有する家領へ同国御家人の後藤基清が違乱行為を働いたことでトラブルとなったが、『明月記』建保元年九月五日条によると、解決をはかるための「基清状真名仮名相副頭弁奉書只可存穏便由也」が送られてきたという。

後藤基清の発給してきた文書のうち、「真名」は漢字のみで記された解の系譜をひく去状のようなもので、「仮名」は基清自筆の可能性も含め、より詳細な経過説明と事態の鎮静化をはかろうとする趣旨を仮名交じりで認めた書状と推測される。この二通が一体となって相補的に機能していることは明らかであり、そこにみられるのはコミュニケーションに必要な情報の質的差異に対応した、文書フォルムの使い分けといえよう。

最後にこの点を、鎌倉幕府のリーガルな環境下で、下文系文書とは無関係に機能する書状の例で検証してみよう。

〔史料6〕正安元年十二月十三日東大寺学侶書状案[44]

東大寺学侶等申美乃国茜部庄年貢事、就二問二答之訴陳、理非既究候了、此上者、被召出彼地頭代迎蓮、被決両方是非、可預御成敗之由、可有申御沙汰候哉、恐々謹言、

正安元
十二月十三日　　列参衆等

御奉行所

（本文読み下し）

東大寺学侶ら申す美濃国茜部庄年貢の事、二問二答の訴陳に就き、理非すでに究め候いおわんぬ、此の上は、彼の地頭代迎蓮を召し出され、両方の是非を決せられ、御成敗に預かるべきの由、申し御沙汰有るべく候や、恐々謹言、

〔史料7〕（正安元年）十二月十三日鎌倉幕府奉行人連署書下案(45)

東大寺学侶等申年貢事、書状如此、為訴人無音云々、何様事哉、為問答、不日可被出対也、仍執達如件、

十二月十三日　頼行在判

覚妙

茜部庄地頭代殿

（本文読み下し）

東大寺学侶ら申す年貢の事、書状かくの如し、訴人として無音とうんぬん、何様の事に候や、問答のため、不日出対せらるべき也、仍って執達件の如し、

史料6・7は、美濃国茜部庄の年貢未進をめぐる東大寺と地頭（代官）との相論に関係する正安元年（一二九九）の文書で、いずれも東大寺側に伝来した案文にあたる。

史料6の正文は東大寺側から六波羅探題の引付奉行人に提出され、それをうけて史料7の正文が同じ引付奉行人から発給されるとともに、おそらくは史料6の正文に奉行人の端裏銘が記されたであろう。史料6・7の正文は東大寺側に渡されて、論人側の地頭代のもとに運ばれたはずである。東大寺ではこのプロセスで、両文書の案文を作成したのであり、現存する史料6・7がそれにあたると考えられる。

東大寺側は史料6で「二問二答」、すなわち訴状と陳状を訴人と論人がそれぞれ二回ずつ提出して、すでに審理が尽くされたので、論人たる地頭代を出頭させて「是非を決せらるべき」と主張している。このことから、史料6は三回目の訴状と考えがちであるが、史料6は史料7のなかで「書状」と表現されており、訴状(申状)ではないことが知られる。

たしかに史料6には書下年号がなく、「正安元」は付年号となるが、それを記したのは論人の地頭側ではあり得ず(史料6は、その正文を論人の地頭側に届けた東大寺側に残った案文である)、史料6の「書状」を受け取った幕府の奉行人(史料7の二名、とくに日下署判の松田頼行)である可能性もある。

案文であるため不明な点がいくつか残るものの、こうした幕府裁判で機能する「書状」とは、『沙汰未練書』[46]が「書状トハ」という項目で、「折紙ニ書小申状事也訴状ト書状書様各別也」と解説するところの「小申状」にあたると考えられる。この場合の「小」とは、「小別当」「小目代」「小奉行」などの用例が示すとおり、次位、准ずる、補うという意味であろう。つまり、幕府訴訟システムにおける「書状」は、公式様文書の解に系譜する申状とは区別されるが、それに准じる機能を持つことになる。

『沙汰未練書』はそうした「書状」について、いわゆる三問三答の訴状と陳状、「追加申状」「目安」の解説に続き、「書状書様」を載せている。すなわち、月日のみで署判は裏花押、宛所は「御奉行所」であり、前掲した史料4の平忠盛請文と同じく、書状系統の上申文書(請文)の形式を備えていることがわかる。

本文は「何国何所某申何々事、不触本解状、可進陳状之由存候、此旨可有御披露候哉、恐惶謹言」とあり、最初の訴状を受け取った論人が、陳状の提出にあたり、担当奉行人へ書き送った文書であることが読み取れる。訴状や陳状より一段砕けた意思伝達の文書であり、それに対応する幕府文書が史料7のような奉行人連署の書下であることとも整合する。

案文である史料6とは異なり、このような「書状」の実例とみるべきものが、同じ東大寺領茜部庄の年貢相論関係史料に残されている。

〔史料8〕（正安二年ヵ）十一月十七日地頭代祐縁書状(47)

「祐縁状」

美濃国茜部庄地頭代祐縁申候、当庄永仁六年分年貢事、依大損亡雖払地候、被成御下知候之間、既及弐佰貫文致弁、請取明鏡候之処、大東寺学侶六十貫外称不致其弁、乍申賜御教書、投入訴状許、不副下御教書之条、無謂候、彼是私曲之至、露顕候之上者、雑掌出対之時、可有尋御沙汰候哉、恐惶謹言、

十一月十七日　　祐縁上

（花押）

御奉行所

（本文読み下し）

美濃国茜部庄地頭代祐縁申し候、当庄永仁六年分年貢の事、大損に依りて払地に候といえども、御下知を成され候の間、既に弐佰貫文に及ぶ弁えを致す、請取に明鏡に候のところ、東大寺学侶、六十貫文のほかその弁えを致さずと称し、御教書を申し賜りながら、訴状ばかりを投げ入れ、御教書を副え下さざるの条、謂れなく候、かれこれ私曲の至り、露顕し候の上は、雑掌出対の時、尋ね御沙汰あるべく候や、恐惶謹言、

『沙汰未練書』の書様とは文言の一部や署判の方法で異なるが、折紙を用いる点といい、「御奉行所」の宛所といい、まさに『沙汰未練書』が雛形を載せる「書状」である。訴人の「私曲」を奉行人から問い質すことを要求する内容も、史料6と類似する。

鎌倉末期の幕府法廷に繫属したある訴訟では、論人が二答状を提出する際に、担当奉行人へ「書状」を書き進め、

勝訴の裁許を得る根拠を示して、下知状の発給を要求した、という事例もある[48]。史料6・8も含め、訴訟の進行にかかわる臨機応変な対応を担当奉行人に求める「書状」の内容は共通性をもつ。「重書状」という史料表現もあること[49]から、中状（訴状や陳状）で行う応酬の水面下で、より直截的な訴願内容のやりとりが、対奉行人および当事者間にそれなりの頻度をもって交わされていた実態が浮かび上がる。

両当事者と幕府奉行人からなる三角関係のコミュニケーションおいて、「小申状」は解様式に系譜する申状に担わせるべきではない、訴訟の審理を実務的に動かしていく意思伝達に特化したメディアだったのであろう。それは竪紙より略式を示す折紙の書状だからこそ、書き載せることのできる情報の自由度が中状＝解状よりも高い文書フォルムとして、幕府訴訟システムで独自な役割を担うことができたのである。

おわりに

佐藤進一氏が文書史研究の課題として掲げた「文書の諸様式の個別性と、相互関係とを歴史的に明らかにすること」とは、①厳密に区分された各種の文書様式の系譜や発展形態の追究にとどまらず、中世文書なら、②その同時代に異なる様式の文書間でどのような関係性が機能や様式のうえで観察されるのか、という両義的な意味合いで理解することができる。①が様式論中心の伝統的な古文書学だとすれば、②は機能論を軸とした分析の方法論的提起ということができる。

下文系文書と書札様文書との関係、それを通じて書状の機能と様式の展開をあとづける作業は、まさに古代文書の研究とも切り結ぶ中世文書の歴史を考えるうえでの最優先課題である。本稿も先行研究に導かれながら、若干の具体例に即してこのことを繰り返し主張してきたが、もとより中世の書状研究が網羅すべき内容のごく一部にコミュニケーション論の立ち位置から触れたに過ぎない。

聖教類の紙背文書という形態で多量の書状が伝来した金沢北条氏のケースを除き、[50] 鎌倉期の武士階層による文書実践の様相とそこに書状のしめる位置など、豊富とはいえない分析事例の発掘方法や、南北朝期以降の伝来事情との異同も含め、意識的に取り組むべきテーマは数多い。

さらにその先にある書札様文書の盛期ともいうべき戦国期の文書論との架橋も含め、本稿で試みた若干の試論が今後の本格的議論の捨て石になれば幸いである。

註

（1）最新の「地下文書」論についてのみ、ここで春田直紀編『中世地下文書の世界』（勉誠出版、二〇一七年）を挙げておく。

（2）高橋一樹「中世史料学の現在」（『岩波講座日本歴史』21巻史料論、岩波書店、二〇一五年）。

（3）黒板勝美「日本古文書様式論」（東京帝国大学提出の卒業論文、黒板『虚心文集』六、吉川弘文館、一九四〇年に収録）、同「古文書学并記録の研究」（前掲『虚心文集』六）。

（4）村井章介「中世史料論」（『古文書研究』第五〇号、一九九九年。のちに村井『中世史料との対話』吉川弘文館、二〇一四年に収録）。

（5）佐藤進一『古文書学入門』（法政大学出版局、一九七三年。新版一九九七年）、同「中世史料論」（『岩波講座日本歴史』別巻2、岩波書店、一九七六年。のちに佐藤『日本中世史論集』岩波書店、一九九〇年に収録）。

（6）富田正弘「中世史料論」（『岩波講座日本通史』別巻3史料論、岩波書店、一九九五年。のちに富田『中世公家政治文書論』吉川弘文館、二〇一四年に改題のうえ収録）。

（7）佐藤進一前掲註(5)「中世史料論」。以下、佐藤氏の叙述引用はすべてこれによる。

（8）永村眞「中世寺院における「書様」と料紙」（三輪嘉六編『文化財の構想』勉誠出版、二〇〇三年）。

（9）高橋一樹前掲註(2)「中世史料学の現在」で論及したもののほか、宍倉佐敏編著『必携古文書・古典籍料紙事典』（八

木書店、二〇一一年)、湯山賢一『古文書の研究』(青史出版、二〇一七年)、同編著『古文書料紙論叢』(勉誠出版、二〇一七年)など。

(10) コミュニケーション論にもとづく中世文書研究の動向については、岡崎敦「西欧中世における「書簡」資料をめぐる諸問題」(新井由紀夫編『「中・近世西欧における書簡とコミュニケーション」キックオフ・シンポジウム報告書』科学研究費補助金報告書、お茶の水女子大学、二〇一八年)を参照。また、甚野尚志「書簡とコミュニケーション」(甚野尚志・堀越宏一編『中世ヨーロッパを生きる』東京大学出版会、二〇〇四年)などの諸論文もある。

(11) 近年の注目すべき研究に、小久保嘉記「日本中世書札礼の成立の契機」(『HERSETEC』Vol.1 No.2、名古屋大学、二〇〇七年)、マルクス・リュッターマン「日本中近世の書簡文化における「面」と「行」の意味」(『日本研究』第三五集、二〇〇七年)、池西香里「中世武家書札礼の変遷」(『鷹陵史学』三七号、二〇一一年)、小久保嘉記「書札礼と文書から見た室町・戦国期の儀礼秩序」(『年報中世史研究』三八号、二〇一三年)など。

(12) 文書リテラシーという造語は、高橋一樹「日本中世における「武家文書」確立過程とその諸相」(小島道裕編『武士と騎士』思文閣出版、二〇一〇年)から試行的に用いている。

(13) 矢田俊文「戦国期河内国畠山氏の文書発給と銭」(『ヒストリア』一三一号、一九九一年)。

(14) 山田邦明『戦国のコミュニケーション』(吉川弘文館、二〇〇二年)。

(15) 網野善彦「書状」(網野『日本中世史料学の課題』弘文堂、一九九六年)。

(16) 杉本一樹「正倉院文書」(『岩波講座日本通史』第4巻古代3、岩波書店、一九九四年。のちに杉本『日本古代文書の研究』吉川弘文館、二〇〇一年に収録)。

(17) 百瀬今朝男「手紙の作法」(『歴史の読み方5 文献史料を読む・中世』朝日新聞社、一九八九年。のちに百瀬『弘安書札礼の研究』東京大学出版会、二〇〇〇年に収録)。

(18) 研究史については、栄原永遠男『正倉院文書入門』(角川書店、二〇一一年)。

(19) 早川庄八『宣旨試論』(岩波書店、一九九〇年)。

(20) 富田正弘前掲註(6)「中世史料論」。以下、富田氏の叙述引用はこれによる。村井章介前掲註(4)「中世史料論」。

(21) 相田二郎『日本の古文書』上(岩波書店、一九四九年)。

(22) 村井章介前掲註(4)「中世史料論」。
(23) 杉本一樹「古代の文書と古文書学」(皆川完一編『古代中世史料学研究』上巻、吉川弘文館、一九九八年。のちに杉本前掲註(16)『日本古代文書の研究』に収録)。
(24) 古瀬奈津子『文書様式からみた日唐古代官僚制の比較研究』(科研費報告書、二〇一〇年)。古瀬氏の叙述引用はこれによる。丸山裕美子『日本古代国家・社会における書儀の受容に関する基礎的研究』科学研究費補助金報告書、二〇〇三年)、同「書儀の受容について」(正倉院文書研究会『正倉院文書研究』四、吉川弘文館、一九九六年)。
(25) 近年、この問題ともかかわって、「御教書」という概念の見直しが鎌倉幕府文書論の観点から着手されている。熊谷隆之「御教書・奉書・書下」(上横手雅敬編『鎌倉時代の権力と制度』思文閣出版、二〇〇八年)を参照。
(26) 富田正弘「古代中世文書様式の体系論・系譜論に関する先行研究」(富田前掲註(6)『中世公家政治文書論』)。
(27) たとえば、保延元年(一一三五)九月十五日付興福寺政所下文(栄山寺文書、『平安遺文』二三三〇号)、久安元年(一一四五)閏十月二日付東大寺下文(東大寺文書、『平安遺文』二五六四号)など。
(28) 円覚寺文書(『鎌倉遺文』三九〇三号)。
(29) 熊谷隆之「鎌倉幕府の裁許状と安堵状—安堵と裁許のあいだ—」(『立命館文学』六二四号、二〇一二年)。
(30) 関連する諸研究を含めて、高橋一樹「重層的領有体系の成立と鎌倉幕府」(高橋『中世荘園制と鎌倉幕府』塙書房、二〇〇四年)を参照。
(31) 近藤成一「文書様式にみる鎌倉幕府権力の転回」(『古文書研究』一七・一八合併号、一九八一年。のちに近藤『鎌倉時代政治構造の研究』校倉書房、二〇一六年に収録)、高橋一樹「関東御教書の様式について」(『鎌倉遺文研究』第八号、二〇〇一年。のちに高橋前掲註(30)『中世荘園制と鎌倉幕府』に収録)。
(32) 山田渉「中世的土地所有と中世的所有権」(『歴史学研究別冊特集東アジア世界の再編と民衆意識』青木書店、一九八三年)、菅野文夫「本券と手継」(『日本史研究』二八四号、一九八四年)。
(33) 上杉和彦「中世的文書主義成立に関する一試論—国司庁宣の副状について—」(『日本歴史』二九四号、一九八七年。のちに上杉『日本中世法体系成立史論』校倉書房、一九九六年に収録)。以下、上杉氏の叙述引用はこれによる。
(34) 九条家文書(『平安遺文』補三七号)。

(35)　九条家文書(『平安遺文』補三八号)。
(36)　佐藤進一前掲註(5)「中世史料論」。
(37)　井原今朝男『中世のいくさ・祭り・外国との交わり』(校倉書房、一九九九年)に問題提起がある。
(38)　東南院文書(『大日本古文書　東大寺文書之三』五八四号)。
(39)　東南院文書(『大日本古文書　東大寺文書之三』五八三号。写真も掲載)。
(40)　佐藤進一前掲註(5)『古文書学入門』。
(41)　服部英雄「鹿ケ谷事件と源頼朝」(『日本歴史』六四九号、二〇〇二年。のちに服部『歴史を読み解く』青史出版、二〇〇三年に収録)。
(42)　長沼賢海所蔵文書(『平安遺文』五〇九七号)、宗像大社文書(『宗像大社文書』第二巻)。
(43)　宗像大社文書(『宗像大社文書』第二巻)。
(44)　東大寺文書(『大日本古文書　東大寺文書之十四』五八三(八))。
(45)　東大寺文書(『大日本古文書　東大寺文書之十四』五八三(九))。
(46)　佐藤進一・池内義資編『中世法制史料集』第二巻室町幕府法(岩波書店、一九五七年)による。
(47)　東大寺文書(『大日本古文書　東大寺文書之十四』一七七)。
(48)　元徳元年(一三二九)九月六日付鎮西下知状(肥前深江文書、『鎌倉遺文』二七二二四号)。このほかにも、当事者が訴陳状とは別に「書状」を提出して奉行人に主張内容を伝達した事例は、嘉暦元年(一三二六)十一月十二日付六波羅下知状(東寺百合文書、『鎌倉遺文』二九六五二号)などからも知られる。
(49)　正安元年(一二九九)と推定される十月十三日付東大寺雑掌頼深重書状案および十月十六日付六波羅奉行人連署書下案(東大寺文書、『大日本古文書　東大寺文書之十四』五八三(三)(四))など。
(50)　永井晋「金沢貞顕書状の編年的研究」(『金沢文庫研究』三三一号、二〇一三年)。

第1部　判物・奉書と権力

判物と折紙——三好長慶文書の研究——

小谷 利明

はじめに——中世後期の武家文書の呼称

判物は、戦国期の武家権力を分析する上で大変重要な文書であるとされてきた。矢田俊文氏は、戦国期の領主制の再編のなかで、広域に展開する交通・流通・水利などに対応する領主を戦国領主とし、戦国領主が発給する文書を判物とした。(1)

ところが、近年では戦国期の判物を書下に改める史料集もあり、(2)研究者によって名称の付け方も違ってきている。尾下成敏氏は書下と判物との違いについて、室町時代は書下、戦国時代は判物とする通説は、戦国大名を重視する立場からのもので、戦国期でも守護が発給した文書は書下とすべきと主張した。(3)この指摘にあるように両者の境界が明確でないことが、混乱の原因である。そのため、ここでは判物の定義から再検討していきたい。

判物について具体的に定義している古文書学の教科書は意外にすくない。そのなかで高木昭作氏(4)の説明が詳細であるため、それを要約しながら紹介する。高木氏は、判物を説明する以前に書下について多くの紙幅を割き、その後に判物について定義する。

①書下は、鎌倉時代以降に守護以下の武士が家務を執行するために発給した直状形式の文書で、下達文書であり、書

状に下知状の様式が加味されたものをいう。

②書下と書状は区別されるもので、純私務に関わる文書が書状であり、差出者の家務の執行に関わる命令を内容とする文書が書下であるとする。形式的には書止めが「…也、恐々謹言」などが書状で、「…也、仍状如件」「…之状如件」が書下である。

③南北朝時代以降、将軍から自立する傾向にあった守護が、単に将軍の命令を伝達するだけでなく、みずから土地の給与・安堵、特権の付与・承認などを行うようになると、書下はますます重要な意義をもつようになった。

④戦国時代になると、守護や大名の発給した直状は、直書または判物と呼ばれるようになった。

⑤判物という言葉が成立したことは、戦国時代になると発給者やその家の印判を花押のかわりに据えた印判状が成立し、それまでの書下の機能の多くが、印判状に吸収されるようになり、判物は印判状と区別して特別視されるようになる。

次にこれらの定義について検討を加えたい。どの古文書の教科書も書下は直状形式の文書と定義している(①)。ところが、鎌倉幕府の奉書形式文書を分析した熊谷隆之氏は、鎌倉幕府の奉書形式文書には複数の呼び方があり、鎌倉幕府の執権・連署が署名する文書を御教書、引付方以下の各部局の頭人と安堵奉行など『沙汰未練書』にいう「諸方頭人奉行」(熊谷氏は特殊奉行と呼ぶ)の単署発給文書を奉書、一般奉行を含む連署発給文書を書下と呼んだとした[5]。これによって書下は、奉書形式もあり、その呼び方の基準は比較的身分の低い者が奉者となった場合に使用された。

次に②の書状と書下の違いについてであるが、これについても異論がある。戦国期の判物及び奉行人奉書について検討した片桐昭彦氏は、書止め文言が「恐々謹言」など書状形式の文書であっても高木氏のいう「家務の執行に関わる命令を内容」とする文書が存在しており、これらは判物あるいは奉行人奉書と定義すべきであるとした[6]。書下も同様のことが言える。

史料1～3は、『東寺廿一供僧方評定引付』(7)に書き写された文書を東寺僧がどのように呼んでいたかがわかる史料である。

〔史料1〕応永十七年九月十二日付上原新左衛門大夫入道宛室町幕府奉行人書下案

役夫工米免除公方奉行書下案

東寺領播磨国矢野庄寺家知行分外宮役夫工米事、被免除之上者、可被止国催促之由候也、恐々謹言

（応永十七年）九月十二日　中沢備前入道　行靖（氏綱）判

飯尾大和入道　浄称（兼行）判

上原新（左）衛門（性祐）大夫入道殿

これは、室町幕府奉行人が東寺領播磨国矢野庄に外宮役夫工米賦課を免除した時の奉書であるが、これを鎌倉時代以来の呼び方である書下と呼んでいる。同時期、引付頭人の発給する奉書様式文書は奉書と呼んでいるので、鎌倉時代以来の身分差による呼称の違いが踏襲されていることは明らかである。また、書止めは「恐々謹言」である。書止文言からすれば、書状であるが書下と呼んでおり、片桐氏の指摘はこの段階でも通用する(8)。

次に、書下と判物の違いについてである。書下は、判物とは大きく違う特質がある。

〔史料2〕応永十七年卯月十九日付小川新左衛門入道宛播磨守護赤松性松（義則）年寄書下案

正守護書下案

東寺雑掌申、寺領播州矢野庄於例名方、宝林寺造営要木、伐置当所、以地下人夫可引出旨、及催促之条、難堪之由申之、所詮、当寺者、為代々御祈禱所、先々国役被閣之□（間）、所被仰也、然者、材木引弁守護代役等人夫事、

可被止催促之由、可被相触之、仍執達如件

応永十七年卯月十九日

上原入道
性祐在判

富田入道
宗真在判

小川新左衛門入道殿（玄助）

この文書は、播磨守護赤松性松の年寄が発給した奉書であるが、書下と呼ばれている。一方、赤松性松は、直状の書下を発給している。

〔史料3〕（応永十七年）九月四日付下野入道宛赤松性松書下案

矢野庄夫役免除書下案

東寺領人夫役事、被歎申、被致公私祈禱候之間、先々如此役閣之処、其家風者共、細々召仕候之由、寺家雑掌申候、不可然候、向後無其煩様、堅可被申付候、恐々謹言

（応永十七年）九月四日　性松判

（赤松）下野入道殿

史料2・3は、いずれも書下と呼ばれるが、直状・奉書の違いや、守護・守護家臣という身分の違いが区別されていない（ここでは直状形式の書下と奉書形式の書下と呼んでおこう）。一般の幕府奉行人（史料1）や、守護やその家臣が出した文書は、この段階では書下と呼ばれ、彼らの社会的地位が相対的に低かったことがわかる。

従来の判物論では、身分上昇の指標として判物が活用された。たとえば、守護だけでなく、それよりも地位の低い戦国領主も判物が発給できるようになったとする説明である。しかし書下はその逆で、守護以下の誰が発給しても書

下と呼ばれたのであり、書下は武士の身分の低さを示す文書と言えよう。

③で指摘されているように南北朝以降守護は直状で文書を発給するようになり、それは極めて重要なことである。しかし、④⑤の戦国期に判物が登場したとする理解や印判状を使用する武家権力との関係で判物が成立したとするのも疑問が残る。直状形式の書下が、どの段階で判物と呼ばれるようになったかは、権力ごとの検討が必要である(これと同じく、守護宿老や奉行人の奉書形式文書が奉書と呼ばれる時期も同様である)。たとえば足利一門で、管領家となった畠山氏の場合は、応永廿四年八月九日付観心寺衆僧御中宛の畠山満家が発給した文書(9)を受けた同年八月十二日付菱木掃部助入道殿宛河内守護代遊佐国盛遵行状(10)は、「今月九日所被成御判也」とし、満家の文書を「御判」と呼んでいる。室町将軍が発給した直状の書下を「御判」と呼び、御判御教書と呼んだと同様のことが起きたとみるべきだろう。ここでは家臣及び受給者などが「御判」と呼ぶ文書を判物と呼びたい。

以上、書下と判物の違いや歴史的に登場する時期と意義について応永期の史料を使用しながら見通しを述べた。ここでは、これを前提にしながら戦国期の畿内・近国の問題を検討する。戦国期の一部の地域を問題にするのは、以下の理解による。

戦国期になると、幕府権力の変質・解体に伴い、地方の武家権力は独自に文書を発給しはじめ、一定地域での書札礼が築かれていく。たとえば、印判状の使用もその一例といえよう。また、地方では国衆レベルで袖判の直状が発給されるような事例があるが、畿内では細川氏が袖判の判物を発給する事例は皆無であり、畠山氏でも確認できない(11)。地域によって書札礼は相当に違っている。

ただし、地方の武家権力が将軍や幕府重臣に音信する時、地方基準の書札礼は通用せず、畿内・近国の書札礼が採用されたと考えられる。畿内・近国の書札礼と地方の書札礼は、一見すると併存しているように見えるが、地方の武家権力も中央に接触したとき、畿内・近国の書札礼に従わざるを得ない構造があったと考える。

戦国期全体の書札礼の構造を述べるにはまだ実証不足であり、ここでは畿内・近国の書札礼のうち、判物と考えられてきた文書を扱う。特に幕府の所在地である山城地域の守護代権力を問題にしたいと思う。畿内では戦国期に守護代層が活躍しており、戦国期の守護代権力の検討は必須である。

山城国では、十六世紀初頭頃から守護代が守護と同様に直状形式文書を発給している。ここでは便宜的に公権を執行する直状形式文書のうち「仍状如件」などの書止め文言があるものを「判物形式文書」と呼び、「恐々謹言」などの書止め文言があるものを「書状形式文書」と呼ぶ。両者を指す場合「直状形式文書」と呼んでおきたい。

ところが詳細にみると、守護代発給文書は「御判」とは呼ばれていない。たとえば、十六世紀初頭に山城守護代となった香西元長の発給文書は、守護判物と同じ「判物形式文書」であったが、その名称は「一行」と呼ばれた。その上、郡代以下も同じく「判物形式文書」を発給した。彼らは、香西の命を受けて文書を発給するのではなく、両者の上下関係は文書の文面には表れない。また、元長は守護代家奉行人を抱えておらず、元長独自の奉行人奉書を発給することはなかった。元長は細川氏の奉行人奉書を得た上で文書を発給しており、京兆家から自立した権力ではなかった。ところが、京兆家と対立すると、京兆家・元長ともに山城地域での文書発給がなくなった。京兆家・元長は、文書によって山城地域を統治する能力を失ったことがわかる。[12] また、他地域の守護代の事例をみると、河内では遊佐長教が発給する「直状形式文書」を「折紙」と呼び、木沢長政は「一行」と呼んだ。[13]

このように守護代の「判物形式文書」は判物と呼ばれず、守護の判物とは大きな格差があった。矢田俊文氏は、戦国期の越後を事例に守護代長尾氏が守護上杉氏との抗争に勝ち抜き権力を確立した後でも守護代長尾氏は、単独では新知行安堵を完成させられず、守護上杉氏の安堵が必要であったことなど、守護と守護代が相互補完的な関係にあったことを示した。[14] 守護代が「判物形式文書」を発給しても、すぐさま自立したことにはならないだろう。

ところで、近年、天野忠幸氏によって三好長慶に関する論考が次々と発表されているが、[15] 天野氏によれば、三好長慶は細川氏から自立し、さらに将軍権力からも自立していた権力であると評価している。したがって、香西元長とは歴史的な評価が大きく異なるが、文書論の視点から検討すると、三好長慶はどのように評価できるだろうか。この時期の三好長慶文書を検討することで畿内・近国の武家の書札礼の構造を考えていきたい。

1　三好氏発給文書に関する成果

まず、三好長慶発給文書の評価について簡単に整理しておきたい。今谷明氏は三好長慶を最後の管領代として細川京兆家権力との連続性を強調した上で、室町幕府の直轄地として最も重要であり、政権論と直結する山城地域の三好氏及び松永関係文書を分析して以下の結論を得ている(16)。

第一に被官を含む三好関係文書は、ほとんどが「書状形式文書」(折紙)で年紀が記されていないものが多い。裁許状ですら「書状形式文書」で年紀がないものが多い。上意下達文書が書状の形式をとっていることは、「文書発給者自身が後世に証拠書類としてその文書が残存した場合の重要性をほとんど意識していない」と理解する。

第二に年紀のある文書については、直状(今谷氏はこれを直状あるいは書下とも表現する)と禁制、奉行人奉書がある。直状を発給できる人物は三好長慶・長慶の息子の義長・義継と松永久秀である。また、禁制(書下様と下知状)を発給できる人物は、三好長慶、三好義長(義興)、三好義継と一族である義賢(実休)、十河一存、安宅冬康、芥川孫十郎、松永久秀、久通、長頼に限られる。また、奉行人奉書は鳥養貞長、金山長信等で三好氏奉行人と呼べるとする。それ以外に書状形式の折紙しか出せない被官人グループがいたとして、三好氏権力の全体像を提示した。

以上が今谷氏の三好氏関係文書の全体像の把握の仕方である。これを三好政権論として以下のように評価した。

第一に年紀付の直状文書を「長慶裁許状」と呼び、これが見られるのは天文二十四年(一五五五)から永禄二年(一五五九)までで、将軍足利義輝が朽木に逃亡した時期と一致する。この時期、幕府奉行人奉書もほとんど発給されておらず、長慶が裁許決定権者であった。また、幕府奉行人は将軍の許から京都へ強制連行され、長慶の裁許の意見具申者として機能した。以上から、この時期が三好長慶の全盛期といえる。

永禄元年(一五五八)十一月二十七日、義輝が入洛を果たす。この入洛は長慶の敗北であり、室町幕府奉行人奉書の機能は回復する。長慶は永禄三年に幕府の相伴衆に列し、修理大夫の官途を受けて三管領に次ぐ待遇を得るが、実質的には京都支配からほとんど締め出され、被官人らも京都から撤退せざるを得なかったとした。永禄二年夏以降、長慶の裁許・安堵は一切の文書発給がなく、同年八月と十二月に松永久秀の折紙と、その後は義長が継承しているが京都支配を示す文書はわずかで、三好政権が京都支配を失ったことが確認できるとした。

天野忠幸氏の研究は、今谷氏が京都・山城地域の問題を中心に論じたのに対して、三好氏が支配した地域全体を問題にするなど、三好氏権力の全体像を提示したことに特徴がある。天野氏の業績は多岐にわたるが、三好氏文書論が明確に示されている「畿内における三好政権の支配構造」(17)を中心に、いくつか他の研究を参照して(18)筆者の理解の範囲でまとめておきたい。また、『戦国遺文』三好氏編で、三好氏関係文書が網羅され、未見の史料を多く含む多数の史料が示されたことは大きな財産となった。

天野氏は細川京兆家(特に晴元)権力から三好政権が成立したとする今谷氏の京兆専制論と同じ路線を継承するが、三好長慶が最終的に幕府に屈服したとする今谷説を批判し、三好氏権力の独自性を強調するのが特徴である。

文書論では、今谷氏の「長慶裁許状」を批判し、三好氏の「直状形式文書」は、三好長慶以前の三好之長、三好元長段階で見ることができ、「長慶裁許状」が突然発生したわけではないことを明らかにした。また今谷氏が示した「長慶裁許状」には書止め文言が書状形式や年未詳のものが含まれており、「長慶裁許状」の定義が曖昧で、三好政権の支配体制を表すとは評価できないとした。

次に長慶以前の三好氏発給文書について、三好氏は年寄衆による年寄奉書を出しており、年寄衆も直状形式の文書を発給した。年寄は阿波を中心とした在地領主連合と規定し、三好氏もその一部であったことを明らかにした。これらの性格は之長から長慶初期段階までとする。

阿波衆を中心とした在地領主連合であった三好氏権力が大きく変貌を遂げるのが、松永久秀や一族の長老だった三好長逸を中心とした政権運営であるとし、三好氏の裁許や安堵の裁定は彼らが中心だったとした。さらに、久秀・長逸らを補佐した鳥養貞長や今村慶満らが取次・検使・申次・上使などの役割を果たし、書状を発給したとする。

三好氏奉行人と呼ばれる鳥養貞長(長慶)や奈良長高(義興)、金山長信・瓦林長房(義継)、長松軒淳世(長慶〜義継)は、当主との関係(側近)が固定しており、幕府の家職として世襲された官僚機構とは別の原理であり、三好氏奉行人が成立した背景は幕府奉行人の模倣ではなく、内部に求めるべきであるとした。

今谷・天野両氏が細川晴元政権の連続性を問題にしたのに対して、晴元と敵対した細川氏綱との関係を問題にしたのが、筆者であり[19]、これを発展させたのが馬部隆弘氏の研究であった[20]。馬部隆弘氏は細川高国や晴国亡き後の高国派の旗頭であった細川国慶に注目し、国慶方発給文書の分析から後に三好長慶の家臣として活躍する今村慶満、津田経長、小泉秀清らが国慶の家臣であり、国慶戦死後には細川氏綱に合流したことを指摘する。また、氏綱に元々使えていた人物としては多羅尾綱知、若槻長澄がいた。従来の研究はこれらの人物を三好長慶家臣と理解していたため、国慶や氏綱の評価も見直す必要が生じている。一方、三好氏権力からみると、氏綱の存在は弘治年間には京兆家の内訌が解消され、氏綱との連携をあえて模索する必要性がなくなったとして、氏綱は京都支配の表舞台から消えていくとする。なぜ、氏綱家臣が三好氏に吸収されていくのか、別の見方をすると、なぜ彼らが長慶を選んだのかについて馬部氏は説明しておらず、その後の氏綱の政治的位置も見えづらい。この点、下川雅弘氏は、氏綱が死に至るまで長慶とは良好な関係を保ち続けていたと評価している[21]。

三好権力を議論する上で、文書論から政治史的な評価を行った今谷明氏の方法論は、学ぶべきである。ただし、今谷氏は京兆家権力論から三好氏権力論を導き出したことに問題があった。天野氏の三好氏権力論は三好氏全体の文書を検討したことは大変重要であったが、十六世紀初頭からはじまる畿内守護代権力以下の文書発給を検討した上で立論していないことに問題が残る。たとえば、山城守護代の香西元長は、三好氏よりも早い段階で守護と同じ「判物形式文書」を発給し(香西元長一行)、元長の与力も同じ形式の直状を発給している。三好氏の年寄衆が発給する「判物形式文書」の発給も同じ性格であり、長慶段階に松永久秀・三好長逸が直状文書を発給するのも、守護代香西氏の権力と同じ構造といえよう。

以上、三好氏権力に関する先行研究を紹介してきたが、さしあたって最も重要な問題は、大量の無年号文書の取り扱い方にある。今谷氏が「長慶裁許状」を軸に論を展開したのも、年号の明らかな史料に拠らざるを得なかったからだが、『戦国遺文』三好氏編が刊行された現状でさえ、未だに無年号文書の扱いは大変難しく、年次比定もままならない状況にある。今谷氏の「長慶裁許状」は定義が曖昧だと天野氏は指摘するが、書止めが「恐々謹言」など書状形式の文書も権力を行使する文書であれば、重要であるとする立場から、次節では改めて長慶発給文書を評価してみたい。

2　三好長慶発給文書

①三好長慶の地位の変遷

まず、長慶文書を検討するまえに、簡単に長慶の立場や地位がどのように変わっていったのかをふりかえっておきたい。三好長慶は、享禄五年(一五三二)六月に細川晴元の依頼を受けた一向一揆によって自刃に追い込まれた三好元長の嫡男である。当初は、千熊丸と呼ばれ、天文六年(一五三七)九月には元服して孫次郎利長を名乗った。この時、将軍足利義晴と細川晴元を中心とする幕府がようやく落ち着きはじめた段階であり、長慶はそのなかの一武将に過ぎなかった。長慶が独自の行動を見せ始めるのは、天文八年六月に起きた幕府御料所である河内十七ケ所の代官職をめぐる同族三好政長(宗三)との対立の時である。この後、長慶は摂津越水城に入城して摂津下郡支配を開始する。天文九年(一五四〇)十二月には範長を名乗り、天文十五年(一五四六)後半には筑前守長慶を名乗った。天文十七年(一五四八)九月には敵対していた細川氏綱とそれを擁立していた河内守護代遊佐長教と同盟した。長慶は、この遊佐長教の娘を妻とするが、長教と長慶は年齢的にはそれほど離れていないと考えられるため、長教の養女を妻にしたと見られる。天文十八年(一五四九)六月には江口の戦いで三好宗三を戦死させ、翌月に細川氏綱を奉じて上洛した。前将軍足利義晴、将軍足利義輝、細川晴元は、室町幕府の東の貿易港である近江坂本に退却した。この後、長慶は義晴・義輝親子や六角定頼、細川晴元との京都奪還戦を戦い抜くことになる。この間、天文十九年五月には足利義晴が病没し、天文二十年五月に岳父遊佐長教が暗殺され、天文二十一年一月には六角定頼が没するなど、内乱の主役が次々と亡くなった。

天文二十一年(一五五二)一月、六角氏の家督を継いだ義賢の仲介によって足利義輝と長慶は和睦し、二月に長慶は足利義輝から御供衆に列せられ、翌二十二年三月に朝廷から従四位下に叙任された。その直後に再び両者は対立した。しかし、永禄元年(一五五八)十月には、六角義賢の仲介により両者は再び和睦した。永禄三年(一五六〇)一月には長慶は将軍義輝の相伴衆となり、修理大夫の官途を得ている。長慶の家格上昇を示すものであり、長慶と幕府の関係を考える上で重要で出来事である。

②三好長慶発給文書の呼ばれ方

表1は、『戦国遺文』三好氏編を活用して、歴代の三好氏の家督が発給した文書(以下、家督文書という)を家臣がどのように呼んでいたかを表にしたものである。文書名は天野氏に従っているので、本稿が証明しようする文書名とは

違うことを断っておく。

表1でまず気づくのは、家督文書を受けた形で家臣が文書を発給した事例が極めて少なく、家臣が家督文書をどのように呼んでいたのかを知ることができるのは、ほんのわずかしかないことだろう。前記した細川京兆家のもとで初めて山城守護代になった香西元長と郡代らとの関係に近いものがある。

表1の1〜6は、長慶以前の家督文書の呼び方で、折紙・一筆・判形などと呼ばれている。また、長慶の活動期の文書である7〜22で、折紙・一札・御一札・御状・副状などが挙げられるが、ほんどは折紙か一行である。長慶の呼び

表1　三好氏家督文書の呼び方　「遺文」は『戦国遺文　三好氏編』の文書番号を指す。

番号	文書名	年代	宛所	三好氏文書の呼び方	出典	出典
1	篠原長政書状(折紙)	永正17年12月18日	郡里安楽寺	従千熊殿(三好元長)以折紙	安楽寺文書	31号
2	三好元長書下	大永8年1月16日	竹内新右衛門尉(為信)殿	任喜雲(之長)判形之旨	東寺百合文書	45号
3	逸見政盛書状案(折紙)	(享禄1カ)12月28日	大徳寺納所禅師	筑前守(元長)任遵行旨	真珠庵文書	2101号
4	玉井元次避状(切紙カ)	享禄4年4月26日	賀茂社御役者中	当御屋形様、代々被成御判候、将又三好筑前守(元長)代々依仰一筆	賀茂別雷神社文書	参10号
5	塩田胤貞書状(折紙)	(享禄4年)11月24日	大徳寺御雑掌	任　御屋形様御下知之旨、…筑前守申付候、為其御百姓中江之折紙相認	大徳寺文書	78号
6	森長秀書下(折紙)	享禄5年2月23日	南禅寺真乗院	任筑州(三好元長)折紙之旨	真乗院文書	87号
7	三好長慶奉行人松永久秀奉書(折紙)	(天文9年)12月27日	榧井甚左衛門尉殿	御折紙上者	榧井文書	142号
8	今村慶満・多羅尾綱知連署状(折紙)	(天文19年)12月13日	東寺惣庄中	被背　御書幷三好筑前守殿(長慶)折紙	東寺百合文書	298号
9	山科言継書状	(天文21年)3月3日	蜷川新右衛門尉(親俊)殿	氏綱書状・下知・三筑折紙	蜷川家文書	参24号
10	某宗重書状(切紙)	(天文22年)閏1月17日	赤木兵部丞殿	筑州様・弾正殿免□御折紙	町田礼助氏所蔵文書	2114号
11	龍源軒紹堅書状(折紙)	(天文23年)4月21日	片山右京丞殿	被成　御書(細川氏綱)御下知、三筑副状幷長頼(内藤宗勝)以書状	片山家文書	参33号
12	調子武吉等連署状写	天文23年5月18日	多羅尾左近太夫(綱知)殿	長慶御一札	正木彰家文書	387号

13	能勢光頼手日記	(天文23年)6月16日		長慶、以一札	正木彰家文書	393号
14	釜殿三答状	弘治1年12月		三筑州幷松永方折紙	東山御文庫所蔵地下文書	参37号
15	伊勢貞孝書状案	(永禄元年カ)9月23日	斎越(斎藤基速)	筑州御状	雑々聞検書	540号
16	石田頼長書状(折紙)	(永禄2年)5月11日	若槻伊豆守(長澄)殿、小畠次郎左衛門尉(忠清)殿、鹿塩蔵允(宗綱)殿	長慶より以折紙被申候	多田神社文書	554号
17	斎藤基速書状(切紙)	年未詳7月20日	宝菩提院	筑前守折紙	東寺百合文書	725号
18	斎藤基速書状(折紙)	年未詳8月11日	宝菩提院	筑前守折紙	東寺百合文書	726号
19	三好義興書下(折紙)	永禄4年9月17日	東寺雑掌	長慶被出折紙	東寺文書	787号
20	三好義継奉行人瓦林長房・某元清連署奉書(折紙)	永禄8年6月3日	八瀬童子中	長慶御判	八瀬童子会文書	1154号
21	三好義継書下(折紙)	永禄8年7月4日	東寺雑掌	長慶被出折紙	東寺文書	1168号
22	内藤宗勝・三好長逸連署状写	年未詳1月8日	洛中洛外下京中	筑州以折紙	室町頭町文書	1177号
23	松永久通奉書(切紙)	(永禄8年)8月10日	三位殿(竹内季治)人々御中	長慶・義継被任一札	久我家文書	1188号
24	三好義継奉行人金山長信・長松軒淳世連署状(折紙)	(永禄8年)9月3日	右衛門佐(松永久通)殿	被任長慶御一札旨、被参御書候	久我家文書	1197号
25	金山長信書状(折紙)	(永禄8年)9月3日	小寺市介殿	左京大夫(義継)一札	久我家文書	1198号
26	金山長信書下	永禄8年11月日	河内国若江郡常光寺	義継御判	常光寺文書	1213号
27	三好三人衆禁制	永禄8年12月日	東寺境内	以左京兆(義継)判形之旨	東寺百合文書	1229号
28	三好三人衆連署奉書写	(永禄9年)11月7日	山科殿雑掌	御下知幷長慶折紙	言継卿記	1306号
29	三好宗渭・同長逸連署状(折紙)	(永禄9年)12月15日	竹内右衛門佐(長治)殿	長慶・義継任書状之旨	久我家文書	1313号
30	三好長逸書状	(永禄12年)1月5日	なし	以長慶御判之旨	成就院文書	1438号
31	今村慶満書状(折紙)	年未詳1月13日	玉芳軒侍者御中	筑州(長慶)折紙幷三向返事	鹿王院文書	2006号
32	今村慶満書状(折紙)	年未詳3月17日	大徳寺御納所禅師	三好筑前守(長慶)制札	鹿王院文書	2007号
33	今村慶満書状(折紙)	年未詳11月26日	東寺年預御坊御同宿中	三筑(長慶)以折紙	東寺百合文書	2019号
34	今村慶満・多羅尾綱知連署状案	年未詳12月27日	当寺所々散在名主百姓中	任御下知(氏綱)幷三好筑前守(長慶)殿折紙旨	大徳寺文書	2027号
35	狩野宣政・藤岡直綱連署状	年未詳12月23日	安井宗安(運)入道殿	御屋形様(氏綱)被成御下知、以其筋目筑前守(長慶)書札	龍安寺文書	2037号

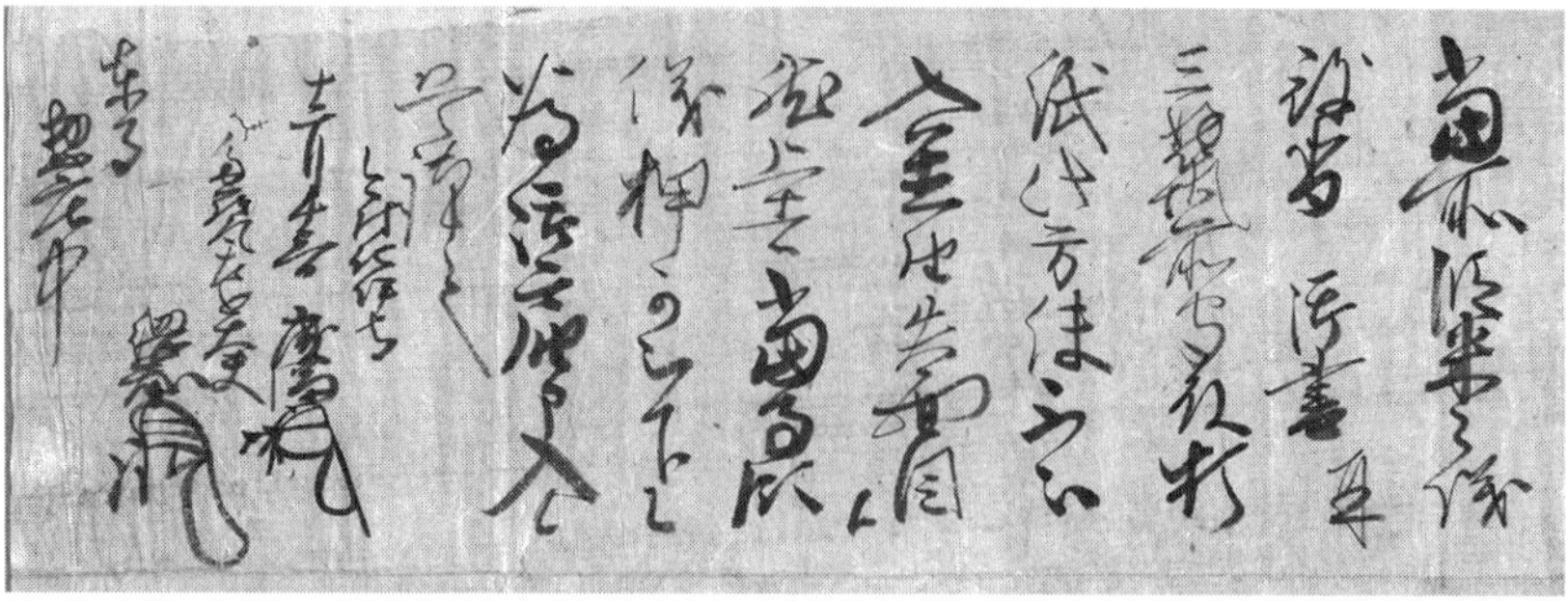

〔史料4〕・表1—8
当所段米之儀、
被背　御書并
三好筑前守（長慶）殿折
紙、此方使不被
入置由、失面目候、
然上者、当寺領
儀、押可被下候、
為御届申入候、
恐々謹言
今村紀伊守
十二月十三日　慶満（花押）
多羅尾左近大夫
綱知（花押）
東寺
惣庄中

写真1　今村慶満・多羅尾綱知連署状（京都府立京都学・歴彩館 東寺百合文書WEB）

方は「長慶」「筑前守」で、「修理大夫」はない。修理大夫就任後の長慶文書の文書発給が極端に少なくなったためだろうか。具体的に例を挙げておこう。

　上掲の史料4は、細川氏綱家臣の今村慶満と多羅尾綱知が連署した書状形式の文書で、天野氏は天文十九年に比定している。「御書」は、細川氏綱内書を指し、「三好筑前守殿折紙」は、三好長慶の書状形式の文書を指す。これは、表2にあるように「判物形式文書」は、すべて官途受領名は書かず、ほとんどが「長慶」と署名するのに対して、「書状形式文書」は、武家や権門に発給する場合、官途受領名を書く場合があるからである。したがって、筑前守などと呼んでいる文書は、書状形式の文書である。

　以上から三好長慶が発給する文書は、「判物形式文書」と「書状形式文書」があるが、それらは「折紙」「一札」と呼ばれ、「書下形式文書」や「書状形式文書」を特に区別していなかった。これは香西元長発給文書を「一行」と呼んだことと同じであり、十六世紀前半に守護代以下が発給した文書と同じ呼び方であったと結論される。三好長慶発給文書は、十六世紀の畿内守護代文書の系譜を引く文書と言ってよいだろう。ところが、表1の20を初見として長慶が没した翌年の永禄八年六月三日に八瀬童子中宛の文書に「長慶御判」と呼ぶ史料が登場する。

〔史料5〕・表1—20

就諸商売之儀、帯　綸旨并御代々御下知、従往古至于今、課役万雑公事等事、任免除旨、長慶《（三好）》御判在之上者、諸商売之儀、弥不可有相違之由候也、仍執達如件

永禄八

六月三日　長房《（瓦林）》(花押)

元清(花押)

八瀬童子中

また、表1の26では三好義継のことも「義継御判」と呼び、30でも「長慶御判」と呼ぶようになる。

〔史料6〕・表1—24

尊書致披見候、仍久我殿《（通興）》御家領大弼《（北小路俊定）》分之儀付、御続目之御判事、被任長慶《（三好）》御一札旨、被参御書候、近比珍重候、恐惶謹言

金山駿河守

九月三日《（永禄八年）》　長信(花押)

長松軒

淳世(花押)

右衛門佐殿《（松永久秀）》

まいる人々御中

史料6を天野氏は永禄八年と比定する。これによれば、久我家領大弼分の継目の御判について、「長慶御一札」にまかせて「御書」が参ったとする。「長慶御一札」を受けて出される「御続目之御判」に当たる「御書」(内書のこと、註8参照)文書とは誰が発給したのであろうか。久我家領に対してこのような文書が出せるのは、天皇や将軍が通常であるが、「長慶御一札」にまかせて出されるのであれば、三好義継しか考えられない。史料4・5は、将軍足利義輝が永禄八年五月十九日に暗殺された直後であることを考えると、将軍暗殺後に三好氏家督の発給する文書を「御書」「御判」と呼ぶ変化が生じたと見ることができる。もっとも、表1ではその後も「折紙」「一行」とも呼ばれているので、三好氏家督が細川京兆家に比肩しうる家格に成長したとまで評価することは難しい。ここでは家格が相対的に上昇したと表現しておきたい。

以上、三好長慶が発給する文書は、「判物形式文書」も含めて、三好長慶折紙あるいは三好長慶一札と呼ぶべきである。これらの文書を当時の人々は、守護の判物とは異なる文書として区別していたことは明らかである。ただし、本稿では「判物形式文書」と「書状形式文書」の違いに留意して論じるため、これらの用語を使用しながら論じていく。

それでは、以上の結論をもとに三好長慶の発給文書を検討していきたい。

③三好長慶の「判物形式文書」

三好長慶発給文書は、大きく分けて「判物形式文書」、「書状形式文書」、禁制や、一部細川家督の意を受けた奉書などに分かれる。このうち禁制は、署名が初期は「三好利長」後に「三好範長」と変わり、後に「孫次郎」とし、「筑前守」「修理大夫」と官途受領名に変化している。また、書止は「仍如件」「仍下知如件」が混ざった状態である。

一方、表2にあるように「判物形式文書」は、書止は「仍如件」が圧倒的に多く、「長慶」など実名で署名する。「書状形式文書」は前記したように長慶、三好長慶、三好筑前守長慶などさまざまあるが、武家あるいは権門に対しては官途受領名を使用する場合が多い。

まず、三好長慶折紙のうち、「判物形式文書」について検討してみよう。今谷氏が「長慶裁許状」と呼んだ文書だが、天野氏は『戦国遺文』三好氏編で「三好長慶書下」とする。三好長慶「判物形式文書」をまとめた表2をみると、「判物形式文書」が発給されるのは、長慶の活動初期から確認できるが文書数が急増する時期は、天文二十三年から永

表2　三好長慶「判物形式文書」

番号	文書名	年月日	署名	宛所	書止	内容	文書名	遺文番号
1	三好長慶・三好実休連署書下	天文1年8月9日	千熊丸・千満丸	見性寺	状如件	寺領寄進	見性寺文書	101号
2	三好連盛・三好長慶連署請文	天文3年11月21日	三好熊法師・三好伊賀守連盛	—	仍起請文如件	代官請文	宝珠院文書	106号
3	三好長慶書下(折紙)	(天文8年)9月12日	三好利長	大山崎惣中	仍状如件	徳政免除	離宮八幡宮文書	127号
4	三好長慶書下(折紙)	天文9年12月27日	範長	榧井甚左衛門尉殿	仍状如状	買得地安堵	榧井文書	141号
5	三好長慶書下(折紙)	天文10年7月28日	範長	鈴江十左衛門尉殿	仍状如状	新地宛行	鈴江家文書	152号
6	三好長慶書下案(折紙)	(天文19年)7月12日	三好長慶	当所百姓中	者也	地子銭納入	鹿王院文書	281号
7	三好長慶書下(折紙)	天文23年6月18日	長慶	今里郷惣中	仍状如件	用水相論	能勢久嗣家文書	395号
8	三好長慶書下写	天文23年6月18日	長慶	今里郷惣中	仍而如件	用水相論	正木彰家文書	396号
9	三好長慶書下(折紙)	天文24年5月26日	長慶	物集女太郎左衛門殿	仍状如件	知行地競望	天龍寺文書	409号
10	三好長慶書下(折紙)	天文24年8月2日	長慶	当院珠栄喝食	仍状如件	知行地競望	法金剛院文書	415号
11	三好長慶書下(折紙)	天文24年8月2日	長慶	当所名主百姓中	仍状如件	年貢納入命令	法金剛院文書	416号
12	三好長慶書下(折紙)	(天文24年)10月20日	長慶	当所名主百姓中	仍状如件	年貢納入命令	法金剛院文書	418号
13	三好長慶書下案(折紙)	弘治1年12月14日	長慶	意北軒	仍状如件	知行安堵	大徳寺文書	426号
14	三好長慶書下(折紙)	弘治2年3月3日	長慶	本興寺	仍状如件	寺領寄進	本興寺文書	428号
15	三好長慶書下(折紙)	弘治2年3月7日	長慶	普広院雑掌	仍状如件	知行安堵	岡谷惣介氏所蔵文書	429号
16	三好長慶書下(折紙)	弘治2年3月7日	長慶	当地百姓中	之状如件	年貢納入命令	筑波大学所蔵文書	430号
17	三好長慶書下(折紙)	弘治2年5月2日	長慶	壬生官務殿	仍状如件	当知行安堵	壬生家文書	433号

18	三好長慶書下(折紙)	弘治2年12月23日	長慶	東寺領所々散在名主沙汰人中	仍状如件	寺家直務	東寺百合文書	454号
19	三好長慶書下(折紙)	弘治2年12月23日	長慶	東寺雑掌	仍状如件	寺家直務	東寺百合文書	455号
20	三好長慶書下(折紙)	弘治2年12月27日	長慶	東寺雑掌	仍状如件	納所升	東寺百合文書	458号
21	三好長慶書下(折紙)	弘治3年8月16日	長慶	賀茂社司官氏人中	仍状如件	当知行	賀茂別雷神社文書	478号
22	三好長慶書下	弘治3年8月11日	長慶	勧修寺地下中	仍状如件	用水	『史料京都の歴史第十一巻山科区』所収勧修寺文書	2117号
23	三好長慶書下(折紙)	弘治3年10月6日	長慶	後藤四郎兵衛尉殿	仍状如件	諸役免許	後藤文書	483号
24	三好長慶書下(折紙)	弘治3年11月9日	長慶	式部大輔殿	仍状如件	押領停止知行安堵	大原野神社文書	493号
25	三好長慶書下(折紙)	弘治3年12月29日	長慶	東寺雑掌	仍状如件	社領押領	東寺文書	496号
26	三好長慶書下(折紙)	永禄1年4月12日	長慶	当社別当御房	仍状如件	神社造営	今宮神社文書	504号
27	三好長慶書下(折紙)	永禄2年5月19日	長慶	郡家惣中	仍状如件	用水相論	郡家区有文書	556号
28	三好長慶書下(折紙)	永禄2年10月23日	長慶	当所名主百姓中	仍状如件	年貢納入命令	今治市河野美術館所蔵文書	569号
29	三好長慶書下案(切紙)	(年未詳)10月24日	三好長慶	猪熊座中	仍如件	諸公事免除	狩野享吉氏蒐集	1097号

禄二年までと言える。これは今谷氏が指摘するように長慶の山城支配を直接的に物語る史料であることに間違いはない。たとえば、山城国乙訓郡今里村と植野村の用水相論の時に、当初は地域秩序を前提とした「曖」による解決を求め(『戦国遺文』三好氏編三八六号、以下数字のみ挙げる)、次に「去年」の如く申付けるとして判断を避けている(三八九号)。しかし、「曖」による解決策では合意に至らず、長慶は両村の訴論人を召喚している(三九二号)。この間の長慶文書は書状形式の文書であり、理非を決したのは史料7の「判物形式文書」であった。

〔史料7〕・表2—7

当所与上《(植)》々野申給、井内《(山城国乙訓郡)》領内川井手事、遂糺明之淵底処、上《(植)》野申分無其理之上者、如先々今井蕪木用水可令進退

者也、仍状如件

天文廿三

六月十八日　　　　　　　長慶(花押)

今里郷惣中（山城国乙訓郡）

史料7の在地支配に関わる判決文が「判物形式文書」で発給されている以上、「書状形式文書」よりも「判物形式文書」のほうが裁許文書として重要な効力を持っていたといえるだろう。ただし、権門に対して出す当知行安堵や違乱停止命令は「書状形式文書」が多い。今谷氏は証拠文書としての効力を意識していないから書状形式が多いのだと評価しているが、そうではなく、三好家の家格の低さが起因しているのであろう。「判物形式文書」は在地支配に関わるものが多いため、三好氏権力の在地支配を考える上で重要な文書と位置付けられよう。やはり問題なのは、永禄二年段階で長慶の書下形式文書がなくなることだろう。

④三好長慶の「書状形式文書」—百姓・商人宛文書

次に③と関わって三好長慶の「書状形式文書」を検討する。ここでは、三好氏権力の特徴である百姓宛文書を検討する。表3は、「書状形式文書」のうち、百姓や商人宛の文書を一覧した。いくつか年付があるが、推定した年代は天野氏によっている。また、多くが年未詳の無年号文書である。

表3から、四つの様式に分けられる。まずは、署名が「三好長慶」として「恐々謹言」あるいは「謹言」とする文書と、「長慶」と署名し、「恐々謹言」か「謹言」と書かれた文書の四種類である。長慶の書状形式文書は、権門関係の書状形式文書も含めて、天文二十年までは「三好長慶」あるいは「三好筑前守長慶」など、姓名あるいは受領名を書く場合が多い。表3—1～8が「三好長慶」と署名しているのもこの傾向を表している。

さて、これだけ年未詳文書があるため、即断できないが、これらの文書発給も「判物形式文書」と同様にある時期から発給されなくなったのではないだろうか。年代が推定できる下限は弘治三年までである。さらに、年未詳文書二九通中、「三好長慶」と署名したものが一九通、「三好範長」と署名したものが一通、「長慶」と署名したものが九通で

表3　三好長慶書状形式文書のうち百姓・商人宛文書

番号	文書名	年月日	差出	宛所	書止	内容	出典	遺文番号
1	三好長慶書状(折紙)	天文18年6月28日	三好長慶	商売人中	謹言	諸口雑夫料所務	宮内庁書陵部所蔵土御門家文書	237号
2	三好長慶書状(折紙)	(天文18年カ)7月18日	三好長慶	商売人中・当地百姓中	謹言	諸口雑夫料幷地子銭	宮内庁書陵部所蔵土御門家文書	243号
3	三好長慶書状(折紙)	(天文18年カ)12月1日	三好長慶	商売人中	謹言	諸口雑夫料当知行	宮内庁書陵部所蔵土御門家文書	259号
4	三好長慶書状写	(天文19年)閏5月21日	三好長慶	渡辺所々散在名主百姓中	謹言	指出調進命令	松雲公採集遺編類纂所収渡辺文書	276号
5	三好長慶書状案(折紙)	天文19年8月11日	三好長慶	両庄百姓中・同諸名主中	恐々謹言	年貢納入命令	東寺百合文書	285号
6	三好長慶書状(折紙)	(天文20年)2月3日	三好長慶	当地百姓中	謹言	地子銭納入	久我家文書	301号
7	三好長慶書状写	天文20年3月8日	三好長慶	洛中当地百姓中	恐々謹言	地子銭納入	榊原家所蔵文書	306号
8	三好長慶書状写	(天文20年)10月12日	三好長慶	柴木商人中	謹言	公事銭執沙汰	東山御文庫記録	329号
9	三好長慶書状(折紙)	(天文21年)2月28日	長慶	当所名主百姓中	謹言	年貢以下相拘	久我家文書	333号
10	三好長慶書状(折紙)	(天文21年)9月15日	長慶	築山惣中	謹言	年貢以下相拘	久我家文書	345号
11	三好長慶書状(折紙)	(天文21年)12月15日	三好長慶	築山百姓中	謹言	年貢進納	久我家文書	348号
12	三好長慶書状写	(天文23年)5月23日	長慶	今里郷惣中	恐々謹言	水路相論	正木彰家文書	389号
13	三好長慶書状(折紙)	弘治3年10月26日	長慶	所々散在当地百姓中	謹言	年貢未進	退蔵院文書	488号
14	三好長慶書状(切紙)	(年未詳)12月14日	三好範長	当地百姓中	恐々謹言	地子銭相拘	桂文書	1005号
15	三好長慶書状(折紙)	(年未詳)1月19日	三好長慶	当地百姓中	謹言	地子銭納所	慈照院文書	1009号
16	三好長慶書状(折紙)	(年未詳)1月29日	三好長慶	当地百姓中	恐々謹言	地子銭納所	保阪潤治氏所蔵文書	1015号
17	三好長慶書状(切紙)	(年未詳)2月1日	三好長慶	当地百姓中	恐々謹言	地子銭納所	前田家所蔵文書	1016号

18	三好長慶書状(折紙)	(年未詳)2月15日	三好長慶	芝薬師町百姓中	恐々謹言	地子銭納所	猪熊文書	1021号
19	三好長慶書状(折紙)	(年未詳)3月1日	三好長慶	当座中	恐々謹言	座頭職	田中光治氏所蔵文書	1024号
20	三好長慶書状案(折紙)	(年未詳)4月7日	長慶	嵯峨生田・重(カ)田・太秦寺(カ)惣中	恐々謹言	竹木盗伐	鹿王院文書	1028号
21	三好長慶書状写(切紙)	(年未詳)4月10日	三好長慶	下京六角櫛子(櫛笥)当地百姓中	恐々謹言	地子銭沙汰	早稲田大学図書館所蔵諸家文書写	1030号
22	三好長慶書状(切紙)	(年未詳)4月11日	長慶	百姓中	謹言	年貢納所	郡文書	1031号
23	三好長慶書状(折紙)	(年未詳)5月15日	三好長慶	当所名主百姓中	謹言	地子銭納所	正親町家文書	1036号
24	三好長慶書状(切紙)	(年未詳)7月4日	長慶	堺南庄中	恐々謹言	曲事	萬代家文書	1044号
25	三好長慶書状(折紙)	(年未詳)7月21日	長慶	当四町中	恐々謹言	飛礫	室町頭町文書	1053号
26	三好長慶書状(切紙)	(年未詳)8月2日	長慶	西賀茂惣中	恐々謹言	納所	座田文書	1058号
27	三好長慶書状(折紙)	(年未詳)9月7日	三好長慶	大宮郷・小山郷・中村郷・北南小野之郷名主百姓中	謹言	本役等納所	賀茂別雷神社文書	1072号
28	三好長慶書状案(折紙)	(年未詳)9月11日	三好長慶	壬生名主百姓中	恐々謹言	年貢諸成物納所	仁和寺文書	1076号
29	三好長慶書状(折紙)	(年未詳)10月13日	三好長慶	賀茂百姓中	謹言	年貢相拘	大仙院文書	1089号
30	三好長慶書状案	(年未詳)10月18日	長慶	音羽村御室分名主百姓中	恐々謹言	年貢相拘	仁和寺文書	1094号
31	三好長慶書状案(折紙)	(年未詳)10月23日	三好長慶	大(太)秦惣中	謹言	寺納	大徳寺文書	1096号
32	三好長慶書状案(折紙)	(年未詳)11月2日	三好長慶	竹田三ケ庄名主百姓中	謹言	納所相拘	東寺百合文書	1103号
33	三好長慶書状(切紙)	(年月未詳)3日	三好長慶	八幡山惣御中	恐々謹言	所質	思文閣墨蹟史料目録第304号	1105号
34	三好長慶書状(切紙)	(年未詳)11月3日	三好長慶	当所名主百姓中	謹言	地子銭相拘	足利市民文化財団所蔵文書	1106号
35	三好長慶書状(切紙)	(年未詳)11月27日	三好長慶	御百姓中	恐々謹言	地子銭納所	日下文書	1114号
36	三好長慶書状	(年未詳)12月18日	三好長慶	所々散在百姓中	謹言	地子銭競望	鹿王院文書	1124号
37	三好長慶書状案(折紙)	(年未詳)12月18日	三好長慶	所々散在百姓中	謹言	地子銭競望	鹿王院文書	1125号
38	三好長慶書状(折紙)	(年未詳)12月25日	三好長慶	北野祠官宮社地下中	恐々謹言	進退用心	北野光乗坊文書	1133号
39	三好長慶書状(折紙)	(天文21年カ)7月6日	三好長慶	粟田口白河惣中	恐々謹言	知行申付	林原美術館所蔵石谷家文書	2108号
40	三好長慶書状(折紙)	(天文21年カ)7月13日	長慶	塩座中・祐(カ)玉	恐々謹言	塩合物納所	林原美術館所蔵石谷家文書	2109号
41	三好長慶書状(折紙)	(天文21年カ)7月13日	三好長慶	石谷分上下諸口代官中・洛中問屋中	恐々謹言	高荷駄公事納所	林原美術館所蔵石谷家文書	2110号
42	三好長慶書状(折紙)	(天文21年カ)9月28日	三好長慶	京淀当座中	謹言	塩公事納所	林原美術館所蔵石谷家文書	2111号

あることから、その大半は天文二十一年以前に発給されたものと推定することが可能だろう。
したがって、百姓・商人宛文書で三好長慶が「長慶」と署名しはじめる契機は天文二十一年の御供衆就任と言えるのではないだろうか。三好長慶の文書の呼び方は生前まで「一札」「折紙」と呼ばれたと結論したが、御供衆就任は百姓・商人宛文書の署名で変化が見られると指摘できる(22)。

⑤三好氏奉行人奉書

以上の考察により以下のことが明らかになった。①三好長慶は天文二十一年段階に百姓・商人宛文書の署名が変化する。②永禄二年段階を最後に百姓・商人宛文書が消滅する。これは三好長慶が永禄三年に相伴衆に就任したことが要因であろう。③これらの変化の後、長慶の意を受けた三好氏奉行人奉書が登場してくる。

表4は、三好氏奉行人奉書を一覧したものである。天野氏は表4―1・2の松永久秀が奉じた文書も三好長慶奉行人奉書とするが、同時期、三好長慶折紙(一四三号)の副状(一四四号)を出す三好祐長と連署しているので、松永久秀は年寄と考えられる。年寄奉書と考えるべきだろう(一四五号)。したがって、3以下を検討の対象としておく。

まず表4―8・9・10でわかるように三好氏奉行人奉書は、百姓宛の文書を発給している。したがって、三好長慶書下形式折紙が百姓中宛ての文書を停止すると、三好氏奉行人奉書がそれに代わったと考えたい。三好長慶は幕府内での地位が上がることで、奉行人制度を調え、十六世紀の細川京兆家の守護代家権力が出来なかったことをやり遂げたことになる。

表4　三好氏奉行人奉書

番号	文書名	年代	宛所	書止文言	出典	出典
1	三好長慶奉行人松永久秀奉書	(天文9年)6月17日	西宮円福寺・西蓮寺・東禅寺各連衆御中	之由、可申旨候、恐々謹言	岡本文書	136号
2	三好長慶奉行人松永久秀奉書(折紙)	(天文9年)12月27日	榧井甚左衛門尉殿	可被仰付之由候也、恐々謹言	榧井文書	142号
3	三好氏奉行人鳥養貞長・奈良長高連署奉書	永禄4年2月4日	二尊院御役者中	旨被申触之条、可被得意候也、仍状如件	二尊院文書	711号
4	三好義興奉行人奈良長高奉書(折紙)	永禄4年9月22日	本山寺	由、被仰出候也、仍状如件	本山寺文書	788号
5	三好氏奉行人鳥養貞長・奈良長高連署奉書(折紙)	永禄4年12月3日	黒瀬浄雲	之由候也、仍状如件	壬生家文書	792号
6	三好氏奉行人鳥養貞長・奈良長高連署奉書(折紙)	永禄5年7月13日	竹内宮御門跡雑掌	公方御下知之上者、…御下知訖、…被成奉書之上者、…由候也、仍状如件	曼殊院文書	831号
7	三好氏奉行人某長秋・奈良長高連署奉書(折紙)	永禄5年9月19日	真乗院雑掌	之由候也、仍状如件	真乗院文書	858号
8	三好氏奉行人某長秋・奈良長高連署奉書(折紙)	永禄6年7月22日	一原野里中	之由、被仰出候也、仍状如件	賀茂別雷神社文書	907号
9	三好氏奉行人奉書案	永禄6年7月	賀茂一社御中	之由被仰出候、仍執達如件	☆賀茂別雷神社文書	912号
10	三好奉行人奉書案	永禄6年7月	一原野里中	之由所被仰出候、仍(消し)之状如件	☆賀茂別雷神社文書	913号
参1	三好氏奉行人鳥養貞長・奈良長高連署状案(折紙)	(永禄6年)9月15日	少弼(松永久秀)殿	之由候、…得御意候、恐惶謹言	☆賀茂別雷神社文書	921号
11	三好長慶奉行人長松軒淳世奉書(折紙)	(永禄6年)閏12月22日	塩若(塩田高景)、奈一右(奈良長高)、鳥兵(鳥養貞長)	由、御意候、恐々謹言	☆賀茂別雷神社文書	966号
12	三好氏奉行人鳥養貞長・塩田高景連署奉書(折紙)	永禄6年閏12月28日	賀茂一社御中	之由、被仰出候也、仍状如件	☆賀茂別雷神社文書	970号
13	三好長慶奉行人鳥養貞長奉書写(折紙)	永禄6年閏12月28日	賀茂一社御中	由、被仰出候也、仍状如件	鳥居大路文書	971号

☆は『戦国期三好権力の基礎的研究』所収

おわりに

戦国期の畿内文書は、守護と守護代以下の武士の発給文書を厳格に区別した。このため、幕府を凌駕する権力を得たとみられた三好長慶が発給する文書も「折紙」「一札」と呼ばれ、「御判」とは呼ばれなかった。三好長慶は、守護代級武将の歴史的な系譜に属する武将で、それは終生変わらなかった。三好長慶の「判物形式文書」は百姓・商人宛の文書が多数を占める。裁許を内容とする「書状形式文書」は権門に多い。「書状形式文書」が多いのは、三好氏の家格の問題に起因すると考えるべきである。

長慶は、幕府によって御供衆となり、相伴衆となった。御供衆になる以前、長慶は「書状形式文書」において百姓・商人宛に「三好長慶」と署名していたが、御供衆になると「長慶」に変えた。また、相伴衆になった段階で文書発給を減らし、特に百姓・商人宛の文書発給を止め、奉行人奉書が出されるようになった。長慶は幕府から破格の身分を与えられた。しかし、それでも本質的な身分上昇とはならなかったのは、畿内が天皇・公家・寺社をはじめとする家格秩序の相互関係のなかでは、幕府内の身分だけで身分上昇ができない構造になっていたと考えられる。織田信長は、畿内に入った段階では長慶と同じ状態だったと考えられるが、室町幕府の崩壊と正親町天皇による公卿身分の付与によって御内書を発給できる権力までになったが、長慶はそこまで至らなかったと理解したい[23]。

註

（1）　矢田俊文『日本中世戦国期権力構造の研究』第三章（塙書房、一九九八年）
（2）　村井祐樹『戦国遺文　佐々木六角編』（東京堂出版、二〇〇九年）、天野忠幸『戦国遺文　三好氏編』一～三（東京堂出版、二〇一三年・四年）

(3) 尾下成敏「御内書・内書・書状論」(『古文書研究』四九号、一九九九年)
(4) 『国史大辞典』(吉川弘文館、一九九〇年)
(5) 熊谷隆之「御教書・奉書・書下—鎌倉幕府における様式と呼称—」(『鎌倉時代の権力と制度』思文閣出版、二〇〇八年)
(6) 片桐昭彦「戦国期武家領主の書札礼と権力」(『信濃』六六—一二、二〇一四年)
(7) 『東寺廿一供僧方評定引付』一(思文閣出版、二〇〇二年)
(8) 室町期の書下には書状様式文書もあることを示したが、これと同様に、将軍が発給した書状を御内書と呼ぶ。尾下氏は註3論文で、御内書について、「御内書」と呼ばれた書状様式の文書は、「足利将軍や徳川将軍以外にも天下人、管領、守護、院(上皇)、公家、門跡」も発給しており、印判状のなかにも御内書というべきものがあるとした。また、足利将軍が出した書状様式の文書を御内書と書状といった様式上の特徴から分類することはできず、すべてを御内書とすべきとした。また、管領や守護が発給する「御内書」「内書」と呼ばれた文書は、室町殿の発給する御内書と区別するため内書と呼ぶべきであるとし、このほか、彼らが発給した書状様式の文書には「状」「御書」という呼称があり、「御内書」「内書」は書状様式の文書の一呼称でしかないとした。内書の問題も本論と関連するが、ここでは深入りせず、次の機会で論じたい。
(9) 『大日本古文書』家分け第六 観心寺文書一三六号
(10) 『大日本古文書』家分け第六 観心寺文書一三七号
(11) 細川氏に関しては、岡田謙一氏から教示を得た。畠山氏の場合、例外的に「土屋家文書」三月二日付丹下孫三郎宛土屋宗怡書状(『枚方市史』第六巻、一九六八年)は、承久の乱で得た伊香賀郷地頭職を明徳の乱で失ったことについて、畠山尚順が河内復帰した永正五年段階で安堵を受けるために発給したもので、これに対して畠山尚順が袖の部分に花押を据えている外題安堵の事例があるのみである。
(12) 拙稿「山城守護代香西元長の文書発給と山城支配」(『十六世紀史論叢』八、二〇一七年)
(13) 拙稿「守護代直状形式の文書について」(二〇一〇～二〇一二年度科学研究費補助金〔基礎研究C〕研究成果報告書『中世後期守護権力構造の史料学的研究』研究代表者古野貢、二〇一三年)

(14) 矢田俊文「戦国大名の登場」(峰岸純夫編『古文書の語る日本史』五　戦国・織豊編、筑摩書房、一九八九年)
(15) 天野忠幸『増補版戦国期三好政権の研究』(清文堂、二〇一五年)、同「織田信長の上洛と三好氏の動向」(『日本歴史』八一五号、二〇一六年)、同「政治秩序にみる三好政権から織田政権への展開」(『織豊期研究』一九号、二〇一七年)
(16) 今谷明『室町幕府解体過程の研究』第二部第五章「三好・松永政権小考」(岩波書店、一九八五年)
(17) 天野註15著書
(18) 天野註15著書第一部第四章「三好氏の権力基盤と阿波国人」、同第二部第四章「三好政権と将軍・天皇」
(19) 拙稿「畠山稙長の動向」(『戦国期の権力と文書』高志書院、二〇〇四年)、同「畿内戦国期守護と室町幕府」(『日本史研究』五一〇、二〇〇五年)
(20) 馬部隆弘「細川国慶の上洛戦と京都支配」(『日本史研究』六二三号、二〇一四年)、同「戦国期畿内政治史と細川権力の展開」(『日本史研究』六四二号、二〇一六年)。このほか、三好氏の山城国西岡の被官化を問題とした野田泰三「西岡国人土豪と三好氏—三好長慶政権成立の前提—」や三好長慶の裁判制度を検討した高橋敏子「東寺寺僧と公文所との相論にみる三好政権」(ともに東寺文書研究会編『東寺文書にみる中世社会』東京堂出版、一九九九年)がある。
(21) 下川雅弘「三好長慶の上洛と細川氏綱」(今谷明・天野忠幸監修『三好長慶』宮帯出版社、二〇一三年)
(22) 表3の11号文書を天野氏は天文21年と推定するが、花押の形状などから天文20年と推定しており、本文の結論となった。
(22) 織田信長の文書の呼び方については、拙稿「勅命講和」(金龍静・木越祐馨編『顕如』宮帯出版社、二〇一六年)に簡単に述べた。参照いただきたい。

〔後記〕三好長慶文書論として臼井進氏「戦国期三好氏の領国支配—三好長慶関連文書をめぐって—」(『史叢』九七号、二〇一七年)に接したが本稿に活かすことができなかった。臼井氏にお詫び申し上げます。

『大乗院寺社雑事記』に記された奉書に関する一考察

田中 慶治

はじめに

奉書とは、差出者が直接出すのではなく、その侍臣、右筆が主人の意を奉じて出す書状のことをさし、次第に公的文書として用いられるようになった文書のことをいう[1]。

本稿では、『大乗院寺社雑事記』に記された奉書を中心に取り扱うことにする。日記史料を用いるのは、日記中に文書が記されているため、その前後の日記の記述より、当該文書が発給された背景、文書発給者及び受給者の意思が明確になるという効果が期待されるためである[2]。

奉書は大乗院のような寺家においてのみ発給される文書ではなく、公家や武家においても発給される文書である。従来の古文書学においては、寺家文書を研究対象として扱う場合は、印信・過去帳・巻数・勧進帳や聖教類などといった寺家独自の史料を取り上げることはあっても[3]、奉書のような公家・武家と共通する寺家文書を取り上げられることはあまりなかったものと思われる。よって本稿では公家・武家と共通する寺家文書である奉書を取り上げることとする。

従来奉書形式の書止文言は、「執達如件」、「仍執達如件」とされてきた[4]。また「之状如件」の書止文言を持つ文書は、直状形式の文書とされてきた。(5) しかし近年片桐昭彦氏は、奉書を含む書札様文書の書止文言は、書札礼に基づき、文書の発給者・受給者との関係の差異により「恐々謹言」や「仍如件」なども用いられるのであり、奉書の書止文言は「執達如件」、「仍執達如件」とは限らないことを明らかにしておられる。(6)

この指摘は重要な指摘であると思われる。これらのことを踏まえながら、興福寺大乗院門跡尋尊が発給を命じた奉書の書止文言の検討を加えることとしたい。

また当時の文書がどのように認識、呼称されていたのかを知ることは、従来の古文書学で使われてきた文書名を相対化していくために重要といえよう。そのために『大乗院寺社雑事記』に記述される文書と文書名についても注目したい。

尋尊が受給した、いわゆる「室町幕府奉行人奉書」についても取り上げることとする。「室町幕府奉行人奉書」に関しては、今谷明氏の研究がある。今谷氏は四〇〇〇通にも及ぶ奉行人奉書に分析を加えられ、奉行人奉書が幕府文書を代表する地位に昇ってくることを明らかにされた。(7) また今谷氏は、それらの奉行人奉書を『室町幕府文書集成　奉行人奉書篇』として一書に集成された。(8) 当然今谷氏は、『大乗院寺社雑事記』に記された奉行人奉書も『室町幕府文書集成　奉行人奉書篇』に収録されておられる。ただし本書はあくまで「文書集成」であったため、当然のことながら、収録された奉行人奉書の前後の記事は収録されていない。私は、今谷氏が収録されなかった奉行人奉書の前後の記事に検討を加えることにより、新たに明らかにできることもあると考えている。

『大乗院寺社雑事記』に記されたこれらの奉書を取り上げることによって、従来の古文書学ではあまり述べられてこなかった点を明らかにしてみたい。

1　『大乗院寺社雑事記』に記された奉書の書止文言

(1)「恐々謹言」を書止文言とする奉書

「はじめに」でも述べたように、従来奉書形式の書止文言は、「執達如件」、「仍執達如件」とされてきた。[9] ところが興福寺大乗院門跡尋尊が発給を命じた奉書の多くは、その書止文言が、いわゆる書状形式の書止文言とされてきた「恐々謹言」である。

『大乗院寺社雑事記』の記事から、「恐々謹言」を書止文言とする奉書の例を挙げることとする。まず『大乗院寺社雑事記』長禄二年(一四五八)三月二十四日条を以下に掲げる。

〔史料1〕『大乗院寺社雑事記』長禄二年(一四五八)三月二十四日条

一就備前庄反銭事、布留郷ニ成奉書了、

当門跡御領備前庄反銭事、至去永享十年無相違毎度致其沙汰候処、近年一向令無沙汰候、雖有御催促候、《(衍カ)》無承引候、無尽期候間、近日可被付御使候、依其左右、以御前帳之面、可被申入于京都候、当郷之内事候間、如此被仰出候、近日以御使可有御催促之由、被仰出也、恐々謹言、

大知事玄慶

三月廿四日

布留宮本衆御中

布留郷が備前庄の反銭の納入を無沙汰していることに対し、近日「御使」を派遣して反銭の催促をすることを「布留宮本衆」に伝達した奉書である。尋尊自身がこの奉書を記す前文で、「布留郷ニ成奉書了」と記していることから、尋尊自身がこの文書を奉書と認識していたことがわかる。

もう一例、『大乗院寺社雑事記』長禄二年(一四五八)十月十七日条を掲げることにする。

〔史料2〕『大乗院寺社雑事記』長禄二年(一四五八)十月十七日条

一芹山中尾下坊春若丸、正願院舎利講衆事所望之間、仰付了、知院縁舜法橋奉書成之了、

正願院御舎利講横笛衆被召加之由、被仰出也、恐々謹言、

長禄二年
十月十七日　　縁舜

春若殿杉原立文也、

芹山中尾下坊の春若丸に、正願院舎利講衆を仰せ付けた奉書である。この奉書も、尋尊自身がこの奉書を記す前文で、「奉書成之了」と記していることから、尋尊自身がこの文書を奉書と認識していたことがわかる。また「恐々謹言」といういわゆる書状形式の書止文言でありながら、「長禄二年」という付年号を記している点も指摘できる。

これらの例から、大乗院尋尊が、「恐々謹言」という書止文言を持つ文書を奉書と認識していたことがわかる。『大乗院寺社雑事記』文明十年(一四七八)八月九日条にも、興味深い記事が記されているので、以下に掲げてみる。

〔史料3〕『大乗院寺社雑事記』文明十年(一四七八)八月九日条

一菅井之事、以前より仰遣之間、可申沙汰之由申間、遣書状、

山城国相楽郡古河庄号菅井、当門跡御領事候、只今畠山殿為当国守護可有入部之由、治定候上者、如元門跡御年貢・公事物等事、無相違様可被申沙汰者可目出候之由被仰出候也、恐々謹言、

八月九日　　専実

成身院御坊

畠山氏が山城国へ守護として入部することに対し、門跡年貢等を相違なく申沙汰するように成身院光宣に命じた奉書である。書止文言は「恐々謹言」となっている。この奉書を記す前文で、尋尊はこの奉書のことを「書状」と記し

ている。つまり尋尊は、この奉書のことを、書状形式の奉書であると認識していたことがわかる。

次に『大乗院寺社雑事記』文明十七年(一四八五)七月十九日条を掲げる。

〔史料4〕『大乗院寺社雑事記』文明十七年(一四八五)七月十九日条

一自古市方室参申、莵山博奕事先日蒙仰、惣山儀才学七十人計有之、先自去年被仰出分四人方可及厳密沙汰也、奉
書可被下之由申間、遣書状了、
莵山博奕検断事、自去年及度々、就惣山被仰出候処、于今無其実候、以外次第候、被致糺明如先規御奉公候
者可目出候、巨細以使者被仰出候也、恐々謹言、
七月十九日　　専実
古市殿

この奉書は大和の有力国人であった古市氏の要請により出されたものであることが、奉書の前文よりわかる。奉書の内容は、莵山での博奕検断を古市氏に命じたものである。書止文言は「恐々謹言」である。尋尊はこの奉書の前文で「奉書可被下之由申間、遣書状了」と記している。このことから尋尊は、この奉書のことを、書状形式の奉書であると認識していたことがわかる。『大乗院寺社雑事記』文明十年(一四五八)八月九日条では、奉書という文言は記されていなかったため、内容から書状形式の奉書であると判断した。しかし〔史料4〕から、書状形式による奉書形式の文書が存在し、尋尊自身がそのことを認識していたことが明らかになったといえる。元来奉書とは、私文書の一様式として発生したものが、次第に公的文書として用いられるようになった文書をいう。(10)奉書が書状形式であることは、奉書のもつ本来の姿を表しているものともいえよう。

(2)「之状如件」を書止文言とする奉書

「はじめに」でも述べたように、「之状如件」の書止文言を持つ文書は、従来は直状形式の文書とされてきた。では『大乗院寺社雑事記』のなかで記された「之状如件」の書止文言を持つ文書は、直状形式の文書であったのであろうか。まず『大乗院寺社雑事記』康正三年(一四五七)一月二十九日条の記事を掲げる。

〔史料5〕『大乗院寺社雑事記』康正三年(一四五七)一月二十九日条

一天野供事慶英法師ニ仰付之、

天野供英盛之闕、被仰付候、可令存知給之状如件、

康正三
正月廿九日　　孝承

香舜御房

(本文読み下し)

一天野供の事慶英法師にこれを仰せ付く

天野供英盛の闕、仰せ付けられ候、存知給わしむべきの状、件の如し、

この記事に記された文書は、香舜房慶英という法師に天野供のメンバーとなることを命じた奉書である。「之状如件」の書止文言を持つ文書であるが、直状形式の文書ではない。

大乗院尋尊は、「之状如件」の書止文言を持つ文書について、どのように認識していたのであろうか。『大乗院寺社雑事記』康正三年(一四五七)二月一日条を掲げる。

〔史料6〕『大乗院寺社雑事記』康正三年(一四五七)二月一日条

一東北院大僧正俊円来、当年未来故也、次以矢田庄番頭米事条々談合了、彼庄之西山ノ田地之内、永享中年ニ山成・川成ニ荒・不作在之、仍定年貢番頭米四拾石外ハ無之間、珍事〻〻之由、俊円令申、但当年事ハ五十八石

計にて、無為ニ可始行者、随分職人ニ可申付之由、条々申入之間、涯分同衆事可申付之由返答了、則退出、付衣・綾袈裟・張輿ナリ、仍堂方ニ遣書状了、

矢田庄番頭米事、無沙汰之間、色々為御当職被仰付子細候間、修正已前ニ涯分致沙汰候様ニ、可申付之由、給主東北院被参申、被取申入候、此上者修二月事、無為ニ被始行候者可目出候、大方修二月事近来退転、千万無勿体候間、随分云一番頭云花頭以下御計略候処、依番頭米之一事、可被閣御沙汰之条、且可為如何候哉、所詮少事之未進分事者、更以不可成後年之例上者、無為御請候者、可為御本意之由、被仰下所之状如件、

二月一日　　清賢

西金堂司御房　折紙也、

この記事に記された文書の書止文言は、「之状如件」である。文書の内容は番頭米の年貢納入が減少していることを理由に、西金堂衆が修二月会を退転させていることに対し、修二月会の始行を命じたものである。その文書形式は奉書形式であり、直状形式ではない。しかも尋尊がこの文書の前文に「堂方ニ遣書状了」と記していることから、この奉書のことを、書状形式の奉書であると認識していたことがわかる。

片桐昭彦氏の指摘通り(11)、書止文言で文書名を判断できないことが、『大乗院寺社雑事記』に記された文書からも明らかになった。しかもそのことに加えて、尋尊自身がそこに記された文書をどのような文書であると認識していたかということも明らかとなった。

文書発給者尋尊によって記された文書名は、後世の者が、発給者の意思を考慮せずにつけた文書名とは異なり、文書発給者の意思が明確に表されている文書名のため、これほど確実な文書名はないものと思われる。古記録に記された文書名を検討することは重要であるといえよう。

2　尋尊が袖判を据えた奉書

尋尊は袖判を据えた文書を発給することもあった。そしてその文書を『大乗院寺社雑事記』に記している。それらの文書について、以下に検討してみることとする。

まず『大乗院寺社雑事記』康正三年(一四五七)六月十八日条の記事を掲げる。

〔史料7〕『大乗院寺社雑事記』康正三年(一四五七)六月十八日条

一就己心寺事寛円ヲ京都ニ上之了、就其去年良均房ニ転(補)任状文言不足之由、去十五日申入間書遣之、

(花押)

大安寺之内己心寺住持職事、任例可有其沙汰候、就中可専本願法務大僧正御房之御茾之由、被仰出候也、恐惶謹言、

康正二
七月廿日　継舜

良均御房

康正二年(一四五六)に良均房という人物を己心寺の住職に補任したが、その補任状の文言に不足があったと良均房から申告があったため発給した文書であることが、文書の前文からわかる。この文書は奉書形式の補任状である。

このような尋尊が袖判を据えた文書を受給者はどのように認識していたのか、また発給を命じた尋尊はどのように認識していたのであろうか。

まず文書受給者の認識についてみてみる。『大乗院寺社雑事記』寛正二年(一四六一)八月九日条を掲げる。

〔史料8〕『大乗院寺社雑事記』寛正二年(一四六一)八月九日条

一河口庄之内兵庫郷公文職事、進士望申入之間仰付之、請文
等以楠葉進之、補任則渡之了、御礼物二千疋也、但以此足
今度御判事申出了、則進士之沙汰ナリ、

（花押）

河口庄兵庫郷事、可有御直務之旨被成御判、仍公文職御
代官事、被仰付候之由候也、恐々謹言、

寛正二
八月七日　　　清賢判

進士美濃守殿

（下略）

この文書は河口庄兵庫郷の公文職に進士美濃守という人物を補任した補任状である。その形式は、書状形式の奉書である。書止文言は「恐々謹言」である。書状形式でありながら補任状として発給していることからか付年号を記している。文書の前文に「今度御判事申出了」と記されていることから、進士美濃守がこの文書のことを「御判」と認識していたことがわかる。

袖判を据えた文書を尋尊自身はどのように認識していたのであろうか。『大乗院寺社雑事記』文明十三年（一四八一）二月十六日条を掲げる。

〔史料9〕『大乗院寺社雑事記』文明十三年（一四八一）二月十六日

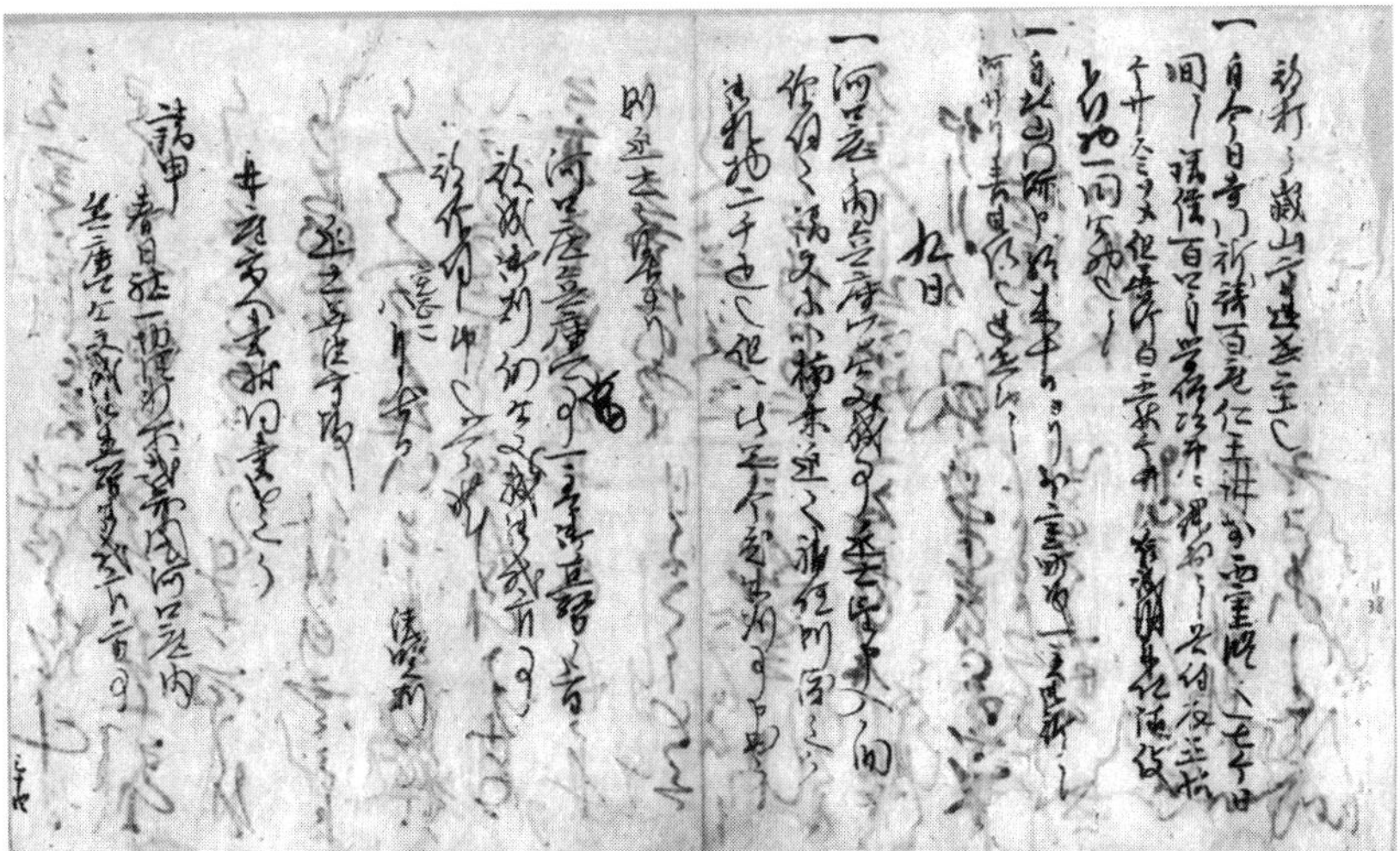

写真１　『大乗院寺社雑事記』寛正２年（1461）８月９日条（国立公文書館所蔵）

条

一愛千代堺下向、自河内新木庄事申入之、遣判了、

（花押）

当門跡領和州新木庄下司職事、被仰付候、可有存知之由候也、恐々謹言、

文明十三
二月十六日　清賢

指田泰九郎殿

河内屋形奉公豊岡之舎弟内々望申子細在之間遣之了、

この記事に記された文書は、指田泰九郎という人物を大乗院門跡領の新木庄の下司に補任した補任状である。書止文言は「恐々謹言」であり、書状形式の奉書である。書状形式でありながら補任状として発給していることから付年号を記している。この文書の前文に「遣判了」と記されていることから、尋尊がこの文書のことを「判」と認識していたことがわかる。

それでは尋尊が袖判を据えて発給をさせたこれらの奉書の文書名はどのようにつけるべきであろうか。以下にこの点について検討を行う。

『大乗院寺社雑事記』文明三年（一四七一）八月二十七日条を掲げる。

〔史料10〕『大乗院寺社雑事記』文明三年（一四七一）八月二十七日条

一法中官位相当俗中而令（列）例公請等大会事、

法太政大臣者大僧正也　法左右大臣者僧正也

法内大臣者権僧正也　法大納言者大僧都也

法権大納言者権大僧都也　法中納言者少僧都也

法権中納言者権少僧都也　法参議者正権律師也
以上官
法一位者法印也　法二位者法眼也
法三位者法橋也
以上位

尋尊はこの記事で法中と俗中の官位の比較を行っている。この記事によると「法太政大臣者大僧正也」と記されており、尋尊の僧官である大僧正は太政大臣に相当することがわかる。[12] 加えて尋尊は五摂家の一つである一条家の出身の貴種の僧である。

三位以上の人及びこれに准ずる人の意を伝える文書を御教書という。[13] そうするならば太政大臣に相当する大僧正である尋尊が発給をさせた奉書は御教書ということになる。

尋尊が発給をさせた奉書は御教書とされていたのであろうか。『大乗院寺社雑事記』長禄二年（一四五八）十月二十六日条の記事を見てみる。

〔史料11〕『大乗院寺社雑事記』長禄二年（一四五八）十月二十六日条

一慈恩会出仕方々、以出世奉行御教書仰遣之、
来十三日於東室可被行慈恩会候、可令出仕小中座給之由所也、恐々謹言、
十月廿五日　尋雅
大納言得業御房
（下略）

慈恩会出仕を命じた奉書を、尋尊は出世奉行尋雅に発給をさせている。この奉書は「御教書仰遣之」と記されてい

る。尋尊が発給を命じた奉書は御教書と呼ばれていたことがわかる。

尋尊が袖判を据えた奉書を奉書受給者は「御判」と呼んでいた。尋尊自身は袖判を据えた奉書を「判」と呼んでいた。そして尋尊が発給をさせた奉書は御教書と呼ばれていた。これらの点をあわせ考えると、尋尊が袖判を据えたうえで発給をさせた奉書は、「御判御教書」と文書名をつけることが妥当と思われる。

3　『大乗院寺社雑事記』に記された「自筆奉書」

『大乗院寺社雑事記』の記事のなかで尋尊は時折、「自筆奉書」という奉書について触れている。管見のかぎりこの「自筆奉書」について述べられている研究はない。元来奉書とは、差出者が直接出すのではなく、その侍臣、右筆が主人の意を奉じて出す書状のことをさし、次第に公的文書として用いられるようになった文書のことをいう。(14) 本稿でこれまで検討を加えてきた奉書もすべて、尋尊の意を奉じて、尋尊の侍臣らが発給したものであった。それではこの「自筆奉書」とはいかなる奉書であるのか。「自筆奉書」について、以下に検討を加える。

『大乗院寺社雑事記』寛正二年(一四六一)十月十二日条の記事を掲げる。

〔史料12〕『大乗院寺社雑事記』寛正二年(一四六一)十月十二日条

一光宣僧都来、一乗院与予和談事色々取申入間、不可有子細之旨仰之了、就其明日吉日之間、自筆奉書可書給之、明日可進一乗院之由、令申間書給之了、上総庄間事ハ、光宣乍恐両方御相論之義ヲ中ニ預申入云々、雖然云反銭云御供米等、可有ホトノ物ハ可被召之云々、

両門御間事、巨細被申候、可然様可被計申之由被仰出候也、恐々謹言、

十月十三日　　　　尊誉

陽舜房僧都御房

大乗院門跡尋尊は一乗院門跡教玄と、上総庄や反銭のことを巡り相論となった。その相論についての和談を成身院光宣が取り持つこととなった。そこで光宣は尋尊に対し、一乗院教玄に進めるための「自筆奉書」を要求した。尋尊はこの光宣の要求を受け入れ「自筆奉書」を発給した。このことを記したうえで尋尊は、光宣に発給した「自筆奉書」を『大乗院寺社雑事記』に記している。この奉書は尊誉から光宣に宛てられたものである。この「自筆奉書」には、とくに尋尊の袖判などは据えられていない。

この「自筆奉書」を発給した翌日の十月十三日に、一乗院門跡教玄から光宣を通じて尋尊に返事が届けられた。『大乗院寺社雑事記』寛正二年(一四六一)十月十三日条にその返事が記されている。

〔史料13〕『大乗院寺社雑事記』寛正二年(一四六一)十月十三日条

一自光宣僧都方一乗院殿奉書進之、御自筆ナリ、

両門間之事、委細被申入候、可然様被計申候者、可目出之由所也、恐々謹言、

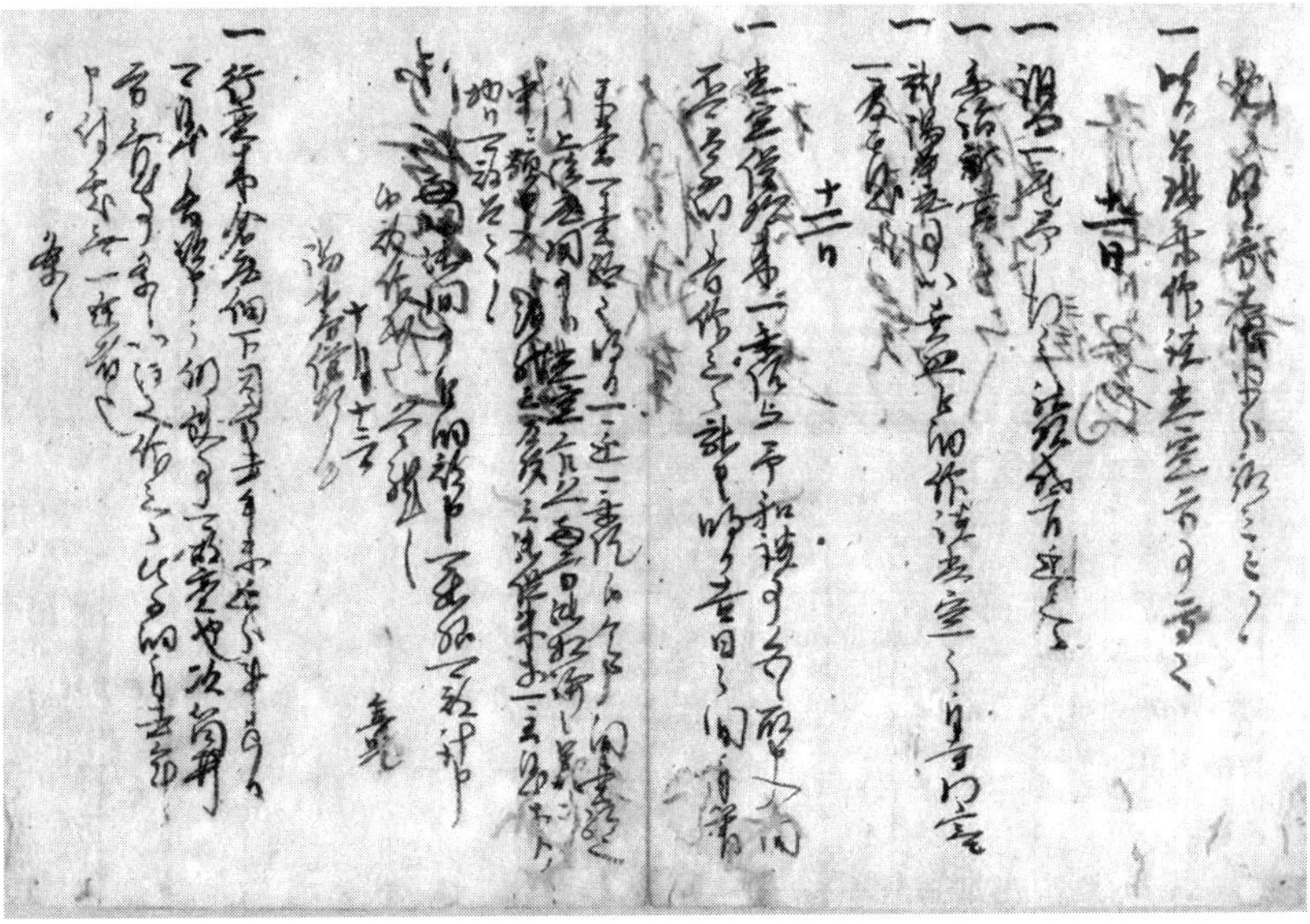

写真2 『大乗院寺社雑事記』寛正2年(1461) 10月12日条(国立公文書館所蔵)

十月十三日　　　　孫藤丸

陽舜房僧都御房

（本文読み下し）

一光宣僧都方より一乗院殿奉書これを進む、御自筆なり、
両門の間の事、委細申し入れられ候、然るべき様計
らい申され候はば、目出すべきの由所也、恐々謹言、

この一乗院教玄からの返事も、両門跡の相論の解決を光宣にゆだねることを記した光宣宛ての奉書であった。この奉書は尋尊が「御自筆ナリ」と記していることから、前日の尋尊の奉書と同様に、「自筆奉書」であったことがわかる。この奉書にも教玄の花押などは据えられていない。

前節でもみたとおり尋尊は、奉書に自らが袖判などを据えた場合は必ず、「(花押)」と『大乗院寺社雑事記』に記した奉書にも、自らの花押を記している。また他人が花押を据えている場合には、これも前節で取り上げた『大乗院寺社雑事記』寛正二年(一四六一)八月九日条にみられるように、「清賢判」と「判」と記している。

今回の「自筆奉書」には、尋尊が発給をさせた奉書にも、教玄が発給させた奉書にも、「(花押)」とも「判」とも記されて

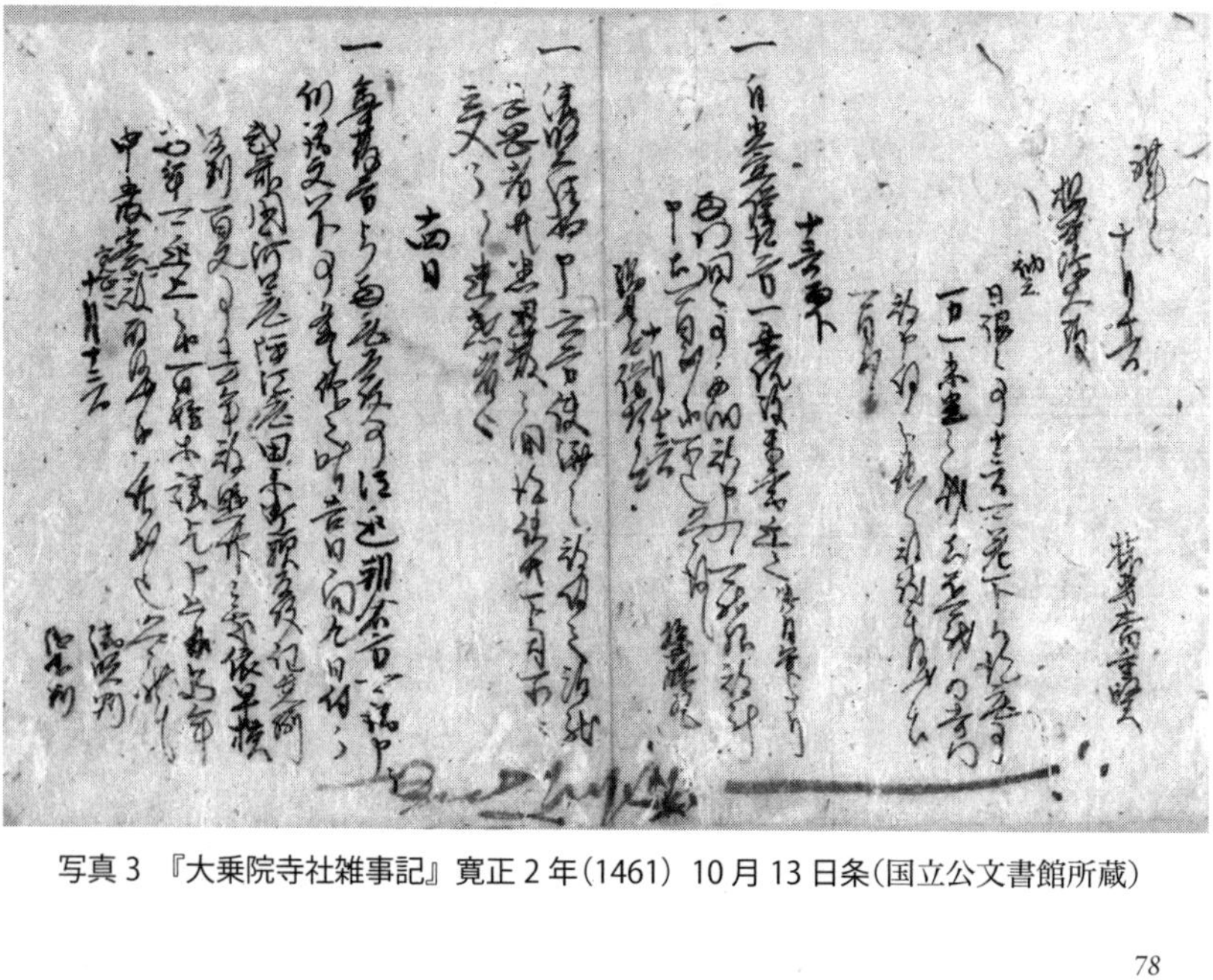

写真3　『大乗院寺社雑事記』寛正2年(1461)　10月13日条(国立公文書館所蔵)

いない。この二通の奉書のみ、尋尊は「(花押)」や「判」と記すことを失念していたのであろうか。そこでもう一例、「自筆奉書」についてみてみる。『大乗院寺社雑事記』寛正三年(一四六二)十二月二十日条の記事を掲げる。

〔史料14〕『大乗院寺社雑事記』寛正三年(一四六二)十二月二十日条

一古市来、伊豆七条代官事昌懐被仰付之、仍云昌懐云古市致請文了、然而筒井方御給十石事一大事也、重而可嘆申、其時被申入候て可被下之由之、仍自筆奉書書給之了、

伊豆七条御代官事、自安位寺殿依由緒被仰付昌懐之由目出候、就其筒井方御給十石事増減有無弁分事、巨細請文ニ在之、雖然筒井方万一無承引者、昌懐難儀歟、於此段者追而可被嘆申哉、於此門跡者更以不可有御等閑儀候之由所也、恐々謹言、

十二月廿日　　孝承

古市殿

有力国人である古市氏が尋尊のもとを訪ねてきた。尋尊が伊豆七条の代官を昌懐という人物に仰せつけたところ、筒井方の御給一〇石のことが問題となった。この問題を解決するための奉書を古市氏は尋尊に要求をした。そこで尋尊は古市氏の要求に応え、「自筆奉書」を発給した。尋尊はこの旨を記してから、「自筆奉書」を記している。この「自筆奉書」にも、とくに尋尊の袖判などは据えられていない。ここまで検討を加えてきた「自筆奉書」には、いずれも袖判などは据えられていない。

また前節で検討したとおり、尋尊は自らが袖判を据えた奉書を「判」と呼んでいる。奉書受給者は「御判」と呼んでいる。どちらも「自筆奉書」とは呼ばない。では『大乗院寺社雑事記』に記された「自筆奉書」とはいったいいかなる奉書であるのか。このことについて考察を行うため、『大乗院寺社雑事記』に記された「自筆」の検討を以下に行う。

まず『大乗院寺社雑事記』応仁二年（一四六八）十二月三日条から検討を加える。

〔史料15〕『大乗院寺社雑事記』応仁二年（一四六八）十二月三日条

一当所見物事、正月四日猿楽、五月五日同、六月十八日延年、十二月九日猿楽、三輩各見物、付衣云々、雨下時者於礼堂在之云々、此外臨時法楽在之、於観音堂之東間三間見物之、座敷事五師座・所司座相論、召両座輩種々致計略了、仍今日住山了、

五師座　実雅《浄行》横坊、俊覚《浄行》中坊、廉実巳坊、弘覚喜多室、貞英橘本、弘秀藤井坊、実専伊賀公、下経蔵、弘英定深房、頼実《浄行》定顕房、寛雅《浄行》定講房、実順民部公、

所司座　宗盛藤坊、宗実長楽寺、宗快東勝院、実済尾崎房、宗秀大門坊、弘賢執行所、宗順式部公、宗弘帥公、宗舜大輔公、宗円延観房、宗覚浄順房、実俊常陸公、

両座申状黒白也、珍事、仍所司方事執行・尾崎両人ニ巨細召仰、所司中ニ可披露之由申入罷出、猶大事之間遣自筆了、随而所司方事仰趣無相違領状申入了、以後事又以奉書仰出之、

只今直ニ被仰出候両座事、於于今者一向可被失御面目之上、寺門国中沙汰御生涯不可過之、仍可然様被申合尾崎、一烈儀無相違様被入魂之由所也、恐々謹言、

十二月三日　孝承

執行御房

（花押）

今度両座相論事、種々被仰出候処被応上意之条、誠以忠節之至候、仍被仰定条々、

一五師入座事、於向後非請僧者不可被取継申事、

一就寺訴五師猥子細在之者、御堂見物在所事、如被申入奥口共以可為正面分事、
一五師座競望之体、執行取継不被申者、自何方雖申入、不可有補任事、
此条々被伝達所司座、能々可被存知之由候也、恐々謹言、
(応仁二)十二月三日　清賢判
長谷寺執行御房
此分成敗後夜之半時ニ事畢、希代迷惑次第也、

長谷寺において、猿楽や延年などが催されたとき、その見物のための座敷を巡り、長谷寺の五師座と所司座が相論となった。そこで尋尊が相論の解決に乗り出した。尋尊は長谷寺の執行を召し出し、命令を下した。執行は尋尊の命令を所司中に披露することを約束した。尋尊はこの件は大事なことと考え、執行に「自筆」を遣わした。この結果、所司方は、尋尊の命令を承服した。尋尊は今後のことについて、奉書をもって仰せ定めた。

この旨を記した後段で尋尊は、二通の文書を収録している。一通目は「孝承」から「執行御房」に宛てて発給された文書である。二通目は尋尊が袖判を据えたうえで、「清賢」から「長谷寺執行御房」に宛てて発給された文書である。一通目の文書が「自筆」の文書であり、二通目の文書は尋尊が以後のことを命じた「奉書」であるものと思われる。なおこの「奉書」には、尋尊の袖判が据えられていた。

さらに「自筆」について、検討を加える。『大乗院寺社雑事記』長享元年(一四八七)十二月十六日条の記事を掲げる。

〔史料16〕『大乗院寺社雑事記』長享元年(一四八七)十二月十六日条

一君殿庄年貢十一石浄土寺ニ納之、此外十一石ハ、今度粉骨分ニ堤ニ給之、月別十二貫之内六貫同給之、六貫代米且四石進之、四貫五百分云々、今一貫五百可進之云々、堤参申、扇一本給之、当年分ハ半分給之、自明年ハ御米并公事銭三分一可給之、三分二ハ可運上旨仰定、奉書給之、畏入了、

（花押）

仏地院領君殿庄間事、今度忠節無是非候、仍御代官職事被仰付候、御年貢米并公事銭事、三分一為御代官得分被仰付候、三分二者堅可被運上候、此旨可被得其意之由　被仰出之由所也、恐々謹言、

長享元丁未
極月十六日　泰弘判

堤勘解由左衛門尉殿

慈恩寺申云々、当庄下司職事存知旨申、如何之由堤申、此間何共不申入、無殊奉公而、今更下司由申条、不得其意之由返事、堤もさ様ニ存旨申、如何様可了簡申云々、本慈恩寺持之、枳ニ去（沽）却、又慈恩寺ニ渡歟云々、枳坊算用状自筆自判也

君殿庄長享元年丁未歳御年貢事、

弐石五斗　河成分

弐石七斗八升五合　納分

弐石弐斗九升五合　段銭分

以上

国永名半分

壱石七斗六升九合五勺

此内段銭壱斗五升七合五勺引之、

長享元年丁未十二月十二日　、、判

尋尊は国人堤氏が忠節を働いたので、堤氏を君殿庄の代官に補任した。これに対し慈恩寺が異議を唱えた。君殿庄

の下司職は本来慈恩寺が持っていたが、枳坊という人物に沽却した。それをまた枳坊は慈恩寺に渡したとの主張を慈恩寺は行った。その上で枳坊が作成した「自筆自判」の算用状を尋尊に提出した。

『大乗院寺社雑事記』応仁二年(一四六八)十二月三日条には、概ね以上のことが記されている。それはともかく、枳坊が作成した算用状は「自筆自判」であった。尋尊は「自筆自判」と「自筆」と「自判」を区別している。尋尊はその算用状を筆写している。おそらくこの「自筆自判」の「自筆」とは算用状の本文を枳坊が自筆で書いたことを指しているものと思われる。「自判」とは「、、判」の「判」、つまり枳坊の花押をさしているものと思われる。つまり「自筆自判」とは自らが書いた文章に、自らの花押を据えている文書のことをさしている。

これまでの考察の結果をまとめてみる。尋尊と教玄が発給した三通の「自筆奉書」には、袖判などは据えられていなかった。

応仁二年に尋尊が長谷寺執行に発給した文書のうち、一通目は「自筆」であり、二通目の文書は尋尊が袖判を据えた「奉書」であった。

尋尊は「自筆自判」と「自筆」と「自判」を区別していた。「自筆」とは自らが自筆で書いた文章をさしており、「自判」とは自らの花押を据えている文書のことをさしていた。

これらの考察の結果をあわせ考えると、尋尊のいう「自筆奉書」とは、尊誉、孫藤丸、孝承といった尋尊や教玄の側近が奉者として発給した奉書ではあるが、その本文は尋尊や教玄が自筆でしたためたものであったものと思われる。

なぜこのような「自筆奉書」が発給されたのであろうか。本来、「自筆奉書」とは、直状形式で発給されるような重要な内容をもつ文書であったものが、尋尊(教玄)と受給者の身分差が大きすぎ、直状形式では発給することがかなわず、奉書形式にせざるを得なかった文書であったものと思われる。しかしながら文書受給者の要求により、あるいは尋尊が重要な案件であると判断したことにより、奉書形式をとりながらも、尋尊(教玄)自らが本文をしたためた奉書が「自筆奉書」であったものと思われる。

4　尋尊が受給した「室町幕府奉行人奉書」

これまで尋尊が発給をさせた奉書を中心に検討を行ってきた。しかし本節では尋尊が受給した奉書について検討を加えたい。検討の対象としては、いわゆる室町幕府奉行人奉書を取り上げる。

まず『大乗院寺社雑事記』長禄二年（一四五八）八月二十九日条を掲げる。

〔史料17〕『大乗院寺社雑事記』長禄二年（一四五八）八月二十九日条

一去廿七日御奉書共南都ニ下了、

大和国菩提山寺進上御樽并門跡所進酒壺段銭事、去年巳年捧厳重之告文、当年又任雅意未進納云々、頗其咎難遁、不可不誡之、所詮触催衆徒・国民并御坊人等、堅被差塞通路、云帳本云与力、共以可被搦進之、若於有同意族者、随注進可被処同罪之由被仰出也、仍執達如件、

長禄二
八月廿四日　（飯尾）為数判
（松田）秀興判

大乗院家雑掌

この記事には、大乗院末寺の菩提山正暦寺が幕府に対して進納するはずの酒と酒壺段銭を未進していることをとがめ、正暦寺に対し路地止めや帳本となっている正暦寺僧等の捕縛などを行うよう大乗院に命じた奉行人奉書が記されている。そしてこの奉行人奉書が尋尊により「御奉書」と認識されていたこともわかる。

室町幕府奉行人奉書とは周知のとおり、室町幕府将軍の意を受けて幕府奉行人が発給する奉書である。三位以上の

人及びこれに准ずる人の意を伝える文書を御教書ということはすでに述べた。それならば室町将軍が発給させた奉書は、御教書と呼ぶべきではなかろうか。

尋尊は幕府奉行人が発給した奉書を御教書とは呼んでいなかったのであろうか。『大乗院寺社雑事記』康正三年（一四五七）六月二十日条を掲げる。

〔史料18〕『大乗院寺社雑事記』康正三年（一四五七）六月二十日条

一法雲院領若槻・番条・伊豆七条事、故尊覚律師之以流類、番条并宗観横領ノ間、及度々京都ニ申入間、成治罰ノ御教書今日到来、彼庄々代官事、飯尾下総守ニ被仰付之、同番条并宗観之跡下総ニ給（預）之云々、

番条并掌善院宗観等退治事、不移時日令進発可致忠節、於彼等跡者、為料所被領置飯尾下総前司為数、被（行カ）早可被沙汰居為数代之由、被仰出候也、仍執達如件、

康正三
六月二日　　（飯尾）之清判
　　　　　　（飯尾貞元）常恩判

楊本殿　　蓬来、　超昇寺、
吐田、　　丹生、　箕田、
鷹山奥、　豊田、　秋篠、
越智、　　希（布）施、　十市、
古市、　　小泉、　狭川、
福住、　　簀川、　岡、
万歳、　　井戸、（堂脱）　高田、
猶（楢）原、　福智、

以上別紙也

この奉行人奉書は大乗院方の院家である法雲院の荘園が、大和国人の番条とその一族である興福寺僧の宗観によって横領されたことに対し、大乗院より幕府に申し入れた結果、発給されたものである。そのことは奉書の前段の尋尊の記述よりわかる。それはともかくとして、この奉書は「御教書今日到来」とあることから、尋尊により「御教書」と認識されていたことがわかる。

続いて『大乗院寺社雑事記』延徳四年(一四九二)二月六日条の検討を行う。

〔史料19〕『大乗院寺社雑事記』延徳四年(一四九二)二月六日条

一御教書到来、去月廿五日書上之、去年日付云々、

義就子息次郎基家并越智・古市以下与力之輩被官牢人等事、令往還徘徊者、随見合或被搦進之者、尤可為忠節、若令同(意)者於隠置、在所者被役(没)収之、至其身者可被処罪科之由所仰下也、仍執達如件、

延徳三年十二月卅日　前対馬守(松田数秀)判
沙弥(飯尾宗勝カ)判

興福寺雑掌

令披露寺門、可取進御請之由(脱アルカ)飯尾大和入道方畢、

畠山基家及び有力国人越智氏・古市氏に対して追討を命じた幕府奉行人奉書である。この奉行人奉書のことを尋尊は、「御教書到来」と記している。やはりここでも尋尊は奉行人奉書を「御教書」と認識していることがわかる。

尋尊は幕府奉行人奉書を「御教書」と認識していた。しかしながら尋尊は〔史料17〕では、奉行人奉書のことを「御奉書」とも記している。これについてはいかに判断をすべきであろうか。これまでもみてきたように尋尊は自らが発給させた奉書についても「御教書」とは呼ばずに、単に「奉書」と呼ぶことが多かった。これは正式には御教書と呼

ぶべきではあるが、『大乗院寺社雑事記』という尋尊自身が記す日記のなかでは、「奉書」で事足りるため奉書と記したのではなかろうか。

これと同様に幕府奉行人奉書も本来は「御教書」と呼ぶべきところを単に「御奉書」と記したものと思われる。いずれにせよ尋尊は、『大乗院寺社雑事記』のなかで奉行人奉書を「御教書」と記している。幕府奉行人奉書は正式には「室町幕府奉行人御教書」と文書名をつけることが妥当であるものと思われる。

文書発給者尋尊によって記された文書名は、後世の者が、発給者の意思を考慮せずにつけた文書名とは異なり、文書発給者の意思が明確に表されている文書名のため、これほど確実な文書名はないのと同様に、文書受給者によって記された文書名は、後世の者が、受給者の意思を考慮せずにつけた文書名よりも確実な文書名であるといえよう。

おわりに

本稿では、従来検討されることの少なかった室町期の大和国の奉書について、『大乗院寺社雑事記』に記された奉書とその前後の記事を素材に考察してみた。

本稿で検討したことをまとめてみると、以下のようになる。

従来奉書形式の書止文言は、「執達如件」、「仍執達如件」とされてきた。ところが興福寺大乗院門跡尋尊が発給を命じた奉書の多くは、その書止文言が、いわゆる書状形式の書止文言とされてきた「恐々謹言」であった。尋尊は『大乗院寺社雑事記』のなかでこれらの文書を奉書として認識していた。あるいは書状形式による奉書であるとも認識していた。元来奉書とは、私文書の一様式として発生したものが、次第に公的文書として用いられるようになった文書をいう。奉書が書状形式であることは、奉書のもつ本来の姿を表しているものともいえよう。

従来「之状如件」の書止文言を持つ文書は、直状形式の文書とされてきた。『大乗院寺社雑事記』には「之状如件」の書止文言を持つ奉書が多数収録されている。尋尊自身も「之状如件」の書止文言を持つ文書を奉書と認識していた。文書発給者尋尊によって記された文書名は、後世の者が、発給者の意思を無視してつけた文書名とは異なり、文書発給者の意思が明確に表されている文書名のため、これほど確実な文書名はないものと思われる。古記録に記された文書名を検討することは、古記録に記された文書を検討することと同様に、あるいはそれ以上に重要であると思われる。

尋尊は袖判を据えた奉書を発給することもあった。尋尊が袖判を据えた奉書を奉書受給者は「御判」と呼んでいた。尋尊自身は袖判を据えた奉書を「判」と呼んでいた。そして尋尊が発給をさせた奉書は御教書と呼ばれていた。これらの点をあわせ考えると、尋尊が袖判を据えたうえで発給をさせた奉書は、「御判御教書」と文書名をつけることが妥当と思われる。

『大乗院寺社雑事記』の記事のなかで尋尊は時折、「自筆奉書」という奉書について触れている。「自筆奉書」について検討した結果、以下のことが明らかとなった。

尋尊や教玄が発給をさせた三通の「自筆奉書」には、尋尊や教玄の袖判などは据えられていなかった。応仁二年に尋尊が長谷寺執行に発給した文書のうち、一通目は「自筆」であり、二通目の文書は尋尊が袖判を据えた「奉書」であった。

尋尊は「自筆自判」と「自筆」と「自判」を区別していた。「自筆」とは自らが自筆で書いた文章をさしており、「自判」とは自らの花押を据えている文書のことをさしていた。

これらの考察の結果をあわせ考えると、尋尊のいう「自筆奉書」とは、奉者に尋尊や教玄が発給させた奉書ではあるが、その本文は尋尊や教玄が自筆でしたためたものであったものと思われる。

なぜこのような「自筆奉書」が発給されたのであろうか。本来、「自筆奉書」とは、直状形式で発給されるような重要な内容をもつ文書であったものが、尋尊と受給者の身分差が大きすぎ、直状形式では発給することがかなわず、奉書形式にせざるを得なかった文書であったものと思われる。しかしながら文書受給者の要求により、あるいは尋尊が重要な案件であると判断したことにより、奉書形式をとりながらも、尋尊自らが本文をしたため奉書が「自筆奉書」であったものと思われる。

尋尊が受給した奉書についても検討を加えた。検討の対象としては、いわゆる室町幕府奉行人奉書を取り上げた。尋尊は、『大乗院寺社雑事記』のなかで奉行人奉書を「御教書」と記している。幕府奉行人奉書は正式には「室町幕府奉行人御教書」と文書名をつけることが妥当であるものと思われる。

文書発給者尋尊によって記された文書名は、後世の者が、発給者の意思を考慮せずにつけた文書名とは異なり、文書発給者の意思が明確に表されている文書名のため、これほど確実な文書名はないのと同様に、文書受給者によって記された文書名は、後世の者が、受給者の意思を考慮せずにつけた文書名よりも確実な文書名であるといえよう。

古記録に記された文書とその前後の記事については、今後なおいっそう注目をしてゆく必要があるものと思われる。残された文書を検討するだけでは明らかにできないことが、古記録を検討することにより明らかにできる事例が数多く存在しており、従来の古文書学の再検討を行うことも可能であると思われる。本稿では、その一端を示してみた。

註

（1）佐藤進一氏『新版古文書学入門』（一九九七年）。

（2）矢田俊文氏も、「戦国期幕府・守護の発給文書とその機能」（『日本中世戦国期権力の研究』、一九九八年）において、日記は文書そのものから読み取ることができない文書の機能を調べることができると指摘されておられる。

（3）平林盛徳氏「仏教文書（一）」『日本古文書学講座五中世編Ⅱ』（一九八一年）、永村眞氏『中世寺院史料論』（二〇〇〇年)。

(4)　相田二郎氏『日本の古文書』上・下(一九四九年)、前掲註(1)佐藤進一氏『新版古文書学入門』(一九九七年)。

(5)　田代脩氏「守護大名文書」(『日本古文書学講座』四巻中世編1、一九八〇年)。

(6)　片桐昭彦氏「戦国期武家領主の書札礼と権力」(『信濃』六六―一二、二〇一四年)。

(7)　今谷明氏「室町幕府奉行人奉書の基礎的考察」(『国立歴史民俗博物館研究報告』一　一九八二年)

(8)　今谷明氏・高橋康夫氏編『室町幕府文書集成　奉行人奉書篇』上巻・下巻(一九八六年)。

(9)　前掲註(4)相田二郎氏『日本の古文書』上・下、佐藤進一氏『新版古文書学入門』。

(10)　前掲註(1)佐藤進一氏『新版古文書学入門』。

(11)　前掲註(6)片桐昭彦氏「戦国期武家領主の書札礼と権力」。

(12)　但しこの記事には尋尊の個人的意見が入っている可能性は留意する必要はあるかもしれない。

(13)　前掲註(1)佐藤進一氏『新版古文書学入門』。

(14)　前掲註(1)佐藤進一氏『新版古文書学入門』。

戦国期東国における奉書式印判状の成立

森田 真一

はじめに

本稿の目的は奉書であることを示す「奉」「奉之」の文言に着目しながら、東国における奉書式印判状成立の歴史的経緯について考察することにある。

戦国期の東国の文書の特徴として、印判状を挙げることができよう。その初見は長享元年(一四八七)の駿河守護今川氏親の印判状であるが、早い段階から本格的に印判状を用いたのは伊勢氏(後北条氏)である。その初見は後述する永正十五年(一五一八)十月八日付の著名な大川文書であり、十六世紀後半には武田氏や周辺の領主も数多くの印判状を発給したようであり、現在まで多数が残存している。

これまでの後北条氏の印判状についての研究は、次の二つに大別することができよう。一つは印判状の印判の形態そのものに着目する研究であり、相田二郎氏の先駆的な研究以降、家印として用いられた虎朱印状や北条一族の朱印状が数多く取り上げられ、研究が蓄積されてきている。(1)もう一つは奉書式印判状の奉者に着目し、地域ごと・時期ごとにどのような特徴があるのかを捉え、そこから後北条氏の支配のあり方を明らかにする試みである。山室恭子氏の体系的な研究が到達点であろう。(2)

これらいずれの研究であっても、後北条氏が郷村に宛てた奉書式印判状が数多く残存し、同氏が奉書式印判状を確立したと考えられることから、奉書式印判状は後北条氏の支配のあり方と結び付けられ、高く評価されてきた(3)。

しかしながら、どのような歴史的経緯を経て奉書式印判状が成立したのかという点に関しては、文書を用いての具体的な研究はないのではなかろうか。たしかに、奉書式印判状に様式が類似し、年代的にも先行する文書として、相田氏によって大名の当主が袖判を捺した年寄奉書（以下、袖判奉書とする）が挙げられている。しかしながら、奉書式印判状と袖判奉書は様式において類似しているが、後者を起源に前者が成立したとは相田氏は述べていない。奉書式印判状にはその成立に関して固有の歴史的経緯が想定されるのであり、その点は袖判奉書とは切り離して考えた方がよいのではなかろうか(4)。

そこで本稿では、後北条氏の奉書式印判状の形態（様式）の他の特徴に注目したい。それは差出書《さしだしがき》（奉者）の下に付す下付《したづけ》、あるいは奉者の右横下方に記される、「奉」「奉之」の文言である。奉書式印判状は奉書でもあるのだから、奉書であることを明示する「奉」あるいは「奉之」の文言に着目することによって、奉書式印判状成立までの歴史的経緯を捉えることはできないであろうか。

というのもすでに佐藤博信氏が示唆しているように、十五世紀末〜十六世紀初頭における古河公方足利氏あるいは関東管領山内上杉氏の発給文書（奉書）の中に、後北条氏の奉書式印判状の「奉」「奉之」の文言につながるような特徴を見出すことができる(5)。したがって、後北条氏よりも前の段階から、奉書式印判状に結実するような新たな文書様式の模索が東国において行われたのではないか。

以上の見通しのもと、第1節では後北条氏の発給文書も含めて、広く「奉」あるいは「奉之」の文言がある文書について概観したい。その上で第2節では後北条氏における奉書式印判状成立の歴史的経緯について仮説を提示したい。

1　「奉」「奉之」の文言を用いた文書

奉者の近くに記された「奉」「奉之」の文言に着目しながら後北条氏の奉書式印判状についてみていく前に、広く文書一般において「奉」あるいは「奉之」の文言が用いられている文書について確認したい。

奉者の近くに「奉」の文言のある文書として、奉書を挙げることができよう。佐藤進一氏の『〔新版〕古文書学入門』では、奉書について次のように説明する。

> ところで、こうした私人の書状であっても地位・身分の高い者は直接自ら筆をとらずに、侍臣に認《シタタ》めさせる。これは単に侍臣に代筆させるという意味ではなくて、侍臣が主人の意を奉じて、侍臣の名で書状を認めるという体裁になる。すなわち本文の書出しに「被…言偁…」(…言を被《コウム》るに偁く＝主人の言葉を承ったところが、つぎの通りです)とか、本文の終り(これを書き止めという)に、(イ)「依仰執達如件」(おおせによって＝主人の仰せによってお取次ぎ致します)、(ロ)仰旨如此(仰せの旨《ムネ》かくの如し)、(ハ)御消息《ゴショウソク》如此、(ニ)御気色《ゴキショク》如此、(ホ)御消息(御気色、仰)所候也(候ところ也)、(ヘ)「…由候也」(…のよしに候也＝主人のおおせはかくかくです)といったような文言を用い、また差出書の部分にはもちろん主人の意を受けて筆をとった侍臣の名を書くが、多くの場合その下に奉という字を小さく書く。これは公文書にも出てくるが、ウケタマワルと読んで主人の意をうけたまわることを表わすのである。このように同じ書状でも差出者が直接出すのではなく、その侍臣、右筆が主人の意を奉じて出す書状を総括して奉書《ホウショ》という[6](傍線は筆者、以下同じ)。

右の文中で佐藤氏は、差出書の下付に「奉という字を小さく書く」とのみ記している。しかしながら、佐藤氏は同書の中で「奉」という字を小さくやや右寄せにして文書の翻刻をしている箇所があるように、実際の文書では「奉」

という字を小さくやや右寄せに配置することがみられた。

この点を有職故実に関する書物では、どのように説明しているのだろうか。室町前期に成立したとされる有職故実書の「書札作法抄」には、奉書について次のように記されている。

〔史料1〕書札作法抄(7)

一奉書ト云コトハ主ノ前ニテ書状ノ事也。此状ニハ私ノ名字ヲ書タルトモ。奉ト云字ヲ名字ノソバニ書也。詞主ノ仰ラル、マヽニ書ヲ奉書ガキノ状トハ申也。公方ノ奉書ハタダ御教書ナド同篇也。奉書ニモ主ノウラ判ヲセラル、コトアリ奉行等ノ判許ニテハ猶不審モアリ。又ミチ行難キ程ノ書ハ皆ウラ判ヲセラル、也。其程大事ニテモナキ事ニハタヾ奉行人ノ判形許也。奉書ニモサマ〴〵ノ体アリ。

傍線部にあるように、史料1の「書札作法抄」では、「奉」の文言は奉者の名字の近くに書くと記されている。戦国期よりも前の書物にこのように規定されていた奉書の「奉」の文言であるが、十六世紀後半には奉書式印判状において「奉」あるいは「奉之」の文言が東国では広く用いられるようになる。

では、後北条氏の奉書式印判状における「奉」「奉之」の文言の記載には、どのような特徴があるのだろうか。次の史料2を確認したい。

史料2は天正十一年(一五八三)に後北条氏が宇津木に所領を宛行った奉書式印判状(8)である。史料1で確認したように、奉書における「奉」の文言は奉者の近くに配置された。あるいは佐藤氏が指摘しているように、奉者の下付として奉者の下に小さく、やや右寄せで配置された。ところが、史料2を写真1で確認すると(9)、後北条氏においてはそのような伝統を引き継ぎつつもさらに改変を行い、「奉」「奉之」の文言を奉者の右横下方に記載し、それが一般化するようである(10)。下付という呼称が適切でないほどに、「奉」「奉之」の文言は奉者の右横下方に移動している。

それでは、後北条氏以外の奉書式印判状では、「奉」「奉之」の表記のあり方はどうであったのだろうか。十六世紀

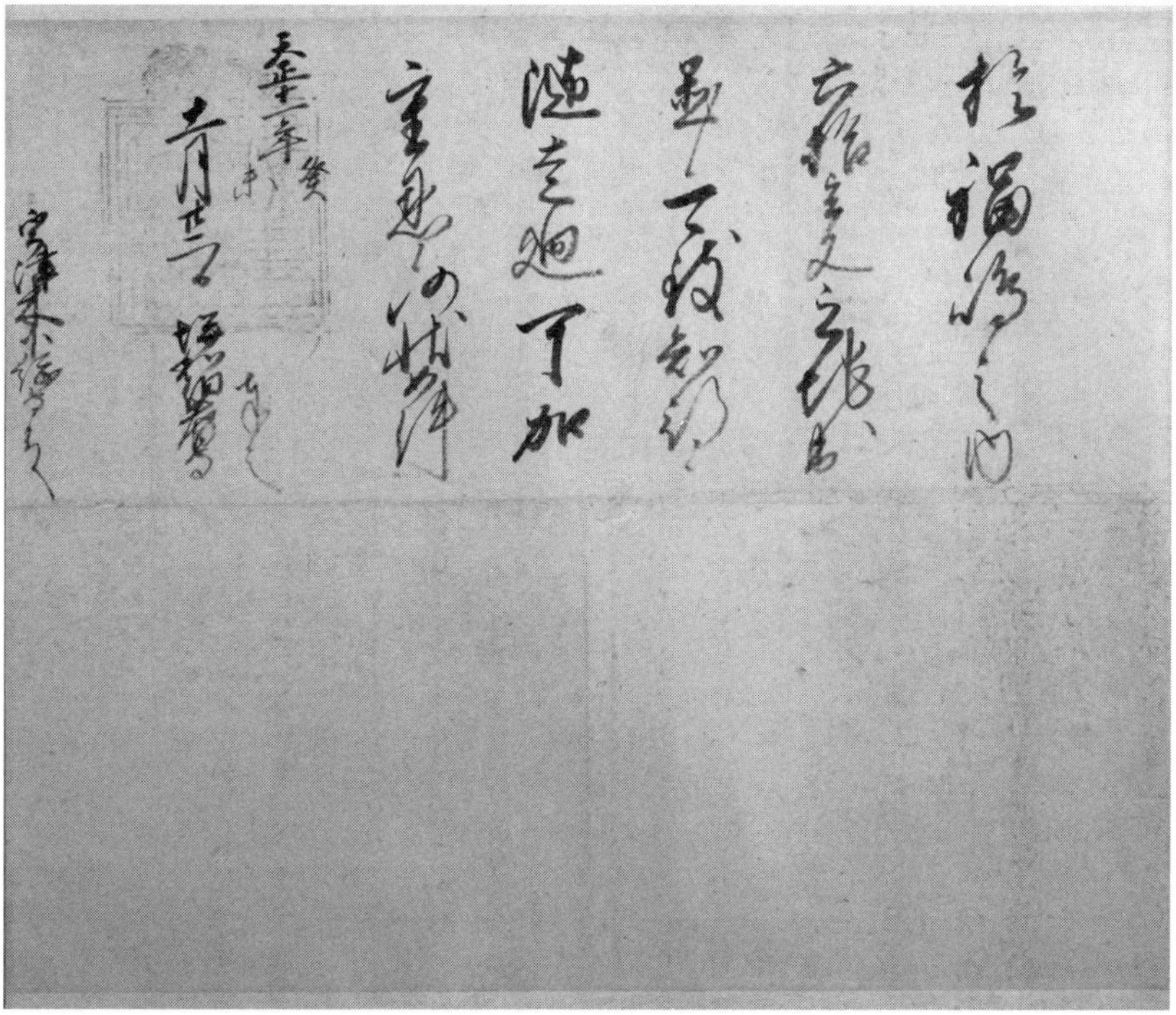

〔史料2〕北条家印判状

於福嶋之内、
六拾貫文之地出
置候、可致知行候、
随走廻可加
重恩候、仍状如件、

天正十一年癸未
十一月廿二日　垪和伯耆守奉之
（朱印）
宇津木下総守殿

（本文読み下し）

福嶋の内において、六拾貫文の地を出だし置き候、知行を致すべく候、走り廻りに随い、重恩を加うべく候、よって状くだんの如し

写真１　北条家印判状（大阪城天守閣所蔵）

末の奉書式印判状が多数残存している甲斐武田家では、永禄九年(一五六六)から奉書式印判状が確認されるようになる。その具体例として、ここでは史料3をみておきたい。

史料3は天正九年(一五八一)に武田家が右馬助に発給した奉書式印判状[11]である(写真2)。注目したいのは、写真で確認できるように「奉之」の文言の位置である[12]。同時期の後北条氏では、史料2の写真1でもみたように、奉者の右横下方に「奉之」の文言を配置することが一般化する。それに対して武田氏では、すでに相田二郎氏が指摘しているように、「奉」あるいは「奉之」の文言が奉者の左横下方に位置している[13]。奉書式印判状を先に用いたのは後北条氏であったから、その後北条氏を模倣しつつも差別化を図る意図もあって、武田氏は奉者の左横下方に「奉」あるいは「奉之」の文言を配置したのではないか。

また、武田家の奉書式印判状の「奉之」の文言には、もう一つ特徴がある。それは朱印と「奉之」との位置関係である。すなわち、この点に関してもすでに相田二郎氏によって指摘されているように、武田家の場合、袖上部に朱印が捺される場合もあるので日下に捺印される場合に限られるが、日付の終りの日字に掛かるか、もしくはそれをはずれた下に朱印が捺されていた[14]。さらに観察すると、日付・朱印・「奉之」の文言が概ね一行に並ぶ文書が多くみられる。写真2からもわかるように、朱印の直下に位置するのは奉者と言うよりも、「奉之」の文言である。とすると、奉者がうけたまわっている「之」とは、視覚的にも明らかなとおり、龍朱印のことであったのだろう。

そもそも武田家の場合、龍朱印を数回にわたって改印しているので図様が相違しているが、例えば龍朱印の初見である天文十年(一五四一)十月四日付の印判状写(「判物証文写」)の朱判影は法量が径約五・六センチの正円であり、後北条氏のものに比べて小さい。そのため、日付の末尾に少し掛かりながら朱印を捺したとしても、その下に「奉之」の文言を配置することができた。

ところが、後北条氏の場合は虎朱印の法量が縦約七・五センチ×横約七・五センチの方印で大きいため、日付の末尾に少し掛

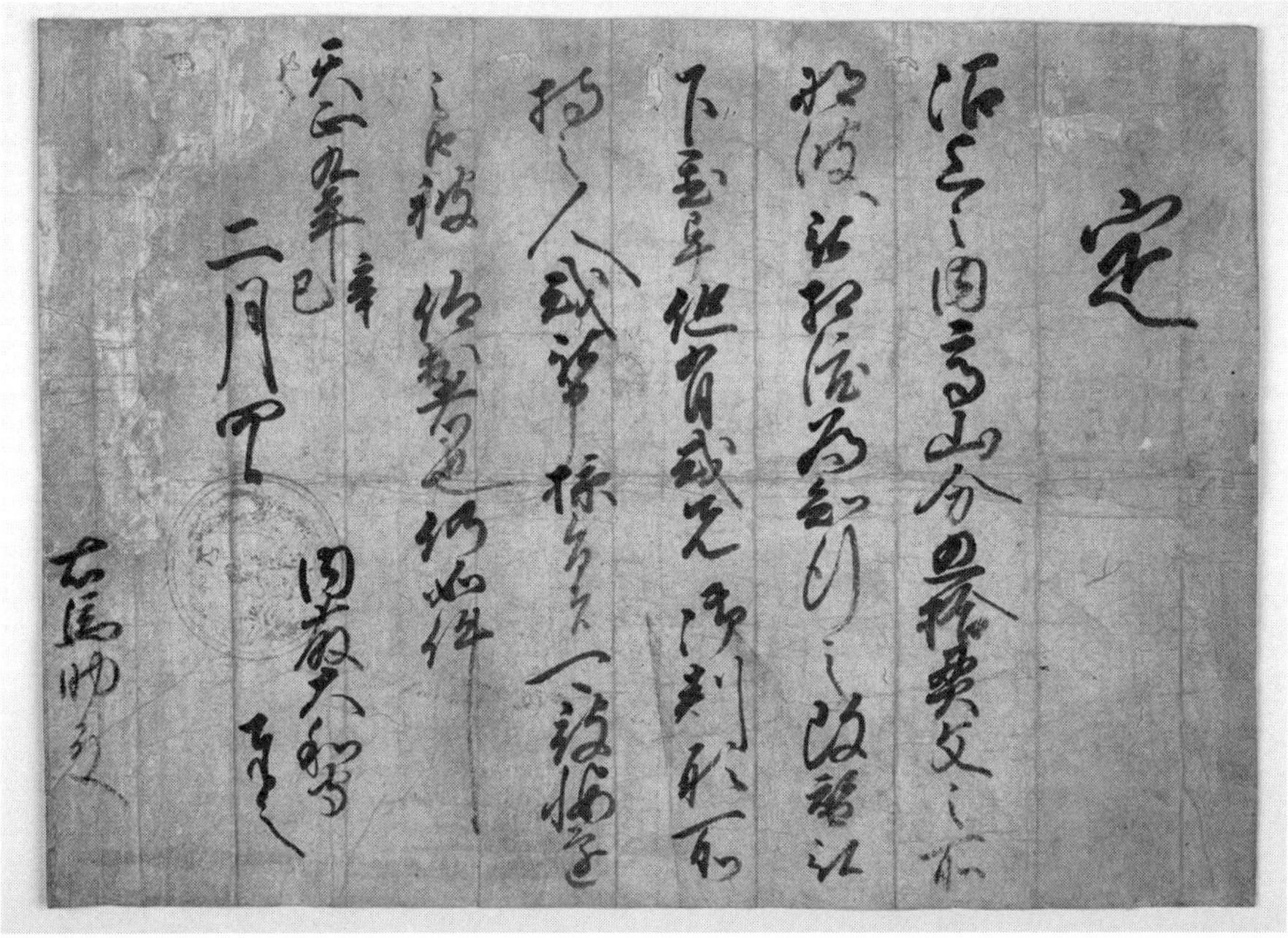

〔史料3〕武田家印判状

定

沼上之内高山分五拾貫分之所、
那波へ被相渡、為知行之改替、被
下置畢、但有或先御判形所
持之人、或被申掠旨者、可被悔還
之由被　仰出者也、仍如件、

天正九年辛巳　内藤大和守
二月四日　奉之
（龍朱印）

右馬助殿

写真２　武田家印判状（群馬県立歴史博物館所蔵）

かるように朱印を捺すと、その下の余白が少なくなってしまい、視覚的なバランスに欠けたのではないか。そのため、後北条氏では虎朱印は月日あるいは年月日に掛けて捺されたのだろう。(15)

次に後北条氏や武田氏以外の奉書式印判状について確認したい。十六世紀末には後北条氏や武田氏以外の領主においても、印判状あるいはそれ以外の文書の中に「奉之」の文言が用いられるようになる。史料4を確認したい（写真3―1・2）。

〔史料4〕北条高広判物(16)

一　（本給）五拾弐貫文　玉村
一　五拾弐貫文　茂木之郷　長井分
一　五拾貫文　上之手之郷　長井分
一　五拾貫文　齋田之郷　同分
一　五拾弐貫文　南玉村　同分
一　廿五貫文　飯嶋半郷　同分
以上、弐百八拾壱貫文
今度甲府江取刷之就忠信、任佗言、弐百八十壱貫文之所、為知行出之候、北玉村之儀、寄居取立、弓・鉄炮・足軽を相集、堅固之備肝要候、猶以忠信心懸可被走廻候者也、仍如件、
天正七年
極月廿八日　高広（花押）（奉之）
宇津木左京亮殿

史料4は上野国厩橋（群馬県前橋市）を拠点としていた戦国領主の北条《きたじょう》高広が、天正七年

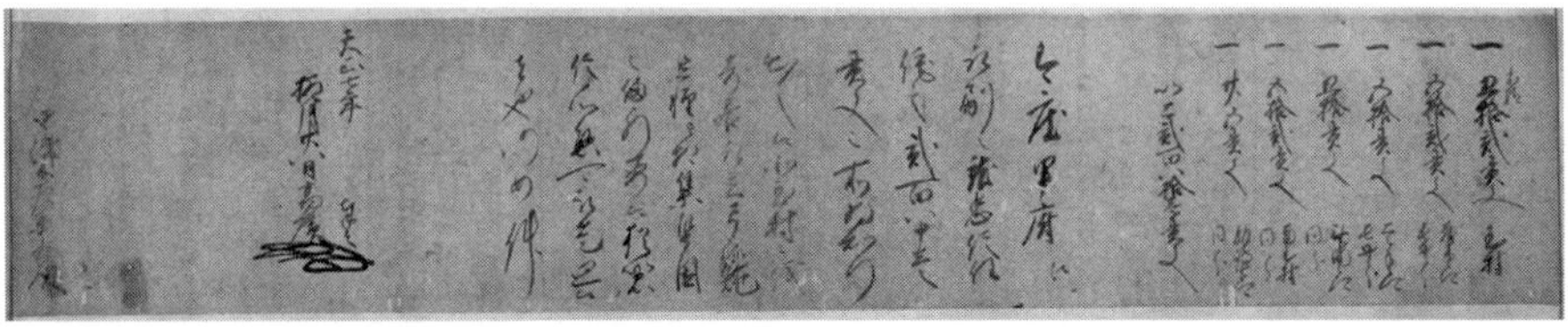

写真3-1　北条高広判物（大阪城天守閣所蔵）

（一五七九）に宇津木左京亮に宛てた判物である。北条氏の本貫地は越後国佐橋荘北条（新潟県柏崎市）であったが、越後上杉氏によって遅くとも永禄五年（一五六二）には厩橋城代として派遣され、後に北条氏は上杉氏や武田氏に帰属を変えながら自立して行動している。

もともと史料4は折紙であったと考えられるが、現状では折れ目の部分で上下に裁断され、前半部分に続けて後半部分を継紙のように表装している（写真3―1参照）。

本文書については、栗原修氏の研究がある。栗原氏は本文書を次のように説明する。

> 高広は、天正七年十二月二十八日付けで、玉村（玉村町）の領主宇津木氏に玉村五郷を宛行っている。この知行宛行状は、高広が武田氏の奉行人として発給したものであり、宇津木氏は武田氏により北条氏の同心として位置づけられたことを示す。[17]

栗原氏が説明するように、史料4は北条高広が武田家の奉行人として発給したものなのであろうか。

史料4の様式上の特徴は、武田家の龍朱印が捺されておらず、署判に高広の花押が据えてあるにも関わらず、「高広」の右横やや下方に「奉之」の文言があることだろう。そもそも、「奉之」の文言が存在しなければ、史料4は北条高広判物と判断される文書であるから、この「奉之」の文言が同時代のものであるのか、後筆であるのかの判断を行う必要が前提としてあろう。その点に関して、著者は以前に史料4を実見した。[18] 写真3―2を参照していただきたい

写真 3-2　北条高広判物 部分（大阪城天守閣所蔵）

が、「奉之」の箇所は明らかな異筆ではなく、他の箇所と同筆と判断されよう。この点を確認して論を進めたい。

さて、北条《きたじょう》高広が武田家の奉行人として史料4を発給したならば、武田家の上意を受けて発給したことになる。通常、そうした意図から奉書や奉書式印判状が発給される場合、文中には「被仰出」のような文言があり、武田家の仰せであることが敬語の「被」とともに用いられることが多い。しかしながら、史料4では仰せの表記も敬語も用いられず、「為知行出之候」とのみあることから、所領を保証した主体は北条高広であったと判断してよかろう。

したがって、栗原氏の説明するように、史料4は北条高広が武田家の奉行人として発給したものではなく、高広が主体となって所領保証を行った判物であったのだろう。では、どうして印判が捺されていないにも関わらず、奉書であることを明示する「奉之」の文言が記載されているのだろうか。それは、北条高広が奉書式印判状を意識したためではないか。それだけ武田氏の奉書式印判状における「奉之」の文言は、大きな影響力があったと考えられよう。

次に確認したいのは、十六世紀末に独自の印判状を用いる領主の事例である。直状式であるのか奉書式であるのか不明瞭ながら、文書中に「奉之」の文言を用いている史料5を確認したい。

史料5は北武蔵の忍（埼玉県行田市）を本拠地としていた戦国領主の成田氏が熊谷町（熊谷市）の長野氏に宛てた印判状である(19)（写真4）。成田氏は北武蔵の中では最も規模の大きな領主であり、独自に印判状を発給していた(20)。

史料5の大意は、成田氏が長野氏に対して、熊谷町において木綿売買商人の宿を開設するように命じたものである。注目されるのは、最後の行に記された「奉之」の文言である。写真をみると、「奉之」の文言は後筆ではないだろう(21)。折紙で日下に余白がほとんどないために、日下に奉者を記すことはそもそも難しい。いずれにしても奉者の記載がないために、史料5では「奉之」の文言を最奥に記したのであろう。

文中では「可致之由、可申付者也」とあって、史料5が上意を受けて発給されたとの意味合いもうかがえるが、明確に成田氏の「仰」を受けた奉者が明記された奉書ではない。であるにも関わらず「奉之」の文言を成田氏が用いた

〔史料5〕成田氏長印判状

於熊谷之
町ニ、木綿
売買之宿、
長野喜三所
にて可致之
由、可申付
者也、如件、
天正八辰（朱印）
十二月十二日
奉之

写真4　成田氏長印判状（長野家蔵、埼玉県立文書館寄託）

のは、後北条氏や武田氏によって盛んに用いられた奉書式印判状の様式を模倣したからではなかろうか。

以上、第1節では奉書式印判状における「奉之」「奉」の文言に着目しながら、後北条氏や武田氏、その他の領主の奉書式印判状やそれに類似した文書についてみてきた。戦国期よりも前の奉書類の奉者の下付から改変していったと考えられる「奉之」「奉」の文言は、①領主によってその位置に差異がみられるということ、②印判状ではない、あるいは明確に奉書式印判状ではないのにも関わらず、「奉之」「奉」の文言のある文書があるということ、③それだけ、東国において「奉之」「奉」の文言のある奉書式印判状が大きな影響力を有していたと想定されること、などを確認した。

2　奉書式印判状の成立

第1節では奉書式印判状における「奉」「奉之」の文言一般について把握した。それを踏まえた上で、第2節では東国における奉書式印判状の成立について考察を進めたい。

現在のところ後北条氏による印判状の初見は、永正十五年（一五一八）十月八日付の著名な大川文書（史料6）である。旧文部省史料館所蔵の史料6は、現在では所在が不明であり、写真版のみ現存しているようである。(22)

〔史料6〕伊勢家印判状(23)

永正十五年戊寅九月被仰出御法之事

一竹木等之御用之事者、其多少を定、以御印判、郡代へ被仰出者、従郡代地下へ可申付、

一りうし御用之時者、以御印判、自代官可申付、

一美物等之事者、毎日御菜・御年貢外者、御印判ニ員数をのせられ、以代物可被召、

一人足之事、年中定大普請外者、若御用あら者、以此御印判可被仰出、

右、此虎之御印判ニ代官之判形を添、少事をも可被仰出、虎之御印判なくハ、郡代同雖有代官之判形、不可用之、於此上、はうひを申懸者あらハ、交名をしるし、庭中ニ可申者也、仍如件、

永正十五年戊寅（朱印）十月八日

「長浜」（後筆）
木負御百姓中

代官
山角
伊東

史料6の解釈については、多くの研究が積み重ねられてきたが、佐藤博信氏によるものが到達点ではなかろうか。それによると、史料6は①伊勢宗瑞から氏綱への代替わりに伴って氏綱によって発給された、②事書にある永正十五年九月に出された「御法」についてより詳細な使用規定を書き加えて、公的に発布して実質的な効力を持たせた、③後北条氏の印判状の初見である、となる。(24)

佐藤氏の①の指摘を受けて、鳥居和郎氏は次のように述べる。(25)

家督の継承を控えた早雲は、それまでの花押を据えた文書を介した当主と家臣の個人的ともいえる繋がりを断ち、印を使用することにより「北条家」と家臣という新しい主従の構造に置き換え、代替わりに伴う混乱を避け家督の移譲を円滑に行えるよう意図したのであろう。

鳥居氏が指摘するように、伊勢家（北条家）の家印を用いることによって、その支配を権威的に明示し、家督の移譲を円滑に行うということが、伊勢家（北条家）における印判状創出の一義的な意図であったようだ。では、本稿で目的

としている奉書式の様式について、史料6からどのようなことがうかがえるだろうか。文書の発給過程や運用がその様式に反映されていると仮定するならば、文書の様式の確立過程を確認することは重要であろう。

史料6では、本文・年月日・宛所・差出人(代官)の順で記されており、これ以後の奉書式印判状とは差出人と宛所の順番が逆になっていて変則的である。しかしながら、「山角」「伊東」の差出人が記されており、本文中の「仰出」の文言からも奉書式と考えてよいだろう。

次に史料6の内容を確認すると、一つ書きの後に記された印判の使用規定には、本印判状に代官の「判形」を添えて、後北条氏から命令が出される、と記されている。

この箇所を文言通りに解釈すれば、後北条氏の命令は虎朱印の捺された印判状に代官の「判形(花押)」を添えて、はじめて機能するとしている。しかしながら、印判状に虎朱印が捺され、そこに代官(奉者あるいは奏者に該当するか)の花押が据えてある後北条氏の印判状は、この後ほとんど残存しない。したがって、印判状が用いられるようになった永正十五年(一五一八)の時点では、奉書式であることを明示する様式が確定していなかったといえよう。印判状の使用開始と奉書式印判状の様式の確立には、時期差があったのである。

では、現存している奉書式印判状の中で史料6の次の年次に該当する、大永二年(一五二二)九月十一日付の史料7を確認したい(写真5—1)。

史料7は伊勢家が大井宮神主らに諸役免除等三か条を定めた法令であり、奉書式印判状の様式をとっている。様式について詳しく確認していくと、本文・年月日・差出人・宛所という順番は、この後の一般的な奉書式印判状と同一である。さらに、差出人(奉者)の表記も史料6から変化し、奉者の遠山の文字とほぼ同じ大きさで、遠山の直下に右寄せで「奉」の一字が記されている(写真5—2)。文書を子細に観察すると、「遠山」の「遠」～「奉」の文字は一筆で記されていることがわかる。したがって、本文書の右筆には、こうした差出書の表記に迷いがなかったこと

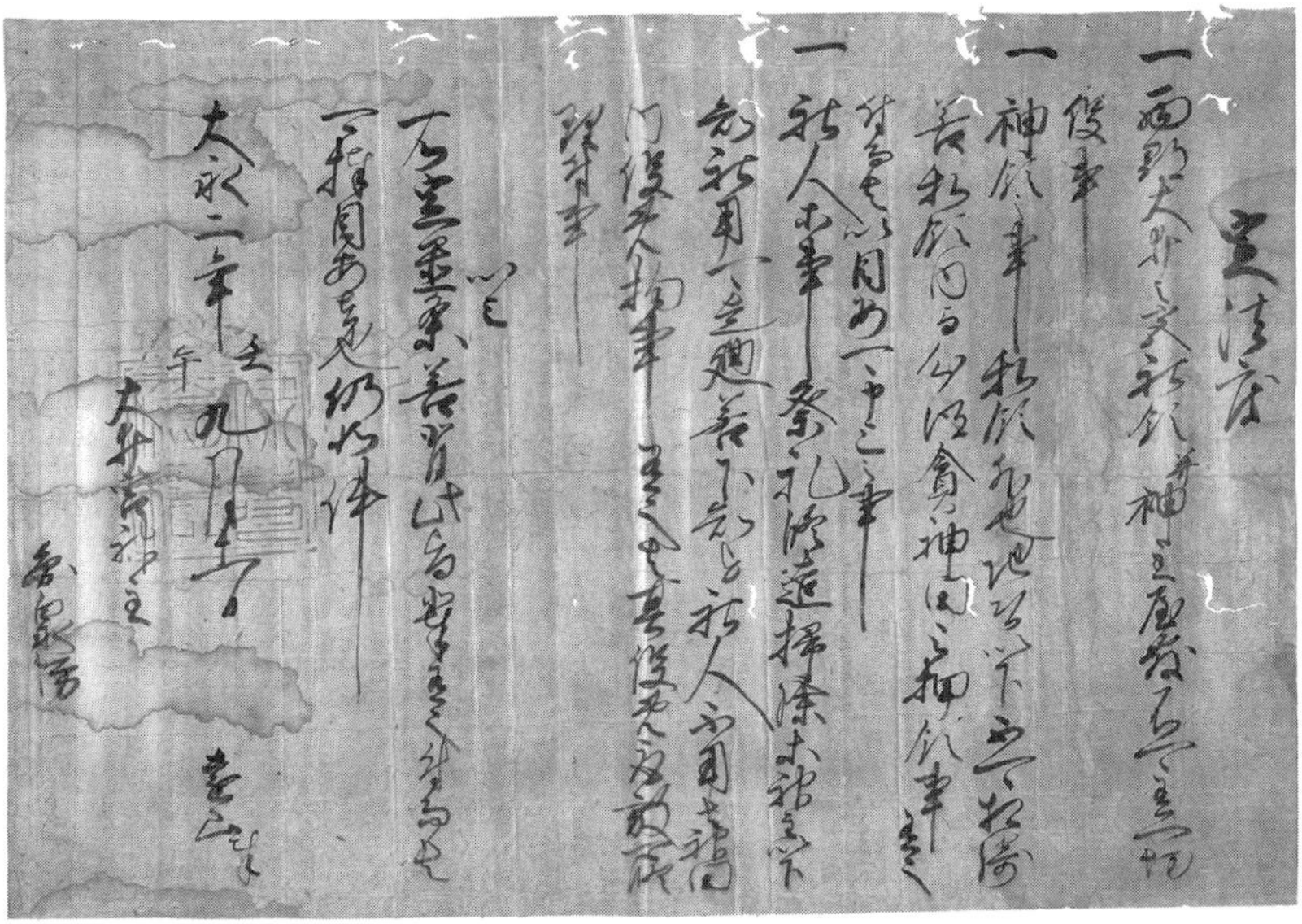

写真 5-1　伊勢家印判状
（三島神社所蔵、神奈川県立公文書館画像提供）

〔史料7〕伊勢家印判状(26)

定法度

一 西郡大井之宮社領并神主屋敷、不可有一切役事、

一 神領之事、私領外也、地頭以下不可相綺、若私領内与心得、貪神田、令押領事有之付而者、以目安可申上之事、

一 社人等事、祭礼・修造・掃除等、神主以下知、社用可走廻、若下知を社人不用者、神田内役免拘事有之者、其役免取放、可修理付事、

以上

右、定置条、若背此旨輩有之付而者、可捧目安者也、仍如件、

大永二年壬午九月十一日（虎朱印）　遠山奉

大井宮神主

円泉坊

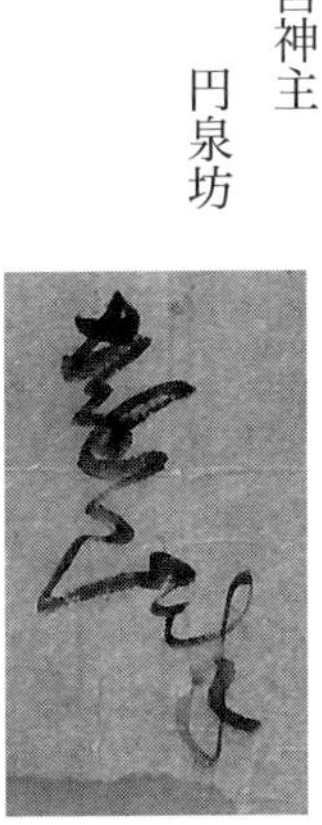

写真 5-2　部分

がうかがえる。

　この「奉」の記し方は、奉書の類の綸旨や院宣、令旨等における下付の記載と類似している。室町幕府政所執事の一族であった伊勢氏を出自とする後北条氏は、奉書の下付に関する知識（書札礼）を有しており、それを継承しながら、このような表記にしたのかもしれない。あるいは、後述する史料9・10の古河公方・関東管領の奉書の様式を意識したのかもしれない。いずれにしても、史料6で確認したように、永正十五年の奉書式印判状の当初の規定では虎朱印に代官（奉者なり奏者か）の花押を据えるとしていたのであるから、その規定とは相違している。

　では、史料7の様式はこの後に踏襲されたのであろうか。翌同三年（一五二三）三月に発給された史料8では、差出書の表記が変化する（写真6）。

〔史料8〕北条家印判状(27)

　彼道者上下拾五人・馬四疋、諸役無相違可透之者也、仍如件、

　　　大永三未

　　（虎朱印）三月十二日　　　奏者　遠山（花押）

　　　　　相州

　　　　　豆州

　史料8は大永三年（一五二三）三月に発給された伊勢家（北条家）の奉書式印判状である(28)。史料7と同じく奉者は遠山氏であるが、下付に「奉」あるいは「奉之」の文言はなく、遠山の花押が据えられており、奉者の遠山の右肩辺りに「奏者」と記されている。奏者＝取

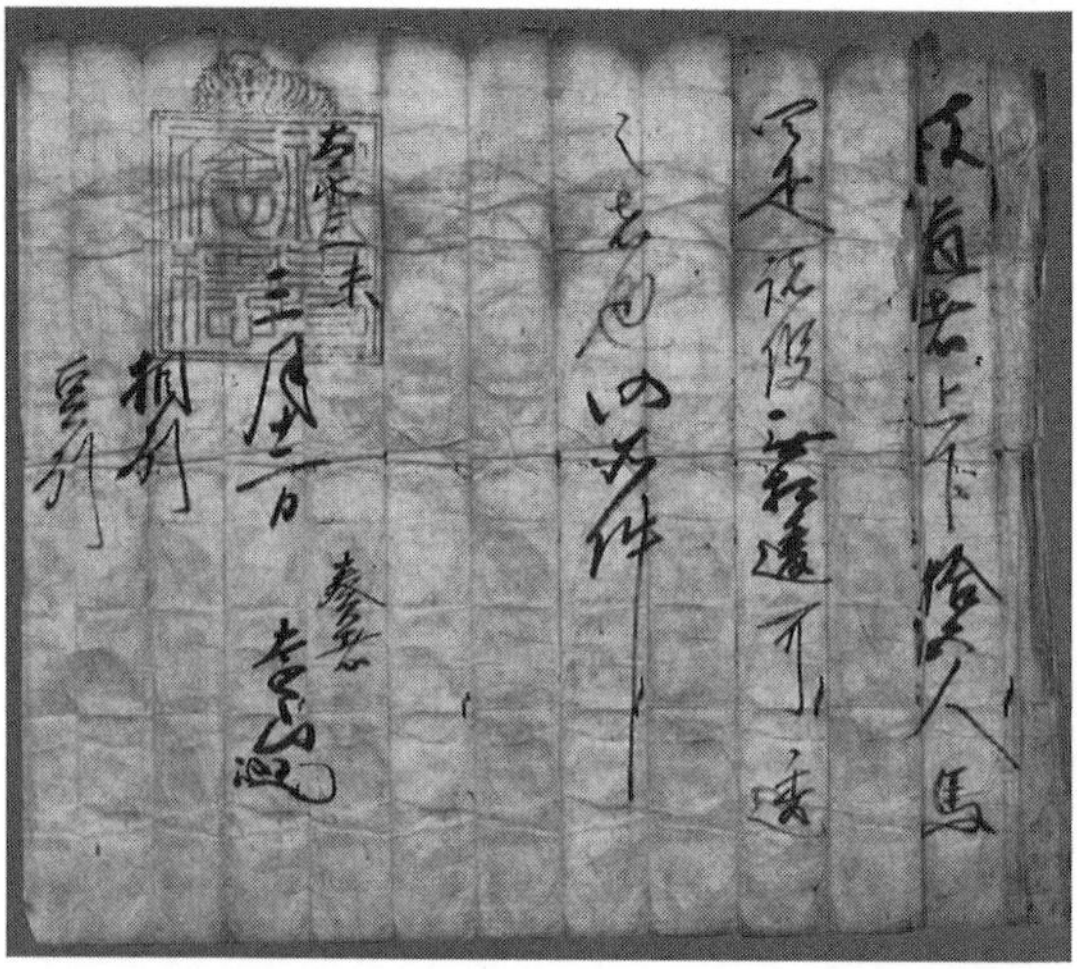

写真6　北条家印判状（長慶寺所蔵、熊谷市史編さん室画像提供）

〔史料9〕芸佳奉書

当社御寄進状、
乾亨院殿（足利成氏）様如
御判、被成之候、
仍無退転御祈
禱之由被聞召、
神妙候、猶以精誠
簡要候、能々可相
届之段
上意候、恐々謹言、
四月廿八日　奉　芸佳（花押）
粟宮々司殿

写真7　芸佳奉書（安房神社所蔵、古河歴史博物館画像提供）

次役が遠山氏であったことが明示されていて興味深く、遠山氏の花押が据えられていることから、印判状の初見である史料6の印判規定に近いであろう。すなわち、印判が捺され、そこに奉者の花押が据えてあるという様式である。しかしながら、先にみた史料7とは様式が異なり、奉書式印判状の署判の様式が一定していなかったことがうかがえる。

それでは、十六世紀前半の後北条氏段階よりも前に、印判状ではないが奉者と花押が記され、その奉者の近くに同文書が奉書であることを明記した史料は存在しないのであろうか。次の史料9・10を確認したい。

史料9は古河公方足利政氏の上意を受けて粟宮に寄進状が下されたことを伝達した、古河公方足利氏の奉行人の芸佳の奉書である[29](写真7)。文中の「乾亨院殿様」が古河公方初代の足利成氏であることから、本文書の年次は成氏没年の明応六年(一四九七)九月以降、根拠は不明瞭ながら『小山市史 史料編・中世』四四六号では明応九年に推定されている。いずれにしても年次は十五世紀末~十六世紀初頭であろう。

史料9を写真7で確認すると、日付の「廿八日」の右横から奉者の芸佳の二文字にかけて「奉」の一文字が記されていることがわかる[30]。おそらく本来的には芸佳の右肩あたりに「奉」の文字を記そうとしたのであり、「奉」の文字は他と比べて同等あるいはそれ以上の大きさであり、かなりの筆勢であることが写真からもうかがえ、後筆ではないと判断されよう。

史料10は関東管領山内上杉顕定の奉行人(右筆)であった力石右知が、越後の平子氏に宛てた奉書[31]である。

〔史料10〕力石右知奉書

頸城郡内杉一揆事、如前々被相触、奥口為御先勢走廻、可被励忠節之由候、恐々謹言、

十二月五日　　奉右知(花押)

平子牛法師殿

(史料10　読み下し)

頸城郡の内、杉一揆の事、前々の如く相触れられ、奥口の御先勢として走り廻り、忠節に励まられるべきの由に候、恐々謹言、

永正六年(一五〇九)七月頃から顕定は越後に軍事介入を行っており、史料10は同年のものと考えられる。写真を確認すると奉者の「右知」の右肩のあたりに他の文字よりも若干小さく「奉」の一文字が記されていることがわかる[32]。横浜市歴史博物館『特別展　鎌倉御家人　平子氏の西遷・北遷』においてかなり大きな写真が掲載されており、その写

真をみても「奉」の文字は後筆ではないと判断されよう。

史料9・10ともに奉者が花押を据え、奉者の右肩あたりに「奉」の一文字が記される奉書である点は共通している。十五世紀半ばの古河公方成立以降、古河公方と関東管領は対立しながらも両者相俟って東国の政治権力を行使する、公方―管領体制と呼ばれる政治体制が機能していた。[33] 史料9・10が発給された十五世紀末～十六世紀初頭にかけては、古河公方足利政氏のもと、古河公方と関東管領がとりわけ密接な政治的関係にあったことは確かである。しかしながら、両者がそのような関係を背景に奉書の文書様式を意図的に類似させたとは、考え難いのではないか。それよりも古河公方・関東管領ともに奉書において、奉書であることを明示した「奉」の文言を表記せざるをえなかったのではないか。

では、奉書という文書様式の問題点はどのような点にあったのだろうか。矢田俊文氏は戦国期の守護家・守護代家の奉書の署判者について検討し、次のように述べる。

署判者から考えると、戦国期の守護家・守護代家の奉書は、守護家・守護代家当主の意志が貫かれていると考えるよりも、署判者の意志が相当反映されている文書であると考えるべきであることがわかる。(中略)守護の署判のない文書は、守護の意志が伝達されたとはいえないのではないか。[34]

すなわち、奉書では奉者が守護などの上意を受けて発給している旨が記されているが、実際には上意とは無関係に奉者の意志を優先させて文書が発給されることがあった、ということである。

では、矢田氏の奉書論を踏まえて、室町～戦国期における東国の奉書にはどのような特徴があるのだろうか。史料9・10は、すでに佐藤博信氏による上杉氏奉行人力石氏の研究において言及されており、その中で史料10について、佐藤氏は次のように述べる。

関東管領家の奉行人連署も、文明年代の証状(仏日庵文書)をほぼ最後としており、それに代わって特定の奉行人が

> 奏者となって文書を発給するようになっていたのである。（中略）それは、一面それだけ特定の奉行人の役割が増大したことを意味したのである。この点、古河公方足利氏の場合と同様な事態といってよく、権力のあり方の変化と密接な関係にあったと評価される。（中略）署判の右肩に「奉」とあるごとく顕定の意を受けて出された奉書なのである。この様式自体、奉行人連署奉書消滅後に現れた新たな奉書として注目されるが、その点はさておき、本文書の存在は、右知が顕定に随伴して越後まで赴いていた結果であった。(35)

佐藤氏が指摘するように、東国の古河公方家や関東管領家では十五世紀後半には奉行人連署奉書はほとんどみられなくなり、その後、史料9・10のような単独署判で奉者の右肩に「奉」の文言がある奉書が現れる。

このように東国において奉書の様式が変化した背景には、矢田氏が指摘する、上意とは無関係に奉者の意志を優先させて奉書が発給される事態があったのではないか。

古河公方家や関東管領家においてそうした動向が確認された後、伊勢家（後北条家）では同家の権威化と円滑な家督の譲渡を第一義として印判状を発給し始める。史料6～史料8をみる限りでは、伊勢家（北条家）が当初から先にみた奉書の弊害を克服する意図のもとで印判状を用いたとは考え難い。あくまでも自らの家を権威的に明示するために虎朱印は用いられ始めたのであろう。その次の段階になって、奉書式の様式が確立されていくのではなかろうか。

この見通しは印判状研究の成果と整合するのであろうか。後北条氏ではないが、武田氏の奉書式印判状の意義について、片桐昭彦氏は次のように述べる。

> 奉書式印判状は、武田家中の者が奉じる奉行人奉書的なものである。奉書式印判状の意義は、彼ら家中の側近・年寄・城代・奉行等の権限上昇を抑止するところにあったのである。（中略）それゆえ武田氏は、後北条氏が大永二年（一五二二）から発給している奉書式印判状の様式を採用したのであろう。奉行人など家中の者それぞれに任せた権限を再び武田家当主のもとへ還元して発給するのが奉書式印判状なのである。(36)

後北条氏における奉書式印判状創出の意義は、武田氏と同様であっただろう。すなわち、片桐氏が指摘するように、奉書式印判状は奉書的なものであり、奉者の権限上昇を抑止するところに意義があった。この点から、上意とは無関係に奉者の意志を優先させて奉書が発給される事態を防ぐ意図を読み取ることができ、それ以前の東国における新たな文書様式の模索という状況と符合するであろう。

このようにみてくると、史料9・10の十五世紀末〜十六世紀初頭における古河公方・関東管領段階の奉書の発給過程を跡付けることは困難であるが、奉者に近くに記された「奉」の文言はその後の奉書式印判状の様式に影響を与えたと考えられる。

おわりに

以上、本稿では東国における奉書式印判状の成立過程について考察を行ってきた。その結果、以下の五点を指摘したと考える。

①戦国期の東国において広く用いられた奉書式印判状であるが、奉書であることを明示する「奉」「奉之」の文言は領主によってその位置が相違した、②奉書式印判状ではないにも関わらず「奉」「奉之」の文言のある文書が存在することから、奉書式印判状がそうした文書の様式に影響を与えたと考えられる、③伊勢家(北条家)は一義的には家督の円滑な譲渡と権威的な家の確立のために永正十五年(一五一八)に印判状を用い始めた、④その後、様式が確立するまでに年月を要するものの、伊勢家(北条家)では奉書式印判状の様式を確定していった、⑤奉書式印判状という様式の創出は伊勢家(北条家)の独力と言うよりも、それ以前から東国において新たな文書様式を確立しようとする動向があり、そうしたことを背景に成立したと評価される。

東国における奉行人連署奉書の消滅から後北条氏による奉書式印判状の成立までを架橋する文書として、史料9・史料10の奉書を位置づけたいというのが本稿の眼目である。すでに佐藤博信氏によって示唆されており、本稿ではそこに数点の傍証を例示したに過ぎない。しかしながら、こうした視点を導入することによって、東国における新たな文書様式の模索といった歴史過程の中に、はじめて奉書式印判状を位置づけることができるのではなかろうか。

註

（1）相田二郎「北条氏の印判に関する研究」（佐脇栄智編『後北条氏の研究　戦国大名論集8』吉川弘文館、一九八三年、初出一九三五年）。近年の研究として、山口博氏の研究を挙げることができよう（同『戦国大名北条氏文書の研究』岩田書院、二〇〇七年）。

（2）山室恭子『中世のなかに生まれた近世』（講談社学術文庫、二〇一三年、初出一九九一年）。

（3）山室氏は印判状を統計的に分析することにより、後北条氏は印判状を用いることによって郷村宛てに文書を発給する体制を確立したと述べている（山室恭子『中世のなかに生まれた近世』講談社学術文庫、二〇一三年、初出一九九一年）。また、片桐昭彦氏の研究によると、越後上杉氏や甲斐武田氏は後北条氏の奉書式印判状を意識して、この様式の文書を発給し始めたという（片桐昭彦『戦国期発給文書の研究』高志書院、二〇〇五年）。

（4）山口博氏は後北条氏の印判状の奉者を論じる中で、相田氏の研究について言及し、奉書式印判状は「袖加判奉書に様式的起源をもつものとされている」と指摘されている（同『戦国大名北条氏文書の研究』岩田書院、二〇〇七年、一一四頁）。しかしながら、相田氏は奉書式印判状と袖判奉書の類似性を指摘しているだけではなかろうか（相田二郎『日本の古文書　上』岩波書店、一九四九年、四六九・六三六頁）。いずれにしても、戦国期の東国において奉書式印判状が用いられたのに対して、西国では様式としては類似している袖判奉書が用いられたという相田氏の指摘は興味深い。

（5）佐藤博信「上杉氏奉行人力石氏について」（同『中世東国の支配構造』思文閣出版、一九八九年、初出一九八八年）。

（6）佐藤進一『［新版］古文書学入門』（法政大学出版局、一九九七年、一〇三頁）。

（7）『群書類従　第九輯　文筆部消息部』

(8) 宇津木文書(『群馬県史　資料編7　中世3』三二六六号)。
(9) 宇津木文書研究会編『玉村戦国文書資料集』(玉村町歴史資料館、二〇一一年)。
(10) 相田二郎『日本の古文書　上』(岩波書店、一九四九年)。
(11) 高山文書(『群馬県史　資料編7　中世3』三〇五三号)。
(12) 『増訂　群馬県立歴史博物館所蔵　中世文書資料集』(群馬県立歴史博物館、二〇一四年)。
(13) 相田二郎『日本の古文書　上』(岩波書店、一九四九年)。
(14) 相田二郎『日本の古文書　上』(岩波書店、一九四九年)。
(15) 荻野三七彦『印章』(吉川弘文館、一九六六年)。
(16) 宇津木文書(『群馬県史　資料編7　中世3』二九七七号)。
(17) 栗原修「厩橋北条氏の存在形態」(同『戦国期上杉・武田氏の上野支配』岩田書院、二〇一〇年、初出一九九六年)。
(18) 宇津木文書研究会編『玉村戦国文書資料集』(玉村町歴史資料館、二〇一一年)を制作する一員として、著者は以前に大阪城天守閣において史料4を実見した。
(19) 長野家文書(『新編埼玉県史　資料編6　中世2』一〇五五号)。
(20) 成田氏の研究については、市村高男「武蔵国成田氏の発展と北条氏」(同『戦国期東国の都市と権力』思文閣出版、一九九四年、初出一九八六年)参照。
(21) 熊谷市教育委員会編『熊谷市史　資料編2　古代・中世　写真集』(熊谷市、二〇一三年)に写真が掲載されている。
(22) 佐藤博信「虎印判状初見文書について」(同『中世東国足利・北条氏の研究』岩田書院、二〇〇六年、初出一九七四年)。
(23) 大川文書(『戦国遺文　後北条氏編　第一巻』三五号)。
(24) 佐藤博信「虎印判状初見文書について」(同『中世東国足利・北条氏の研究』岩田書院、二〇〇六年、初出一九七四年)。
(25) 鳥居和郎「戦国大名北条氏とその文書」(『戦国大名北条氏とその文書』神奈川県立歴史博物館、二〇〇八年)。
(26) 三島神社文書(『神奈川県史　資料編3　古代中世(3下)』六五六四号)。

(27) 長慶寺文書(『神奈川県史　資料編3　古代中世(3下)』六五六九号)。
(28) 熊谷市教育委員会編『熊谷市史　資料編2　古代・中世　写真集』(熊谷市、二〇一三年)に写真が掲載されている。なお、北条への改姓は同年六月~九月の間である。
(29) 安房神社文書(『小山市史　史料編・中世』四四六号)。
(30) 古河歴史博物館『古河公方展』(一九九七年)。
(30) 平子啓一氏所蔵文書(『新潟県史　資料編5　中世三』三四九二号)。
(32) 横浜市歴史博物館『特別展　鎌倉御家人　平子氏の西遷・北遷』(二〇〇三年)。
(33) 佐藤博信「上杉氏奉行人力石氏について」(同『中世東国の支配構造』思文閣出版、一九八九年、初出一九八八年)。
(34) 矢田俊文「戦国期守護家・守護代家奉書と署判者」(同編『戦国期の権力と文書』高志書院、二〇〇四年)。
(35) 佐藤博信「上杉氏奉行人力石氏について」(同『中世東国の支配構造』思文閣出版、一九八九年、初出一九八八年)。
(36) 片桐昭彦『戦国期発給文書の研究』(高志書院、二〇〇五年)。

戦国期北陸における権力構造と判物

矢田俊文

はじめに

本稿の課題は、戦国期北陸の権力構造をあきらかにするための基礎作業として、それぞれの地域に発給された判物等を検討することにある。

中世文書を使用して中世社会の様相を明らかにするという視点で考えると、文書の機能論についての佐藤進一・上島有・河音能平の三氏の研究が重要である。

佐藤氏は、十一世紀ごろから見られる文書の様式上の宛所と実際の受給者との乖離の原因を、中世の訴訟法の当事者主義となっていく私的自衛的な証拠法の形成と証文保管の定式化であるとする。(1) 氏は権利関係文書を保管するという権利の保持者の行動様式と関連させて中世文書の特質を理解している。

上島氏は、多数の御教書・施行状・遵行状・打渡状などの正文が宛名人の守護・守護代・使節などの手許ではなく、安堵などを受けた当事者の手許に多数残っている理由について、文書を伝達するのは文書の発給者ではなく、中立人(当事者)であるとする。(2) 上島氏も佐藤氏同様、文書を中世の当事者主義との関係で理解している。

河音氏は、文書が社会的効力を発するためには実際の文書の受給者(当事者)による執行行為が重要であるとする。氏は、様式上の宛所を下野国日向野郷住人とし、下野国日向野郷地頭職を安堵された小山（藤原）朝政を実際の受給者とする文書（建久三年九月十二日鎌倉将軍家政所下文）を検討し、下文＝補任状は地下披露の公的儀式を通してはじめて社会的効力をもつとする。(3) 氏はさらに、室町将軍家御教書の社会的効力の発生について、室町時代には、所領にかかわる行政文書は、当事者主義の原則のもとに機能していたとする。(4) 河音氏は、下文＝補任状と室町将軍家御教書を事例として、中世文書の当事者主義を説明する。

河音氏は、当事者が文書を受け取り、形式的宛所の主のところまで文書を運び、社会的効力を発する現地におもむき、文書を執行させるとする。河音氏のいう中世文書の当事者主義の内容は、受け取った文書を実際に運び文書の社会的効力を発生させるというものである。

佐藤・上島・河音三氏が説明する中世文書の当事者主義論は、〝中世文書の当事者主義は権利を保証する文書の保管、発給、伝達、執行までの行為すべてに貫かれていた〟、というものである。

文書の当事者主義は戦国期でも同様である。戦国期の河内観心寺文書を検討すると、文書を手に入れることによって利益を得ようと望む者は、自らの権利を保証してくれると思われる権力者（発給者）のところにおもむき、銭を出して文書をもらい、それを現地に持って行き、権利を脅かす勢力にその文書を示して、権利を確保したことがわかる。(5) 戦国期の権力構造の研究では文書が当事者主義によって発給されていることを基礎にして検討を行わなければならない。

本稿では、当事者主義的に文書を理解することが地域の権力構造の解明にいかに有効なのかを明らかにしていく。

1　戦国期権力と文書の当事者主義――越後・越中を事例に

本節では越後・越中を対象として戦国期権力を文書の当事者主義論により見て行くことにする。まず、越後の事例

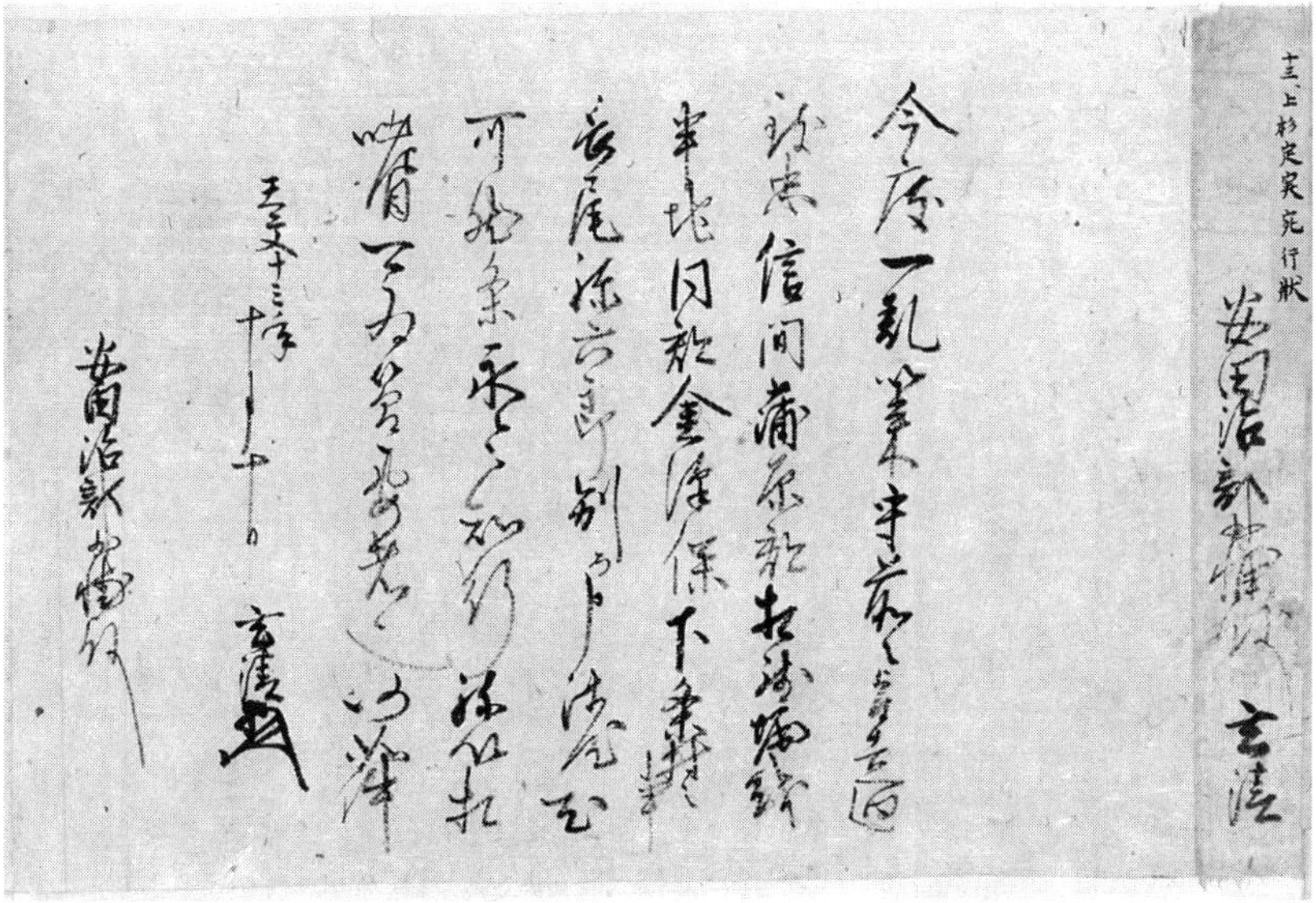

写真1　安田治部少輔宛玄清判物(新潟県立歴史博物館蔵)

を見る。

長尾為景の没後、後を継いだのは、子の晴景であった。次の二通の文書は、晴景期の越後における所領給与の判物である。晴景期の所領の保証方法を見てみよう。

A今度一乱以来、守前々旨走廻、
致忠信間、蒲原郡相残堀越
半地・同郡金津保下条村之事、
長尾弥六郎別而申沙汰、尤
可然条、永令知行、弥以相
嗜可為簡要者也、仍如件、

天文十三年
十月十日　玄清(上杉定実)(花押)
安田治部少輔殿(6)

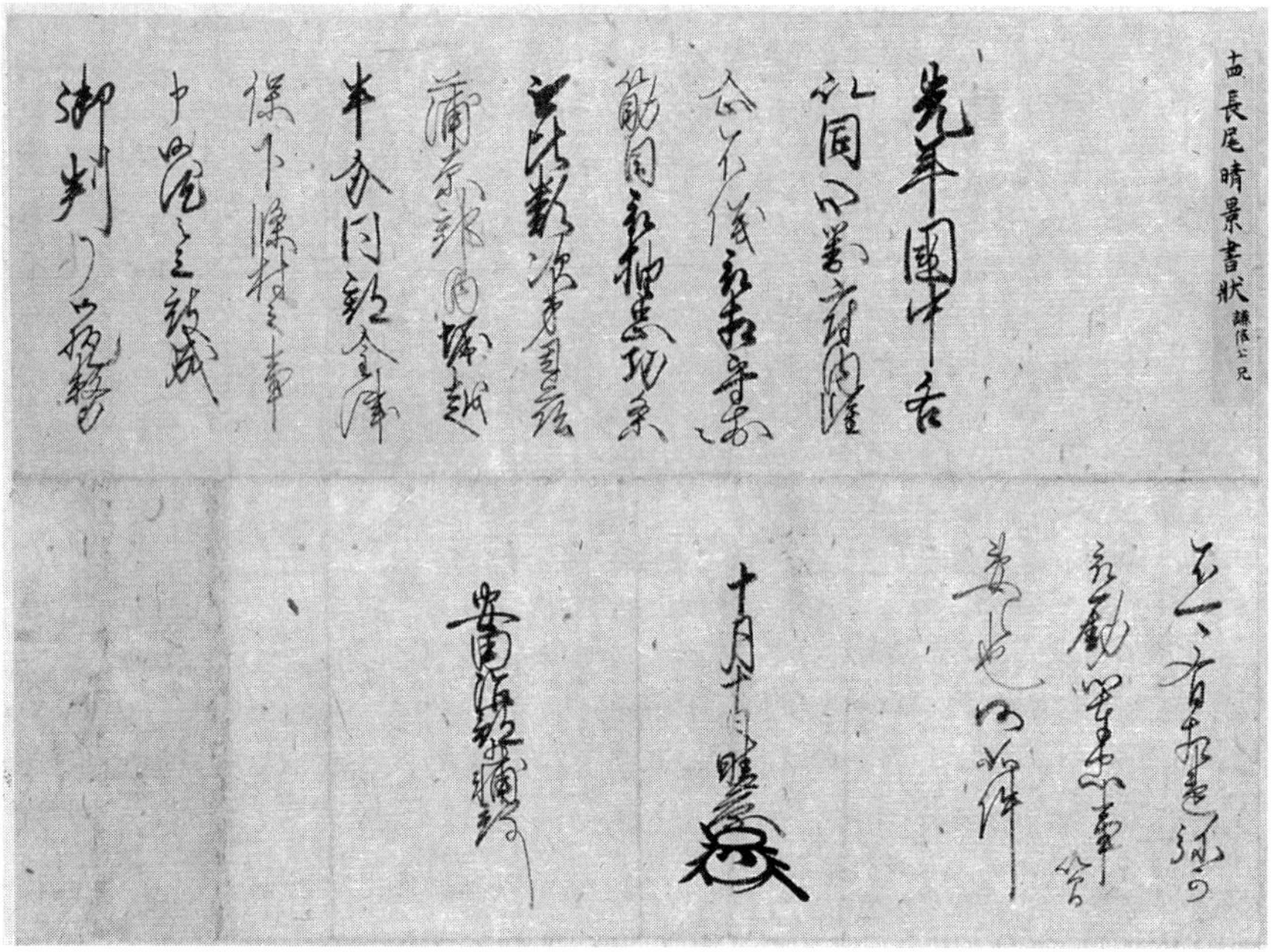

写真2　安田治部少輔宛晴景判物（新潟県立歴史博物館蔵）

B先年国中各
以同心、対府内雖
企不儀、被相守前々
筋目、被抽忠功条、
無比類次第、因茲、
蒲原郡内堀越
半分・同郡金津
保下條村之事、
申沙汰之上、被成
御判了、御執務
不可有相違、弥可
被励軍忠事簡
要候也、仍如件、
（天文十三年）十月十日　（長尾）晴景（花押）
安田治部少輔殿(7)

史料AとBを比べると、Aが年号を記しているのに対し、Bは無年号である。実年号のある方が、文書の形式は整っていて正式なものである。この年号の記し方の相違は、守護と守護代の格の違いからくるものである。しかし、文書様式はともに判物であり、どちらが主で、どちらが従ということではない。この文書は安田氏に与えられた文書であるが、安田氏はこの二つの文書を手にして初めて所領を我がものにすることができるのであり、A・Bどちらか一方の文書で所領を手にすることはできない。Aには「長尾弥六郎（晴景）が別に申し沙汰をする」と記され、Bには「申し沙汰をした上で、守護の安堵状が下される」と記される。この二つの文書は、どちらがより重要であるとはいえない文書であり、相互が補完しあっている。

永正四年（一五〇七）、長尾氏が実質的に越後の盟主となった後も、長尾氏が発給する文書には守護の存在が明記されていた。長尾氏は守護に代わって、守護と同様の文書を発給することはできず、一貫して守護代としての文書を出すことしかできなかった。大見安田氏は守護と守護代双方から所領安堵の判物を手に入れた。天文十三年段階の大見安田氏は越後の一国の権力は守護と守護代の二重権力として認識していたのである。

次に越中の権力構造を室町幕府奉行人奉書からみてみよう。

C一、安禪寺殿御領越中国市田郷事、強入部云々、言語道断之次第也、不日止其妨、可被全寺家直務、若猶有難渋者、一段可有御成敗之由、被仰出候也、仍執達如件、

文明十七

九月二日

（飯尾元連）宗勝

（清）元定

高野細河殿

D一、安禪寺殿御領越中国市田郷事、高野細河強入部云々、言語道断之次第也、不日退彼妨、可被全寺家直務、若

猶令難渋者、一段可有御成敗之由、被仰出候也、仍執達如件、

　　同前

　椎名殿

E一、安禪寺殿御領越中国市田郷事、高野細河強入部云々、言語道断之次第也、所詮不日退彼妨、為寺家直務之上者、年貢諸公事等、如先々、厳密可致其沙汰、若猶令難渋者、一段可有御成敗之由、被仰出候也、仍執達如件、

　　同前

　当所名主沙汰人中(8)

史料C・D・Eは蜷川家に伝来した案文である。この文書を手に入れ利益を得るのは安禪寺であり、C・D・Eとも正文は安禅寺に伝来すべき文書である。Cは、安禪寺領越中国市田郷に強入部した本人高野細河氏宛に発給された文書である。Dは、椎名氏宛に発給された文書である。Eは、安禪寺領越中国市田郷の名主沙汰人宛に発給された文書である。史料C・Eの宛先の高野細河・当所名主沙汰人ともに安禪寺領越中国市田郷にかかわる関係者なので幕府から文書が発給されるのは理解できる。ではなぜ安禪寺領越中国市田郷に関する文書が椎名氏宛に出されたのであろうか。

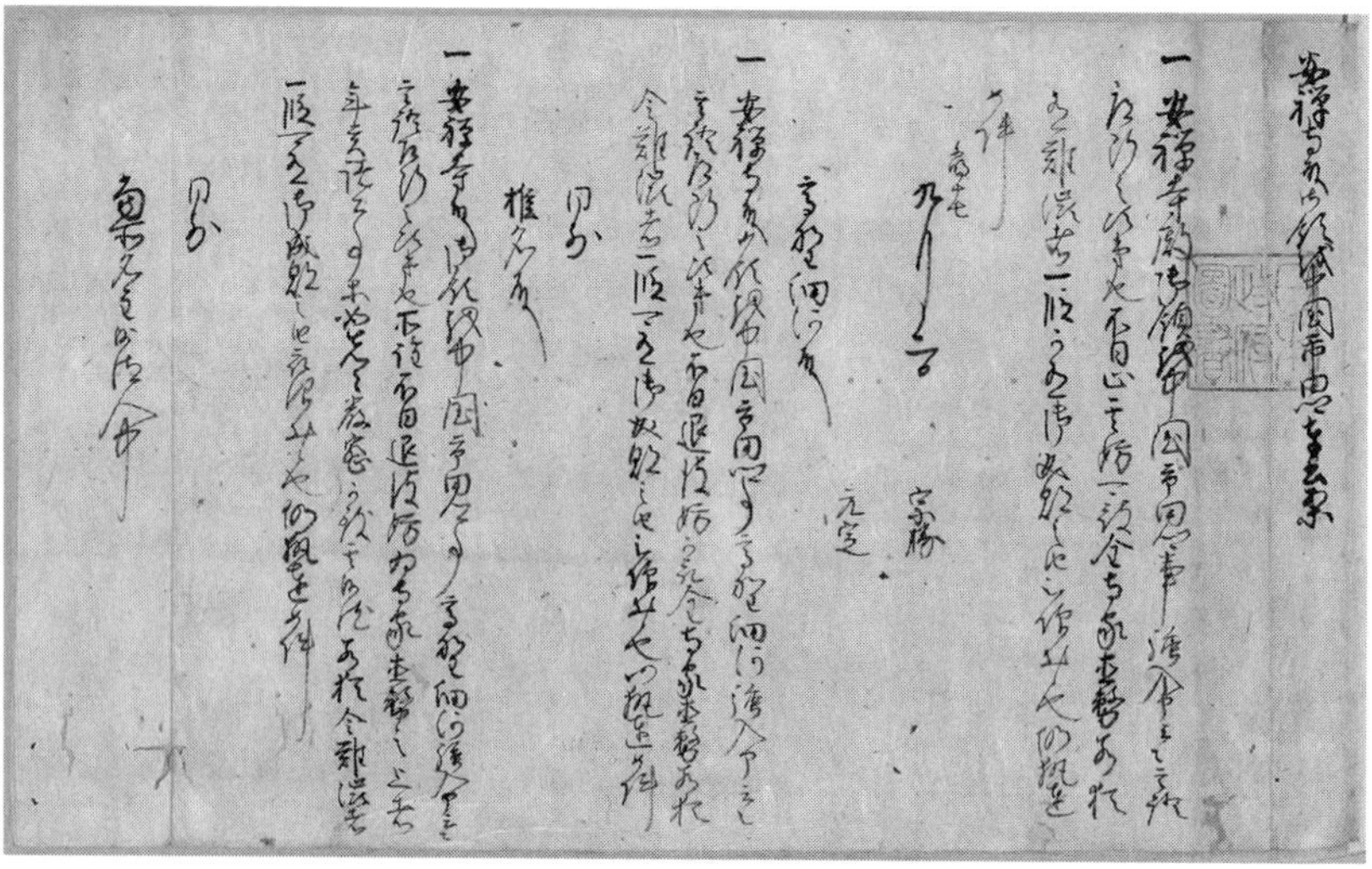

写真3　室町幕府奉行人奉書（国立公文書館館蔵）

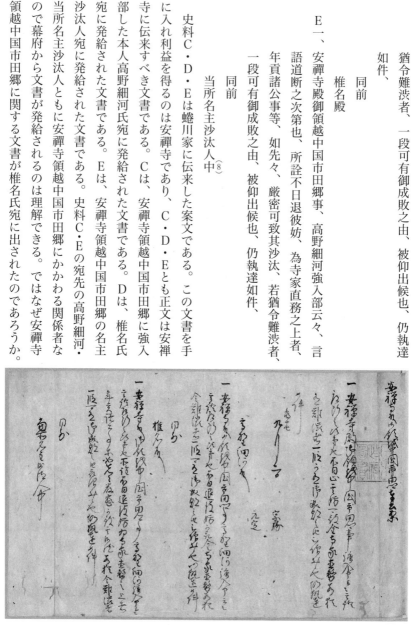

それは守護が関与できない椎名氏の支配領域のなかに安禪寺領越中国市田郷が含まれていて、市田郷における高野細河氏の干渉を排除し寺家の直務をまっとうするには椎名氏に頼るしかないと安禪寺が考えたためであろう。椎名氏は十五世紀後半、守護の干渉を受けない領域を作り上げていた領主である。そのことを認識していた安禪寺は、幕府から史料Dのような椎名氏宛の奉行人奉書を手に入れ寺家の直務を実現しようとしたのである。

十五世紀末の越中における地域の権力者は蓮沼（富山県小矢部市）の遊佐氏と湊町放生津（富山県）を押さえる神保氏と小津（富山県魚津市）を本拠とする椎名氏であった。[9] これらの領主は十六世紀後半にはどうなったのか。神保氏についてみてみよう。

F　越中北田井光明山極楽寺

條々

一、寺内殺生等濫妨狼藉不可有之事

一、陣取并給人等不可有寄宿事

一、大坊・小坊・門前知行等、可任往古之証判也、或号地頭奉行、或号守護方、一切不可入寺事

一、坊領等勿令闕所、若有其身之罪者、令改替、別出家可申付事

一、闕非分故、近年度々国之棟別等、終不及沙汰者、守先例可用捨事

右條々令停止訖、若背此旨者、堅可糾明者也、仍下知如件

永禄三

七月　日　　　　　長職《(神保)》（花押）

極楽寺恵遍法印[10]

史料Fは、神保長職が永禄三年（一五六〇）七月、極楽寺（富山市北代）に発給した文書である。『富山県史』は神保長

職禁制という文書名を付けているが、Fの第三条「一、大坊・小坊・門前知行等往古の証判に任すべき也、或は地頭奉行と号し、或は守護方と号し、一切寺に入るべからざる事」と、第四条「一、坊領等闕所せしむことなし。もしその身の罪あらば改替せしめ、別の出家申し付くべき事」に記される内容は、極楽寺の大坊・小坊・門前知行安堵、坊領安堵である。

第一条は、殺生等の禁止で、第二条は陣取・寄宿の禁止が書かれているので、通常の禁制に見られる文言である。しかし、第三条では、大坊・小坊・門前知行等は往古の証判に従って安堵し、地頭奉行や守護方という理由で寺に入ることを認めないとしている。また、第四条では、坊領等は欠所にしない。もし僧侶に罪科人が出たとしても別の僧侶に交替させるとある。この第三条・第四条は通常の禁制に見られる文言ではなく、所領安堵の文言であると考えるべきである。第五条については条文にそっての説明はしにくいが、「先例を守り用捨すべき事」が極楽寺の権利を認めるものであると理解すれば、近年のたびたびの国の棟別銭は免除すると理解することができる。

極楽寺の恵遍は神保長職に対し、殺生・陣取・寄宿の禁止条項だけではなく、第三条・第四条のような寺領安堵条項が記された判物を入手しようとしたのである。よって、この文書は領主による所領安堵の判物と理解することができる。

G去五日於金屋村一戦尽粉骨、於鑓下頸一討捕、殊被鑓疵、無比類働神妙候、依致忠節、四郎左衛門尉跡職申付候、
　弥於向后無如在可馳走候、謹言
　　（永禄五年）十月十九日　　　　長職（神保）（花押）
　　　寺嶋牛介殿(11)

本史料Gは「去五日、金屋村一戦において粉骨を尽し、鑓下において頸一討ち捕る。殊に鑓疵を被る。比類なき働き神妙に候」とあり、寺嶋氏の金屋村での戦いを賞している。これだけであると感状と考えてもよいが、次に「四郎

左衛門尉跡職申し付け候」とあり、所領宛行の文書であることがわかる。そうであれば、これは判物と考えるべきである。寺嶋牛介は所領宛行の判物を要求したのである。

この文書は年号が記されず、書止文言も「謹言」で書状形式であるが、内容は所領宛行であり、筆の運びも他の判物と変わりがない。寺嶋はのち上杉謙信の傘下に入り近世は前田氏の家臣となる人物で、上杉家印判状や前田利勝（のちの利長）の文書を伝来している家である。(12) すでに岩沢愿彦氏が龍造寺宛の大友義鑑発給文書で述べているように、年を欠く書状形式の判物もある。(13)

この大友義鑑発給文書は、龍造寺に対して大友義鑑が丁重な態度を示したために書状形式になったのであるが、(14) この当時の寺嶋牛介は、神保長職にとって丁重な態度を示さなければならない領主であったのであろう。永禄五年の段階では寺嶋牛介は従来からの主君である神保長職から判物をえて所領を拡大しようという判断を行ったのである。

2　戦国期加賀の領主と判物

第2節では、上杉謙信と織田信長が闘う時期の加賀の領主と文書発給の検討を行う。検討する文書は次の史料Hである。

H於粟津口遂一戦、首一被討捕之由、御高名無比類次第候、弥向後可被抽粉骨事肝要候、馳走之通、具可被言上候、

恐々謹言、

（天正五年）九月十四日　　侍従法橋　頼純判

宇丹内

堀才介殿(15)

史料Hは本願寺の下間頼純が、粟津口(石川県小松市)での堀才介の戦功を賞して発給した文書である。戦功を上げた堀氏は下間頼純から文書を得ようとした。堀氏はこの時、後の恩賞を保証してくれる領主は下間頼純であると判断していたことがわかる。史料Hについてはすでに木越祐馨氏によって検討されている。氏は、発給者下間頼純が天正四年(一五七六)十一月から同八年四月ごろまで大坂からの上使として金沢御堂に在住し越後上杉家と良好な関係をもつ人物で(16)、史料Hによって粟津合戦は遅くとも天正五年九月十四日までに戦端が開かれたことを明らかにされている(17)。この粟津口の戦いは、いつ起こったどのような戦いであったのであろうか。

天正期の上杉謙信と織田信長の戦いについては近年、文書が発給された年の再検討が行われている。時間の流れを見て行くなかで改めて史料Hについて考えたい。

上杉謙信と織田信長の戦いについて、文書の発給年の見直しが行われたのは、次の史料I下間頼廉書状である。

I内々従是被申度之刻、遮而貴簡、殊太刀一腰・馬一疋被進之趣、遂披露候、一段被喜入候、誠連年籠城之儀可有御高察候、随分中国申合、無越度様ニ可令才覚候間、可被御心安候、先々牧雲斎江御書中、御懇慮之至、不知所謝候、加州へハ同名侍従法橋去二日無事ニ令下着之由、注進候間、是又可御心安候、謙信被任御指南事候、能州之模様、属御勝手之由候間、珍重候、謙信御人数、至加州御加勢之儀候、就其、去十一日逐一戦、敵八百計加州へ討捕之由候、定而、貴辺不可有其隠候条、不能懇筆候、次紀州小倉堅物与申者、一城計候ヲ、去廿四日令懇望、高野へ罷退、令落居候間、無残所、任存分候、此上ニ根来寺申合、泉州へ可為出張候、芸州警固衆渡海次第、計策之方々可立色旨候間、公儀御入洛不可有程候、随而、貴国・丹後・雲・伯之儀、吉川殿御行之由、旁以目出度候、弥貴殿御一身相極御分別候、返々被思食寄御懇書、本望之至候、軈而、自是可被申入候、期後慶候、恐々謹言

九月廿六日　頼廉(下間)(花押)

荻野悪右衛門尉（直正）殿
御返報[18]

（本文読み下し）

内々これより申されたきの刻、遮って貴簡、ことに太刀一腰・馬一疋まいらせらるの趣、披露をとげ候、一段喜び入られ候、誠に連年籠城の儀、御高察あるべく候、随分中国申し合せ、越度なきように才覚せしむべく候間、御心安かるべく候、先々牧雲斎え御書中、御懇慮の至、謝すところを知らず候、加州へは同名侍従法橋去る二日無事に下着せしむるの由、注進候間、これまた御心安かるべく候、謙信御指南にまかさる事に候、能州の模様、御勝手に属するのよし候間、珍重に候、謙御人数、加州に至り御加勢の儀候、それにつき、去る十一日一戦をとげ、敵八百ばかり加州へ討ち捕うるの由に候、定めて、貴辺その隠れあるべからず候条、懇筆あたわず候、ついで紀州の小倉堅物と申す者、一城ばかり候を、去る二十四日懇望せしめ、高野へ罷り退き、落居せしめ候間、残る所なく存分に任せ候、この上に根来寺申し合せ、泉州へ出張たるべく候、芸州警固衆渡海次第、計策の方々色をたてるべき旨候間、公儀御入洛あるべからず程に候、したがって、貴国・丹後・雲・伯の儀、吉川殿御てだての由、かたがたもって目出たきことに候、いよいよ貴殿御一身御分別を相極め候、返すがえす御懇書を思し召しよせられ、本望の至に候、やがてこれより申し入らるべく候、後慶を期し候、恐々謹言

右の文書は、九月二十六日付本願寺坊官下間頼廉の発給文書で、宛所は丹波国（兵庫県）の領主荻野直正である。本文書は芦田確次ほか『丹波戦国史』[19]、『兵庫県史』[20]・『三重県史資料叢書』[21]では、天正四年とされてきた。それに対し前嶋敏氏はこの史料Ⅰの発給年は天正五年であるとする[22]。

前嶋氏の理解は次のようなものである。本文書に九月十一日に加賀で一戦があり、そのとき謙信勢は「敵八百計」を討ち取ったと記されている。天正五年九月上旬には謙信は越中の栂尾城（富山県大沢野町）・増山城（砺波市）を落居さ

せ、湯山城(氷見市)を包囲している状況であったとみられる。したがって五月十五日付けの謙信書状で、謙信勢が「七尾之凶徒」と信長勢を敗北させたとしていることの関連性からも、史料Ⅰは天正五年発給の文書と考えるべきである。史料Ⅰは天正五年の文書と見て間違いなかろう、とする。

ここであらためて史料HとⅠの記載に基づき時間の流れにそって事態を説明しておこう。史料Ⅰ「同名侍従法橋」とは、下間頼廉と同じ名字の下間頼純のことである。九月十四日に、下間頼純が堀才介に対し、粟津口での戦いで首一つ打ち取ったことについて感状を出していることから、史料Ⅰ「去る十一日の一戦」とは、加賀国粟津口で戦われた合戦のことである。

つまり、加賀へ本願寺家臣の下間頼純が九月二日に下向し、謙信の指導下に入り、能登は謙信の支配下に入った。謙信勢は加賀に入り加賀の本願寺勢に味方して、そして、下間頼純の指揮の下、加賀の本願寺勢が信長勢と加賀粟津口で戦い信長勢を八〇〇程打ち取った。加賀の本願寺勢はこの時、信長方に勝利している。この粟津口での戦いのあと、九月二十三日に謙信勢と信長勢は手取川で戦っている。

天正五年九月十四日の時点では、粟津口の合戦での戦功を承認し、のちの恩賞を期待させる領主は下間頼純であったのである。

3　戦国期越前の権力構造と判物

第3節では、天正二年(一五七四)の越前の領主の発給文書を検討する。越前の天正二年は戦国期権力が本願寺勢力に敗北し、本願寺が一国を支配した時期にあたる。以下に掲げるのは本願寺の下間頼照と七里周頼判物である。

J知行分之事、則当方於無別義者、近年如義景(朝倉)御時、不可有相違之状、如件、

天正弐　　　　　筑後法橋
九月七日　　　　頼照（花押影）
三輪藤兵衛尉殿(23)

K近年義景（朝倉）如御代、本知無相違可有知行状、如件、

天正弐　　　　　七里参河法橋
閏十一月六日　　頼周（花押影）
三輪藤兵衛殿(24)

L当寺領分之事、如前々寺納不可有相違之状、如件、

天正弐　　　　　筑後法橋
十二月廿日　　　頼照（花押）
大谷寺(25)

M当坊領之事、如先規寺納不可有相違之状、如件、

天正弐　　　　　筑後法橋
閏十一月七日　　頼照（花押）
西泉坊

N当寺之事、諸事如先規不可有相違候、并末寺等疎意有間敷候、為其如此候、恐惶謹言、

天正弐

二月廿日　　　　　　　　　下間筑後法橋

頼照（花押）

簾尾村

竜沢寺

法座下(27)

O当寺領分之事、如前々寺納不可有相違之状、如件、

天正弐

十二月十八日　　　　　　　筑後法橋

頼照（花押）

洞雲寺(28)

P当寺領分之事、如前々寺納不可有相違之状、如件、

天正弐

十二月廿二日　　　　　　　筑後法橋

頼照（花押）

洪泉寺(29)

Q当寺領分之事、如前々寺納不可有相違之状、如件、

天正弐　　　　　　　　　　筑後法橋

十二月廿六日　　　　　　　　頼照（花押）
昌蔵寺(30)

右の史料J～Qのうち、J・K・L・M・N・Pについては小泉義博氏が検討している。(31)氏の未検討史料はO・Qであるが、O・QはPと本文・年月が同じなので、小泉氏の検討はJ～Qのすべてに対応するものである。

小泉氏はこれらの文書について、越前の寺庵など在地領主から所領の安堵を求められたので発給したものであるとしている。この理解は文書の当事者主義という観点からいえば当然の解釈である。Nの竜沢寺宛の判物の書止文言が「恐惶謹言」であるのは、竜沢寺が高い格式をもつ禅宗寺院であるからであるとする。Nは書止文言が「恐惶謹言」であるものの、内容は他の文書と同じ所領安堵の文書なので判物と理解してよい。

さて、J～Qのうち、本文が「当寺領分之事、如前々寺納不可有相違之状、如件」と記されている文書がある。L・O・P・Qがそうである。これだけを見ると、下間頼照が寺院・領主の意向とは関係なしに文書を発給したかのようにも思えるが、所領の安堵の判物は所領の安堵を願う受益者の要望によって発給されるものである。であるから、三輪藤兵衛尉（J・K）・竜沢寺（N）・西泉坊（M）の場合は、本文の文面がL・O・P・Qとは異なる。三輪藤兵衛尉・竜沢寺・西泉坊の要望によって、文書の文面が作成されたと考えるべきである。

三輪藤兵衛尉宛の文書については、小泉氏は文書の当事者主義的な理解をしているとは思えないような解説をしている。三輪藤兵衛尉宛の判物に「近年義景の御時のごとく」（J）・「近年義景の御代のごとく」（K）という文言があるのは、朝倉義景と本願寺が有力な姻戚関係にあったことと、下間頼照・七里頼周らが旧朝倉被官らの結集をはかるためであったとする。この理解は判物発給者が文書の文面を自ら考えて決定したと考えているように思える。しかし、竜沢寺宛の文書の文面については説明がない。「当寺の事、諸事先規のごとく相違あるべからず候、ならびに末寺等の疎意有間敷く候」（N）という文面は、竜沢寺の要望を認めて文面を作ったとしか考えようがない。末寺等が竜沢寺の支配から離れないように「末寺等の疎意」をやめさせるという文面は明らかに竜沢寺の要望を反映したものである。

三輪藤兵衛尉も竜沢寺と同様に、「近年義景の御時のごとく」「近年義景の御代のごとく」という文言を要求したのは、朝倉義景の時期に有していた所領を明確に安堵してもらうためであった。朝倉義景に仕えていた三輪藤兵衛尉は、天正五年(一五七七)、前田利家に越前府中で召し出され家臣となり知行七〇石を与えられ、その後、前田利家の供をして能登所口(石川県七尾市)に移った。この頃、加増を重ね石高は一六四二石五斗になっていた[32]。三輪藤兵衛家は史料J・Kを含む中世文書[33]と前田利家に仕えてから元和元年(一六一五)までの文書[34]を伝来していたことが確認できる。

三輪藤兵衛尉は、はじめ朝倉義景に仕えていたが、朝倉氏滅亡後の天正二年の時期はみずからの所領を守ってくれる領主は本願寺の下間頼照と七里周頼であると判断し、下間頼照と七里周頼から所領安堵の判物をえた。そしてその本願寺権力が織田信長によって滅ぼされると、信長配下の前田利家の家臣となっていった。

領主は自らの所領を安堵してくれる領主のもとに行き、所領安堵を確実に保証してくれる文言を付した判物を手に入れる。史料J〜Qの下間頼照と七里周頼の判物は文言も含め所領の安堵を求める領主・寺院当事者の要求によって発給されたのである。

おわりに

本稿では、越後から越前の権力の発給文書を対象とすることによって、当事者主義的に判物等の発給文書を理解することが権力構造の理解にとっていかに有効なのかを明確にした。

本稿が対象とした時期は十五世紀後半以降の戦国期であるが、越後・越中・加賀・越前の地域によってあつかった時期は同一ではない。しかし、地域の領主・寺院は本人が支配地を安堵してくれる上位者を見極め、その上位者のところに赴き文書を入手したことは同じである。よって、その時の地域の権力構造を解明するためには当事者主義的に判物等の発給文書を理解することが重要であるということが明確になったと考える。文書は受給者の視点から考えてはじめてその内容が理解できるのである。

註

（1）佐藤進一「中世史料論」『岩波講座日本歴史25 別巻2』岩波書店、一九七六年（同『日本中世史論集』岩波書店、一九九〇年所収）

（2）上島有「南北朝時代の申状について」『古文書研究』一〇、一九七六年（日本古文書学会編『日本古文書学論集 7』吉川弘文館、一九八六年所収）

（3）河音能平「日本中世の補任状＝下文における宛所と受給者」、一九七七・七八年度科研費総合研究A『封建社会の比較史的研究 研究成果報告書』一九七九年（同『中世封建社会の首都と農村』東京大学出版会、一九八四年所収）

（4）河音能平「日本中世前期（十一世紀～十六世紀）における文書の機能と伝来の諸形態」『歴史科学』一〇八、一九八七年（同『世界史のなかの日本中世文書』文理閣、一九九六年所収）

（5）矢田俊文「戦国期河内国畠山氏の文書発給と銭」『ヒストリア』一三一号、一九九一年（のち『日本中世戦国期権力構造の研究』塙書房、一九九八年所収）

（6）新潟県立歴史博物館所蔵大見安田氏文書、矢田俊文・新潟県立歴史博物館編『越後文書宝翰集 大見安田・水原氏文書』新潟大学「大域的文化システムの再編成に関する資料学的研究」プロジェクト、二〇〇八年

（7）新潟県立歴史博物館所蔵大見安田氏文書、矢田俊文・新潟県立歴史博物館編前掲『越後文書宝翰集 大見安田・水原氏文書』

（8）『大日本古文書 家わけ第二十一 蜷川家文書之一』二一六号

（9）矢田俊文「戦国期北陸の本願寺と領主」矢田俊文・工藤清泰編『日本海域歴史大系』第3巻中世篇、清文堂、二〇〇五年

(10)　来迎寺所蔵文書『富山県史　史料編Ⅱ　中世』、『富山市の文化財』三号、二〇一二年、掲載写真
(11)　『富山県史　通史編Ⅱ　中世』、金沢市立玉川図書館近世史料館架蔵寺島家文書写真帳
(12)　金沢市立玉川図書館近世史料館架蔵寺島家文書写真帳
(13)　岩沢愿彦「戦国時代文書の読み方(三)―判物について―」『歴史公論』三巻一号、一九七七年
(14)　岩沢愿彦前掲「戦国時代文書の読み方(三)―判物について―」
(15)　堀文書(『金沢市史　資料編２　中世二』)。本稿では松雲公採集遺編類纂　百三十八　堀文書、金沢市立玉川図書館近世史料館所蔵による。
(16)　木越祐馨「教如と石山合戦および在国期の北陸」同朋大学仏教文化研究所編『教如と東西本願寺』法蔵館、二〇一三年
(17)　木越祐馨「一向一揆と前田家に仕えた堀五兵衛」『石川自治と教育』五八九号、二〇〇五年
(18)　兵庫県丹波市教育委員会寄託個人蔵、『図録　親鸞となむの大地』新潟県立歴史博物館ほか、二〇一四年、図版九八
(19)　歴史図書社、一九七三年
(20)　赤井文書、『兵庫県史　史料編　中世九古代補遺』兵庫県、一九九七年
(21)　『三重県史資料叢書７　資料編　中世２　補遺Ⅱ』三重県、二〇一三年
(22)　『図録　親鸞となむの大地』新潟県立歴史博物館ほか、二〇一四年
(23)　松雲公採集遺編類纂　百三十七　三輪文書、金沢市立玉川図書館近世史料館所蔵
(24)　松雲公採集遺編類纂　百三十七　三輪文書、金沢市立玉川図書館近世史料館所蔵
(25)　越知神社文書(東京大学史料編纂所影写本)『福井県史　資料編５』
(26)　中道院文書『福井県史　資料編５』
(27)　龍澤寺文書『福井県史　資料編４』
(28)　洞雲寺文書『福井県史　資料編７』
(29)　洪泉寺文書『福井県史　資料編７』
(30)　昌蔵寺文書『福井県史　資料編４』

(31) 小泉義博『越前一向宗の研究』法蔵館、一九九九年
(32)「明治三年　先祖由緒并一類附帳　三輪孫三」金沢市立玉川図書館近世史料館所蔵
(33) 松雲公採集遺編類纂　百三十七　三輪文書、金沢市立玉川図書館近世史料館所蔵
(34) 松雲公採集遺編類纂　百三十九　三輪伝書、金沢市立玉川図書館近世史料館所蔵

戦国期大友氏勢力圏における判物発給をめぐって

村井良介

はじめに

近年、戦国領主や国衆などと呼ばれる自立的な領主権力の存在が重視されるようになっている(以下基本的に戦国領主の語を用いる)。戦国領主は、独自の「家中」と「領」を持ち、判物や印判状を発給する、およそ一～二郡規模の領主(こうした諸要素を仮に領主的実態と呼ぶ)であると、大筋では理解されていると思われるが、厳密な規定がされているわけではなく、どこまでそれを適用するかの範囲も一致していない。

黒田基樹氏は外様国衆と本国内国衆という区分を設けている。(1) また、大名権力が配置した支城主のなかにも「家中」と「領」を形成し、判物や印判状を発給するものがあり、黒田氏はこれを支城領主として国衆との共通性を指摘した。(2) こうした外様国衆／本国内国衆／支城領主は、大名権力との関係でいえばその政治的な位置は異なっているが、いずれも前記のような領主的実態を持つ点で共通している。これらのどこまでを戦国領主の範疇に含めるのかは見解の分かれるところであろう。しかも、こうした区分は現実には流動的でありうる。本章ではひとまず、自立的／自律的な支城主(支城領主)や重臣層を戦国領主とは区別するが、両者には共通性があることに留意する。

戦国領主が注目されたのは、一定の規模で公的(公権的)な領域支配を行っているという点によってである。矢田俊文氏は、甲斐国の小山田氏や穴山氏について、それぞれ郡内、河内という支配領域において、第一次立法権・夫役収取権・銭貨役収取権・検注権を有し、かつ中間諸階層(寺社・小領主)をもその権限行使の対象とする戦国期の基本的領主として、これを戦国領主と呼んだ。こうした戦国領主の支配は、私権の及びがたい「公界」をも支配管轄下に収めたもので、戦国期の郡規模的な経済圏の拡大によって、その領域すべてを支配下に組み込むことなしに領主権を確立させることはできず、戦国期に基本的領主権を確立しえた者は、こうした「公界」を支配領域内に組み込んでおり、ここに戦国領主の領域支配の歴史的意味を見出せるとしている。(3)戦国領主の支配を公的(公権的)な領域支配とみるのは、国衆と戦国大名を基本的には同質の権力とみなす黒田氏の国衆論にも共通しており、(4)何をもって「公的」と言うかの差異をおけば、多くの論者が共有する理解であろう。

小谷利明氏は矢田氏の「守護の権限の重要な構成要素として考えられる段銭等の免除を示す文書を指標にして公権力のありようを探る」方法を、「判物を発給する者は誰なのかを検討することで、権力の構造が知りうる」ことを示すものだとした上で、河内国において守護内衆が判物を発給していることを指摘し、これを戦国領主と位置づけた。(5)そしてこうした戦国領主には、「荘園制の上に立ち、都市機能のなかから文化的に地域を支配する官僚型戦国領主」と、「一向一揆・寺内町と同じ地域を地盤に持つ国人層や国一揆の盟主として登場」する「地域権力型戦国領主」があるとした。(6)前者のような領域的支配をともなわない領主を戦国領主に含めるのかどうかは議論のあるところであろうが、重要なのはこの場合も判物発給から公権力の担い手を検知している点である。

丸島和洋氏は、戦国領主の語を採用せず、国衆の語を用いる理由として、「矢田氏を含め「戦国領主」を使用する論者が重視する「判物」(直状形式の命令書)発給の有無が、「戦国領主」(筆者がいう国衆)抽出の基準として有効ではないと考えること、「領主権力」としての側面ではなく、「公権力」としての側面を重視することから、「戦国領主」の使用は適切とは考えない」と述べている。(7)しかし、矢田氏にしても小谷氏にしても、判物発給の有無によって機械

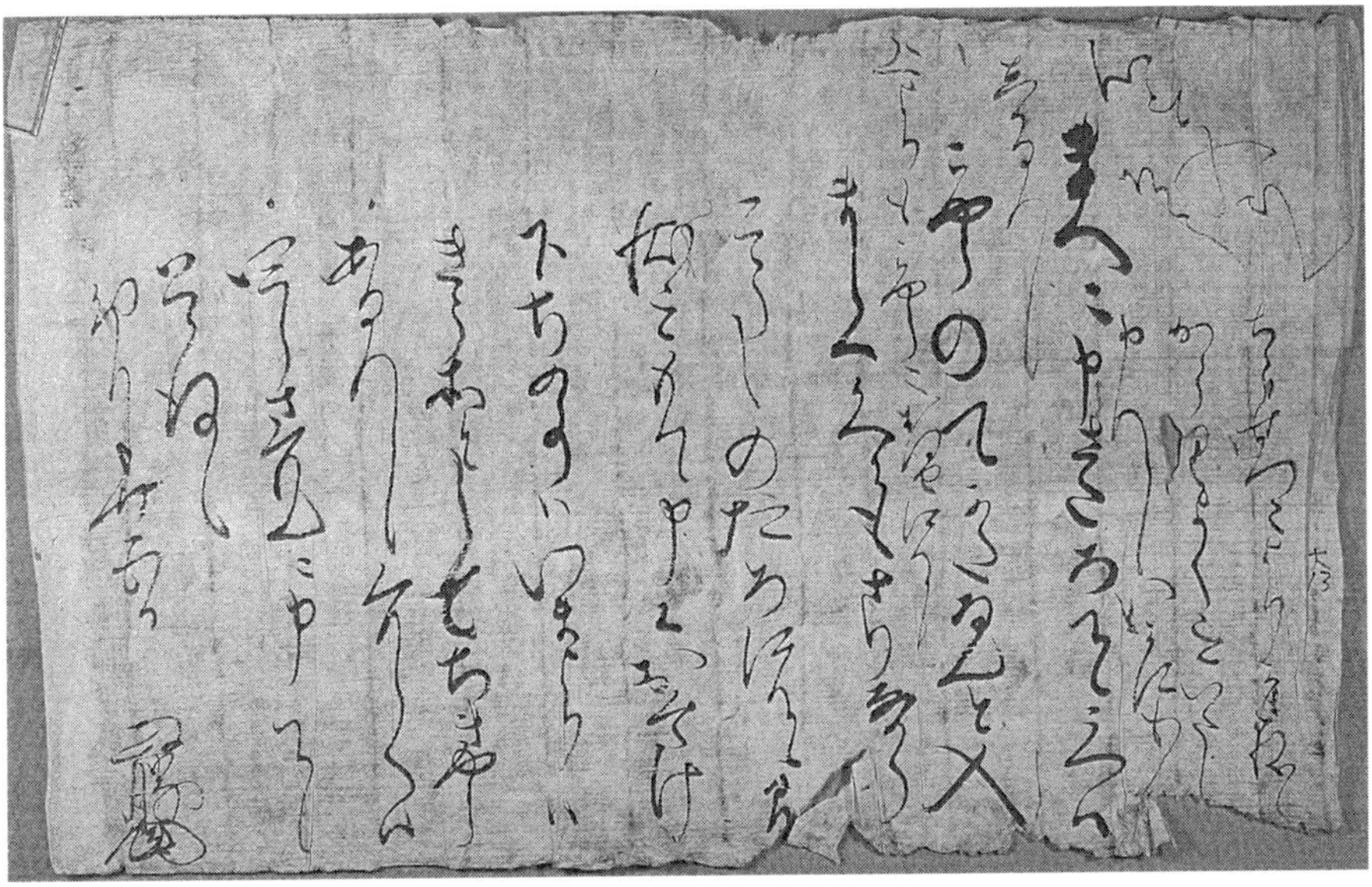

〔史料1〕政勝宛行状(9)
ちうせつ《忠節》ニよりかさね《重》く〵
かうりよく《合力》をいたし《致》
申へく候、いかにもく〵、
心を入まいらせ候、御てう《カ》
しかるへく候、
　上よりもかやうにおほせ《仰》にて候、
まへ《前》ニ申さため《定》て候うへハ、
かやうのてかた《手形》なんと入
ましく候へとも、さりなから
こうし《公私》のためにて候間、
状をもて申候、おくたけ《奥嶽》
下ち《地》の事ハ、いま《今》よりハ
きう《給》所として、ちきやう《知行》
あるへく候、くわしく《詳》ハ
四郎さへもん《左衛門》ニ申て候、
恐々謹言、
　卯月廿五日　　政勝（花押）

写真1　〔史料1〕政勝宛行状（大分県先哲史料館所蔵写真）

的に戦国領主を抽出しているわけではなく、それはあくまで公権行使者を検出するための方法であり、「「公権力」としての側面を重視する」点では同じである。(8) 言うまでもなく、矢田氏があげるような諸権限(夫役収取権や銭貨役収取権など)の存在を検出するにあたって最も有用な手がかりとなるのは判物・印判状であろう。

問題は、ある判物発給事例(群)から検出しうる公的(公権的)支配とは何かということである。判物を発給していることと、公的支配を実現していることとは必要条件でも十分条件でもないが、無関係ではない。ある判物発給事例(群)が、いかなる意味で公的行為と言えるのか。そもそも公的支配とは何か(たとえば守護公権の下降分有なのか、あるいは公共的利害調整のために下から委任された権限なのか、あるいはさらに別様のものなのか)を問うことが必要である。それを考える上で史料1は興味深い内容を含んでいる。

この史料は年未詳で、宛所も不明、差出人の政勝についても不詳である。この文書を含む奥嶽文書は豊後国緒方荘工藤氏(奥嶽氏)に伝来しており、ほとんどは同氏の受給文書である。政勝は「上」より「おほせ」を受ける存在なので、何らかの権力の配下にいる一方、史料1ともう一つの宛行事例(10)はいずれも政勝自身による給地宛行である。

注目されるのは、この給所を与えるにあたって本来は「てかた《手形》」、すなわち文書などは不要であるが、「こうしのため」に「状」をもって給与すると述べていることである。これは(判物としての)宛行状成立の萌芽的段階を示すものではないだろうか。

松浦義則氏は安芸毛利氏の給所宛行状が十六世紀以降に発給されるようになることを指摘し、それ以前は文書なしの宛行が行われていたと推測した。松浦氏は文書によって宛行が行われるようになる理由を、譜代家臣の給所が毛利氏の家産から相対的に自立することに求めている。(11) また拙稿では、「家中」の拡大や遠隔地での所領給与によって、局所的に通用する秩序への信頼性が低下し、非局所的に通用する書面による保証が必要となると論じた。(12)

史料1で文書の発給が必要となる理由は「こうしのため」である。『大分県史料』は「こうし」に傍注で「公私」

の字を当てており、妥当な解釈だろう。だとすれば、私的な（家産制的な、あるいは局所的な）秩序を越えて、公的な秩序のなかで知行を保証する必要が生じているということになる。

史料1は年代も不明で、政勝が何者かもわからないので、これ自体を戦国領主の事例として扱うことはできない。しかし、判物発給という行為の持つ意味や、それによって示される公的支配の「公」の内容について考える手がかりとはなるのではないか。

このことを念頭に、本章では九州北部の大友氏勢力圏を対象として判物発給の状況を分析し、「公的」秩序との関係を考えてみたい。

戦国期の九州北部については、戦国領主論が提起される以前に木村忠夫氏が先駆的な指摘を行っている。木村氏は鍋島氏、陶氏、毛利氏、戸次氏、武蔵田原氏などは一円領国支配をめざしており、「戦国大名とその下の国人は、それぞれ近世大名への可能性を持ちつつ互に競合しあったのである」としている。[13]まずここでは、これらの国人領主が「領国」の形成において大名権力と競合する存在として位置づけられており、戦国領主論でいう独自の「領」形成と自立性に注意が促されている。ただしその「国人」の「領国」については次のように述べている。[14]

紹忍（武蔵田原氏—引用者註）の権力は、大友氏の官僚的機能を有することにより形成され、強固になった。守護大名段階における守護と国人の領主化の競合が最近説かれ、戦国期においても、当然これは注意を要する問題であるが、紹忍の形成しようとした「領国」は、大友氏と云う背景があってはじめて形成し得るものであり、大友氏領国と競合するものでなく、共存しうるものであった。この点自力によって領国をきずきあげた大友氏治下豊後の田原親宏、親貫父子、筑前の秋月、筑紫、原田、宗像、肥前の龍造寺、松浦、有馬氏らとは質のちがった「領国」であり、筑前における立花城督戸次氏と同系統のものであった。

ここでは武蔵田原氏や戸次氏と、田原宗家（親宏・親貫父子）や秋月氏以下の諸氏の「領国」は性質の違うものとして区別されている。先の区分でいえば、前者が自立的／自律的な支城主・重臣、後者が戦国領主ということになろう。さらに木村氏は前者のような例として大内氏守護代杉氏による豊前支配、大友氏の（特に義鑑代の）臼杵氏による筑前国志摩郡支配がそれに相当するとしている。また、武蔵田原氏の権力が「大友氏の官僚的機能を有することによって形成された」という点については、「「官僚的」と云う用語は適当とは云えぬかも知れないが、かつての地頭職の系譜と所領をもつ土豪の権力に対し（たとえば田原本宗）、大友氏の権力を背景として、その吏務、軍事を遂行すると云う土豪的基盤にもとずかない機能、権限を有することを指している」と説明している。ただ、木村氏の分析は武蔵田原氏についてのものであり、他の諸氏についての本格的な分析は提示していない。「土豪的基盤」の有無が両者の決定的な違いとなるのかなど、さらに追究する余地がある。以下、本章では大友氏勢力圏内の諸領主層の判物発給状況から、この点を考えてみたい。

1　大友氏の判物について

まず、本章で扱う判物について述べておきたい。判物は花押を据えた直状形式の文書で、一般的に書止文言が「…如件」のようになる場合が多い（以下、書下形式とする）が、書止文言が「恐々謹言」のような書状形式になるものでも、書下形式のものと同等の機能を持つ文書もある。したがって、ここでは年号書式や書止文言にかかわらず、判物を直状形式の上意下達文書と規定しておこう。ただ、このように規定しても曖昧さを完全に排除することはできない。(15)したがって以下、文書点数の数値は目安と考えていただきたい。

さて、大友氏の判物はほとんどが書状形式である。山室恭子氏によれば大友親治、義長、義鑑、義鎮、義統の発給文書（判物と印判状）は一六九〇点、義鎮（宗麟）に限れば五〇五点確認される。(16)判物と判断する基準が本章と多少違うかもしれないが、発給数の目安となるだろう(なお、山室氏の集計は判物と印判状の両方を含んでいる。以下本章でも区別しない)。山室氏は書状形式の文書が全体の九一%を占めるとしている。十四世紀以降、大友氏が改易される文禄二年(一五九三)までの大友氏の判物で書下形式のものは五九点、親治以降では四一点、義鎮に限れば二二点しかない(ただし、山室氏がカウントしている名字状、官途状はここでは含めていない)。

山室氏はこうした大友氏の文書発給状況について、「どの大名にも類を見ないこの均一性のゆえん」は、「大名と家臣との間に如件系の書止文言を用いるほどに強い上下関係が結ばれるに至らなかったため」と想定し、専制的な権力集中を行い得ない大友氏の脆弱性を裏書きするものと評価している。

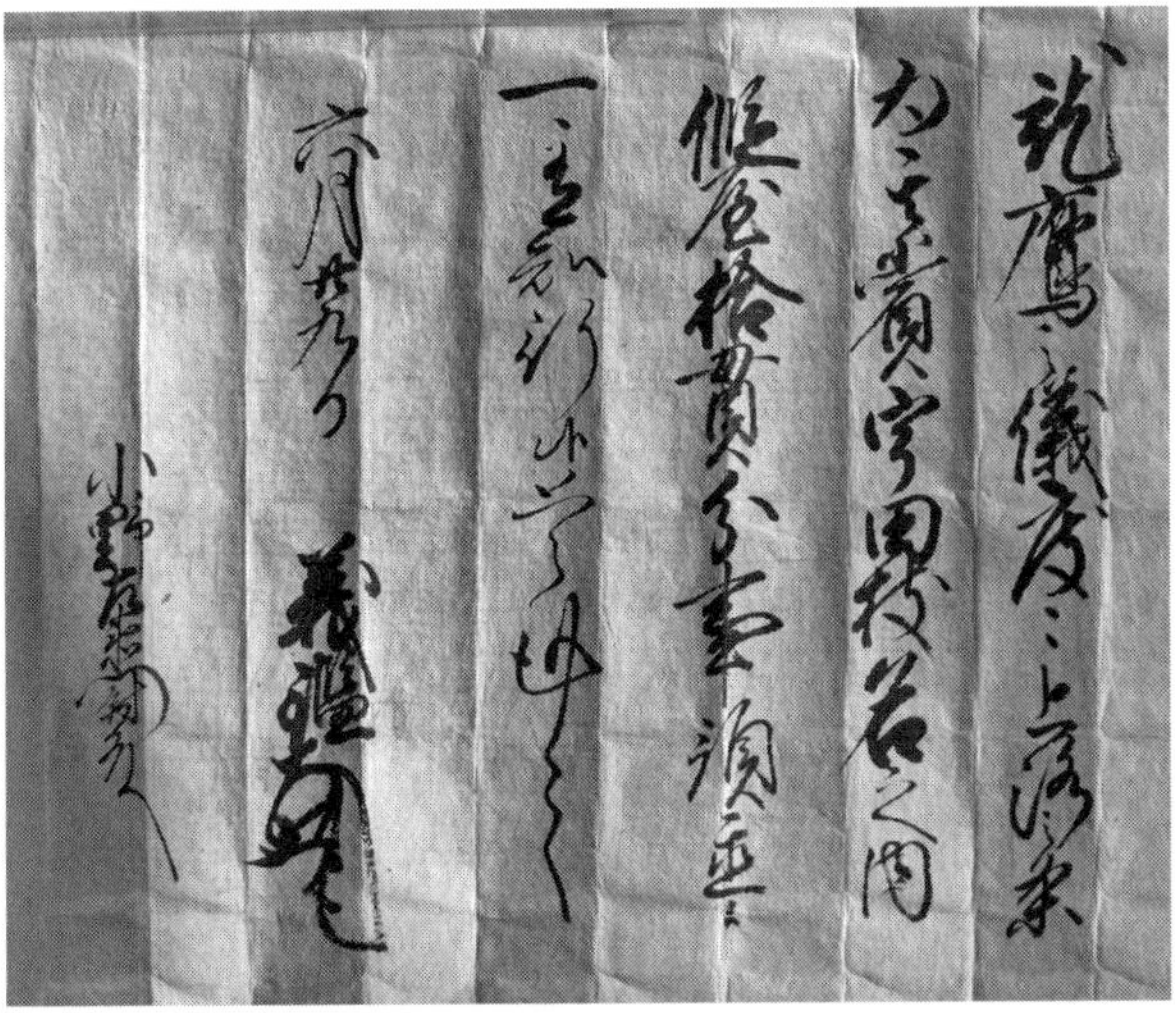

写真2　大友義鑑預け状
(福岡県(伝習館高校)所蔵・柳川古文書館寄託)

山室氏は、「書下年号―書止は如件系―「修理大夫」のように官途による署名」という様式の文書は「寺社宛ての文書の一部にみられる」としている。確かに書下形式の判物は寺社宛のものが多い。詳しく見れば、義鑑段階までは志賀氏や草野氏、小代氏など武家領主宛も見られるが[17]、義鎮の書下形式の判物は二二点中二〇点が寺社宛である(残る二点のうち工藤美濃守宛の感状[18]は文言が不自然で検討を要する)。つまり義鎮段階で寺社宛以外の判物の書状形式への統一が徹底されたといえるだろう(なお、寺社宛でも書状形式の判物もある)。しかし、これは大友氏の権力の脆弱性ゆえなのだろうか。山室氏の評価は、書状形式は書下形式に比べて厚礼であり、したがって書状形式を多用するのはゆるやかな支配であるという理路によって導かれている。しかし、それほど有力とはいえない直臣層にも書状形式の判物を発給している一方、数少ない書下形式の判物を筥崎宮や高良社の座主に対して発給しており、[19] さらに義鑑以前では、むしろ志賀氏、小代氏、草野氏といった有力国人領主に対して書下形式の判物発給をしていることを考えれば、そのような単純な評価はできない。

大友氏の判物は、知行を給与する文書が、ほぼすべて「預置」「預遣」「預進」などの文言が使われる預け状の形式をとっている点でも統一性がある。「預」の文言がない知行給与の判物（宛行状。以下、寄進状以外の知行を給与する文書で「預」の文言がないものは宛行状と称する）は約二〇点しかない。周辺諸国の守護家である大内氏、菊池氏、少弐氏の場合は預け状、宛行状両方があり、ほぼすべて預け状であるというのは特異である。預け状と宛行状の機能は実質上同じと考えられるので、大友氏と他の権力の知行給与のあり方に大きな差異があるわけではなく、これも形式面で統一が徹底されていると言うべきであろう。

このように大友氏の判物はほぼ書状形式で、知行給与は預け状の形をとるという独自のあり方をしており、なおかつ統一が徹底されている点に特徴がある。

次にこれを周辺の諸領主や大友氏配下の領主の判物と比較してみたい。

2　豊後国およびその周辺諸国の判物発給状況

(1) 豊後国の判物発給状況

まず大友氏と同じ豊後国に本拠地がある領主の判物発給状況を見てみよう。分析対象は豊臣秀吉が九州を平定する天正十五年（一五八七）までに判物を発給している領主に限った。なお、感状と寄進状、および発給者の姓が未詳の判物は検討対象から除いた[20]。

戸次氏は建武年間に判物が見られるが、本格的な判物発給は十六世紀以降である。戸次鑑連（道雪）の判物は、その養子となって立花氏を名乗った統虎との連署のものも含めて、いずれも書状形式である。また知行を給与する文書はほとんどが預け状である[21]（写真3参照）。一方、統虎（親成）は、豊臣大名に取り立てられた天正十五年から宛行状を発給するようになり、本文が「…也」で終わる書止文言のない形式が出現する[22]。立花城督となった道雪に代わって戸次氏を継承した鎮連は単署の宛行状、安堵状が各一点、子の統連との連署安堵状が一点あり[23]、いずれも書状形式である。

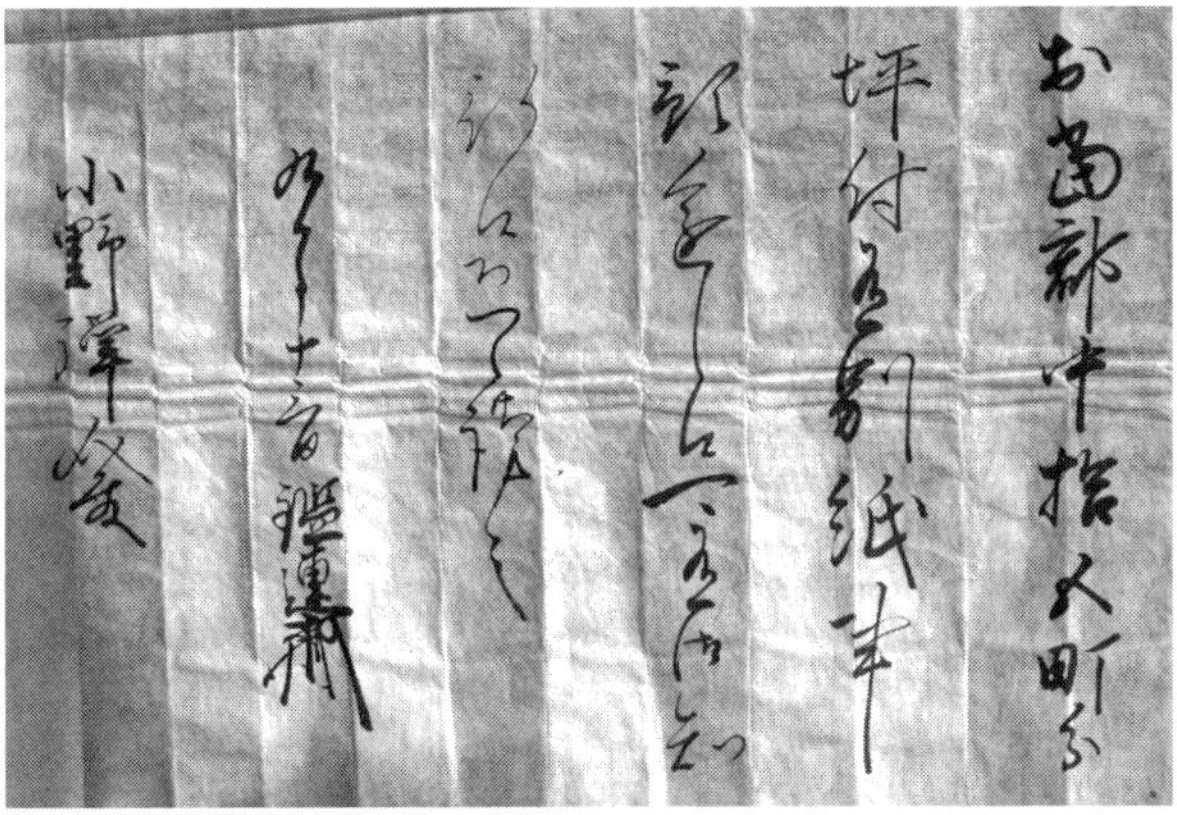

写真３　戸次鑑連預け状
（福岡県（伝習館高校）所蔵・柳川古文書館寄託）

一万田氏の判物は十六世紀から見え、知行を給与する文書五点はいずれも預け状で書状形式である[24]。田北氏の判物は、年未詳の田北親載の預け状一点は十五世紀中のものと思われるが、それ以外は親員代以降であり十六世紀段階である。知行を給与する文書は、田北鑑富（紹鉄）に宛行状が一点と文字の欠損により宛行状・預け状かが不明のもの一点があるが、それ以外は預け状で、安堵状二点も含めてすべて書状形式である[25]。朽網氏の判物発給も十六世紀からで、書状形式の預け状が四点ある[26]。志賀氏の判物もいずれも十六世紀と考えられ、預け状五点、宛行状一点、安堵状一点でいずれも書状形式である[27]。入田氏と得永氏も書状形式の預け状がそれぞれ一点ある。また、若林氏は書状形式の判物が一点あり、内容は安堵状であるが、「親父任譲之旨、可預進候」という文言がある。[28]

以上の諸氏は、基本的に書状形式で判物を発給し、知行給与は預け状という形をとる点で、大友氏と同じ特徴を持っている。なお、大友親綱の子で大友氏当主の座を争った大聖院宗心の判物もすべて預け状で書状形式である。[29]

田原庶家の武蔵田原氏は、永享七年（一四三五）に親勝が同日付で二点の書下形式の宛行状を発給しているが、[30]その後は十六世紀まで判物発給は見られず、親資、親賢（紹忍）、親盛の判物はいずれも書状形式である。[31]ただし、知行を給与する文書は宛行状、預け状の両方が存在する。

大神氏は、豊後国深江城主とされる鎮勝に書状形式の宛行状一点が見られる。[32]また系譜関係は不明であるが、惟弘に書下形式の宛行状と安堵状が一点ずつ、惟豊に書下形式の預け状が一点見られる。[33]惟弘と惟豊については詳細が不明であり、評価は保留しておきたい。これ以外に、木付氏は宛行状、佐伯氏は安堵状、清田氏は諸役免許状がいずれも書状形式で見られる。[34]

これらに対し、判物に書状形式と書下形式の両方があり、知行給与の文書も預け状と宛行状の両方があるという大友氏とは異なる特徴を示す領主が存在する。

最も違いが顕著なのは田原宗家である。田原宗家の判物は十四世紀から見えるが、大半は十六世紀のものである。一二五点ある判物のうち五八点が書下形式であり、また知行を給与する文書は宛行状三六点、預け状四一点でどちらも書下形式、書状形式の両方がある。

書下形式と書状形式のいずれを用いるかは、おおよそ時期ごとに切り替わっている。田原親宗より前はほとんどが書下形式であるが、[35]文明年間の親宗の判物はいずれも書状形式である。[36]続く親述は永正九年（一五一二）までの三点は書状形式であるが、[37]永正十四年以降の判物は、ほぼすべて書下形式である。[38]次の親董は大永二年（一五二二）と享禄三年（一五三〇）、同四年に書下形式の判物を出しているが、[39]以降はすべて書状形式となる。[40]続く親実（親宏、宗亀）

は、書状形式と書下形式の時期による切り替えは明瞭ではない。年未詳文書も多いためはっきりしたことは言えないが、天文十二年(一五四三)から書下形式の判物が現れ、[41]おおむね元亀年間までは書下形式がやや多く、宗亀を名乗ってからは書状形式が中心となる。[42]続く親貫は天正八年しか判物発給がないが、書下形式と書状形式の両方を用いている。[43]反乱を起こした親貫が討たれた後、田原宗家を継いだ大友宗麟の子親家は大半が書状形式となるが、書下形式の判物も出している。[44]

このように見ると親董段階までは、書下形式と書状形式は併用されるのではなく、何らかの契機で明確に切り替えられている。その契機を完全には明らかにできないが、永正十四年以降、親述の判物が書下形式に変化するのは、この頃に親述が、大友氏の家督を狙う大聖院宗心を擁立し、豊後国を離れて大内氏の下に滞在していたことと関係があるだろう。永正十四年から同十七年の親述の判物には「入国時」「還国刻」「入国之刻」といった文言が見られ、[45]親述が豊後国を離れていることがわかる。つまり大友氏から離反したタイミングで、[46]親述は判物を書下形式に切り替えているのである。その後、田原氏は遅くとも大永二年までには大友氏に帰参したが、[47]親述の跡を継いだ親董は、享禄四年に再度大内氏の下へ亡命したという。[48]享禄五年と天文二年の判物には「帰国之時」の文言がある。[49]親董初期に書下形式の判物があるのは、このことと関連するかもしれない。ただし、享禄五年以降の判物はいずれも書状形式である。

親実の代になると天文十二年から再び書下形式の判物が出現するが、親実は一時期、大内氏の下に身を寄せ、天文十九年に帰国を許されていると見られる。[50]それ以後も天正三年までは書下形式を用いているから、大友氏への復帰を契機にした変化はないが、大友氏と不和の時期に書下形式を用い始めたとは言えるだろう。

田原宗家以外に書下形式の判物が見られるのは臼杵氏と奈多氏である。

臼杵氏の判物も十六世紀から見えるが、親連が五点、鑑続、鎮賡が一点ずつ、いずれも安堵状を書下形式で発給している[51](安堵状が必ず書下形式というわけではなく、鎮賡は書状形式の安堵状も出している)。[52]また、親連、鑑続、鎮賡に一点ずつ書状形式の宛行状が確認できる。[53] 一方、親連も書状形式の判物が四点あり、知行を給与する文書四点のうち三点が預け状であること。[54] 鑑続、鎮賡も前記のものを除いてはいずれも書状形式で、知行給与の文書は預け状であることから、[55] 田原宗家の場合とは異なり、基本的には大友氏の判物と同じ特徴である。なお、親連は古庄秀重と連署の判物が二点(書下形式と書状形式)あるが、[56] 他氏との連署状であるということはこれらは筑前国志摩郡代としての職務による発給であろう。

奈多氏の判物は弘治二年(一五五六)が初見である。[57] 鑑基の判物は書下形式と書状形式の両方があり、知行を給与する文書も宛行状と預け状の両方がある。[58] 宛行状、預け状は一点を除いて書状形式である。続く鎮基段階では書下形式は一点のみで、ほぼ書状形式となり、知行を給与する文書も預け状のみになる(ただし唯一の書下形式の判物は預け状である)。[59] 鑑基段階は大友氏とやや異なるが、鎮基段階ではおおむね大友氏の判物の特徴と一致すると言えよう。

以上のように、豊後国に本拠地があり、判物発給が確認できる領主は、ほとんどが大友氏と同じく書状形式で判物を発給しており、知行給与の文書も預け状が大半である。顕著な違いがあるのは、木村忠夫氏が自力で「領国」を築き上げたとしていた田原宗家である点が注目される。

(2) 豊後周辺諸国の判物発給状況

前項の検討を踏まえて、豊後周辺諸国について見てみよう。検討対象とする領主の条件は豊後国と同じであるが、大内氏、少弐氏、宗氏と大内氏の守護代杉氏は除いた。

筑前国では大友氏と敵対している時期が長い原田氏、秋月氏、宗像氏の判物は、大友氏とは特徴が異なる。原田氏の判物は大半が書下形式であり、知行を給与する文書もほとんどが宛行状である。[60] 秋月氏も判物はいずれも書下形式か書止文言のない形式で、知行を給与する文書も一点を除いてすべて宛行状である。[61] 宗像氏の判物は、正氏は二点がいずれも書下形式で[62]、氏貞は書下形式四点と書状形式一〇点である[63]。正氏、氏貞の知行を給与する文書は宛行状七点、預け状三点である。原田氏や秋月氏ほどではないが書下形式の判物があり、宛行状が多く、大友氏とは傾向が異なる。大友方に属して、一時氏貞を逐った鎮氏の判物は知行給与を約束したもので、「預進」の文言があり、書状形式である[64]。

一方、大内氏滅亡後は一貫して大友氏に属した小田部氏の判物は一点を除いて書状形式である。知行を給与する文書は宛行状と預け状が両方あるが[65]、先の三氏とは様相が異なる[66]。

宝満・岩屋城督の高橋氏は、鑑種の永禄二年(一五五九)と同六年の判物がある[67]。いずれも書下形式の安堵状で、後者は毛利方に属しているときのものである。その後、鑑種は大友氏に降伏して、高橋氏の家督は吉弘鑑理の次男鎮種(紹運)が継承する。紹運の判物はすべて書状形式となる[68]。ただし知行を給与する文書は宛行状と預け状両方がある。

このほか、大内氏に属していた曲渕氏に、大内氏滅亡直前に出した書状形式の安堵状がある[69]。

豊前国では野仲氏、時枝氏に判物発給が見られるほか、宇佐大宮司安心院公見にも十五世紀中頃の安堵状(書状形式)が一点ある[70]。

野仲氏は、弘治三年の大内氏滅亡後に大友氏に属している。その後、永禄四年には毛利方に付き、同十一年に再び大友氏に服属するが、天正六年の耳川合戦の後、再度大友氏から離反するという[71]。判物は鎮兼の宛行状二点(書状形式)、預け状一点(書下形式)、安堵状一点(書下形式)が確認できる[72]。書下形式となっている安堵状は書下年号で永禄七年、預け状は天正八年の付年号があり、いずれも大友氏から離反している時期である。書状形式の判物は年未詳である。

時枝氏は応永三十一年(一四二四)に書下形式の安堵状一点があるほかは、天正七年に書状形式の安堵状二点がある[73]。この二点は日付が一日違いで、いずれも中島氏から人質をとって所領を安堵したものである。このとき時枝氏は大友氏と敵対しているという[74]。

筑後国については、蒲池氏、草野氏に判物が見られる。

蒲池氏(上蒲池氏)の判物はいずれも書状形式である。鑑広の知行を給与する文書一点は預け状だが、その子家恒(鎮運)の三点はいずれも宛行状である。[75] 上蒲池氏は一時龍造寺氏に属し、龍造寺政家の偏諱を受けた家恒の名で宛行状を出しているが、天正十二年に大友方に復帰した直後、大友義鎮の偏諱を受けた鎮運の名でもやはり宛行状を出している。

草野氏は重永に永正九年の書下形式の安堵状と、年未詳で書状形式の所領を還付する判物がある。[76] 鎮永は元亀二年(一五七一)の宛行状が書下形式であるが、天正四年の異筆付年号のある預け状と、龍造寺氏に属し家清と改名した後の天正十二年の預け状はいずれも書状形式である。[77]

以上、筑前国、豊前国、筑後国を本拠地とする領主の判物発給状況について見たが、筑前国で大友氏と敵対していることが多い原田氏、秋月氏、宗像氏は大友氏と判物の特徴が明瞭に異なり、一貫して大友方に属していた小田部氏は大友氏に近い特徴を示している。高橋氏の場合、紹運継承後はすべて書状形式に切り替わっており、大友氏との関係が文書様式に影響を与えたと見ていいだろう。豊前国と筑後国の領主の判物は事例も少なく、筑前国ほど特徴が明確ではない。

参考までに、肥後国と肥前国の一部の領主についても見ておこう。

肥後国の菊池氏は永正十七年に大友義長の子重治(義宗、義武)が継承する。それ以前はほぼすべて書下形式であったが、[78] 以降は書状形式が優越する(天文三年以降、大友氏と対立するが、傾向は変わらない)。また重治継承以後、預け状が見られるようになる。[79] 大友氏との関係が顕著に文書様式に影響している。

菊池氏配下の城氏は預け状四点、安堵状一点がいずれも書状形式であり、[80] 隈部氏、本郷氏も判物が一点しかないが、書状形式の預け状である。[81] 少なくとも城氏は大友氏の影響と考えてよいのではないだろうか。

これに対し、阿蘇氏、甲斐氏、合志氏、鹿子木氏、相良氏の判物はいずれも書下形式である[82]。合志氏は宛行状が二点、預け状が六点あるが、預け状も五点が書下形式、一点が書止文言がない[83]。菊池氏の配下で、のちに大友氏に属する合志氏が、先の城氏らとなぜ違うのかは不明であるが、阿蘇氏、相良氏は大友氏からは自立的であり[84]、鹿子木氏は菊池義武とともに大友氏と対立し没落している[85]。このほか高瀬氏は、十五世紀の判物しかないが、いずれも書下形式である[86]。

肥前国の龍造寺氏については、隆信単署と隆信・鎮賢(政家)連署の判物はほとんどが書下形式ないしは書止文言のない形式である[87]。鎮賢(久家、政家)は天正五年の単署の宛行状は書下形式であるが[88]、大友氏から自立した後の天正九年以降の宛行状、預け状は一点を除いて書状形式になる[89](安堵状などは書下形式である[90])。しかしこれは、大友氏からの自立後であるから、大友氏との関係の問題ではなく、別の要因があると見るべきだろう。

肥前ではこのほか後藤氏、神代氏、有馬氏、波多氏なども、判物の点数が少ないので断定できないが、基本的には書下形式で、知行給与は宛行状であると思われる[91]。また、千葉氏の判物はすべて書下形式である。十六世紀ではほとんどが安堵状で、一点確認できる天文年間の知行給与の文書は宛行状である[92]。

これらに対し、筑紫氏の判物はいずれも書状形式で、知行を給与する文書一点は預け状である[93]。

以上から、豊後周辺諸国の領主の判物は、大友氏の影響がなければ書下形式が多く、知行給与の文書は宛行状が中心であるが、高橋氏や菊池氏のように大友氏との関係で書状形式、預け状を用いるようになる場合があると言えそうである。

これを踏まえると、やはり先に見た田原宗家は、豊後国内では例外的に書下形式の判物が多く、大友氏からの自立性が強いという推定が成り立つ。「はじめに」で述べたように、木村忠夫氏は田原宗家、秋月、筑紫、原田、宗像、龍造寺、松浦、有馬らの諸氏を、自力で「領国」を築き上げたという点で、武蔵田原氏や臼杵氏、立花氏などとは質的に異なると区別していたが、これは筑紫氏を除いてここまで分析した判物の特徴の差異におおむね合致する。問題はこの判物の文書様式の差異が持つ意味である。次にこの点を考えてみたい。

3　大友分国における「公的」秩序と文書形式

判物が書下形式か書状形式か、あるいは知行給与の文書が宛行状か預け状かという違いにはどういう意味があるのだろうか。前述のように、山室恭子氏は大友氏の発給文書の大半が書状形式であるのは非専制的であるからだとしていたが、そうすると豊後国内の領主は非専制的であり、周辺諸国の領主は専制的ということになってしまう。田原親董の足立清兵衛尉宛の判物を見ると、大永二年（一五二二）には書下形式の宛行状、天文二年（一五三二）には書状形式の預け状が出されている。(94)前述のように田原宗家は時期によって書下形式と書状形式を交互に切り替えているが、専制性の強弱とはあまり関係がなさそうである。また、宛行状と預け状は混在しているから、こちらは厳密な使い分けをしていないように思われる。武蔵田原氏も、同一人宛の宛行状と預け状が存在する例があるから、(95)厳密に使い分けているとは思われない。つまり、効力に差があるとは考えがたい。

豊後国の領主の判物が書状形式、預け状になるのは、単に大友氏に合わせたものであろう。ではなぜ大友氏の特徴に合わせるのだろうか。

そもそも田原宗家以外の領主の判物発給はほとんどが十六世紀からで、戸次氏、臼杵氏、武蔵田原氏の知行給与の対象地が、それぞれが城督などを務めた城の所在する筑前国糟屋郡、志摩郡、豊前国宇佐郡内にほぼ限られていることも考えれば、大友氏の影響下で判物発給を開始したと言える。

臼杵親連の預け状のうち天文二年と推定される二点には「雖不受　上意候と、配当仕候」や「追而請上意、可成御判申候」という文言がある。(96) 前者には「就今度当御城難儀」とあり、柑子岳城が攻撃を受けた際の軍事行動にともなう措置であることがわかる。つまり前線にいる臼杵氏は、大友氏の上意を受けずに独断で判物を発給しているが、これは大友氏の判物が発給されるまでの臨時的、代替的な措置である。この場合、やはり大友氏の文書様式を踏襲する必要性があったのではないだろうか。こうした代替措置としての知行給与は戸次氏や一万田氏にもみられる。(97) 一万田氏の例では、「御屋形様より御扶助被蒙候者、彼在所儀、返可有候、其内者可有御領地候」とあり、大友氏からの知行給与が実現した段階で、一万田氏の給与した知行は返付するという条件を明記している。

田原紹忍(武蔵田原氏)の蠣瀬次郎(統忠)宛と成恒越中守(鎮直)宛の預け状には「為私之合力」とある。(98) わざわざこのように断っているから、彼らは本来大友氏から知行を給与される存在であると考えられる。両者とも大友氏当主の偏諱を受け、直接感状を与えられている。(99) 成恒越中守宛の大友宗麟感状には「田原近江守以同陳(陣)」とあり、成恒越中守は紹忍に同心として付けられた大友氏直臣である。成恒越中守は大友義統からも知行を給与されており、(100) 当然ながら書状形式の預け状が用いられている。紹忍は蠣瀬次郎に宛行状も発給しているから、宛行状と預け状の使い分けは厳密とは言えないが、書状形式であることは一貫している。このほか戸次氏や高橋氏も、大友氏から付けられた与力に対して知行給与をしているが、(101) このように寄親が、大友氏直臣である与力に対して知行を給与する場合、それに合わせて独自の給与でも大友氏の判物と同じ書状形式、預け状を用いる傾向が強まるのではないだろうか(あるいは受給者側からそれを要求されるのではないか)。

次の史料は筑前国宝満・岩屋城督の高橋紹運の宛行状である。

〔史料2〕高橋紹運宛行状写(102)

今度不慮之弓箭令出来、秋月(種実)・筑紫(鎮恒)自身両度取懸候之処、於岩屋麓、被遂防戦、敵数輩仕付、被得大利候、殊更各地盤故、両御城堅固候之条、被対　公私、御大忠無比類候、必可達　上聞候、先以筑後三原郡田中村之内拾五

町并役職、板付之内四拾町、穂波郡之内百六十町進置之候、恐々謹言、

天正七

正月十八日　　紹運（高橋）在判

――屋山三介殿

（史料2　読み下し）

今度不慮の弓箭出来せしめ、秋月・筑紫自身両度取り懸け候の処、岩屋麓において、防戦を遂げられ、敵数輩仕付け、大利を得られ候、殊更おのおの地盤ゆえ、両御城堅固に候の条、公私に対され、御大忠比類なく候、必ず上聞に達すべく候、先ず以て筑後三原郡田中村の内拾五町并びに役職、板付の内四拾町、穂波郡の内百六十町、これを進らせ置き候、恐々謹言、

この宛行は高橋氏独自のものであるが、戦功は大友氏に報告され、大友氏からも知行給与がなされる可能性がある。屋山氏は「高橋家長臣」で、[103]与力ではないが、高橋氏、大友氏双方から知行を給与される可能性があるのである。

ここで注目されるのは、屋山三介の戦功が「公私」に対する忠節だとされている点である。この場合、「公」が大友氏にあたり、それとの関係で「私」が高橋氏となる。したがってそれに対応して、大友氏による「公的」な知行給与と、高橋氏による「私的」な知行給与があるということになる（先の田原紹忍も「私之合力」としている）。すでに述べたように大友氏の判物は書状形式で、知行給与の文書は預け状になるというのは徹底されているから、大友分国において「公的」に通用している判物の形式はこのようなものだという認識は広く共有されているだろう。高橋氏や豊後国の領主層が、大友氏の形式におおむね合わせた判物を発給するのは、いわばこの大友氏に広く共有されている「公的」な秩序のなかで通用しやすい形式にしたということではないだろうか。

これに対し、田原宗家は十四世紀から判物を発給しており、大友氏の判物が室町期から書状形式であるのに比べ、

当初から書下形式の判物を発給している。したがって大友氏の影響下で判物発給を開始したわけではなく、書状形式の判物が登場するのは大友氏の影響であり、大友氏から離反すると書下形式の判物が現れるのは、いわば大友氏の「公的」秩序から離脱して、もとの形式に戻ったとも言える。

田原宗家の場合、大友氏から与力を付けられている事例が、武蔵田原氏や戸次氏などに比して少なく、また宛行状、預け状はいずれも田原氏の直臣に対するもので、与力に対するものは見られない。つまり、田原宗家の「家中」(104)は他の豊後国の領主に比べれば相対的に独自性が強い。したがって、大友氏の「公的」秩序から分離して存在しうる田原宗家の「公的」秩序があるのではないだろうか。田原宗家が、大友氏からの離反にともなって判物を書下形式に切り替えることは、大友氏の「公的」秩序からの離脱を表明する意味があると言える。

筑前国の原田氏や秋月氏などは、大友氏の影響がさらに希薄で、「家中」も独自である。(105)これらの領主に判物発給を求める人々にとって、それが大友氏の判物に近い形式である必要性も低かったと考えられる。

以上のように考えれば、判物が書状形式か書下形式かといった差異は、支配の強弱とはあまり関係なく、受給者たちがどのような秩序を共有しているかの問題であると言えよう。

おわりに

ここまで分析してきた判物発給の様相は、木村忠夫氏による秋月氏、原田氏、宗像氏、龍造寺氏、田原宗家などと、武蔵田原氏、戸次氏、臼杵氏などとの区分とおおむね一致する。ただし田原宗家の判物は書下形式の時期と書状形式の時期があるから、秋月氏や原田氏などとは異なり、両者の中間に位置すると言うべきだろう。またこうした差異を生み出す「土豪的基盤」の有無(官僚的か否か)という点も、田原宗家の「家中」が武蔵田原氏や戸次氏などと比べ独自性を有していることや、武蔵田原氏、戸次氏、臼杵氏の判物が基本的に城督などとして支配する地域に関するものであることを考えれば、一応は首肯できよう。ただし、すでに拙稿で述べたように、これら城督は与力を被官化する傾向があり、独自に知行給与を行い、また戸次氏は城督の地位を世襲化して、自身の裁量で家督継承を行っていることからすれば、その差は相対的で可変なものである(106)。田原宗家の中間的性格はこの相対性を示すものだろう。

問題はこうした判物発給の様相と公的支配のあり方の関係である。高橋氏は屋山三介の戦功を「公私」に対する忠節だとしていたが、大友氏と同じ特徴の判物を発給する領主は、大友氏の「公的」秩序のなかで通用する形式を意識していたと言えよう。逆に、田原宗家は大友氏から離反したとき、文書形式の面でも大友氏の「公的」秩序から離脱することを意識していた。ここでいう「公的」というのは、たとえば守護公権のような制度的なもの(フォーマルな制度)を意味しない。

「はじめに」で掲げた史料1では「こうし」(公私)のために文書をもって知行を給与すると述べられていたが、この「公」は守護大友氏のような特定の公権者を意識したものではないだろう。この史料が意味するのは、宛行状(預け状)は、給与者と受給者の一対一の関係性の中だけで機能するものではなく、何らかの秩序を共有する人々の関係性を意識したものであるということである。その意識された関係性が「私」に対する「公」である。文書なしの知行給与から、判物による知行給与への変化は、この「公的」秩序が意識されることによる。多くの領主が十六世紀から判物発給を開始することには、こうした意味があると考えられるが、武蔵田原氏や戸次氏、高橋氏などは、大友氏の「公的」秩序との通有性を意識しているという点で、秋月氏、原田氏などとは異なっている。これらの領主は、大友氏と同じ形で判物を発給することで、「私的」な知行給与に「公的」な性格を持たせているとも言える。ただ、立花氏が豊臣大名となるや文書様式を変えた点や、武蔵田原氏も宛行状と預け状が混在する点など、これらの領主の支配が大友氏の「公的」秩序に完全に溶け込んでいたわけではない。前述のように田原宗家や秋月氏、原田氏などとの差異は相対的なものである。戦国領主と自立的／自律的な支城主・重臣層は、大友分国の場合、大友氏の「公的」秩序への包摂の度合いによって一応区分できるが、その差は相対的である。

一方、こうして他の判物発給者を自身の「公的」秩序に包摂している点で、大友氏は特別な地位にある。注意すべきは、この「公的」秩序が形成される過程である。大友氏の判物は統一が徹底されているのに対し、武蔵田原氏の判物に預け状と宛行状が混在する点や、あるいは田原宗家が大友氏に属しても、すぐに判物を書状形式に切り替えるわけではなく、大友氏から入って田原宗家を継いだ親家でさえ書下形式を用いる場合がある点などは、大友氏がこれらの領主に対して、判物を自身の形式に合わせるよう強制していないことを示す。これらの領主は判物を発給するにあたって自発的に大友氏の様式を参照したのである。それはあるいは受給者側の要求であったかもしれない。つまり、この「公的」秩序は何らかの公権(守護公権であれ、下から委任された公権であれ)を有する大友氏がそれに基づいて作りだしたものではなく、いわば自生的に形成されてきたものである。自生的にと言っても、前提としてその誘因となる大友氏の勢力の卓越性がある。

戦国領主は、戦国大名と同様に公的な支配を行う領主として重視されるようになった。戦国大名にしても戦国領主にしても、その「公的」な支配の成立は、何らかの権限委譲のみで説明できるものではなく、このような「公的」秩序が形成されてくるメカニズムから解き明かす必要があるだろう。十六世紀に本格化する判物の発給はこうした(新たな)「公的」秩序の形成と関係している。もちろん、筑後国の田尻氏や五条氏など有力と考えられる領主でも判物発給が確認できない領主もいるから、判物発給だけを基準に戦国領主を規定することはできないが、そのような機械的な当てはめではなく、判物発給という行為の持つ意味を追究することは、「公的」秩序形成のメカニズムを解明する上で有効な手がかりとなるであろう。

註

（1）黒田基樹「戦国期外様国衆論」（『増補改訂 戦国大名と外様国衆』戎光祥出版、二〇一五年、初版、文献出版、一九九七年）。
（2）黒田基樹「あとがき」（『戦国大名北条氏の領国支配』岩田書院、一九九五年）。
（3）矢田俊文「戦国期の権力構造」（『日本中世戦国期権力構造の研究』塙書房、一九九八年、初出「戦国期甲斐国の権力構造」一九七九年）。
（4）黒田基樹『戦国大名　政策・統治・戦争』（平凡社、二〇一四年）、一七五頁。
（5）小谷利明「戦国期の守護権力―判物の発給者―」（『畿内戦国期守護と地域社会』清文堂、二〇〇三年、初出「戦国期の守護家と守護代家―河内守護畠山氏の支配構造の変化について―」一九九二年）、同「奉書様式文書と奉行人文書―義就流畠山氏の河内支配―」（同前書、初出「義就流畠山氏の河内支配」一九九七年）。
（6）小谷利明「戦国期の河内国守護と一向一揆勢力」（前掲註（5）著書、初出一九九八年）。
（7）丸島和洋『武田勝頼　試される戦国大名の「器量」』（平凡社、二〇一七年）、二四頁。
（8）丸島氏が「領主権力」としての側面ではなく、「公権力」としての側面を重視するというのは、領主支配には公権的支配が含まれていないという理解に読み取れる。しかし、古典的な永原慶二氏の領主制論においても、領主制支配の二つの道として、私的・実力的支配と公的権力として制度的なものに依存した支配があり、前者の側面を重視するとしつつも、両者は相互補完するとしているように（「領主制支配における二つの道―好島荘の預所と地頭をめぐって―」『日本中世社会構造の研究』岩波書店、一九七三年）、中世の領主制には公権的側面が含まれているというのが、これまでの研究史の理解ではないだろうか。地頭級領主の支配を三重の同心円で模式的に示した石井進氏も、中核にあるイエ支配を、その外縁にある荘・郷・保などの地域単位にこのイエ支配を拡大していくと論じているが、地頭の職権によって支配を補強しているとしているし（『日本の歴史12　中世武士団』小学館、一九七四年、一一〇～一一二頁）、石井氏を批判した大山喬平氏はこの外縁部は統治権的支配であるとしている（「中世社会のイエと百姓」『日本中世農村史の研究』岩波書店、一九七八年、初出一九七七年）。矢田氏の戦国領主論も、大山説を参照しながら、再編された戦国期の領主制の問題として論じている（「権力分析の方法と史料分析法」前掲註（3）著書）。領主権力としての側面と公権力としての側面は切り離されるものではない以上、公権力としての側面を重視することが、戦国領主の語を使用しない理由にはならないのではないか。

(9)『大分県史料　第十三巻』奥嶽文書一六(以下『大分県13』のように略す)。

(10)『大分県13』奥嶽文書一七。

(11)松浦義則「国人領主毛利氏の給所宛行状の成立について」(村井良介編『安芸毛利氏』岩田書院、二〇一五年、初出一九八一年)。

(12)拙稿「毛利分国における「戦国領主」の文書発給をめぐって」(天野忠幸・片山正彦・古野貢・渡邊大門編『戦国・織豊期の西国社会』日本史史料研究会、二〇一二年)。

(13)木村忠夫「田原親資考—戦国大友氏の支配制度の一考察—」(八木直樹編『豊後大友氏』戎光祥出版、二〇一四年、初出一九六五年)。

(14)木村忠夫「田原紹忍の軍事力(二)」(『九州史学』二九号、一九六五年)。

(15)たとえば受益者が宛所にならず、執行者に遵行や打渡を命じた文書、あるいは袖判のある坪付状、加冠状類などを判物に含めるべきかどうかは一概には決めがたい。執行を命じる文書は、受益者の下に伝来することから、実際にはそれ自体に証拠機能が期待される場合があるとしても、一応これ自体は権利付与文書ではないので、ここでは判物に含めていない。袖判のある坪付状も、別途宛行状(預け状)が出される場合、権利付与文書としてはそちらが本体であろうから、これも含めていない。加冠状や官途状、名字状、あるいは禁制などは判物とすることもできるが、これらは必ずしも公的(公権的)支配を示す文書とはいえないため、以下の分析にあたっては、ひとまず検討対象としていない。

(16)山室恭子『中世のなかに生まれた近世』(講談社、二〇一三年、初版一九九一年)。

(17)『大分県31』大友家文書録一六五、『久留米市史　第七巻』草野文書二七(以下『久留米市7』と略す)、『熊本県史料中世篇一』小代文書五〇(以下『熊本県1』のように略す)。

(18)『大分県11』工藤勲文書五。

(19)『新修福岡市史　資料編　中世1』筥崎宮所蔵筥崎宮文書五(以下『福岡市1』のように略す)、『久留米市7』高良山文書・座主文書三。

(20) 感状は必ずしも公的(公権的)支配を示す文書とは言えず、寄進状もすべてが上意下達文書とは言えないためである。
(21) 柳川古文書館蔵伝習館文庫小野文書中世五二、『福岡市2』森文書一など。
(22) 『福岡県史　近世史料編　柳川藩初期(上)』臼杵家文書一四など。
(23) 柳川古文書館蔵伝習館文庫小野文書三一六。
(24) 『大分県9』一万田文書六、一二、二一、小野信夫文書八、柳川古文書館蔵伝習館文庫小野文書中世七八。
(25) 『大分県11』志手文書三〇、三二、『大分県32』大友家文書録八五八、『大分県33』大友家文書録一九一九、『大分県34』大友家文書録二四八二、『大分県35』吉松文書一～四、六、八。
(26) 『大分県35』大久保文書三、一〇、一一、一八(二五二頁)。ほかに『増補訂正編年大友史料二十四』三〇五(清水文書)(以下、『編年大友24』のように略す)の紹策預け状を同書は朽網氏と推定しており、これも書状形式である。
(27) 『大分県13』伊東明文書二、五、六、『熊本県2』志賀文書二七五、二八三、二九一、三一四。
(28) 『大分県13』佐藤金夫文書二、『編年大友14』四三〇(都甲今朝太氏家蔵文書)、『大分県35』若林文書五二。
(29) 『大分県2』湯屋文書第一巻一五、『大分県5』永弘文書一六九三、『大分県35』森文書(森恵一氏蔵)一―一、『編年大友15』一一一(上田節蔵氏家蔵野上文書)、『福岡市1』馬場文書参考一。
(30) 『大分県10』松成文書一五・一六。
(31) 『大分県10』市丸文書三、松成文書二六、『大分県8』蠣瀬文書下巻一八、『大分県2』今仁恕子文書二六。
(32) 『大分県8』高並文書七。
(33) 『大分県13』田尻文書四、五、『大分県12』薬師寺文書坤二七。
(34) 『編年大友26』四一九(児玉韞採集文書)、『大分県12』河野文書一、『大分県13』佐土原文書二二。
(35) 『大分県10』松成文書六、荒巻文書一九など。
(36) 『佐賀県史料集成　古文書編　第七巻』田尻家文書二、三(以下、『佐賀県7』のように略す)、『編年大友12』二一二(田尻家譜)、二二六(津崎浩氏家蔵文書)、二二九(大隈亘氏家蔵大隈家文書)、『大分県35』森文書(森恵一氏所蔵)一―六。
(37) 『大分県10』入江文書第四巻八、『大分県35』森文書(森恵一氏所蔵)三、『福岡市1』九州大学附属図書館付設記録資料館蔵馬場文書参考四(児玉韞採集文書)。

(38)『大分県10』入江文書第四巻九など。なお、年未詳の書状形式の預け状二点があり、うち一点(『福岡市史1』青木文書八)は「入部刻」の文言があるので、後述する理由から永正十四年(一五一七)以降の可能性が高い。
(39)『大分県26』足立悦雄文書一五、『大分県10』萱嶋文書二九、入江文書四巻一八。
(40)『大分県26』足立悦雄文書四八など。
(41)『大分県10』萱嶋文書三八。
(42)『編年大友24』一九三(津崎文書)など。天正三年に書下形式の預け状一点がある(『大分県10』入江文書第六巻四)。
(43)『大分県10』後藤敏宏文書一六、『大分県33』大友家文書録一七七五など。
(44)『大分県10』宮永氏影写文書一四、『大分県33』大友家文書録一七六二など。
(45)竹本弘文『大友宗麟』(渡辺澄夫監修、大分県教育委員会、一九九五年)、四一頁。
(46)『大分県10』入江文書第四巻九、『大分県5』永弘文書一七一八、『大分県26』足立悦雄文書五。
(47)『大分県13』草野文書下巻一一。大友氏が大神親照を討った際のものであり、田原氏が大友氏に属していることを示す。
(48)竹本前掲註(45)著書、四七頁。
(49)『大分県26』足立悦雄文書二九、四八。
(50)『大分県10』荒巻文書一三。外山幹夫氏はこの文書を「天文十九年ヵ」と推定している(『大名領国形成過程の研究』雄山閣出版、一九八三年、三六一頁)。この文書は田北鑑生・雄城治景・小原鑑元・山下長就といういわゆる加判衆連署文書であるが、窪田頌氏の「大友氏加判衆編年一覧」によれば、この四人が同時に加判衆であるのは天文十九年しかない(「戦国期大友氏の加判衆と国衆」『日本史研究』六六八号、二〇一八年)ので、外山氏の推定どおりでよいだろう。
(51)『編年大友17』一四七、二八八、『編年大友18』一七二(以上児玉韞採集文書)、『福岡市1』浜地文書一、『福岡市2』長善寺文書一、『編年大友17』二一〇、『編年大友21』二一(以上児玉韞採集文書)。
(52)『大分県13』加藤文書四。
(53)『編年大友17』一二六、二三九、『編年大友23』一五三(以上児玉韞採集文書)。ほかに差出人が「鎮廣」となっている宛行状写(『編年大友21』五二(児玉韞採集文書))があり、「鎮廣」の誤写の可能性もある。
(54)『福岡市2』由比重冨文書一六、『編年大友16』一二三(児玉韞採集文書)、一二五(太郎丸村新三家所蔵)、『編年大友

17』一二六（児玉韞採集文書）。
(55)『編年大友17』二三八『編年大友23』一五七（以上児玉韞採集文書）など。
(56)『福岡市2』由比重冨文書一五、『編年大友16』一二四（児玉韞採集文書）。
(57)『大分県10』田代文書三。
(58)『熊本県4』糸永文書二、『大分県10』松原文書七。
(59)『熊本県4』糸永文書九、『編年大友24』一九七（泥谷文書）、『大分県10』松原文書五。
(60)『福岡市1』九州大学附属図書館付設記録資料館蔵馬場文書参考二五（改正原田記附録下）など。
(61)『大宰府・太宰府天満宮史料　第十五巻』四五四頁（太宰府天満宮文書）（以下、『大宰府15』のように略す）、東京大学史料編纂所所蔵謄写本児玉韞採集文書（以下、児玉韞採集文書と略す）、同大坪文書、同秋月志料稿。
(62)『宗像市史　史料編第二巻　中世Ⅱ』二四九（竹井文書）、二六〇（石松文書）（以下『宗像市2』と略す）。なお宗像氏の判物については、桑田和明「宗像氏発給文書と花押」（『中世筑前国宗像氏と宗像社』岩田書院、二〇〇三年、初出「戦国時代における筑前国宗像氏の発給文書について」一九九三年）が論じている。
(63)『宗像市2』四〇九（児玉韞採集文書）、四一三（竹井文書）など。
(64)『宗像市2』三九六（米多比鎮人文書）。
(65)『黄薇古簡集』堀内勘左衛門所蔵九、一〇、『福岡市博物館研究紀要』創刊号所収吉良国光「小田部氏関係史料」その他小田部氏関係史料三二（中牟田菊丸氏所蔵）、四二（改正原田記附録）、四三（筑前国古帖證文）（以下「小田部氏関係史料」と略す）。
(66)ただし、このほかに坪付状（坪付記載のみで文章がないもの）が数点あり（「小田部氏関係史料」小田部文書（二）（小田部英子氏所蔵）六など）、確認できる宛行状、預け状にこれらと対応するものがない。坪付状のみが残った可能性もあるが、坪付状のみで知行給与をしていたとすれば、坪付状が実質的には判物として機能していることになる。
(67)『福岡市1』筥崎宮所蔵筥崎宮文書一三、『大宰府15』一六五頁（小鳥居文書）。
(68)『編年大友23』一一三（森猪松氏文書）、『大分県33』大友家文書録一六七九、『大宰府16』二五三頁、二五四頁（以上平井文書）。

(69)『福岡市1』明光寺文書七。
(70)『大分県4』永弘文書九五九。
(71)『全国国衆ガイド　戦国の〝地元の殿様〟たち』「野仲氏」項(八木直樹執筆、星海社、二〇一五年)。豊前国野仲郷は永禄四年に武蔵田原氏から乙咩氏に給与され、また永禄十二年に野仲氏に本領が還補されたのにともない、乙咩氏は中尾郷の上表を求められている(『大分県2』乙咩文書三〇、三六)。
(72)『編年大友25』二八九、『編年大友26』二一二、二一三(以上内尾文書)、『大分県26』小友田文書一。
(73)『大分県4』永弘文書五六八、『編年大友24』二九〇、二九一(以上中島文書)。
(74)『編年大友24』一五七頁。
(75)『柳川市史　史料編Ⅲ　蒲池氏・田尻氏史料』三五六頁(隈家文書)、三七三頁(大木(守)家文書)、蒲池敬造家文書一―三、東京大学史料編纂所影写本蒲池玄造氏蔵分蒲池家系図并に由来等二。ほかに蒲池鎮広預け状写(書状形式)(前掲蒲池家系図并に由来等一)は鑑広の誤写の可能性もある。
(76)『久留米市7』(付)草野氏関係文書三、五(以上「筑後歴世古文書」所収「北野林松院蔵書」)。
(77)『福岡市2』藤瀬文書四、『福岡市1』福岡市博物館蔵嶋井家資料一六、『久留米市7』(付)草野氏関係文書一九(上野文書)。
(78)『熊本県1』清源寺文書三五など。
(79)『熊本県1』怒留湯文書三など。
(80)『熊本県2』内田文書一四、一六、一八、一九、田尻文書一七。
(81)『熊本県4』西得寺文書三、『大分県32』大友家文書録八二九。
(82)『大日本古文書　家わけ第十三　阿蘇文書』阿蘇文書写六五二頁、『宮崎県史　史料編　中世1』押方文書一九、『熊本県1』合志文書四、『大宰府14』三六一頁(太宰府天満宮文書)、『熊本県3』岡本文書二など。
(83)『熊本県1』合志文書三、四、『熊本県3』津野田文書一〇、『熊本県4』合志文書二～五、斎藤文書二。
(84)木村忠夫「大友氏の肥後支配」(八木前掲註(13)編書、初出一九七三年)。
(85)『新熊本市史　通史編　第二巻　中世』第二編第二章第三節(阿蘇品保夫執筆、熊本市、一九九八年)。

(86)『熊本県1』寿福寺文書四など。
(87)『佐賀県20』西持院文書三、『佐賀県17』嬉野家文書六など。
(88)『佐賀県26』有馬雑記余事二七〇頁。
(89)『熊本県1』小代文書七七、七九、八〇、『佐賀県6』後藤家文書二三、『佐賀県7』田尻家文書二二〇、『佐賀県26』小城藩士佐嘉差出古文書写三九、四〇。
(90)『佐賀県26』小城藩士佐嘉差出古文書写三七など。
(91)『佐賀県18』橘中村文書一〇六、『福岡市1』青木文書二八、『佐賀県7』鶴田家文書(嫡流家)七、『佐賀県30』久家家文書三など。
(92)『佐賀県26』小城藩士佐嘉差出古文書写一六六。
(93)『福岡市1』聖福寺文書一四、福岡市博物館蔵筑紫辰五郎資料一―二、一―三。
(94)『大分県26』足立悦雄文書一五、二二。
(95)『大分県8』蠣瀬文書下巻一七、二四。
(96)『福岡市2』由比重冨文書一六、『編年大友16』一二三(児玉韞採集文書)。
(97)柳川古文書館蔵伝習館文庫小野文書中世五〇、『大分県9』一万田文書一二。
(98)『大分県8』蠣瀬文書下巻一七、成恒文書第六巻八。
(99)『大分県8』蠣瀬文書下巻七、成恒文書第六巻二。
(100)『大分県8』成恒文書第六巻一二。
(101)拙稿「戦国大名分国における領主層の編成原理をめぐって」(『市大日本史』一七号、二〇一四年)。
(102)『大分県33』大友家文書録一六七九。
(103)『福岡市1』福岡市博物館購入文書・雑文書一〇。
(104)田原宗家の「家中」の存在は『大分県8』香下文書五などに見える。大友氏は、「家中」の語を単に被官の集団一般を指して用いるのではなく、限定的に用いている点については拙稿「戦国期における「家中」の形成と認識―大友分国を事例に―」(『歴史評論』八〇三号、二〇一七年)参照。

(105) 原田氏の「家中」の存在は『大分県先哲叢書大友宗麟資料集』一一六七(東京大学史料編纂所影写本原田文書)に見える。

(106) 前掲註(101)拙稿。

〔付記〕本章は日本学術振興会科学研究費補助金研究・基盤研究(C)「戦国期の秩序流動化・再構築メカニズムの研究―発給文書と秩序認識の関係を中心に―」(課題番号 18K00962)の成果の一部である。史料写真の掲載にあたっては大分県先哲史料館、福岡県立伝習館高等学校、柳川古文書館のご高配を賜った。記して感謝申しあげたい。

織田信長印判状論

播磨 良紀

はじめに

政治史研究において、当時の権力が発給した文書の分析は不可欠のものである。発給文書はその権力構造と密接な関係にあり、文書の様式もそれに基底されるからである。織豊権力についても、その発給文書をいかに考えるかは重要な課題となっている。しかし、その文書様式を考えるうえで必要な古文書学においては、中世と近世では隔絶したものがあり、中近世移行期に登場した織豊期の文書の位置づけは不十分で、無理にその枠組みに入れようとしている感がある。(1)

織豊政権文書についての専論としては、相田二郎氏の研究がまず挙げられる。(2) 相田氏は織田信長・豊臣秀吉の文書は薄礼の新たな書札様を創始し、これが江戸時代へとつながるものとする。古文書学の講座で織豊文書を述べた岩澤愿彦氏は、御内書類似の書式を形成し、相田氏同様に書札礼の薄礼化を指摘し、大名への意志伝達手段としての書状の使用によって、儀礼よりも内容重視になったという。(3) コンピュータによるデータ分析を行った山室恭子氏は、戦国大名・天下人の文書の特徴を論じ、天下人の文書は判形から印判へと移行して非人格化・官僚化をした近世的な権力形成の原型であったとする。(4)

このように、織豊権力の発給文書は、新たな文書様式を形成し、さらに江戸幕府発給文書へとつながる連続性を有するものであった。したがって、その特徴や独自性をさらに追究していく必要がある。[5]

本稿では、その独自性の端緒となったと思われる織田信長の印判状について検討する。

信長の発給文書については、以下の研究がある。奥野高廣氏は信長文書を蒐集した『織田信長文書の研究』（以下、『信長文書』と略す）を編集し、信長は戦国大名と異なり支配権の保証として印判状を積極的に使用したことから、信長の文書発給を古文書学上の画期と位置づける。[6] 尾下成敏氏は信長の書札礼を検討し、天正三年（一五七五）末以降に数段階で薄礼化したことを指摘する。また、信長文書を朱印状で一括してしまうことについて、「朱（黒）印状」と「朱（黒）印御内書」に区別することを主張した。[7] 久野雅司氏も信長文書の書札礼の検討を行い、他国大名と領国内で書札礼が分かれることから一律に論じられないという。[8] さらに、柴辻俊六氏は信長の印判状を詳細に分析し、様式や書札礼に一定度の伝統的な法則性を継承するものの、例外が多すぎるために定式化できないとする。そして、年代が下がるにしたがって、全体に略式化され、書留文言も一貫性がなくなるという。これらは、伝統性の軽視や無視など信長の文書発給の意識、そして右筆の未熟さにあるとする。[9]

このように、信長の印判使用は、時期を経るうちに薄礼化していくことは指摘されるが、その法則性は見いだしにくいという。このことは文書様式を細分化しすぎて検討をしたことも要因としてあげられる。細かい点での相違はあるだろうが、文書発給においては、おおよその傾向があると思われる。後述のように、室町幕府将軍の発給文書は、御判御教書と御内書、戦国大名らの発給文書は、判物（書下）・印判状と書状に大別できる。つまり、権利付与などの公的文書と、私的な伝達を行う書状とに分かれる（後者のものもやがて公的役割を有する）。信長が発給した文書も、室町幕府将軍や戦国大名の影響を受けており、この流れでとらえるならば、ある程度の法則性も見いだせると考えられる。本稿はこの観点で信長文書を検討していき、信長印判状の変化とそのもつ意味を検討したい。

1　室町幕府将軍・戦国大名の文書発給と信長文書

織田信長の発給文書は、当然武家文書、つまり室町幕府・戦国大名の書札礼の影響を受けている。佐藤進一氏は、武家文書を下文・下知状・御教書(奉書)・書下・印判状の五種が基幹の様式であるとし、足利義満以降、直接的意志伝達法によって職務の遂行を命じる直状が顕著となり、直状の発達により下文・下知状が衰微していくという(10)。直状(直書)は命令の下達、権利の付与・認定、家務の執行などの機能をもち、将軍は御判御教書、守護・戦国大名は書下・判物として発給する。奉書は、幕府は将軍家御教書(管領奉書)・奉行人奉書、守護・戦国大名は奉行人奉書が出される。印判状は主に戦国大名が用い、文書発給の多さや薄礼化にともない、書下(判物)などに用いられていた花押に代わるものとして登場する。一方、私的な内容の伝達や非制度的・臨時の連絡などに使用される書状も用いられ、室町将軍のものは御内書と称される。このような流れをみると、室町幕府将軍は、直状では御判御教書、書状の御内書、奉書である将軍家御教書・室町幕府奉行人奉書、そして戦国大名においては、直状の書下(判物)・印判状、書状、奉書の奉行人奉書というようになる。なお、本稿では、当主発給文書に限って扱うため、ここでは奉書については触れない。

こうして、室町・戦国期の武家の当主による文書は、将軍—御判御教書・御内書、戦国大名—直状・書状に大別できる。なお、直状は正確にいえば書状も含まれるので、以後本稿では前記の命令の下達、権利の付与・認定、家務の執行などの機能を有するものを「直状」と表現する。

御判御教書などの「直状」は基本的に竪紙が用いられ、書留文言は「如件」で、書下年号が記される。戦国期には折紙の「直状」もみえ、その場合は付年号が付されるのが基本である。御内書・書状は基本的に年号を記さず、御内書は竪紙、書状は折紙もしくは切紙が使用されることが多い。御内書の初期のものは、書状の書留文言の「謹言」や「如件」を用いたものもあるが、やがて「候也」で終わるものが多くなる。宛名の敬称も身分関係により「殿」「とのへ」が記される。そして、おおよそ御内書の書札礼としては、「候也」の書留文言・宛名の敬称の「とのへ」となっていく。前述のように、御内書は私的な内容を記すものであったが、公的な意味合いをもつようになる。特に、一五代将軍足利義昭は御内書で政治的な伝令を多く発給している。戦国大名の書状も私的な内容というよりも、公的な内容をもち、意志伝達に多く用いられた。書状では、発給者と受給者との関係で、「恐惶謹言」「恐々謹言」「謹言」「かしく」などの書状の書留文言を記す。

こうした「直状」・書状による文書発給は、初期の織田信長文書でも同様である。信長文書の初見は、天文十八年(一五四九)熱田八か村宛の制札で、(11)印判の登場は、「天下布武」印を使用した永禄十年(一五六七)十一月からである。(12)印判登場までの信長文書は、基本的に「直状」である判物と書状であるが、大半は判物・書状ともに折紙形式で出されている。「直状」の判物は、基本的に「如件」の書留文言や年号記載があり、竪紙のものもあるが、付年号のある折紙が多い。

一方、書状はほとんど折紙や切紙(元折紙の可能性もあり)で、「恐々謹言」などの書状の書留文言をもつ。このように、印判使用までの信長の発給文書の様式も判物・書状の二系列といってよい。その意味では、当初は室町幕府以来の武家文書の書札礼で文書発給がなされていたといえる。ただ、判物の大半が竪紙ではなく折紙で出されているのは、父織田信秀や尾張守護代家の文書発給の影響を受けたものと思われる。戦国期以降、他の地域でも「直状」が折紙で発給されているものも多く、この点も信長の独自性とはいえない。

ところで、信長の使用した花押については、すでに多く述べられているのでここでは触れないが、当初は花押の様々な変化がみられ、永禄八年の一三代将軍足利義輝殺害後から「麟」の文字から作成した花押への変化が指摘される。[13] ここでは、信長の文書発給上での花押の変化は何らかの政治的な意味が考えられることを確認しておきたい。

なお、印判が使用されて以降も花押が据えられた文書は発給されており、すぐに花押から印判に変化したのではない。しかし、山室恭子氏の指摘のように、徐々に印判状の発給が増加し、判物から印判状に転換していく。印判状を用いるようになっても、判物が出されているのはもちろん信長と受給者の関係や文書発給の事情によるものである。

このように、印判状使用までの信長発給文書は、基本的に室町幕府将軍・戦国大名の発給した文書の書札礼と同様で、独自性のようなものはみえない。

2　信長発給印判状の検討

前述のように、織田信長が印判を使用したのは、永禄十年(一五六七)十一月からである。この時の同月九日に信長は正親町天皇から「古今無双之武将」として御料所の回復を求めた綸旨、いわゆる決勝綸旨を得ている。[14] すでに立花京子氏が指摘されているように、「天下布武」の印判使用は、この綸旨獲得と関係があるものと考えられるが、[15] 後述のように、元亀三年(一五七二)までは黒印の使用例はなく、当初は朱印が用いられ、その後黒印が使用されるようになったことは重要であろう。朱印・黒

表１　信長発給印判状表

年　次	朱印状			黒印状		
	如件	書状文言	候也	如件	書状文言	候也
永禄 10 年	9 (8)	5				
永禄 11 年	36 (36)	2				
永禄 12 年	34 (32)	3				
元亀元年	19 (17)	3 (1)				
元亀 2 年	14 (14)	3				
元亀 3 年	18 (15)	8 (2)		1 (1)	1	
天正元年	38 (36)	7 (1)		1 (1)	11 (1)	
天正 2 年	20 (19)	9 (1)	4 (4)	1 (1)	16 (1)	
天正 3 年	70 (66)	10 (2)	7 (5)	0	28 (1)	1
天正 4 年	12 (11)	1	16 (6)	0	19	8
天正 5 年	9 (7)	0	27 (6)	0	1	10
天正 6 年	4 (4)	1	10 (8)	0	8	12
天正 7 年	6 (5)	0	9 (2)	0	3	15
天正 8 年	7 (6)	5	13 (3)	0	6	12 (1)
天正 9 年	2 (2)	3	23 (11)	0	1	16
天正 10 年	56 (56)	2 (1)	10 (5)	0	9 (1)	10

※1　(　)内の数値は年次記載文書数。
※2　若干あてはまらない文書は削除している。

印の併用は戦国大名でもみえ、[16]朱印は黒印よりも優位性をもつとされるが、[17]決勝綸旨との関連で朱印が出現したとするなら、「朱」の意味も考える必要があろう。

それでは、次に織田信長の発給した印判状を検討する。印判状の数を、朱印状・黒印状ごとに、書留文言ごとにまとめたものが表1「信長発給印判状表」である。[18]なお、文書の年次比定については、主に『信長文書』にしたがったが、年次比定の誤りも多く、また確定できないものも多い。そのため、尾下氏の研究[19]や、私見による訂正も加えたが、まだまだ不十分で、この表については、さらなる検討の余地があることを付け加えておく。

朱印状は、永禄十年以降信長が没する天正十年まで続けて出されるが、黒印状は元亀三年以降に登場する。また、書留文言「候也」が新たにみえるのは、天正二年(一五七四)からである。そこで、朱印のみで出された永禄十年十一月～元亀三年八月までの時期、黒印が使用され「候也」文書が出るまでの元亀三年九月～元亀四年(天正元)十二月までの時期、そして「候也」文書が登場する天正二年正月以降の時期に分けて考える。

(1) 朱印単独発給時期―永禄十年十一月～元亀三年八月―

この時期は、朱印状のみが出される時期であるが、その前に、黒印状の初出を検討してみたい。黒印状の初出は、『信長文書』では、元亀元年(一五七〇)六月二十六日付の久徳左近兵衛(尉)宛のものとされる。[20]

就今度忠節之儀、多賀庄・石灰庄・敏満寺領諸入免、右以三ヶ所都合参千石分令支配候、本知・新知共、分一諸役一円令免許之状如件、

元亀元六月廿六日　　信長(黒印)

久徳左近兵衛殿

(読み下し)

今度忠節の儀につき、多賀庄・石灰庄・敏満寺領諸入免、右三ヶ所を以って都合参千石分支配せしめ候、本知・新知共、分一諸役一円免許せしむるの状、件の如し。

この文書は「集古文書」に収められているもので、『信長文書』では署名部分を「信長(黒印)」としているが、文書集なので、原文書ではなく写と思われる。年号記載も「年」が記されていない付年号記載でありながら一行書となっていて、写の様相がうかがわれる。奥野氏は、浅井氏の横山城攻めへの行賞ということからこの年次に比定する。しかし、この年の六月十七日に、信長は祖父江五郎右衛門に対して「領中方目録」を朱印状で出しており[21]、同性格の文書を黒印で発給していることも理解し難い。「集古文書」を確認すると[22]、花押や印判が朱で記されているものはなく、墨書での花押影・印影が描かれている。同じ巻に収録されている天正九年十月二十一日付「北条氏政東漸院宛印判状」の虎の印判や、次巻の天正十九年卯月二十七日付「豊臣秀吉石川備後守宛朱印状」の印判もすべて黒色で印影が書かれている。このことから、この文書を黒印状とは確定できず、むしろ朱印状の可能性が高いといえる。したがって、これを黒印状の初出とはいいきれない。

また、『信長文書』では、黒印のある六月二十日付の「猪子兵介宛書状」を元亀二年に比定している[23]。この文書は長島一向一揆攻めに関するもので、同時期に信長は、兵介に同月十三・十八日に書状を出している[24]。長島一向一揆攻めは元亀二年、天正元・二年に行われており、また元亀三年にも一揆が尾張・美濃の通路を遮断するなどの小競り合いもあった。元亀二年五月に信長は長島攻めに出陣することから、この年に比定したのであろうが、この書状の書留文言は「謹言」となっている。信長が家臣に対して出した書状では、元亀四年まではすべて「恐々謹言」で、それ以降は「謹言」も用いている。少なくとも「謹言」使用からすれば、この文書は元亀四年以降で、元亀二年の黒印使用の例にはあたらない。

元亀三年の黒印使用文書は、九月十九日付の妙智院宛書状と十一月二十四日付の請取状である[25]。前者は木下秀吉・

武井夕庵の添状から元亀三年に推定でき、[26] 後者は書下年号での記載があり、内容的にも間違いのないものといえる。そのように考えるならば、翌四年以降に黒印使用文書が増えていることもあり、信長の黒印使用は元亀三年九月以降といってよい。

さて、黒印使用以前のこの時期の朱印状は、年次記載があり書留文言が「如件」の「直状」と、年次記載のない「恐々謹言」などの書留文言をもつ書状で出される。たとえば、「直状」の例を次に掲げる[27](写真1参照)。

接(摂)州当知行分ならびに上牧の内、近年御不知行分、同寺庵、被官人等の事、今度御忠儀により御改これをまいらせられ、御下知之旨に任せ、前々の如く不入の地として、すべて御領知相違有るべからざるの状件の如し。

永禄十二

卯月十九日　　信長(朱印)

烏丸殿

雑掌

この文書は、日野烏丸家の雑掌に、摂津国の当知行分と上牧郷の内の不知行分等を、足利義昭の「御下知」にしたがって、改めて進呈することを述べたものである。こうした知行の付与などを記した「直状」には、朱印状が用いられていた。しかし、表にみえるように、書状にも朱印がみえ、当初は「直状」・書状両方ともに使われていたが、量的にみると、圧倒的に「直状」の使用例が多い。これは、永禄十一年の信長上洛にともない大量の禁制が出されたこと、また翌年の寺社などへの所領安堵が多く出された文書の発給内容にもよるが、それでも大半は「直状」である。一方、この時期花押での「直状」は数例しかないが、朱印の書状は一定数あり、書状の中での朱印使用は特例とはいえない。

そこで、永禄十年十一月から元亀三年までの、「直状」と書状の朱印・花押の使用数をまとめたのが、表2「永禄十一年～元亀三年朱印・花押表」である。これをみてもわかるように、朱印と花押は併用されているが、「直状」で

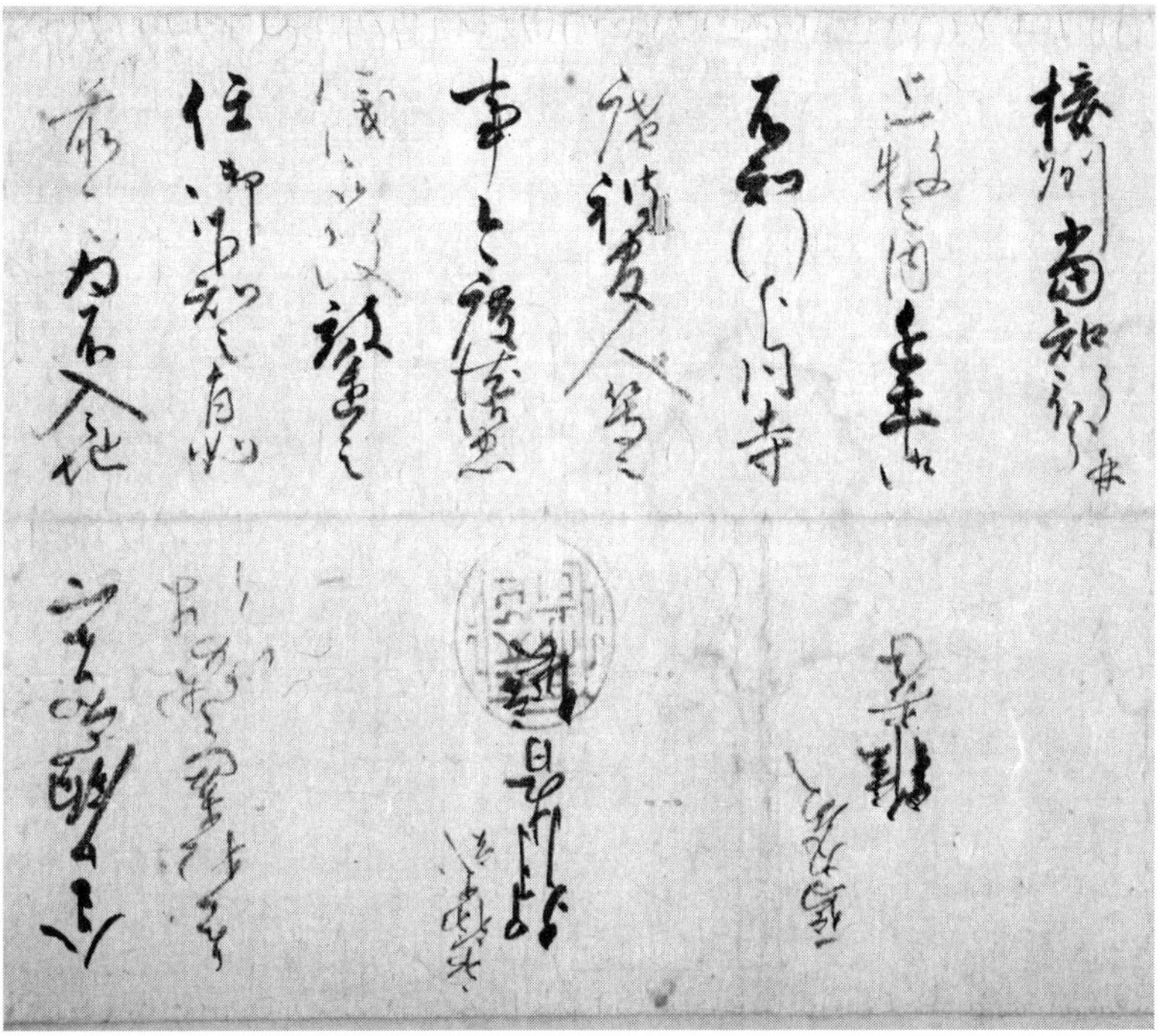

（摂）
接州当知行分并
上牧之内近年御
不知行分、同寺
庵、被官人等之
事、今度依御忠
儀御改被進之、
任御下知之旨、如
前々為不入之地、
全御領知不可
有相違之状如件

永禄十二
卯月十九日　信長（朱印）

烏丸殿
雑掌

写真１　織田信長朱印状（中京大学文学部所蔵）

表2　永禄11年～元亀3年朱印・花押表

年次	直状		書状	
	朱印状	判物	朱印	花押
永禄10年	9	1	3	1
永禄11年	36	2	2	7
永禄12年	34	1	3	6
元亀元年	14	1	4	23
元亀2年	19	0	4	19
元亀3年	8	0	3	9

※永禄10年は11月以降の文書数

の朱印利用は多く、書状での朱印使用は割合的に少ない。そして、「直状」は元亀二年以降に花押の使用は見えなくなるが、天正七・八年に各一例みえるものの、基本的に「直状」の発給は朱印に移行したといえる。

書状での朱印・花押の使用の相違は受給者との関係であると思われるが、朱印書状の書留文言は、対外者であろうと家臣であろうと、高身分の者を除きすべて「恐々謹言」である。これは信長自身が官位・官職はまだ上位でなかったため、極端な薄礼化をとらなかったからであろう。秀吉も天正十二年十月初旬に五位少将に補任されるまでは、家臣などへの書状はすべて「恐々謹言」であったが、それ以降「謹言」に変化している[28]。このことから、朱印を使用しても、この段階では官位・官職の点から信長も薄礼化を進めていなかったものと思われる。

(2) 黒印出現期―元亀三年九月～天正元年十二月―

信長の黒印の使用は元亀三年(一五七二)九月ごろから始まり、朱印と併用される。ここでは、室町将軍の御内書様式的な書留文言に「候也」を記すころまでの文書をまず検討してみたい。この時期は、わずか一年半弱の期間であるが、黒印出現期で黒印使用の特徴が見いだせると思われるからである。

前述のように、元亀三年での黒印例は、「直状」と書状の各一例の二例である。しかし、表1をみてもわかるように、この時期(元亀三・四年)の黒印での「直状」の例は二例しかなく、黒印のほとんどが書状である。『信長文書』では、元亀四年(天正元)の黒印の「直状」は、元亀四年七月付「山城大覚寺宛黒印状写」と、天正元年十月日付の「織田劔神社宛黒印状」がある[29]。前者は写であるが、「信長黒印」と記されているように、黒印状であったと思われる。しかし、後者の文書は、署名部分に黒印が捺されておらず、『信長文書』では「コノ黒印紙背ニ捺ス」と記している。一方、『福井県史』では、「信長(黒印)」としている。[30]実際、同文書の写真をみても、「信長」の署名の下には黒印はなく、署名下部分の裏に黒印が捺されている。[31]信長が裏に印判を捺す例は少なく、当時出された文書として裏の黒印の積極的意味は見いだせない。この文書のあとには、十月十六日付の寺社代宛の花押・印判のない信長書状も合わせて一紙に記されており、裏に黒印がなければ原文書ではなく写の文書といえる。同文書添状の霜月四日付の「木下祐久書状」には、「御朱印之上者」という記載があり、[32]この劔神社宛の文書は元朱印状であったことがわかる。つまり、一紙で記された文書は、何らかの理由で所在不明となった原文書の写で、信長が後に発給したことが間違いないと裏に黒印を捺したものと推察される。したがって、同文書は朱印状であったと考えられる。

この時期以降の「直状」での黒印使用は、『信長文書』では、天正二年四月二十五日付「嶋田秀満・山岡景佐宛黒印状」と同年七月二十日付「越前法雲寺宛黒印状」の二例のみである。しかし、このうちの「法雲寺宛黒印状」は朱印状であり、[33]天正二年四月以降は、「直状」での黒印状はみえなくなり、「直状」は朱印で出されるものとなる。

今まで述べた以外の三例の「直状」の黒印状が朱印であった可能性は見つけられなかったが、もともと朱印状は「直状」に多く用いられており、基本的には後々の証拠となり、また信長の権威を示すことから、以前同様、この時期にも「直状」に用いられたといえる。[34]新たに使用された黒印は、朱印とは別用途に、つまり朱印とは異なるものとして使用されたと考えられる。

一方、書状では、黒印の方が朱印より多くみえるが、書状は黒印のみで出されたとは言い難い。しかし、逆に黒印使用の用途を考えるならば、基本的には「直状」では使用せず、書状で用いるものであったのであろう。なお、書状での黒印・朱印の使用区別は、尾下氏や柴辻氏が言われるように、同一人物に対しても朱印・黒印で書状が出されていることから、今のところその区別はつけにくい。しかし、表1にみえるように、黒印登場以降、書状では朱印よりも黒印が主に使用されるようになったことはいえるであろう。

ところで、なぜ元亀三年九月から黒印が登場するのであろうか。九月二十三日に、信長は足利義昭に対し、十七か条の異見書を突きつけて、義昭の失政を誡めている[35]。これ以降、義昭との対立が表面化し、このころから禁制などから義昭の意を仰ぐ「執達」文言が消える。翌四年四月義昭を京都から追放するが、十七か条異見書以降が新たな独自権力としての出発の時期といえる。この黒印発給が始まるのも、こうした動きに結びつくとも考えられる。義昭との対立から、信長の存在をより強く示して尊大化をはかり、自身の意思を伝達する印判による文書発給がなされたのであろう。新たな黒印を用いた書状を出すことによって、それよりも優位性を示す朱印を用いた「直状」を権威づける役割を果したと考えられる。また、天正元年四月以降は、義昭を追放して朝廷に近づき、その傾向は強まり、個別に意志を伝える書状などに、朱印と区別した黒印を用いたともいえる。

(3)「候也」文書出現期―天正二年正月以降―

この時期でも、「直状」は朱印状で出され、朱印での書状もみえるものの、書状は黒印使用が主体である。天正三年(一五七五)と十年に「直状」が多いのは、前者は公家・寺社への所領給付、後者は武田攻めでの禁制発給による。そして、前述のように、このころから書状の書留文言が「恐々謹言」に加えて「謹言」がみえはじめる。これは信長の家臣や在地領主などに対して出す文書がより薄礼化されたといえる。さらに「謹言」文言の使用は増えていき、こうした薄礼化の様相は、尾下氏の指摘のように、天正三年十一月の信長の従三位昇進によるものといえる[36]。

天正二年正月以降、「候也(者也)」で終わる書留文言が記載される文書(以下、「候也」文書と記す)が出てくる。一例として次の文書を掲げる[37](写真2)。

この文書は、上山城の当尾で指出以外の隠田があったので、津田利右衛門尉にその調査を命じたものである。付年

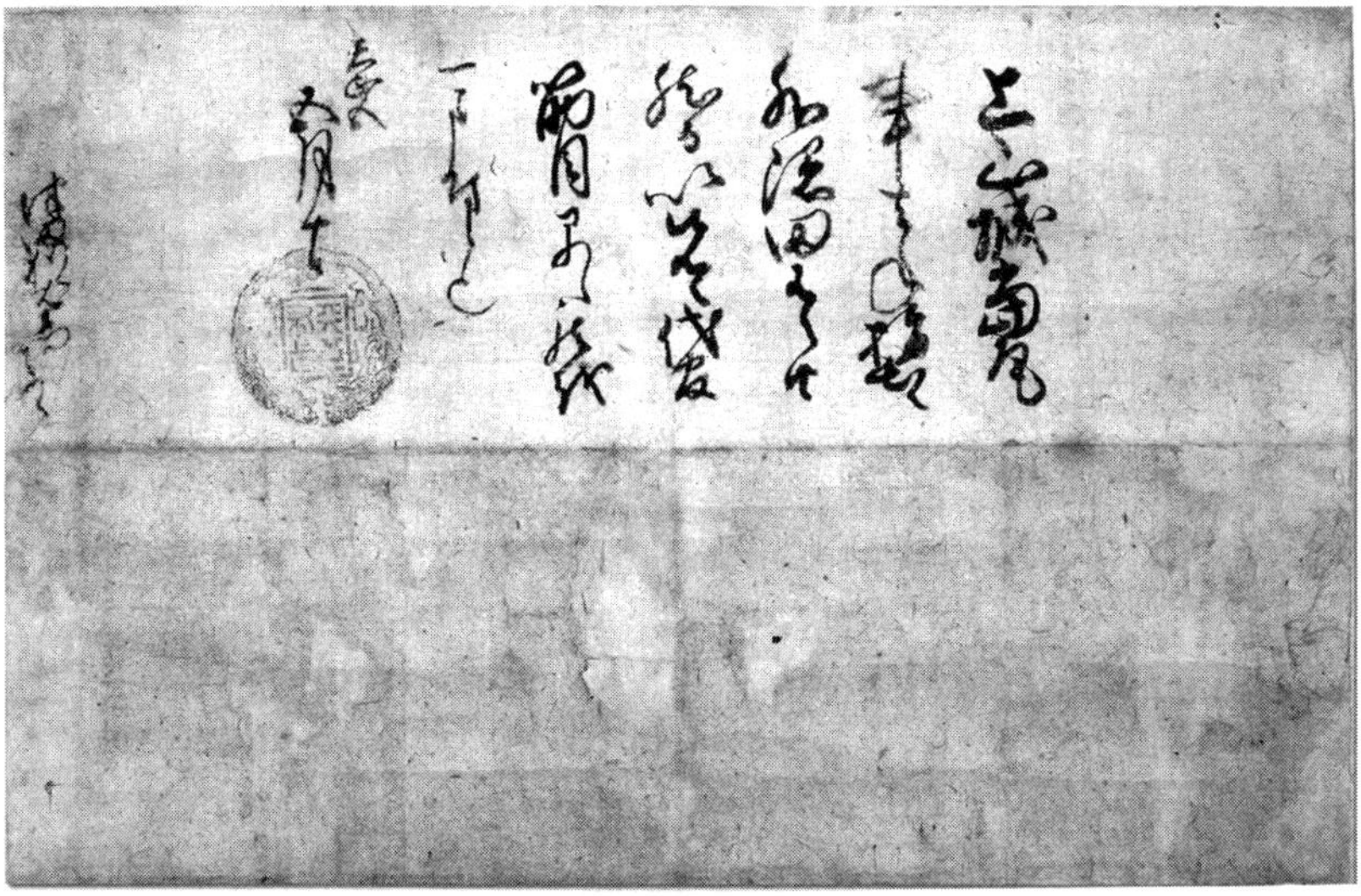

上山城当尾
事、去年指出
之外隠田有之由候、
然者以先々代官
筋目、早々罷越
可申付候也
天正五
五月十日(信長朱印)
津田利右衛門尉とのへ

(読み下し)
上山城当尾の事、去年指出の外隠田これ有るの由に候、しからば先々代官の筋目を以って、早々まかり越し申し付くべく候也

写真2　織田信長直状(安土城考古博物館所蔵)

号があり「直状」にあたるものであるが、書留文言が「如件」ではなく、「候也」を用いている。宛名の敬称も「とのへ」という薄礼での記載である。「候也」の書留文言、宛名の「とのへ」は、相田二郎氏のいわれるように、いわゆる室町将軍の発給した御内書形式の文書の影響を受けたと考えられる。ただ、将軍の御内書は基本的に用紙は竪紙で、年次記載がないのに対し、この文書は折紙で、付年号で出されている。

「候也」文書の発給は、信長自身足利義昭の御内書発給を戒めているように[38]、義昭からの影響が大きかったと思われる。ところが、御内書様式ならば、書状が変化したともいえるが、「候也」文書の初見は天正二年の四通で、それらは先の文書と同様に、すべて朱印状で年次記載がある。(39) 内容は四通のうち三通は鷹野での鉄砲使用の禁止を命じたもので、様式的にも内容的にも「直状」である。さらに、翌三年の「候也」文書の八通も、朱印状七通、黒印状一通で、朱印状のうち五通が付年号での年次記載があり、内容的にも「直状」にあたる。二通は書状の内容で、黒印状一通も書状である。(40) したがって、天正二年は「直状」のみ、同三年も「直状」が主体であることから、当初の「候也」文書は御内書様式的であるが、「直状」が変形したものといえる。

そして、天正四年になると、表1のように「候也」文書の数が増え、朱印状では書留文言が「如件」の数を上回り、黒印状にも多くあらわれる。朱印状での「候也」文書一六点中六点は、天正二・三年同様、年次記載がありまた内容的にも「直状」にあたるものであるが、それ以外の一〇点は書状の内容である。黒印の「候也」文書は、すべて年次記載がなく内容も書状である。つまり、天正四年以降、「候也」文書は、「直状」としても書状としても用いられるようになる。

そして、天正五年以降、黒印状の「候也」文書が従来の書状の書留文言をもつものより多く発給されていくようになる。以後、「候也」文書は、朱印状・黒印状ともに、増加していくが、今までの様式の「直状」・書状もなくなりはしないものの、減少していく傾向にある。なお、朱印状の「候也」文書においては、年次が記載された「直状」文書が多くあるが、また書状もみえる。黒印状の「候也」文書は、ほとんど年次がなく、内容的にも書状といってよいものである。

本来「直状」は竪紙、書状は折紙・切紙であったが、もともと信長の「直状」は折紙が多用されていたことから、「直状」・書状ともに同様式の折紙の「候也」文書に収斂していったものと思われる。そして、年次のない「直状」や付年号のある書状などもあらわれることにより、その境目が複雑化していく。

このようにみていくと、「候也」文書の出現も、それまでと同様の傾向が指摘できる。つまり、今までの「直状」—朱印状、書状—黒印状及び朱印状という原則は、「候也」文書でも同様で、「直状」と書状は「候也」文書に収斂されていくものの、そこでは朱印・黒印のある程度の使い分けがなされていたといえる。室町将軍の御内書様式を発展させた新たな「候也」文書も、従来信長が発給していた原則のもとに創出されたのであった。この「候也」文書は天正四年から本格化するが、このことは信長文書の薄礼化の流れと同様で、天正三年十一月からの従三位昇進が要因であろう。

「候也」文書の様式は、秀吉にも受け継がれ、秀吉発給文書も信長同様に、ほとんど書留文言が「候也」の朱印状でまとめられていく。(41) 特に秀吉は黒印状を発給していないため、「直状」と書状の区別がつきにくくなっている。そのため秀吉は知行宛行状や法令などは竪紙で発給することで、文書の形態でその差異を示している。天正十年六月本能寺の変で信長は死去するが、存命であれば、秀吉同様「候也」文書の発給文書での一本化は進んでいったことであろう。

むすびにかえて

本稿では、織田信長が発給してきた印判状について検討した。すでに、多くの先行研究が明らかにしたように、信長発給文書は複雑な書札礼をとり、なかなか法則化できないものであった。しかし本稿では、信長発給文書は室町幕府将軍・戦国大名の影響を受けて作成されており、このことから「直状」・書状の二つに大別するという観点から検討した。

当初、「天下布武」の印判は朱印で出され、朱印は「直状」・書状ともに用いられた。元亀三年(一五七二)から黒印使用が始まると、黒印は書状に用いられ、「直状」は従来通り朱印状であった。ただ、朱印による書状もあり、書状での朱印・黒印の使用区別までは現段階では明らかにできなかった。

天正二年(一五七四)から信長は、書留文言に「候也」を記す、室町将軍の御内書様式のような文書様式の使用を始める。それは以前と同様に、「直状」内容の文書は朱印、書状は黒印・朱印が用いられた。「候也」文書の出現で、「直状」も書状も減少傾向にあり、やがて秀吉朱印状のように、「候也」文書に収斂されていく傾向にあった。

本来ならば、印判の形態やさらなる原文書の確認など検討すべきであったが、そこまで及ばなかった。今後の課題としたい。

註

(1)　古文書学は主に古代・中世を対象に発達して、専門書や概説書にしてもほとんどが古代・中世を中心に扱っている。近世以降の全体的な古文書学の概説書は、唯一『概説古文書学　近世編』(吉川弘文館、一九八九年)のみで、他は『日本古文書学講座』(雄山閣、一九七九年)などの講座物しかなく、十分なものではない。織豊期の文書も鎌倉時代以来の武家文書の範疇に入れられているものが多い。

(2)　相田二郎「織田氏并に豊臣氏の古文書」(『相田二郎著作集2　戦国大名の印章―印判状の研究―』名著出版、一九七六年所収)。

(3)　岩澤愿彦「書状・消息」(『日本古文書学講座　近世1』雄山閣出版、一九七九年)。

(4)　山室恭子『中世のなかに生まれた近世』(吉川弘文館、一九九一年)第四章「天下人たち」。

(5)　筆者は二〇一五年十一月十二日に開催された織豊期研究会二〇周年大会で、「天下人文書論」と題して報告をしたが、内容的にも不十分なものでまだ模索の状況にある。なお、報告内容は、『織豊期研究の現在』(岩田書院、二〇一六年)に掲載予定であったが、諸般の事情や私の不徳のいたすところで公表するに至らなかった。当日のご報告者、ご参加の方々、関係者にお詫び申し上げる次第である。なお、本稿は当日の報告と関係する部分はあるが、内容は異なることを付け加えておく。

（6）奥野高廣編『増訂織田信長文書の研究』上・下、補遺・索引（吉川弘文館、一九八八年）。

（7）尾下成敏「織田信長発給文書の基礎的研究」「同　その二」（『富山史壇』一三〇・一三一、一九九九年・二〇〇〇年）、同「御内書・内書・書状論」（『古文書研究』四九、一九九九年）、同「織田信長書札礼の研究」（『ヒストリア』一八五、二〇〇三年）。

（8）久野雅司「織田信長発給文書の基礎的考察―武家宛書状・直書の検討による一試論―」（大野瑞男編『史料が語る日本の近世』吉川弘文館、二〇〇二年所収）。

（9）柴辻俊六「織田信長『天下布武』印の書札礼」（同『織田政権の形成と地域社会』戎光祥出版、二〇一六年所収）。

（10）佐藤進一『新版古文書学入門』（法政大学出版局、二〇〇三年）第三章第三節四「直状・書下」。

（11）『信長文書』一号。

（12）坂井文助宛（『信長文書』七七号）・矢野弥右衛門尉宛（『同』八〇号）・兼松又四郎宛（八一号）・埴原次郎右衛門尉宛（『愛知県史　資料編11織豊1』愛知県、二〇〇三年、五八一号）・山田七郎五郎宛（『同』五八二号）・賀島弥右衛門宛（『同』五八三号）。これらはすべて知行宛行状で、矢野と写の賀島宛以外はすべて「とのへ」記載である。

（13）佐藤進一『花押を読む』（平凡社選書、一九八八年、後『増補　花押を読む』平凡社ライブラリー、二〇〇〇年）。

（14）正親町天皇綸旨案（「立入宗継文書」）。

（15）立花京子「信長天下布武印と光秀菱形印」（有光友学編『戦国期印章・印判状の研究』岩田書院、二〇〇六年所収）。

（16）戦国大名の朱印・黒印など、印判については、相田二郎前掲註（2）書、荻野三七彦『印章』（吉川弘文館、一九六六年）、有光友学編前掲註（15）書など参照のこと。

（17）朱印が黒印より優位性があることは、印判状の諸研究で述べられていることであるが、尾下成敏氏は信長の印判状においては、このことに疑問を呈している（「織田信長書札礼の研究」前掲註（7）論文）。しかし、江戸時代の事例などから、ここでは通説の理解にしたがっておく。

（18）この表の作成にあたっては、『信長文書』（前掲註（6）参照）・『愛知県史　資料編11織豊1』（前掲註（12）参照）・『同　資料編14中世・織豊14』（愛知県、二〇一四年）・『織豊期城郭基礎調査報告書一～四』（滋賀県教育委員会、一九九六～

二〇一〇年）などで作成した。
(19) 尾下成敏「織田信長発給文書の基礎的研究」「同　その二」（前掲註（7）参照）。
(20)『信長文書』二四〇号。
(21)『信長文書』二五七号。
(22) 東京大学史料編纂所所蔵謄写本。
(23)『信長文書』二八三号。
(24)『信長文書』二八一・二八二号。
(25)『信長文書』三三四号・三五一号。
(26)『信長文書』三三五号。なお、秀吉が木下姓から羽柴姓に変わるのは、元亀四年七月からで（染谷光廣「木下秀吉文書についての補説」『日本歴史』三〇〇、一九七三年、拙稿「羽柴秀吉文書の年次比定について」『織豊期研究』一六、二〇一四年）、この文書は内容からも元亀三年のものといえる。
(27)「日野烏丸家文書」（中京大学文学部所蔵、『信長文書』一六九号）。
(28) 拙稿「秀吉文書と戦争」（藤田達生編『小牧・長久手の戦いの構造―戦争論上―』岩田書院、二〇〇六年所収）。
(29)『信長文書』三八〇号・四一六号。
(30)「劔神社文書」（『福井県史』資料編中・近世三、一九八五年）。
(31) 東京大学史料編纂所所蔵写真。
(32)『信長文書』四一六号参考文書。
(33) 東京大学史料編纂所所蔵写真。
(34) 信長の朱印使用が「直状」的なものに使用されていることは、すでに山室氏や柴辻氏らも指摘されているが、使用時期での問題や黒印との関係などがあったことを強調しておきたい。
(35)『信長文書』三四〇号。
(36) 尾下成敏「織田信長書札礼の研究」（前掲註（7）参照）。
(37)『信長文書』七一二号。同文書は現在安土城考古博物館の所蔵である。

（38） 永禄十三年正月二十三日付「足利義昭・織田信長条書(五か条の条書)」（『信長文書』二〇九号）。

（39） 『信長文書』四八八・四八九・四九〇号、四三五号。四九〇号は、書留文言が「候也」ではなく「者也」であるが、四八八・四八九とほぼ同内容なので、「候也」文書として扱った。四三五号も「者也」であるが、同様に「候也」文書とした。

（40） 天正三年の朱印状年次記載「候也」文書は、五〇八・五三二・五三六・五九八・五九九号。同朱印状年次未記載「候也」文書は、五〇五(候)・五五七(者也)号。同黒印状年次未記載「候也」文書は、六一〇号(者也)。

（41） 秀吉文書の書札礼については、小林清治「秀吉の書札礼」(『東北学院大学論集　歴史地理学』二四、一九九二年、後同『秀吉権力の形成―書札礼・禁制・城郭政策―』東京大学出版会、一九九四年所収)参照のこと。

第2部　様式・形と機能

戦国期奥羽の書状の形態をめぐって
――「竪紙・竪切紙系書状」の展開――

高橋　充

はじめに

東北地方(奥羽)の戦国期の文書に関する研究は、ある程度まとまって関連史料を把握できる伊達氏等を対象として進められてきた。代表的な研究としては、小林清治氏による「伊達政宗の書札礼」「伊達政宗と自筆書状」「伊達政宗の判物と印判状」という一連の政宗文書に関する研究がある。(1) 近年では、村井章介氏を研究代表者として、白河結城氏に関する文書の研究が行われた。(2) どちらも、『仙台市史』や『福島県史』『白河市史』など自治体史編さんの成果を基礎としながら、豊富な史料を駆使して深められた研究である。

また、奥羽諸氏全体の文書まで目配りをして、奥羽の地域差や地域性も射程に入れた論考として、山室恭子氏と大石直正氏の研究が挙げられる。(3) 判物と印判状の相違に着目し、諸氏がそれぞれ印章を使用するようになった歴史的な背景について、それぞれの立場から論及している。

本稿も、これらの先行研究に学びながら、おもに料紙論の視点から論じることを課題とするが、対象とする範囲が、やや広すぎるため、以下のようにテーマを設定したい。

まず様々な文書の中では、いわゆる書状(書札様文書)を対象とする。大名や家臣の間で交わされた書状は数も多く、印章の使用なども、奥羽においては書状から始まることが指摘されている。[4]また書状は、書札礼と呼ばれるルールや作法に従って書かれるが、奥羽を含む東国のみに通用し、西国とは異なる様式が存在したことが、すでに指摘されている。本稿でも、このような点に注目して、奥羽ないし東国の書状の地域性について考えてみたい。

近年盛んになっている料紙論には、「どのような紙を使うか」という視点と、「どのように紙を使うか」という視点があるように思うが、本稿は、おもに後者の視点からの考察となる。すなわち料紙の形状や、紙面の使い方、折り方、封じ方など、書状のルールや作法に関する事項にとくに注意しながら考察を進める。

この方面での先駆的な業績は、相田二郎氏が「横ノ内折」という文書の折り方の特徴を提示したことである。[5]「書き終わって横に向けて折る」折り方を「横ノ内折」と命名し、折り方の種類や料紙の形状・紙質の他、使用された時代が、永正年間から天正末・文禄年間まで、地域はほぼ東日本に限定され、武家である大名・宿老・家臣などが用いたことなど、この書状の折り方のポイントを明らかにした。その後、網野善彦氏は、東日本の戦国大名の文書に共通する顕著な特徴は、印判状の使用と書札様文書(書状)の様式(竪切紙・奥上追而書・横ノ内折など)にあるとし、相田氏の見解を「東国と西国の、文化のあり方の差異をはっきりと意識した、的確な結論」「日本の東と西の違いを指摘した卓見」と評価した。[6]

その後、越後上杉氏や後北条氏など東国の領主の発給文書や中世文書群に関する研究、とくに文書の形態に注目した研究の中で、これらの点について言及されることが多くなった。[7]機関・団体による調査研究、自治体史の編さんや博物館・資料館の展示などと関わりながら、その成果は着実に蓄積されつつある。二〇一七年に刊行された『古文書料紙論叢』の中に「東国武家文書の料紙」の章が設けられ、六編のうち三編が竪切紙の問題に触れていることからも、その関心の高さがうかがえる。[8]

奥羽の領主を対象とした事例研究としては、前述した小林清治氏による伊達政宗書状の書札礼の分析がある。[9]『仙台市史』に集成された膨大な数の政宗発給文書を整理し、書状の料紙の種類・形状、自筆か右筆か、書止文言、差出書・宛書などの観点から、相手に応じたいくつかの種類の書札礼を提示し、さらに、その背後に「通常書札礼」「戦国期の奥羽・東国の通例」を析出したことが、とくに重要である。筆者も、小林氏の成果に学びながら、蘆名氏の発給文書を集めて、書札礼について考察することがあったが、料紙の種類や形状などの分析は不十分であった。(10)

現存する奥羽の書状の実例としては、伊達家文書などが広く知られていたが、近年宮城県白石市で「遠藤家文書」が発見され、新たに多くの事例が付け加えられることになった。(11)遠藤家文書の料紙については、柳原敏昭氏による最新の研究成果がある。(12)

これらの研究成果から学ぶことは多いが、一方で相田氏以後の研究は、特定の領主の発給文書や文書群を対象とした個別実証的なものが多い。奥羽あるいは東国全体に通用していた書札礼などを意識して、トータルに扱おうとした研究は意外に少ない。また書札礼の中の個別の要素、たとえば折り方や封じ方、料紙の形状などに特化した分析が多く、書状の作成をめぐる一連の作法や、そこに通底する考え方にまで言及したものは少ない。

このような研究状況をふまえて、本稿では、伊達氏宛て蘆名氏書状の実例を出発点にしながら、戦国期奥羽の書状の料紙をめぐる諸問題について考えていきたい。

1　戦国期奥羽の書状の実例――伊達氏宛て蘆名氏書状の場合

ここでは、戦国期奥羽の武家書状の実例として、伊達氏宛てに出された蘆名氏の書状を紹介したい。

伊達氏・蘆名氏は、いずれも戦国期の南奥羽で勢力を誇った領主である。蘆名氏は陸奥会津(黒川)を、伊達氏は出羽米沢を本拠としていた。両者の関わりの歴史は長いが、とくに永禄九年(一五六六)正月から二月にかけて、蘆名盛

③A本文		③B	③C 追而書	④折り方	その他の情報		
袖余白	本文 行数				所蔵	掲載書	前稿 番号
無	11	不明	無	（不明）	仙台市博・伊180	大古伊287	高橋①
1行分	5	ⅡA	無	（横内折）	仙台市博・伊187	大古伊293	高橋②
1行分	6	ⅡA	無	（横内折）	仙台市博・伊192-1	大古伊298	高橋③
1行分	7	ⅡA	無	（横内折）	仙台市博・伊192-2	大古伊299	高橋④
1行分	7	ⅡA	無	（横内折）	仙台市博・伊163-2	大古伊258	高橋⑤
無	16	ⅡA	奥上	（横内折）	仙台市博・伊147	大古伊240	高橋⑥
1行分	5	ⅡA	無	（横内折）	仙台市博・伊156	大古伊249	高橋⑦
1行分	6	ⅡA	無	（横内折）	仙台市博・伊191	大古伊297	高橋⑧
無	5	ⅡA	奥上	（横内折）	仙台市博・伊173-1	大古伊278	高橋⑨
1行分	7	ⅡA	無	（不明）	仙台市博・伊173-4	大古伊277	高橋⑩
1行分以上	7	Ⅰ	無	縦折	大阪城天守閣所蔵		高橋⑪
1行分	4	ⅡA	無	（横内折）	仙台市博・伊173-2	大古伊279	高橋⑫
1行分	5	ⅡA	無	（横内折）	仙台市博・伊173-3	大古伊280	高橋⑬
1行分	7	ⅡB	無	（横内折）	仙台市博・伊163-1	大古伊259	高橋⑯
無	11	ⅡB	無	（不明）	個人蔵	郡山市史298	高橋⑰
1行分	4	ⅡB	無	（横内折）	仙台市博・伊205	大古伊313	高橋⑲
1行分	8	ⅡB	無	縦折	遠藤家文書E4-37	遠藤家30	柳原23
1行分	6	ⅡB	無	横内折	遠藤家文書E4-15	遠藤家10	柳原7
1行分	11	ⅡB	無	横内折	遠藤家文書E4-35①	遠藤家27	柳原20
1行分	5	ⅡB	奥上	横内折	遠藤家文書E4-35②	遠藤家28	柳原21
1行分	10		無	縦折	遠藤家文書E4-7	遠藤家2	柳原2
1行分	5		無	横内折	遠藤家文書E4-8	遠藤家3	柳原3
1行分	6		無	横内折	遠藤家文書E4-12①	遠藤家7	柳原5
1行分	7		無	横内折	遠藤家文書E4-12②	遠藤家8	柳原6
1行分	10		無	横内折	遠藤家文書E4-28	遠藤家19	柳原13
1行分	6		奥上	―	遠藤家文書E1-8-8-3	遠藤家2-2	
1行分	7		奥上	―	遠藤家文書E1-8-8-6	遠藤家2-3	
1行分	4		無	―	遠藤家文書E1-16-17	遠藤家2-4	

氏・盛興父子と伊達輝宗との間で、さらには双方の家臣数名が連名で起請文を交わしており、この後、しばらく両氏の同盟関係が続くことになる[13]。この頃の蘆名氏は、陸奥と常陸との国境付近で佐竹義重と対峙するようになっており、背後の伊達氏との友好的な関係を維持することは、自領の安全のためにも不可欠であった。

表1は、蘆名氏が伊達氏に宛てた書状のうち、原本が確認されているものである。No.1〜16は、仙台市博物館所蔵の伊達家文書一四通のほか二通を含むが、これらについては前稿で一度検討したことがある[14]。No.17〜28は近年発見された遠藤家文書の中の一二通である。遠藤家文書には、蘆名氏当主の盛興・盛隆が伊達家中の遠藤基信に宛てた書状とともに、蘆名家臣である金

表1

No.	基本情報			①法量・形状			②種類
	文書名	推定年	月日	法量（縦×横）	形状	状態	
1	蘆名盛氏書状		壬月28日	32.0×34.0	竪紙	奥破損、裏打	(楮紙)
2	蘆名盛氏書状	天正2	4月24日	27.5×23.5	竪切紙	裏打	(楮紙)
3	蘆名盛氏書状	天正4	8月21日	32.5×33.0	竪紙		(斐紙)
4	蘆名盛氏書状	天正4ヵ	9月13日	32.0×34.0	竪紙	裏打	(楮紙)
5	蘆名盛氏書状	天正5	2月22日	32.0×32.5	竪紙	裏打	(楮紙)
6	蘆名盛氏書状	元亀2	2月16日	34.0×49.0	竪紙	裏打	(楮紙)
7	蘆名盛興書状	天正元以前	8月15日	34.0×27.0	竪切紙	裏打	(楮紙)
8	蘆名盛隆書状	天正4	8月21日	32.0×30.5	竪切紙		(斐紙)
9	蘆名盛隆書状	天正9	5月14日	33.0×31.0	竪切紙	裏打	(斐紙ヵ)
10	蘆名盛隆書状		7月26日	34.5×30.5	竪切紙	裏打	(斐紙ヵ)
11	蘆名盛隆書状		正月21日	19.5×44.0	切紙		(斐紙ヵ)
12	蘆名盛隆書状	天正12	7月10日	35.5×29.5	竪切紙		(斐紙ヵ)
13	蘆名盛隆書状		8月12日	34.0×32.8	竪切紙		(楮紙)
14	蘆名盛氏書状	天正5	2月22日	32.0×31.5	竪切紙	裏打	(楮紙)
15	蘆名盛氏書状		8月18日	31.0×37.0	竪紙	裏打	(楮紙)
16	蘆名盛隆書状	天正8	4月朔日	34.0×35.5	竪紙		(斐紙)
17	蘆名盛興書状	天正2	5月10日	35.9×43.1	竪紙	袖破損、裏打	斐紙
18	蘆名盛隆書状	天正9	4月18日	30.9×35.0	竪紙		楮紙
19	蘆名盛隆書状		5月27日	34.5×42.2	竪紙		斐混楮紙
20	蘆名盛隆書状	天正9	5月14日	33.4×33.5	竪紙		斐紙
21	平田氏範書状	天正13	2月7日	34.0×44.0	竪紙	下部破損	斐紙
22	佐瀬氏常書状	天正9	4月13日	34.1×30.7	竪切紙		斐紙
23	須江実光書状	天正9	4月1日	34.3×28.9	竪切紙		斐紙
24	須江光頼書状	天正5	2月24日	33.6×32.3	竪切紙		斐紙
25	中目盛常書状	天正9	4月13日	34.0×38.2	竪紙		斐紙
26	金上盛満書状	天正9	4月1日	33.9×30.7	竪切紙		雁皮紙
27	金上盛満書状	天正9	4月13日	33.5×29.4	竪切紙		雁皮紙
28	松本氏興書状		7月23日	34.9×22.6	竪切紙		雁皮紙

上・松本・平田・佐瀬・須江・中目等の諸氏が、基信等に宛てた書状も含まれている。

合計は二八通で、年次を特定できないものもあるが、推定できたものは、ほぼ元亀・天正年間で、前述した両氏が同盟関係にあった時期に収まっている。十数年間という短い期間だが、ある程度まとまった数になるため、蘆名氏の書状のルールや作法を知る材料になると考える。

まずいくつかの項目を立てて、全体の傾向を把握しておきたい。なお遠藤家文書については、同文書の報告書及び柳原論文を参照した。[15]

①法量・形状

「法量」の欄には、料紙の大きさを、縦×横（チセン）の数値で示した。なお「状態」の欄に記載したように、文書の中には一部破損していたり、裏打の際に裁断されたことが予想されるものもあり、現状の大きさが必ずしも当初からとはいえないケースも含まれている。

料紙の縦の長さに注目すると、大部分は三〇～三五㌢に収まることがわかる。この寸法が、蘆名氏周辺にあった料紙(竪紙)の縦の長さの標準と考えられる。理由は不明だが、No.2はやや短い。またNo.11は一九・五㌢と極端に短く、切紙(横切紙)と判断できる。

次に横の長さ(幅)を見ると、最小の二二・六㌢(No.28)から最大の四九・〇㌢(No.6)まで区々である。すでに多くの指摘があるように、全紙サイズの竪紙を任意に縦に裁断した結果と考えられる。

「形状」の欄には、竪紙・竪切紙・切紙などの区別を記した。竪紙・竪切紙の区別は、ひとまず料紙の横幅が縦より長いもの(すなわち横長)を竪紙、横幅が縦より短いもの(すなわち縦長)を竪切紙とした。竪紙一三通、竪切紙一四通、切紙一通となり、竪紙・竪切紙がほぼ同数であるが、両者を合わせて、この文書群の中で卓越しているということができる。

このように書状の料紙の主流が竪紙・竪切紙であったことは、伊達政宗書状を検討した小林清治氏(ただし天正十七年以前)、輝宗重臣の遠藤家に伝来した書状を検討した柳原氏も指摘しており、戦国期の伊達氏関係の書状とも共通する傾向と考えられる。[16]

②料紙の種類

遠藤家文書については、顕微鏡を使用した料紙の観察結果が報告されているので、これに従った。斐紙が多いが、一部楮紙を使用するものもあった。この傾向は、遠藤家文書全体についても同様である。

それ以外については同様なデータがないが、参考として筆者の目視による楮紙と斐紙の区別を(　)を付して記した。

③紙面の使い方

紙面の使い方については、A本文、B日付・差出書・宛書、C追而書に分けて特徴を整理してみた。

A本文

相手への用件等を記す本文については、とくに文書の「袖」(右側)に当たる部分の余白のとり方(紙面の中で本文を書き始める位置)や、本文の行数をデータとして提示した。なお書止文言については省略したが、すべて「恐々謹言」であった。

袖の余白については、ほとんどとらない(「無」)か、一行分程度の余白しかとっていない場合が大多数であった。No.11のみ、やや余白が広く一行分以上あるように見える。

本文の行数は、最小の四行から最大の一六行まで、記された内容(の分量)に応じて異なるが、このデータは、後述するように料紙の形状を考察する際の参考になる。

B日付・差出書・宛書

差出書については署名のしかたや花押・印判の区別、宛書については書き方とともに日付を基準にした宛書位置の高さなどがポイントとなる。蘆名氏当主(盛氏・盛興・盛隆)の書状の詳細については前稿で整理しているので、その結果(以下に示す型)を示した。

Ⅰ型　謹上書　差出書:姓・官途(受領)+名乗+花押(印判)
　　　　　　　宛　書:「謹上」名字+「殿」

Ⅱ型　他家宛て通常書札礼

ⅡA型　大名・郡主(等輩)宛て　差出書:名乗+花押(印判)
　　　　　　　　　　　　　　　宛　書:名字+「殿」　日付と同じ高さ
　　　　　　　　　　　　　　※盛氏の場合、名乗は「止々斎」で宛書は「米沢江」となる

ⅡB型　大名・郡主の家臣宛て　差出書：名乗＋花押（印判）
宛　書：名字＋官途（受領）＋「殿」 日付より字下げ

なお、遠藤家文書の中で蘆名家臣が伊達輝宗や遠藤基信に宛てた書状の書札礼については、機会を改めて検討したい。

伊達氏の当主および家臣宛ての書状については、他家宛て通常書札礼（ⅡA型・ⅡB型）が適用されていることが確認できる。No.11のみがⅠ型である。

C追而書

追而書のある書状は五例（No.6・9・20・26・27）。その位置は、すべて日付の上（奥上）であり、おおむね本文より小さな文字で書かれている。

紙面の使い方については、遠藤家文書を分析した柳原氏は三つのタイプに分けて整理を試みている。ここでは対比して詳述する余裕はないが、基準の設定は異なるものの、同様な傾向であると解釈している。

④折り方

「折り方」の欄に縦折・横内折などの区分を記した。遠藤家文書については柳原氏の報告に従ったが、No.26～28については、報告書に記載がなかったので保留にした。伊達家文書については、現状では縦折の状態のものが多いが、折筋や花押等の墨移りの状況から、当初は横内折であった可能性のあるものが含まれている。横の折筋や花押の墨移りが確認できたものについては、（横内折）と表記し、判然としない場合は（不明）と表記した。

全体的に横内折が多いという傾向がみられるが、縦折も一部混在している。

この他に封式についても検討すべきであるが、伊達家文書・遠藤家文書ともに、当時の封紙が一緒に伝来していない場合がほとんどであるため対象からは除外した。

各項目の傾向については以上の通りである。二八例の中には、No.3と8、No.5と14、No.9と20のように、同日付けで二通の書状が出されているケースがあるが、いずれのケースも同一の特徴をもった様式で出されており、この時期の伊達氏に宛てた蘆名氏当主の書状の書札礼は、ほぼ一定していたと考えられる。また蘆名氏家臣についても、差出書・宛書の分析は今後の課題であるが、その他は同様のルールに従っていたことは確認できるので、当主の書状のルール・作法は家中にも浸透していたと推測できる。

2　書状の作法の復元と考え方・試論

(1) 紙面の使い方の工夫――より多くの情報を盛り込むために

前節で提示した各項目の傾向や特徴については、これまでにも指摘されているが、それらを相互に関連づけながら、一連の手順・ルールに基づく作法として説明されることは、あまりなかったように思う。一通の書状を作成するために料紙を準備し、書き始め、書き終えて、相手に届けるまでの過程を復元し、その背景にある考え方や志向性についても推測してみたい。

まず、比較的わかりやすい③紙面の使い方にみられたA～Cの諸事項の関連性と考え方を整理してみたい。

前節③Aで、多くの書状が、文書の袖に余白をあまりとっていないという特徴を指摘した。この特徴は、じつは当時通用していた書札礼に反するものである。

〔史料1〕「宗五大艸紙」(17)

一消息のはしをひろく奥へ二行ほど置候、是ハ文書の義也、常の消息のはし狭はげすしき也、三寸六分計置べき也(以下略)

〔史料2〕「細川家書札抄[18]」

一消息の端あけ候事、二行と云々、是は文書之儀也、常の消息には、はしのせばきはいやしく候、三寸六分ばかりと申候、又料紙にもよるべし

これらの礼法書の記述によれば、「消息」の端は二行程度あけること、とくに「常の消息」で端が狭いのはよろしくなく、「三寸六分」(約一〇センチ)程度あけるのがよいというのである。文中に出てくる「文書」については「文書とは用事の書き物也」という解釈があり[19]、特定の用件があって書かれた書状のこと、「常の消息」は恒例の挨拶など儀礼的な書状と考えられる。

このように、当時通用していた書札礼において、書状の端に十分な余白をとるように決められていたにも関わらず、前節で示した実例では、料紙の端(袖)に一行程度の余白しかとられていない。さらにつけ加えれば、実例の多くは、料紙の天地にも一～二文字程度の余白しかとっていないものが多い。本文の書き方は、文書の袖や天地にあまり余白をとらず、できるだけ紙面いっぱいを使って用件を書くという考え方に基づいていたことが推測できる。

文字の大きさについては、一概にはいえないが、書状の実例の中には、細かい文字で行間も詰めて、びっしりと書かれているものが多い。「横ノ内折」の書状に言及した相田氏も「実際この式の料紙に書いた書状を、小型であるなと思って開けて見ると、中身は細字で書いてあって、その内容の多量なのに驚くことが屢々ある」という印象を書いている。限られた紙面に、本文に当たる用件をできるだけ多く書き込み、より多くの情報を盛り込むことに適した書式といえるであろう。

ところで、このように文書の袖に余白をとらず、行間も詰めて本文を書くという書式であると、切紙や折紙の書状のように、文書の袖や行間に追而書(追伸)を書くことができなくなってしまう。その結果、前節③Cで見たように、この書式においては、追而書が付く場合には、日付の上(奥上)に小さな文字で書く以外はなかったと考えられる。つ

まり紙面の使い方としては、AとCとは連動するルールなのである。

最後に、B日付・差出書・宛書の部分を見ておこう。この部分は、天地・左右の余白も多く、全体にゆったりした配置になっている(たとえば後掲写真1～3参照)。前述したように、追而書が書き込めるのは、この部分に十分な余白があるからであり、このような意味で、紙面の使い方のA・B・Cは相互に連動した作法といってよい。

それでは、なぜB日付・差出書・宛書は、A本文と文字の配置などのようすが異なるのだろうか。前述したように、この部分では、日付の高さを基準に、宛書の表記の位置が、書状の差出人と受取人の社会的な身分・地位を表現していた。また差出人の花押や印判、その使い分けにも、受取人に対して様々な意味が込められていることがあることを先行研究は指摘している。つまり、この部分は、紙面の中でも、とくに書状の関係者の人格や社会的な関係性が端的に表現される重要な部分といえるのである。そのために、余白が十分にとられ、紙面を開いた時にはっきりとわかるような書き方になっているのではなかろうか。

(2) 竪切紙と横内折――小型化の志向

本文、日付・差出書・宛書、追而書の順で紙面に文字を書き終えた後、料紙の余白を縦に裁断するのが、いわゆる竪切紙である。表1に示したように、本文行数の多少と料紙の横幅とは、ほぼ相関関係にあることから、あらかじめ料紙を裁断したのではなく、紙面を書き終えた後、その分量に応じて裁断したものと考えてまちがいない。

それでは、なぜ余白を裁断するのであろうか。書状の見栄え・体裁という面ももちろんあるが、最も大きな理由は小型化をはかるためではなかろうか。よりコンパクトにするという志向性は、横内折という折り方にも通じると思われる。相田氏がはじめて指摘した「横ノ内折」は、そもそも縦長の料紙の場合に適用される折り方であり、実例としても、最終的に小型化させることに、もっとも適した折り方といえる。つまり余白を裁断することと横内折とは、書状の小型化という目的に沿った一連の作法と考えられるのである。

この点についても、すでに相田氏が「横ノ内折」の特質として、「思ふにこの式の料紙の特質は、紙の大きさを最初から切つて整へずして、先づ紙面に思ふ事を書いた後に、それを必要に応ずる分量だけに切つて、さうして折畳んで小形にするところにあるのではなからう《（ママ）》か。普通の切紙の如く最初から紙の大きさが限られてゐないから、先づ安心して思ふ程の文章を書き得る為め、文字の大小も自由にすることが出来る。さて書き終つて、料紙を折つて処置する段になって、如何程にも折筋さへ数を増せば、思ふ存分小形に整へることができる。ここに特質があると思はれる」と指摘している[20]。

前項では、この書状の書式には、できるだけ多くの情報を盛り込もうとする意図があったのではないかと推測した。内容としては、できるだけ情報量を増やしながらも、形状としては可能な限り小型化を志向する、この二つのねらいを両立させようとしたところに、この書状の作法は成立したと、ひとまず考えておきたい。なぜ情報量が増えるのか、なぜ小型化が志向されたのか、その理由・背景については、次節であらためて考える。

(3) 竪紙と竪切紙――「竪紙・竪切紙系書状」の提案

ここまで、前節で示した実例が各要素に関連づけられた一連の作法に従った書状であることを確認してきた。その上で、ひとつ問題として残るのは、竪紙と竪切紙との区別である。前節では、竪紙・竪切紙の区別を料紙の横幅が縦より長いもの(すなわち横長)を竪紙、横幅が縦より短いもの(すなわち縦長)を竪切紙と定義したが、これらの間には縦横の寸法の比率以外では、基本的にちがいは見られない。

具体的な事例から問題点を考えてみよう(写真1・2　伊達家文書・仙台市博物館蔵)。

両者は同日付の書状で、前者の差出人は蘆名盛隆、後者は蘆名盛氏(止々斎)である。どちらも内容はほぼ同じで、

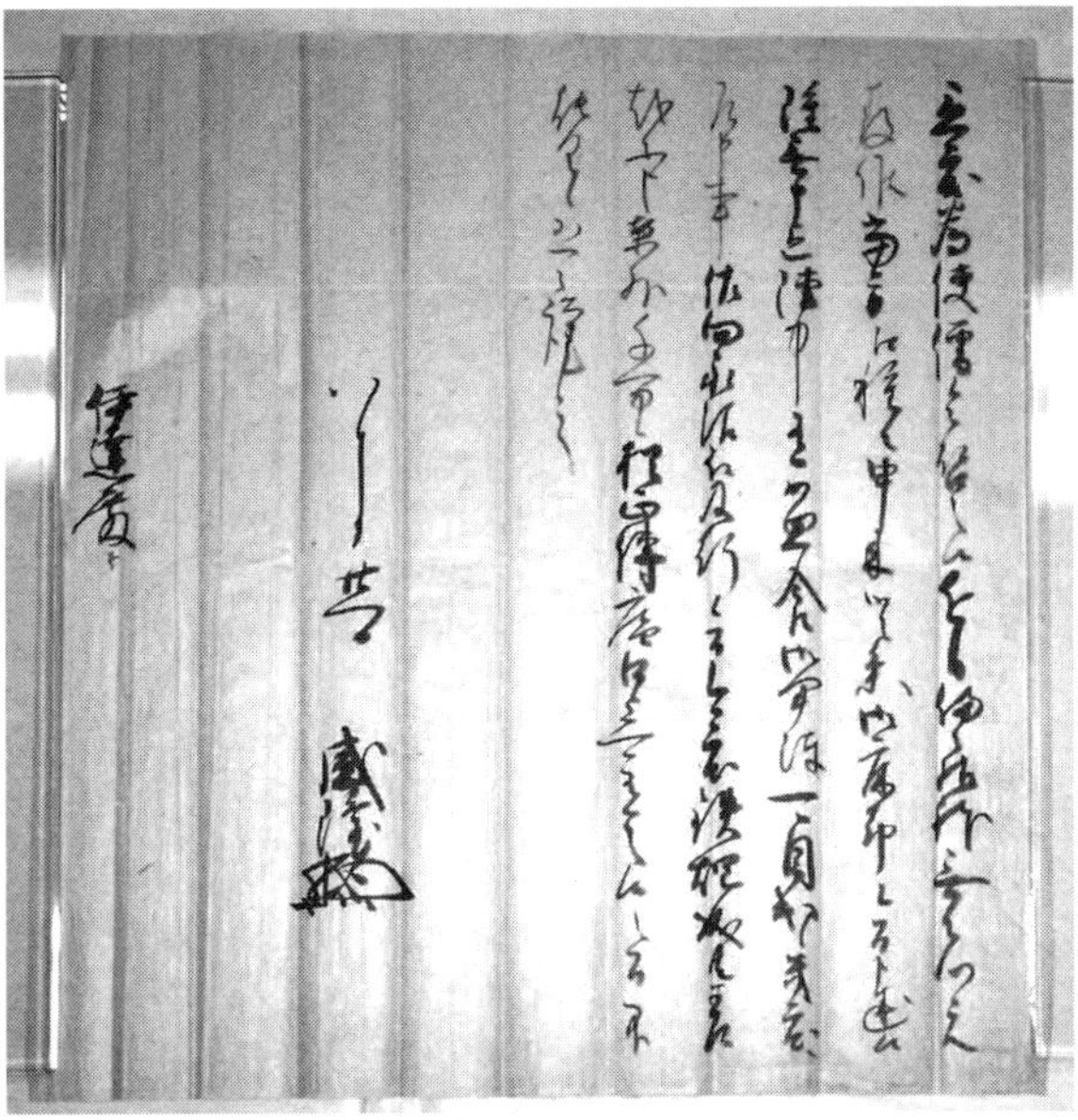

写真1　表1 No.8

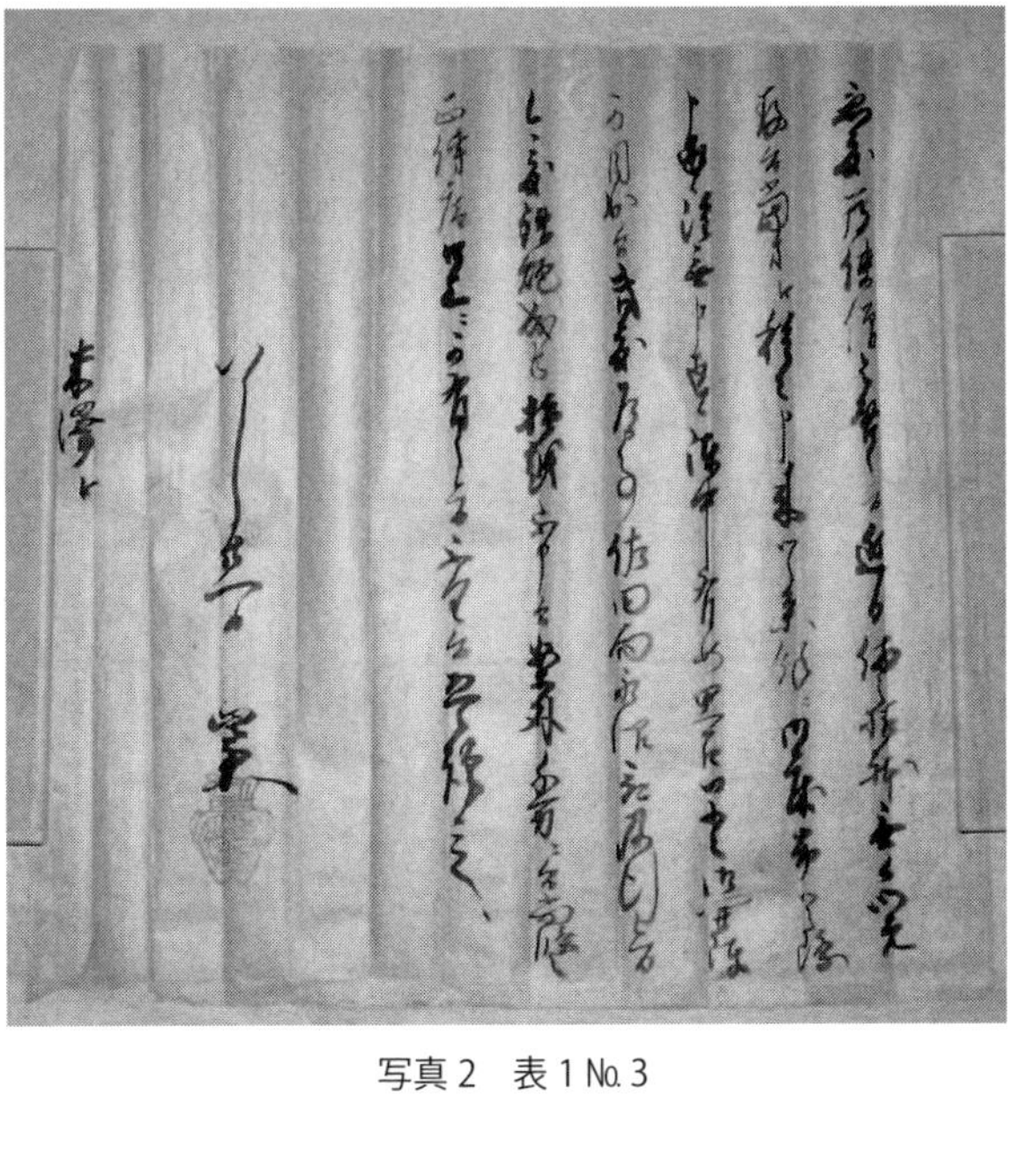

写真2　表1 No.3

前項で確認したルールに従って書かれている。ただし、縦横の長さを厳密に測ると、前者は横幅が縦より一・五センチ短いため竪切紙、後者は〇・五センチ長いため竪紙の範疇に入ることになる。同じように、同日付でわずかな縦横比率のちがいのために竪紙と竪切紙に分けられてしまっている例としては、表1のNo.5とNo.14、No.9とNo.20などがある。

また次のような事例もある(写真3　伊達家文書・仙台市博物館蔵)。

前節の実例の中でも、横幅が最も広く、竪紙の典型といってよいだろう。おそらく縦に裁断することなく、全紙サ

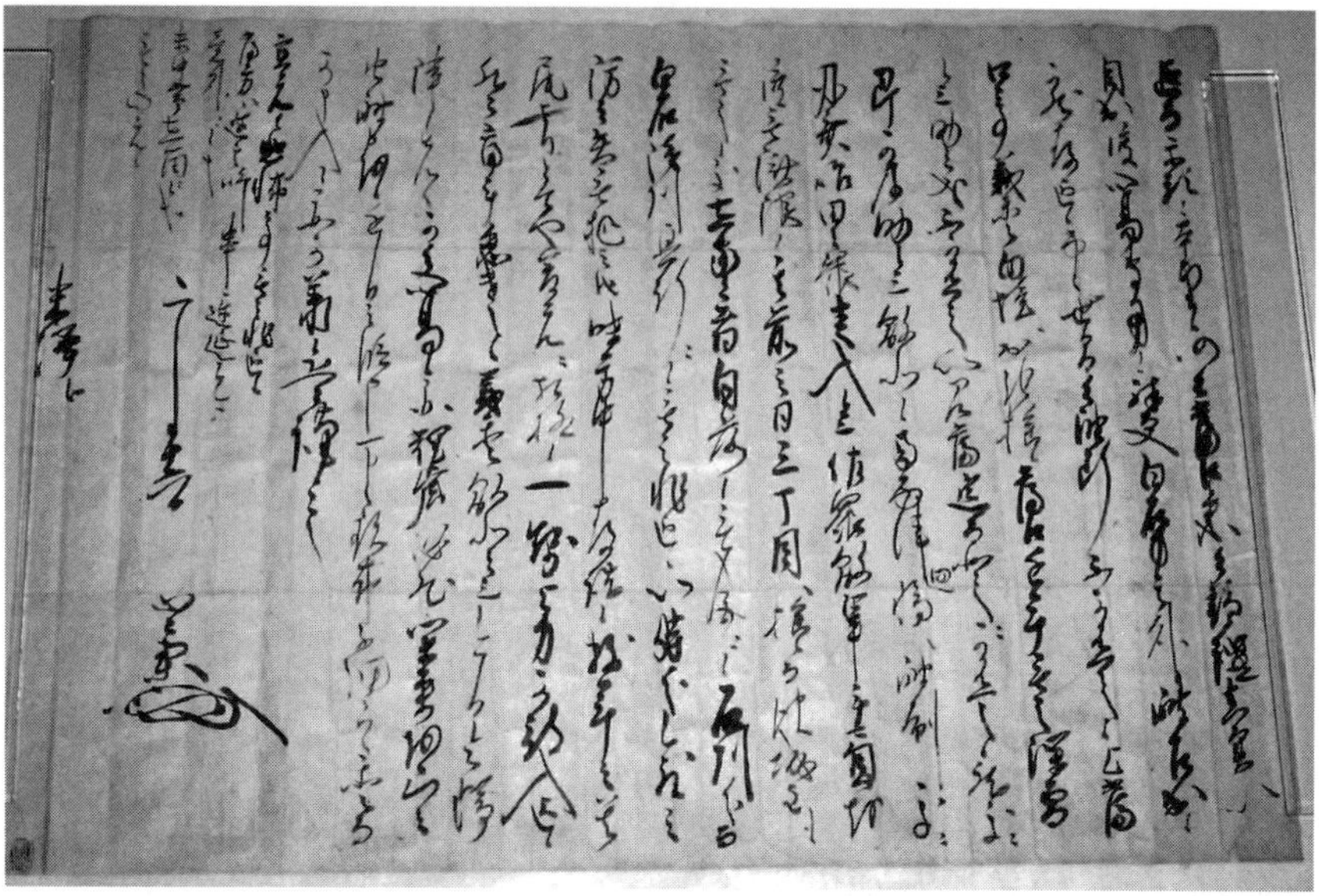

写真3　表1№6

イズのまま使用したと思われるが、やはり前項で確認したルールには従っており、写真1・写真2と同じ様式の書状と考えてよい。

このあたりの問題は、これまでの研究でも触れられることがあった。たとえば、鴨川達夫氏は「文章が非常に長いため、料紙を最後まで使い、全体が横長に見えるものもある。杓子定規に考えれば、これを竪切紙と呼ぶことはできず、さしあたり竪紙と呼ばざるを得ない」としている[21]。

このように料紙の縦横の比率によって竪紙・竪切紙を区別する方法は、客観的ではあるものの、その他のルールが共通しているという文書の特徴を消してしまう恨みがある。では、どうすればよいだろうか。一般的な文書の形状としては、料紙の縦横の比率によって竪紙と竪切紙を従来の通り区別するとして、戦国期の東国で一定のルール・作法に従って書かれた書状の呼称を別に考えたらどうだろうか。相田氏は、折り方を重視して「横ノ内折」と名づけたが、折り方は現状でわからなくなっている場合もある。そこで本稿では、この折り方を採用する書状を含めて、料紙の形状に即して「竪紙・竪切紙系書状」という呼称を提案したい。

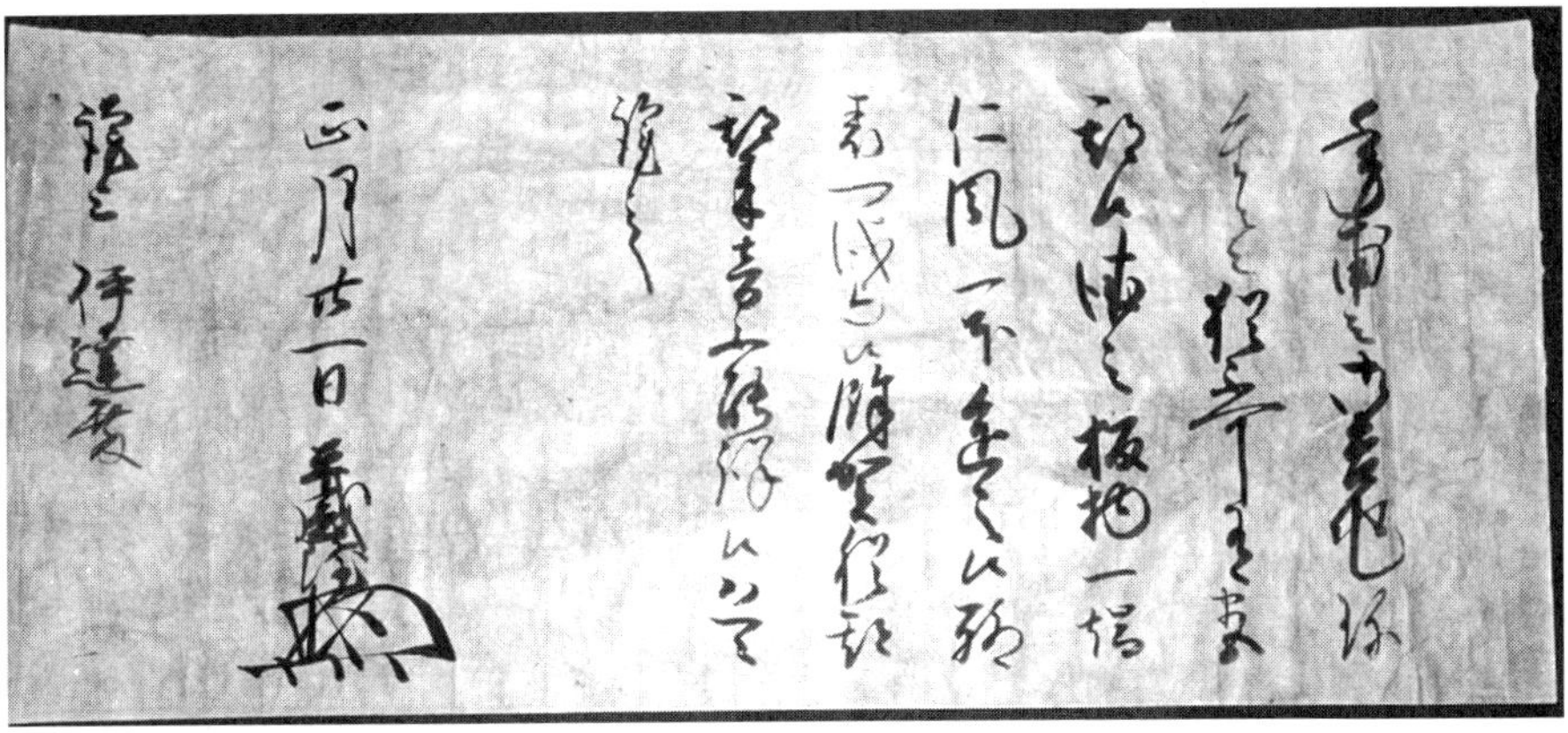

写真４　表１No.11

くり返しになるが、古文書学の用語としての竪紙・竪切紙の定義を変えるのではなく、あくまでも戦国期の東国を中心とした地域に現れる一定の作法に従って書かれた書状を指す用語として提案するものである。

(4) 切紙(横切紙)との使い分け――日常と儀礼とのちがい

最後に、「竪紙・竪切紙系書状」とはちがったルール・作法で書かれた書状をとりあげ、その使い分けについて考えたい。前節でとりあげた二八通のうち、No.11の事例だけが、さまざまな点で他の書状と異なっている(写真４　大阪城天守閣蔵)。

(年未詳)正月廿一日付伊達宛蘆名盛隆書状(22)

年甫之御吉兆、珍
重ニ候、猶不可有尽
期候、依之板物一端・
仁風一本進之候、聊
表一儀迄候、餘賀猶期
期来音不能詳候、恐々
謹言
正月廿一日　平盛隆(花押)
謹上　伊達殿

前節でも示したように、料紙のサイズは縦一九・五チセン、横四四・〇チセンで、いわゆる切紙(横切紙)の書状である。年未詳であるが、蘆名盛隆の在世中の天正年間であろう。正月二十一日付けの書状で、伊達家の当主に対する年始の挨拶に、「板物」と「仁風」を贈るという内容である。

蘆名氏書状の書札礼を検討した前稿では、小林清治氏の研究にならって、謹上書(I型)に分類した。すなわち差出書が姓・官途・受領＋実名＋花押、宛書が「謹上」＋名字＋殿となる書式である。他家宛てとしては、大崎氏・相馬氏・石川氏・白河氏宛ての書状が確認され、竪紙・竪切紙の書状よりは少ないながらも、ある程度公認された書式であったことがわかる。

謹上書か否かの使い分けは、相手の身分に応じてというより、書状の内容や交わされる場面に関係しており、毎年恒例の挨拶や贈答、家督相続(当主の代替わり)の挨拶など、儀礼的な内容、あらたまった場面に限って用いられたことも前稿で指摘した。切紙の使用も、これと同じような傾向にあり、儀礼的で、あらたまった内容の場合に使用されたと考えられる。

表2

	竪紙・竪切紙系書状	切紙の書状
料紙	竪紙	切紙(書く前に裁断)
本文	端をあけず書き始め	端を二行程度あけて書き始め
日付等	余白あり　宛書位置など配慮	余白あり　宛書位置など配慮
追而書	日付の上(奥上)	袖・行間
裁断	縦に裁断(竪切紙) 紙面を書き終えた後	横に裁断 紙面を書く前
折り方	横内折・縦折	縦折

最後に、あらためて「竪紙・竪切紙系書状」と切紙(横切紙)の書状のちがいを整理すると表2のようになる。

一般的に、竪切紙は料紙を縦に裁断し、切紙は横に裁断すると説明されることが多い。その通りではあるが、書状の様式の問題として考える場合、料紙を裁断する方向だけでなく、裁断するタイミングのちがいにも注意する必要があろう。くり返し述べてきたように、竪切紙の場合には、紙面を書き上げた後に裁断する。本文等の分量に応じて裁断する位置が変わるので形状は区々になる。一方で、切紙の場合は、書く前に裁断する。一枚の料紙を、本紙と封紙等として使い分ける意味もあり、あらかじめ料紙を切る大きさも、ほぼ決まっていた。

3 「竪紙・竪切紙系書状」が受容された社会的な背景

切紙や折紙のような一般的な書状以外に、「竪紙・竪切紙系書状」のような作法が生まれ、浸透していった背景については、どのように考えたらよいだろうか。ここでは、近年の東国の戦国期研究の成果などを手がかりに考えてみたい。

(1) 書状の内容の長文化・情報量の増加

前節では、「竪紙・竪切紙系書状」は、本文の長短に柔軟に対応し、とくに多くの情報を盛り込むことにも適した書状であると考えた。この時期の書状の文面が長くなるのはなぜだろうか。

この点について、山田邦明氏は、北条氏や長尾氏の外交交渉の中で、使者の起用や援軍の要請に関して「きわめて細々とした文面」の書状が交わされる事例を紹介し、この時代には「心情を吐露しながらも論理的な文章で綴られた書状が多く登場する」としている。さらに「戦国の争乱状況が深刻化するに伴い、書状の文面が詳細かつ具体的になっていく。(中略)「口上」を果たせる有能な使者が払底するなどの事情によって、メッセージのすべてを書状に盛り込み、これを適当な人物(飛脚など)に託して運ばせるという方法をとらざるをえなくなったという筋道を考えることができる」とする。(23)

また山田氏は、上杉謙信が家臣の栗林氏に宛てた二六通の書状を詳しく分析し、「不確かな情報がつぎつぎともたらされる中、書状による指示は重ねられ、命令の内容も簡単に変更されたこと、そのような状況にもかかわらず、書状によって指令される内容はきわめて具体的で詳細なものが多かったこと、部将たちだけでなく、これによって統率された兵士たちへの心遣いも、書状によって伝えることができた」としている。「戦国大名にとって書状は家臣と兵士をまとめるための有用な道具だった」という観点から、書状の内容が詳細で具体的になってゆく理由を想定している。[24]

実際に長文となっている書状として、たとえば写真3がある。これは、米沢の伊達輝宗からの来信に対する蘆名盛氏(止々斎)の返書である。内容から、書状の年次は元亀二年(一五七一)二月と推定できる。内容は、以下の①～④の順に書かれている。

①伊達方の状況(「御当口」)

まず、輝宗からの来信への返答として、前年四月に、伊達家中で起きた重臣の中野宗時・牧野宗仲らの叛乱の鎮化と事後処理について書いている。「白石方」とは、刈田郡白石城主の白石宗利を指す。「性山公治家記録」元亀元年九月条等には、白石氏・宮氏・田手氏など中奥地域の領主たちが、中野・牧野の逃走を見逃したことにより、罪科に処されたことが記されており、この一件に関わる内容と推定できる。[25]

②蘆名方の状況(「当口」)

次に常陸の佐竹義重が白河郡へ軍事行動を起こしたが、これを田村氏の軍勢(「田之衆」)とともに蘆名方が撃退した経緯が、詳しく書かれている。

③関係する諸氏の動向

さらに伊達氏とつながりの深い石川氏の動向を知らせ、これに配慮している。これ以前に石川氏には、伊達晴宗の四男(輝宗の弟)である昭光が入嗣している。佐竹氏の勢力が及ぶ中で、石川氏一族である白石・浅川等の諸氏と戦闘に及んでしまったことを伝えている。諸氏の関係が錯綜する中で軍事行動が起きるために、このような配慮を伝えておく必要性が生じるのである。さらに関東方面では上杉謙信(輝虎)出兵の情報があることも伝え、佐竹氏の背後の状況まで関心が及んでいる。

④追而書

再び中野宗時の叛乱の話題に戻る。詳細は不明だが、その後の宗時の動向が十分に把握できておらず、伊達実元らが脅威を感じているのを盛氏も心配している。

以上の内容を見ると、①②のような当事者双方の状況ばかりでなく、③関係する諸勢力の状況や、④家中の関係者の動向など、対象は徐々に広がり、それらの情報が盛り込まれることによって本文が長文化してゆくように見える。双方と関係のある石川氏の動向や、佐竹氏・上杉氏など関東・北陸の諸氏の動向まで、南奥の複雑な政治情勢を反映しながら、話題は広がり見せている。このような内容についても、お互いに情報の提供を約束し、それらを共有することが相互の信頼関係の証となり、双方の同盟関係を維持・存続してゆくしくみになっていたと考えられる。

さらに書状の内容には、政治的・軍事的な状況ばかりでなく、鷹狩や能・謡など嗜好する芸能に関する話題が含まれることも多い。これらも当事者双方の人格的な関係を深めることが同盟の維持・強化につながるためであろう。

このような理由によって伝えられる情報量が増え、書状が長文化し、それに適した書式として、「竪紙・竪切紙系書状」は広く受容されるようになったと考えることができる。

(2) 書状の機密性と使者の携行の利便性

「竪紙・竪切紙系書状」は、その内容が盛りだくさんになる一方で、形状としては小型化が志向されるようになった。その背景について考えてみたい。

すでに多くの指摘があるのは、書状の機密性の問題、いわゆる密書という性格に関することであろう。羽下徳彦氏は、上杉・北条同盟をめぐる文書の動きを検討する中で、この件に関する永禄十一年末から同十二年初頭の上杉家文書に伝来する文書が、すべて竪切紙・横内折という形態で、小型の縦長の折畳み状態になることから、それらが密書としての性質を持っていたと推論している(26)。山田邦明氏は、長尾顕景が長尾為景に援軍を要請した事例を中心に、「密書」が交わされ、それが奪われる危険性があったことを指摘している(27)。高橋健一氏は、伊達氏など南奥の領主の使者に関する様々な事例を集め、実際に使者が捕捉されて書状が奪われたケースを、史料を掲げながら紹介している(28)。

書状の機密性については、封じ方の工夫なども重要な論点であるが、本稿で扱った事例では、具体的に言及することができない。ここでは、竪切紙や横内折のような手法を作法として取り入れ、小型化を志向したひとつの理由が、使者の捕捉や書状の奪取の危険性を低減させることにあると考えておきたい。

さらに、書状の小型化が志向される背景として、複数の書状をまとめて使者が運ぶケースが増加することを指摘しておきたい。

たとえば前掲の写真1と写真2は同日付で、ほぼ同内容の二通の書状である。内容から天正四年(一五七六)八月の書状と推定されている。この時期の蘆名氏は、家督を継承していた盛興が父に先立って死去したため、須賀川二階堂盛義の子息盛隆が、盛氏(止々斎)の養嗣子として家督を相続していた。養父の盛氏がいまだに政治的な影響力を行使していたため、盛隆・盛氏双方から、ほぼ同内容の書状が作成されたと、ひとまず考えることができる。

なぜ、わざわざ二通作成する必要があったのだろうか。書状の内容を見ると、相馬義胤との戦闘を開始した伊達氏が、同盟関係にある蘆名氏に援軍を要請してきたことが今回の書状作成の契機となっている。これに対して、蘆名方の見解としては、伊達方の早期撤兵(「早々御開陣」)を望んでおり、また佐竹氏・田村氏が蘆名領の長沼(「永沼」)へ軍事行動を起こしてきているため、鉄砲隊などの派遣はできないことを述べている。つまり伊達氏からの援軍要請に応えられないことを伝えるのが趣旨なのである。このように、一歩間違えば同盟関係を揺るがしかねない重要な内容であるからこそ、それぞれが書状を作成し、慎重に対応したと考えることができる。

さらに、近年発見された遠藤家文書の中に、同日付で遠藤基信に宛てた盛隆と盛氏(止々斎)の書状の写しが見つかっている。(29) 基信に対しては、輝宗に前記のことを進言したと伝え、あわせて陣中の苦労をねぎらっている。基信については、たとえば織田信長からも輝宗・基信それぞれに書状が出されており、小林清治氏は「基信が輝宗第一の重臣であるに止まらず、輝宗とならんで伊達家を代表する存在」であると評価し「宰臣」と呼んでいる。(30) このように当主と前当主との並立や、当主と並ぶ「宰臣」の存在など、戦国期の東国の地域権力の内部事情に応じて、書状のやり取りが複線化し、ひとつの案件に関する書状の数が増えていった状況を想定することができる。

そして、四通の書状すべてに共通して書かれているように、これらの書状は、「正伝庵」という僧侶が「使僧」として伊達方へ届け、同時に「口上」も述べることになっていた。このように、単独の書状ではなく、いわば書状群として、相手方に多数の書状を同時に届けることが常態化してゆく中で、使者が携帯するのに便利な小型化の志向性は、より強まっていったのではなかろうか。

おわりに

戦国期奥羽の書状の形態的な特色を「竪紙・竪切紙系書状」として提示し、それが東国の社会状況に適合する実用的な作法として広く受容されたと考えてみた。このような推測の当否とともに、特色ある書状の作法の歴史的な展開については、今後も続く事例研究の積み重ねの中で検証されてゆくと思われる。すでに前嶋敏氏は、越後の長尾為景関係の書状の中に、いち早く竪切紙が見られることを指摘しており、また鳥居和郎氏は、後北条氏の場合、上杉氏との交信の中で、とくに竪切紙が主に使用されるという注目すべき見解を提示している。(31) 相田氏が「横ノ内折」の初見を永正年間の上杉家文書に見出している点を含めて、今後詳細な検討が必要である。

また地域的な展開については、山本隆志氏が西国の石見益田家文書の中に、竪切紙の書状の事例を検出している。(32)「戦争状態」という書状が作られた背景の検討等に学ぶ点は多いが、ただし本稿の論旨からいえば、竪切紙の採用だけでなく、作法として西国の社会に、どの程度浸透していたかについては今後も検討が必要であろう。

今のところ筆者の乏しい経験からの印象に過ぎないが、西国の書状の場合、儀礼的な内容は切紙、日常的な内容は折紙という傾向があるように思われる。たとえば、伊達政宗は、豊臣大名で西国出身の蒲生氏郷等と接触して交信する中で、折紙の書状を多用するようになっていく。(33) そして、折紙の書状は近世以後も存続するが、竪切紙の書状の作法は近世には継承されないように見える。このような長期的な展開も含めて、今後考えてゆく必要があるだろう。

註

（1）小林清治Ａ「伊達政宗の書札礼」（『古文書研究』四一・四二合併号、一九九五年）、小林清治Ｂ「伊達政宗と自筆書状」（『東北学院大学東北文化研究所紀要』二七、一九九五年）、小林清治Ｃ「伊達政宗の判物と印判状」（『東北学院大学論集　歴史学・地理学』二八、一九九六年）。以上の三編は、小林清治『伊達政宗の研究』（吉川弘文館、二〇〇八年）に再録。

（2）研究成果報告書『中世東国武家文書の成立と伝来に関する史料学的研究―陸奥白河結城家文書を中心に―』（研究代表者村井章介、二〇〇七年）、村井章介編『中世東国武家文書の研究―白河結城家文書の成立と伝来―』（高志書院、二〇〇八年）。

（3）山室恭子『中世のなかに生まれた近世』（吉川弘文館、一九九一年）。大石直正「東北大名の書状と印判状」（網野善彦他編『中世日本列島の地域性―考古学と中世史研究6―』名著出版、一九九七年）、大石直正「戦国期南奥羽の地域と印章」（藤木久志・伊藤喜良編『奥羽から中世をみる』吉川弘文館、二〇〇九年）。

（4）書状の多さについては、山田邦明『戦国のコミュニケーション―情報と通信―』（吉川弘文館、二〇〇二年）、山田邦明「戦国大名の書状をめぐって―上杉謙信と栗林次郎左衛門尉―」（矢田俊文編『戦国期の権力と文書』高志書院、二〇〇四年）、阿部浩一「戦国期南奥の政治秩序」（東北史学会・福島大学史学会・公益財団法人史学会編『東北史を開く』山川出版社、二〇一五年）等。印章の使用については、註（3）大石直正「東北大名の書状と印判状」等。

（5）相田二郎「古文書料紙の横ノ内折とその封式とに就いて」（『歴史地理』七八―二・五、一九四一年、のち日本古文書学会編『日本古文書学論集』二総論Ⅱ、吉川弘文館、一九八七年所収）、相田二郎『日本の古文書』上（岩波書店、一九四九年）。

（6）網野善彦『東と西の語る日本の歴史』（そしえて、一九八二年）、網野善彦「書状」（日本歴史学会編『概説　古文書学』古代・中世編、吉川弘文館　一九八三年、のち同著『日本中世史料学の課題―系図・偽文書・文書』弘文堂、一九九六年所収）。

（7）福原圭一「上杉謙信の書状」（池享・矢田俊文編『定本　上杉謙信』高志書院、二〇〇〇年）、鴨川達夫「上杉家文書に見られる小田原北条氏の書状―その姿かたちの紹介」（『上杉家文書　国宝への道』米沢市上杉博物館、二〇一三年）、鳥居和郎A「北条氏康書状における特殊な封式について―横ノ内折と糊付の関連をめぐって」（『神奈川県立博物館研究報告―人文科学―』二〇、一九九四年）、鳥居和郎B「後北条氏関係文書に見られる『糊付』の封について―二通の北条氏康書状を中心として―」（『古文書研究』四四・四五合併号、一九九七年）、鳥居和郎C「戦国大名北条氏とその文書」（神奈川県立歴史博物館『戦国大名北条氏とその文書―文書が教えてくれるさまざまなこと』展示図録、二〇〇八年）、鳥居和郎D「後北条氏関係文書の料紙と折式について―形と折りに込められた意識」（『神奈川県立博物館研究報告―人文科学』三四、二〇〇八年）、山本隆志「戦国期武士書状の形態と紙質―井田文書を中心に―」（茨城県立歴史館編『中世常陸・両総地域の様相―発見された井田文書―』茨城県立歴史館、二〇一〇年）。

（8）前嶋敏「戦国期越後における竪切紙の文書発給について―永正～天文期の長尾上杉氏を中心として―」（湯山賢一編『古文書料紙論叢』勉誠出版、二〇一七年）、山本隆志「室町期武家文書の竪切紙書状―益田家文書を中心に―」（同前）、柳原敏昭「『伊達氏重臣遠藤家文書』の料紙について」（同前）。
（9）註（1）小林A論文。
（10）高橋充A「葦名盛氏の『止々斎』号―葦名氏発給文書の検討　その一―」（『福島県立博物館紀要』九、一九九五年）、高橋充B「南奥大名の書状の世界」（『第3回北日本近世城郭検討会資料集』二〇〇三年）、高橋充C「戦国期葦名氏の書札礼―葦名氏発給文書の検討　その二―」（羽下徳彦編『中世の社会と史料』吉川弘文館、二〇〇五年）、高橋充D「続・戦国期葦名氏の書札礼」（東北史学会日本古代中世史部会研究発表、二〇〇五年）。
（11）伊達家文書については、『大日本古文書　家わけ　伊達家文書』、『仙台市博物館収蔵資料目録10―伊達家寄贈文化財（古文書1）―』（仙台市博物館、二〇〇〇年）。遠藤家文書については、白石市教育委員会編『伊達氏重臣遠藤家文書・中島家文書―戦国編―』（白石市歴史文化を活用した地域活性化実行委員会、二〇一一年）、白石市教育委員会編『伊達氏重臣遠藤家文書―戦国編2―』（白石市文化遺産活用推進委員会、二〇一七年）。表1の「所蔵」「掲載書」の欄の情報は、これらに依拠した。
（12）註（8）柳原論文。
（13）伊達家文書・仙台市博物館蔵「永禄九年正月十日付伊達宛蘆名止々斎（盛氏）起請文」（『大日本古文書　家わけ　伊達家文書』二六六）、「永禄九年正月十日付牧野外宛富田滋実外三人連署起請文」（同二六七）、「永禄九年二月朔日付伊達宛蘆名盛興起請文」（同二六八）。
（14）註（10）高橋充C論文。以下「前稿」とは、これを指す。
（15）註（11）報告書・註（8）柳原論文。
（16）註（9）小林論文・註（8）柳原論文。
（17）「宗五大艸紙」（群書類従・武家部・巻四百十三、『群書類従』第二十二輯、一九三二年）。
（18）「細川家書札抄」（群書類従・消息部・巻百四十五、『群書類従』第九輯、一九三二年）。
（19）「條々聞書貞丈抄」第四（『続々群書類従』第七、一九六九年）。

(20) 註(5)相田論文。
(21) 註(7)鴨川論文。
(22) 大阪城天守閣所蔵文書。
(23) 註(4)山田著書。
(24) 註(4)山田論文。
(25) 「性山公治家記録」巻二(『仙台藩史料大成　伊達治家記録一』宝文堂、一九七二年)。
(26) 羽下徳彦「戦国通交文書の一側面」(羽下徳彦編『中世の地域社会と交流』吉川弘文館、一九九四年、のち同著『中世日本の政治と史料』吉川弘文館、一九九五年所収)。
(27) 註(4)山田著書。
(28) 高橋健一「戦国争乱期の使者と飛脚」(小林清治編『中世南奥の地域権力と社会』岩田書院、二〇〇一年)。
(29) 遠藤家文書・白石市教育委員会寄託「(天正四年)八月廿一日付遠藤内匠助宛蘆名盛隆書状写」(『伊達氏重臣遠藤家文書～戦国編2～』7)及び「(天正四年)八月廿一日付遠内宛蘆名止々斎(盛氏)書状写」(同8)。
(30) 小林清治「戦国大名伊達氏」(『米沢市史』原始・古代・中世編、一九九七年、のち同著『戦国大名伊達氏の研究』高志書院、二〇〇八年所収)。
(31) 註(8)前嶋論文・註(7)鳥居論文D。
(32) 註(8)山本論文。
(33) 註(9)小林論文。

〔追記〕 原本調査に当たっては各所蔵先にお世話になり、また本稿への写真掲載については仙台市博物館・大阪城天守閣に御快諾をいただきました。ここに御礼を申しあげます。

戦国期の過所・伝馬宿送手形と印判状

片桐昭彦

はじめに

本稿では戦国期の印判状について考える。印判状とは、広義には印判を捺した文書全般をさすが、狭義では戦国期の武家領主が分国・分領支配のために用いた印判を捺した文書をさすことが多い。(1)なかでも長享元年(一四八七)の駿河守護今川竜王丸(のち元服して氏親)の黒印使用を初見に、相模の伊勢(北条)氏や甲斐の武田氏、越後の長尾(上杉)氏など、十六世紀半ば以降急速に東国を中心に広がるなかで、印判の形状も多様性に富み、様々な目的に応じて使用されるようになったとされる。(2)印判状とは、その意義や機能の観点からみると、①花押の代わりに用いる文書、②書札礼において厚礼を要しない文書、③領主が家の権威を象徴するために代々用いる文書、④同内容の文書を一斉に多数発給する際などに簡便さが求められる文書の四つに大きく分けられよう。ただ、この分類は、武家領主の当主自身(あるいは当主の代理)が発給する印判状についての意義・機能である。いわば当主のもとへ集権化を推し進めるために機能した文書、当主が家印や個人印を押した文書における分類である。(3)

それに対し本稿では、過所や伝馬宿送手形に用いられた印判状をとりあげる。(4)過所とは、関所の通行手形のことであり、関料(通行料)などを免除する性格が強かったとされ、伝馬宿送手形とは、街道の宿駅が管理する伝馬の使用料を免除し、宿駅間を継ぎ送ることが命じられる文書のことである。[5] 宛名に関所と宿駅との違いはあっても、文書の受給者が円滑に通行・運送するために必要な文書である。また、過所・伝馬宿送手形に用いる印判には、関所や宿駅において花押よりも正確に照合・確認できる点で、前述した印判状の分類とは異なる意義や機能をみることができよう。

相田二郎氏は、戦国期の今川・北条・武田・上杉・伊達・佐竹・徳川氏の伝馬人足(宿送)の手形を収集して分析し、「印判は最初一般の文書に使用したものと同じものを伝馬人足の手形にも通用したが、次第に此の種手形専用の印判を用ひるに至ったことは注意すべき現象である」と述べている。[6] 伝馬宿送手形の印判が、当主がふだん用いる印判から次第に専用の印判へと変化し、それが諸氏一般に共通してみられる点は重要である。専用の印判が必要になったことは、それ以前の伝馬宿送手形の発給のあり方に何かしら支障が生じたか、あるいは専用の印判を用いたほうが都合がよいと考えたからであろう。伝馬宿送手形の発給を分析するにあたっては、担当する奉行人の存在も含め、家政機関や奉行組織などのあり方などについても考慮すべき点があろう。

本稿では、戦国期越後の上杉輝虎(謙信)・景勝の過所・伝馬宿送手形に用いられた印判状について検討する。越後上杉氏の過所や伝馬宿送手形については、相田二郎氏、[7] 山室恭子氏、[8] 阿部洋輔氏、[9] 木村康裕氏[10]などの研究がある。しかし、天正六年(一五七八)以降の景勝期の研究が中心であり、それ以前の輝虎期についてはほとんど言及されていない。主な原因は、輝虎期に発給された過所や伝馬・宿送手形がほとんど残っていないことにあろう。上杉氏の発給文書を包括的に収集して分析した山室氏は、「過所・伝馬」の文書は「一貫して印判状で、時期は景勝期に集中する」とし、これに限らず謙信期に使用され始めた印判状が景勝期になり判物を圧倒し、他の後北条・武田・今川の東国諸氏と同様に、上杉氏も「印判状化のみち―非人格的・官僚制的で強力な政権へのみち」を歩みつつあったとした。しかし、輝虎期に発給された過所や伝馬宿送手形はほとんどないが、後述するように伝馬宿送に関する規定や申し送った文書は散見される。これはどういうことであろうか。

注目されるのは、室町幕府の過所についての有馬香織氏の研究である。[11] 有馬氏は、過所とは別に「過書印文書」と呼ぶ文書があることを確認し、「過書印文書」の正文が現存しないのは、現在鉄道の切符が改札で回収されるように関所を通過する際に回収されたためではないかとした。室町期にはすでに過所やそれに関わる文書に印判が用いられていたこと、そして、その正文が現存していないことは重要である。輝虎期の過所や伝馬・宿送手形を考える上でも大きな示唆を与えてくれることになろう。

また、前述のように印判状は、戦国期の東国の武家領主を中心に多用されたのは確かである。しかし、中世文書の印判使用については、清華家の久我家が十四世紀から十五世紀初めにかけ、源氏長者の家印として印文「宇宙」の印判を代々用いていたこと、[12] 鎌倉期以来の寺社の売券・年貢請取状・下行注文・預り状などの出納関係文書に印判が使われていることなどが明らかにされている。[13] 印判状の研究は、中世全体にわたって公家や寺社も含めた形で考えなければならない段階になっている。その意味においても室町幕府の印判使用は重要である。

そこで本稿では、有馬氏が「過書印文書」と呼ぶ文書などを含め、室町幕府の発給した過所に関わる文書について整理したうえで、越後上杉氏の過所や伝馬宿送手形と印判状を分析し、戦国期の過所・伝馬宿送手形と印判状について考えたい。

1　室町幕府の過所と印判状

本節では、室町幕府の発給した過所に関わる文書と印判状について整理してみたい。

〔史料A〕

(1)関東進物事、度々雖被仰之、於諸関尚及違乱之条、太無謂、就中、細々上下等、以羽門田壱岐入道印、不可有相違候趣、同被仰之処、不承引云々、招其咎歟、所詮向後有異儀族者、可処罪科旨、可被相触尾張・遠江両国中関所由也、仍執達如件、

宝徳三　六月十八日　永存 在判

性通 在判

守護代

(2)駿河国中文章同前、

宝徳三

六月十八日　永存 在判

性通 在判

守護代

(3)近江国中文章同前、

宝徳三

六月十八日　永存 在判

性通 在判

佐々木近江守殿

(4)関東進物等上下向事、遠江国天龍・橋本両渡及違乱之間、被成奉書候、向後無其煩、毎度可勘過之由候也、仍執達如件、

宝徳三

六月廿一日　常治 在判

遠江両渡(14)

（史料A　本文読み下し）

関東進物の事、度々これ仰せらるるといえども、諸関においてなお違乱に及ぶの条、はなはだ謂われなく、なかんづく細々上下等、羽門田壱岐入道の印を以て、相違有るべからず候趣、同じく仰せらるるの処、承引せずと云々、その咎を招くか、所詮向後異儀の族有らば、罪科に処すべき旨、尾張・遠江両国中の関所へ相触れらるべき由なり、よって執達くだんの如し、（後略）

史料Aは、宝徳三年（一四五一）から翌年の間に山内上杉家が受給文書をまとめて書写した記録（外題「御教書以下引付」）に所収される文書の抜粋である。(1)〜(3)は、宝徳三年六月十八日付で幕府奉行人の飯尾性通（貞連）・同永存（為種）が連署した奉書の写であり、(2)・(3)の文章は(1)と同文のため省略されている。(1)の内容は、幕府が関東（鎌倉府）から京都（幕府）への進物の際に違乱のないよう尾張・遠江両国中の関所へ伝えるよう命じたものであり、宛所は「守護代」のみ記される。(2)の文省略の奉書は、駿河国中の関所に対するものであり宛所は「守護代」である。(3)の文省略の奉書は、近江国中の関所に対するものであり、宛所は近江の守護佐々木近江守（六角久頼）である。(3)の本文と宛所の関係から(1)の宛所は尾張・遠江の守護代、(2)の宛所は駿河の守護代をさすと考えてよいだろう。

史料A(4)は、同年月二十一日付で甲斐常治が発給した文書である。常治は、越前・尾張・遠江の守護斯波氏に仕える遠江の守護代である。(4)では、関東からの進物の往来で遠江の天龍川・橋本の両渡しにおいて違乱があったので「奉書」が発給されたとし、今後支障なく関所を通すよう両渡しに命じている。この「奉書」とは(1)の幕府奉行人奉書のことであり、(1)をうけて(4)が発給されたことがわかる。

さて、これらの文書の写しは山内上杉家に書写されて残っており、受益者は山内上杉氏である。中世文書の当事者主義は、権利を保証する文書の保管、発給、伝達、執行までの行為すべてに貫かれていた(15)。この点をふまえれば、山内上杉氏は、幕府に訴えて尾張・遠江の守護代宛ての(1)の奉書を入手した後、それを遠江守護代の甲斐常治のもとへ提示し、(4)の文書を入手したと考えられる。

ところで、史料Aで注目されるのは(1)の奉書にみえる「羽門田壱岐入道印」であり、以前から京と関東の往来が、壱岐入道の印判を用いることによって許可されていた点である。佐藤博信氏によれば、羽門田氏は室町幕府と鎌倉府・関東管領上杉氏との間にあり直接的な窓口となって在京し、地縁的・族縁的発展にともない京都で金融業を営んでいたとされる。[16] その羽門田壱岐入道の印判が過所の機能をもっていたことになる。しかし、史料A(1)〜(4)もそれぞれ過所である。同じ過所の機能をもつ過所の印判とはどのようなものであろうか。

〔史料B〕

十二日　壬寅天晴、関所印被遣之、

関所ヘ被遣一通、如此調之、厚紙一枚ニ書之、端ニ印アリ、

伊勢守陣中往還人数、并荷物・輿・馬以下、毎度以此印、可有勘過候也、

七月十二日

御関所

○印文「透」

如此以厚紙切紙可通云々、

此条以三上大蔵丞奉之、[17]

人何人　此内荷物何人 輿何丁、馬何疋 年号　　　　（印影） 月　日

史料Bは、幕府の政所代蜷川親元の『親元日記』文明五年(一四七三)七月十二日条である。親元は、同日付で御関所へ宛て「関所印」の雛形を送り、伊勢守(伊勢貞宗)の陣中との往還においてこの関所印を持参した者の関所通過を

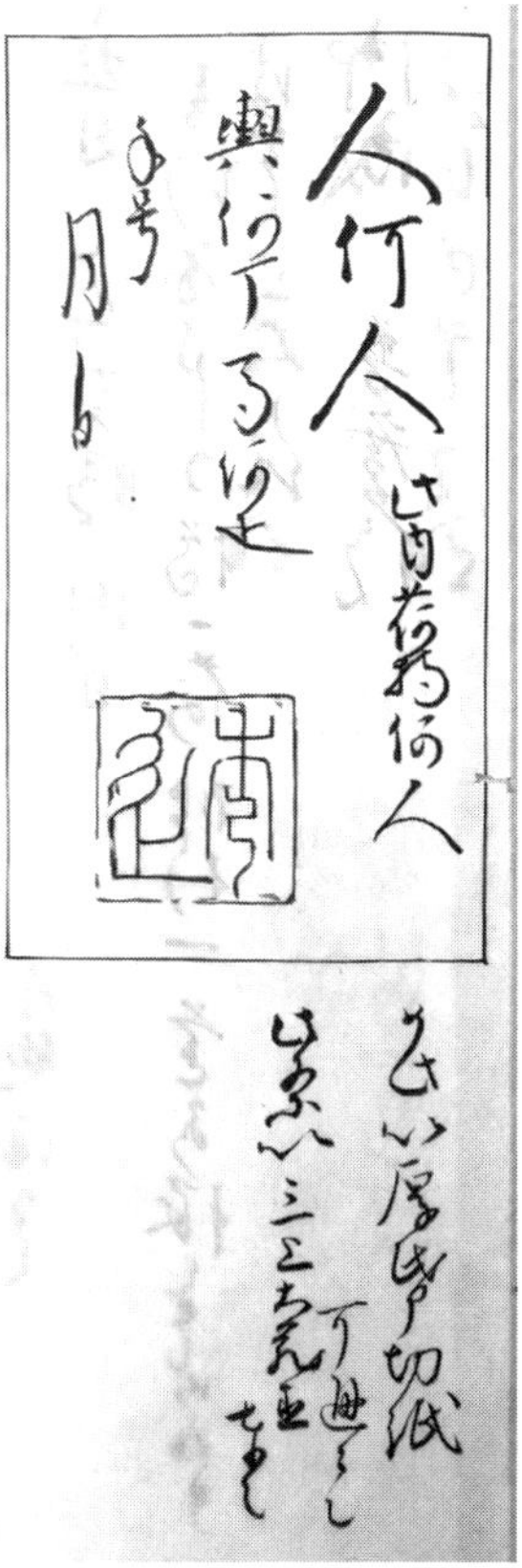

史料Ｂ　「関所印」雛形

許可するよう命じている。一見すると通常の過所のような文書であるが、「関所印」を通知するための文書である。そして、続いて記される「関所印」の雛形によれば、「関所印」とは厚紙の切紙に、通行する人数、輿・馬の数、年月日を記し、印文「透」の方形印を捺したものであったことがわかる。前述のように有馬香織氏は、この「関所印」こそ「過書印文書」の具体例であるとし、史料Ａに記される「羽門田壱岐入道印」のような文書も同様であると位置づけた。[18]この「関所印」はどのように機能したのであろうか。

〔史料Ｃ〕

四日　壬辰天晴、

伝奏広橋殿より禁裏御料所、細河関所へ御料所年貢勘過折紙まいる、先度自此方御申事也、御使野依若狭守、

御料所丹波国美濃田保、并同国桐野河内御年貢運送之事、以伊勢守代官印、於当関、無其煩可有勘過候也、仍

状如件、

文明五

九月四日　（草名）有判

細川庄政所殿

〔史料D〕
従御料所丹波国美濃田保、并桐野河内村年中運送供御米以下注文者別紙封裏事、以伊勢守代印、諸関渡上下向後毎度無其煩可勘過之由、所被仰下也、仍下知如件、
文明五年九月　和泉前司清原真人(花押)
河内前司藤原朝臣(花押)
丹後前司平　朝臣(花押)[20]

〔史料E〕
御料所丹波国美濃田保、并桐野河内村御年貢以下注文有之、任御下知之旨、毎度可有勘過印事、
文明五年十月　日(印影)[21]
○印文「透」

史料C～Eは、史料Bの「関所印」に関わる文書である。史料Cは、『親元日記』の史料Bと同年の九月四日条であり、親元が依頼した過所の折紙が武家伝奏の広橋綱光から届き、書写している。この過所は禁裏料所である丹波国細川庄の政所へ宛てたもので、幕府料所である同国美濃田保・桐野河内の年貢運送は、「伊勢守代官印」によって関所を通過させるよう命じている。史料Dは、史料Cと同年月に同内容で幕府の奉行人三人が出した奉書であり、こちらには「伊勢守代印をもって」と記される。史料Eは、同年十月日付で同内容の親元筆による案文であり、「御下知之旨」にしたがい毎度通過させるための印であることを伝え、日下に印影を写している。この印は史料Bの「関所印」の印影と同じものである。[22]

したがって、史料Cの「伊勢守代官印」とDの「伊勢守代印」は、史料Bの「関所印」と同じ印判を指していることがわかる。そして、史料Eは、史料Bと同じく「毎度」「可有勘過」ことを命じる文言があることから、関所印の雛形を関所に通知する文書と同じ機能を持つことがわかる。親元の主人伊勢貞宗は、幕府料所である丹波両所の「代

官」として、禁裏料所細川庄の関所を支障なく通過し年貢を運送できるよう、幕府の奉行人奉書による過所のみならず、朝廷が命じる過所まで入手している。幕府と朝廷の過所による保証を得ることで、実際には自らの印判(「代官印」「代印」)によって関所を通過できるようになったことになる。

有馬氏が述べるように、史料Aの「羽門田壱岐入道印」は、この「伊勢守代官印」「伊勢守代印」と同様、史料Bの「関所印」と同じ機能をもつ文書のことを指していることになろう。ただし、羽門田壱岐入道の場合は、自身の印判が関所各所で通用しなかったため、あらためて幕府から過所を発給してもらったとみられる。

〔史料F〕

清浄光寺藤沢道場・遊行金光寺七条道場時衆、人夫・馬・輿已下、諸国上下向事、関々渡以押手・判形、無其煩可勘過之旨、所被仰付国々守護人也、若違犯之在所者、就注進可処罪科之由、被仰下也、仍執達如件、

応永廿三年四月三日　沙弥(花押影)

当寺[23]

〔史料G〕

清浄光寺藤沢道場・遊行金光寺七条道場時衆、人夫・馬・輿已下、諸国上下向事、関々渡以押手・判形、無其煩可勘過之旨、所被仰付国々守護人也、若違犯之在所者、就注進可処罪科之由、被仰下也、仍執達如件、

応永廿三年四月三日　沙弥在判

御教書案文

奉行斎藤加賀守印判[24]

史料F・Gは、いずれも応永二十三年(一四一六)、管領の細川道観(満元)が発給した奉書(御教書)の写である。藤沢清浄光寺と京都七条金光寺の時衆や人夫・馬・輿などが諸国の往来を「押手・判形」によって支障なく通過できる

よう各国守護へ命じた過所である。史料FとGで異なる点は、Fには宛名に「当寺(清浄光寺)」と記されるのに対し、Gには奥書に「御教書案文」「奉行斎藤加賀守印判」と記される点である。すなわち史料Gは、本来受給した御教書(史料F)の案文(写)であり、幕府の奉行人斎藤加賀守基喜の印判が押されていたことがわかる。

史料Fは、史料A・C・Dのように従来過所と呼んでいる文書であるが、Gは異なる。Gの「斎藤加賀守印判」は文中にある「押手(印判)」のことと考えられることから、史料Gは史料Bの「関所印」と同じ機能をもつ文書の写し、あるいは控えとして写したものではなかろうか。そもそも史料Fに「押手(印判)」あるいは「判形(花押)」により通過を認める文言があり、F以外の印判か花押をおした文書に実際の過所の機能を持たせることを想定している。清浄光寺と金光寺の時衆の上下往来は、多数にわたって行き交うことがあり、特定の一人が常に細川道観署判の御教書(史料F)を携帯することは困難であったと考えられることから、F以外の印判か花押をおした文書が必要となる。史料Gが写しであるため判然としないが、実際に関所を通過する際に用いられた「押手」が斎藤加賀守の印判であったと言えよう。また、文中の「押手・判形」の表現からは、応永二十三年四月三日に御教書(史料F)が発給される時点においては、実際に関所でみせる過所に押手(印判)か判形(花押)のどちらが押されるか未定であったことになる。見方を変えれば、幕府から史料Fのような保証を得ていれば、必要なときにそのつど幕府に申請し、過所としての機能をもつ印判か花押をおした文書を入手していたことになろう。

このように室町幕府が発給する過所に関わる文書は、いずれも一見似ており同じ過所として扱われそうであるが、機能によって大きく分けると次の三つに分類できる。①は、史料A・C・D・Fのように半永続的[25]に通用することを期待された過所(従来過所とされてきたもの)、②は、史料Aの「羽門田壱岐入道印」、Bの「関所印」、Cの「伊勢守代官印」、Dの「伊勢守代印」、Gの「斎藤加賀守印判」のように、具体的に関所を通過する人・馬・輿・荷物の数が予定される段階で入手し、ある目的のため限時的に機能する文書、③は、事前に関所へ②の内容や印影・花押影を含む雛形を通知するための文書である。本稿では以降この分類①〜③の三つを使って表記する。

以上、室町幕府が発給した過所に関わる文書をみてきた。注目されるのは、分類①と②の文書の署判者は異なっており、②の署判者（印判か花押をおす者）は、主人や上司である①の署判者の意向をうけて発給している点である。つまり、分類②の文書に主人が署判していないことは、②を発給する担当の奉行人や代官が存在したことを示している。また、前述のように有馬氏が、分類②の文書の正文が現存しないのは関所を通過すると回収されたのではないかとした点は、機能がその場その時限りであったことを考えれば十分首肯できよう。回収され廃棄された分類②の文書が、本来であれば数多く存在したことを考えると、十五世紀にはすでに幕府は文書に印判を多用していたことになり、従来の印判状のイメージも変わることになる。これらの点をふまえて、次節では戦国後期、十六世紀半ば以後における越後の上杉氏の過所・伝馬宿送について検討したい。

2　上杉輝虎（謙信）の過所・伝馬宿送手形と印判状

では、まず十六世紀半ばの越後の上杉輝虎（謙信）の過所や伝馬宿送手形についてみてみよう。前述したように、輝虎の過所や伝馬宿送手形はほとんど残されていない。

〔史料H〕

制札

一、御□□□上下のもの共、或ハ御くせん、或ハ御せんふの荷物とかうし、さいけんなく宿送申付ニつゐて、彼路次番の地下人等めいわくにおよふのよし、無是非次第候、所詮向後ニおゐてハ、てんま・しゆく送の義、奉行のめん〳〵より一札無之者これをつとむへからさる事、（中略）

右、有入不入之者共可守此旨、若違犯之ともからこれあらは、其人を押置、可註進者也、仍如件、

永禄四

三月　日

遠江守(花押影)

大学助(花押影)

掃部助(花押影)

下野守(花押影)(26)

史料Hは、永禄四年(一五六一)三月日付の長尾遠江守藤景ら上杉家年寄四名が連署した制札写の抜粋である。これによれば今後は「奉行の面々よりの一札」を所持しない者の伝馬・宿送は出さないように命じている。伝馬・宿送の利用を許されるには、当主輝虎ではなく、上杉家の「奉行」から一札(文書)を得ることが必要であったことがわかる。当時、当主の政虎(輝虎)は関東へ出陣中であったため、越後に残る留守居四名による臨時の命令である可能性はあるが、伝馬宿送手形を当主以外の「奉行」が発給していたことになる。

〔史料Ⅰ〕

従椎名方、会津へ馬三疋并十五人被越候、諸関・渡不可有其煩者也、仍如件、

永禄六

九月廿八日　　藤景(花押)

所領主中(マヽ)(27)

史料Ⅰは、永禄六年(一五六三)九月、史料Hの連署者の一人長尾藤景が、幕府政所執事代の蜷川氏に出した過所である。当時蜷川氏は陸奥へ下向しており、(28)その迎えのためか越中新川郡の領主椎名氏のもとから会津まで馬三匹・十五人を煩いなく通過することを認めたものである。これは過所であり伝馬宿送手形ではないし、史料Hの「奉行」と関係するのかどうかもはっきりしない。しかし、輝虎期の上杉氏の過所がほとんどないなか、上杉家年寄の長尾藤

景が越中から会津まで、当時の上杉分国を往還する過所を発給していることは注目されよう。当主以外の年寄や「奉行」が発給していたことは重要である。

〔史料J〕

此印判不持者ニ荷物不可送者也、
御墨印　従越後御陣所江被為呼時
角御朱印　従御陣当国江被為呼時
永禄六十一月廿一日
与津屋村(29)

（本文読み下し）
この印判持たざる者に荷物送るべからざるものなり、
御墨印　越後より御陣所へ呼びなさる時、
角御朱印　御陣より当国へ呼びなさる時、

史料Jは、永禄六年十一月、関東へ出陣する輝虎が、越後の与津屋村(頸城郡四ツ屋村か)に宛て出した文書の写である。越後と陣所間の荷物往来を徹底させるために、定めた二種の印判を通知したもので、前述した分類③の文書にあたる。これによれば「御墨印(黒印)」は越後から輝虎のいる陣所へ荷物を送るときに用い、「角御朱印」は陣所から当国(越後)へ荷物を送るときに用いることを伝え、二種の印判を持たない者には荷物を送らないよう命じている。輝虎の陣所からは方形朱印の宿送手形、越後(春日山か)からは黒印の宿送手形が発給されたことがわかる。すなわち、史料Hに記されるように越後留守居の「奉行」が黒印を押した宿送手形を発給していたことになろう。しかし、この時期に発給された宿送手形は朱印・黒印ともに残っていない。

〔史料K〕

この御いんばんニ壱人御くらより人そわす候ハヽ、たがものニ候共、てんむましゆくおくりいたすましく候、もしがい〱を申候ハヽ、そうむらよりめしからめ、こゝもとへひかせ可申候、以上、

（朱印）元亀二年辛未四月十七日[30]　〇印文「立願 勝軍地蔵 摩利支天 飯縄明神」

史料Kは、元亀二年（一五七一）四月、前年末に法名謙信を称した輝虎が発給した文書であり、年月日の上部に印文「立願 勝軍地蔵 摩利支天 飯縄明神」の朱印を捺し、この印判を持ち、なおかつ御蔵の者一人が伴っていなければ、伝馬・宿送りを出さないよう命じている。この文書も史料Jと同様、伝馬宿送手形の印判を通知する、分類③にあたる文書である。しかし、この時期にこの朱印を押した伝馬宿送手形も残っていない。

〔史料L〕

此御いんはんこへ候ハすハ、たれ人あいたとして申され候とも、御こしハ御無用にて候、此分御くら衆へも可被申候、是ハそうへつの事にて候、此外不申候、

（朱印）　〇印文「封」

くらた五郎左衛門尉殿

まいる[31]

史料Lは、年月日未詳ながら、上杉輝虎が蔵田五郎左衛門尉に宛てた文書である。五郎左衛門尉は上杉氏の蔵を預かった奉行である。輝虎は五郎左衛門尉に対し、文書に押した印判（印文「封」）による命令がなければ、誰の取り次ぎだと言われても人を寄こす必要はない、そのことを御蔵衆へも伝えるよう命じている。すなわち、「封」の印判を持たなければ、御蔵から人を出す必要はないという点において、史料Kと同様、宿送手形の印判を知らせるための分類③と共通する文書である。

〔史料M〕

蔵田五郎さへもん者九人（朱印影）
十月廿七日[32]

史料M

○印文「封」

史料Mは、年未詳ながら十月二十七日付で、蔵田五郎左衛門の者九人と人数のみ記し、「人」の文字の上に史料Nと同じ印文「封」の印判を押している。写しであるが竪切紙とみられる。史料Lをふまえれば、この文書は輝虎が、五郎左衛門尉に仕える者（御蔵衆か）九人を呼び寄せるために発給したものである。輝虎が公的に呼び寄せているという点で、通路の安全を保障する過所の機能をもった文書であると言える。これこそが分類②の文書にあたると考えられよう。限時的に機能すればよいので年次は記されず、主人の名と人数のみ記し、通用する印判を押している。

〔史料N〕

さのやくそく、
おんみつのはん、いんはん、（花押）（朱印1）　○印文「宝在心」
おもてむきのようしよのときのはん（朱印2）　○印文「立願 勝軍地蔵 摩利支天 飯縄明神」
此時用所をたすべく候、
以上、
永禄九年
弐月廿一日
是ハ所帯かた、又万調かた之時、

御やめ候御判（花押判）　　（朱印3）[33]　　〇印文「梅」

〔史料O〕

従越国毎月拾五疋荷物受用、諸関・渡不可相違者也、仍如件、

永禄十丁卯

三月七日（朱印3）　　〇印文「梅」

小河荷遊斎[34]

史料Nは、永禄九年（一五六六）二月、輝虎が下野佐野の在番衆三人に対して用途別に使う花押・印判を知らせた文書である。史料Oは、翌十年三月に輝虎が上野の小河可遊斎[35]に宛て、越後から毎月馬十五疋分の荷物の通過を許した過所である。さて、史料Lの過所には、史料Kで「是ハ所帯かた、又万調かた之時」に用いるとする印文「梅」朱印が押されている。所帯方とは家計・家政に関わること、万調方とは種々様々に準備・用意することであろう。史料Oの過所は、毎月の荷物通過を許可していることから、万調方として発給されたのではなかろうか。

さて史料Oは、一時的な過所ではなく、分類①の半永続的に機能する過所であり、それゆえに残存したと考えられるが、同様の過所がほとんど残されていないことは、分類①の過所自体の発給も少なかったと言えよう。過所にかぎらず、印文「梅」の印判状がこれ以外に現存していないことを考えると、「所帯方・万調方」に関わる文書は、その場その時限りの機能をもつものであったのではないか。

上杉氏の輝虎（謙信）期における過所・伝馬宿送手形に関わる文書には、史料J・K・L・Nのように、用いる印判を通知する分類③の文書が多いのに対し、過所や伝馬宿送手形の実物は、史料I・M・Oのようにわずかしか残存していない。史料Nに示されるようにに「おもてむきのようしよ（表向きの用所）」に多用された印文「立願 勝軍地蔵 摩利支天 飯縄明神」に比べてほとんど残存していない。その原因は、過所や伝馬宿送手形の多くが、史料Mのような様

式の限時的に機能する文書であり、用が済めば廃棄・回収されたためではなかろうか。また、史料Iのように当主以外の「奉行」が発給している点は重要である。史料Mの印文「封」や史料Oの印文「梅」の印判状は、当主ではなく「所帯方・万調方」に関わる奉行が発給していた可能性も考える必要があろう。

3　上杉景勝の過所・伝馬宿送手形と印判状

本節では、輝虎(謙信)のあとを継いだ景勝の過所・伝馬宿送手形についてみてみよう。景勝期の過所・伝馬宿送手形に特定した研究としては、前述した木村康裕氏の基礎的な研究がある[36]。木村氏は『上越市史別編2上杉氏文書集二』などから抽出した文書の一覧表を掲げ、従来の研究をふまえ景勝が発給した過所・伝馬宿送手形を概観しており、景勝が発給した過所は四二点、伝馬手形(伝馬宿送手形)は二二点確認され、謙信期の過所二点に比して圧倒的に数が多かったことが確認できるとする。ただし、木村氏の考察は、印判・宛名の違いや変化などの文書様式に注目しており、文書の機能やその分類にまで及んでいないので、あらためて検討したい。

〔史料P〕

浜筋往覆伝馬・宿送等之事、被御印判置無之者、誰哉之人候共、用申間敷之旨、被仰出候者也、仍如件、

天正七　御朱印　　三河守(花押)

卯月　日　　尾張守(花押)

柿崎町人等[37]

〔史料Q〕

(朱印)　　○印文「森帰掌内」

彼　御朱印於被遣者、伝馬宿送并賄等可致之候、若有紛者我儘於申者、召搦可引登者也、仍如件、

天正十一年

霜月　日　　　　直江奉之

柏崎(38)

史料Pは、天正七年(一五七九)四月、景勝の命をうけて新発田長敦・竹俣慶綱が柿崎町人等に宛てた文書であり、史料Qは同十一年十一月、同じく直江兼続が柏崎へ宛てた文書である。いずれも伝馬・宿送等の手形に押す印判や朱印を通知する分類③の文書であり(39)、この点は前代輝虎期から変化のないことがわかる。

〔史料R〕

板屋修理亮者弐人、諸関・渡上下、毎度無相違可通之者也、仍如件、

天正八年

(朱印)極月五日　　　　○印文「立願 勝軍地蔵 摩利支天 飯縄明神」

所々領主中(40)

〔史料S〕

自木場之飛脚参人宛、上下共ニ毎度諸関不可有相違者也、仍如件、

天正十一年

(朱印)卯月　日　　　　○印文「森帰掌内」

所々領主中(41)

史料R・Sは、景勝が板屋光胤と蓼沼友重にそれぞれ宛てた過所である。Rは光胤の者二人の関所・渡の往来、Sは木場在城の友重からの飛脚三人の関所の往来を許可している。いずれも「毎度」とあるように、半永続的にいつで

も使うことを許された分類①の過所であり、折紙を用い、印判は年月日の文字の上に押している。景勝の過所は、分類①のものがほとんどであり、そのうち現在残る原本はすべて折紙である。

〔史料T〕

為使板屋修理亮松倉へ差上之間、伝馬一疋・宿送十人可出之者也、仍而如件、

天正九年

（朱印）霜月十日　　○印文「立願 勝軍地蔵 摩利支天 飯縄明神」

所々領主中(42)

〔史料U〕

飯山へ玉薬遣之候間、宿送弐人可調者也、仍如件、

天正十一年

（朱印）三月廿九日　　○印文「森帰掌内」

所々領主中(43)

史料T・Uは、景勝が板屋光胤と岩井信能にそれぞれ宛てた伝馬宿送手形である。Tは光胤に伝馬一疋・宿送十人の利用、Uは信濃飯山に在城する信能に宿送二人の利用を許可した文書である。いずれも折紙を用い、印判は年月日の文字の上に押している。史料Tは光胤を使者として越中松倉城へ遣わすため、Uは飯山城まで鉄炮の玉薬を運送するために伝馬・宿送の利用が許可された、いわば限時的に機能する分類②の手形である。両文書と同様、残存する景勝発給の伝馬宿送手形のほとんどは、ある特定の目的のために期限付きで機能する分類②のものであり、原本はすべて折紙である。

景勝発給の伝馬宿送手形は二〇点余であり、過所四〇点余に比べ残存数が半分ほどである。その理由は、伝馬宿送

手形のほとんどが分類②のものであり、用が済めば廃棄されることが多かったことにあろう。いつでも自由に使える分類①の伝馬宿送手形を与えては、人馬に限りある宿駅ではすぐに伝馬・人夫の提供が困難になるであろう。そのため目的や用事がある時にそのつど分類②の伝馬宿送手形を発給したのであろう。しかし、文書に折紙を用いたこともあって残されたのではなかろうか。それに対して過所には分類②のものがほとんどないが、わずかに確認される。

〔史料Ｖ〕

きはよりのひきやく弐人可通也、（印）　○印文未詳

（印）天正十年五月廿六日　○印文「量円」

さかい
おにふし　はしは
ひめ川　はつさき
ちせう[44]

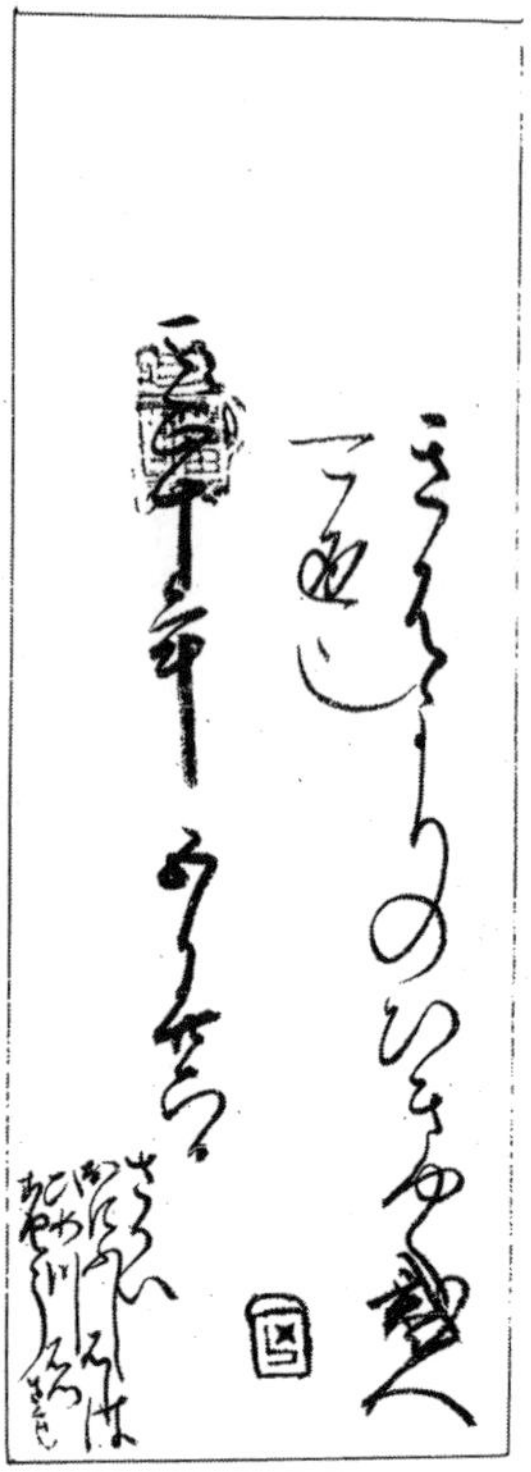

史料Ｖ

史料Ｖは、天正十年（一五八二）五月に木場在城の蓼沼友重が受給したと考えられる過所である。木場から派遣された飛脚二人が境・鬼伏・姫川・地蔵・橋場・鉢崎といった越中境から越後国内の海沿いの関所（役所）の通過を許可した過所である。ただし、この過所は、他の過所に比べて文書様式が異なる点が多い。まず、他の過所は史料Ｒ・Ｓをはじめ折紙であるのに対して竪小切紙であること。次に、文

章は用件のみで簡潔で短く、関所(役所)地名の列挙とともに仮名を多用し、書止文言は「…也」であること。そして、他の過所や伝馬宿送手形は、史料Ｒ・Ｔの印文「立願 勝軍地蔵 摩利支天 飯縄明神」や、天正十一年以後に多用される史料Ｓ・Ｕの印文「森帰掌内」の円形印を用いるのに対し、本文書には印文「量円」の印判、印文未詳の小印を押していることである。

史料Ｖは、輝虎期に確認された史料Ｍと同様に竪切紙であり、仮名交じりで記されている点をあわせれば、実際に飛脚が持参し現地の役所に見せる分類②の過所であると考えられる。また、印文「量円」の印判は、前代の輝虎(謙信)が書状に多く用いた印判であり(45)、景勝期にも再利用していたことがわかるが、当時景勝が多用した印判は、印文「立願 勝軍地蔵 摩利支天 飯縄明神」の印判であることから、本文書は景勝以外の者が発給した可能性がある(46)。

〔史料Ｗ〕

いしまへ 一 とをり

(朱印)穀仁十疋不可有相違者也、

天正八年六月廿七日(47)

○印文未詳

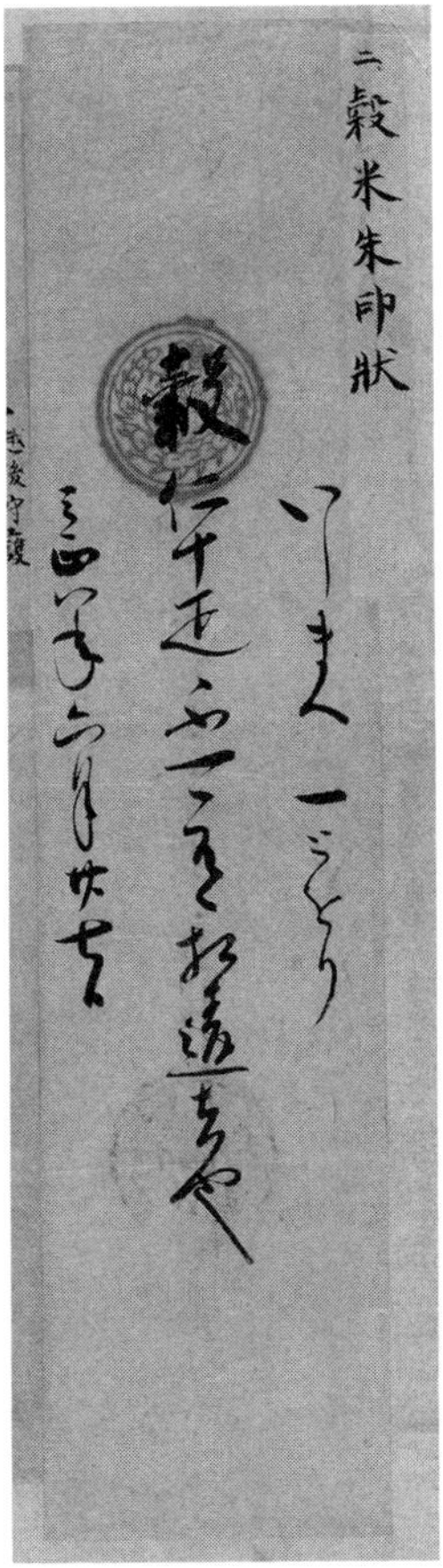

史料Ｗ

史料Ｗは、天正八年(一五八〇)に小川庄の石間まで穀物を積んだ馬二十匹の通過を許可した過所である。石間は、越後の上杉氏と会津の蘆名氏の支配領域の境界にあたり阿賀野川水運の拠点であった。史料Ｗは、石間を拠点とした小田切弾正忠が受給したものと考えられるが、目的地の石間しか記されないため、越後と会津のどちら側からのルートの過所かわからず、また「穀」の文字上に押される印判は他に事例が確認できないため、発給者は未詳である。

小田切氏一族は、少なくとも戦国期は会津の蘆名氏と主従関係を結びながらも越後の上杉氏・長尾氏の軍事動員に応じるなど、境界の領主独自の行動をとっていた(48)。史料Wが発給された天正八年六月二十七日は、蘆名氏では当主盛氏が死去した十日後であり、上杉氏では御館の乱後も抵抗していた三条・栃尾などの中越地域を景勝が制圧した直後という時期である。史料Wの発給者は蘆名氏・上杉氏どちらの可能性もあるが、いずれにしても受給者である小田切氏は自らの拠点に物資を輸送する手だてを確保しようとし、発給者側もそれを認めたということであろう。

さて重要な点は、史料Wの文書様式である。竪切紙であり、文章は用件のみ簡潔で短く仮名を用い、文字の上に印判を押している。まさに分類②の過所の典型的な様式を示していると言えよう。

以上の点から、景勝期の過所・伝馬宿送手形は、輝虎期とは異なり数多く残存し、そのうち過所の多くは分類①、伝馬宿送手形の多くは分類②のものであるが、押される印判はいずれも印文「立願 勝軍地蔵 摩利支天 飯縄明神」、あるいは天正十一年以後に多用される印文「森帰掌内」円形の朱印などであり(49)、折紙を用いている。それに対し、過所には分類②のものも確認され、輝虎期と同様、竪切紙を用いている。半永続的に使える分類①の過所を受給した者は、実際に人や荷物を遣わす際には、そのつど分類②の竪切紙の過所を入手し、持参させていたのではなかろうか。

〔史料X〕

路次なかれ、伝馬宿送・さうし・まかないあひやミ候、乍去、天下之御朱印於有之ハ、御馳走可申候、御国之於御用者、御朱印何色之御用と書出し可申候、同添文可有之候間、是次第ニ送可申候、若古　御朱印を持まかい者於有之者、急度召とり注進可申候、若　御朱印なき所をもち候ハ、可為曲事候者也、仍如件、

文禄三年

三月吉日　　　　　久秀(黒印)

古□(間)□

□□□□[50]

史料Xは、文禄三年(一五九四)三月、上杉氏の財政を担った蔵奉行泉沢久秀が信濃水内郡の古間へ出した文書である。古間は信濃と越後府中を結ぶ重要な道路の宿駅となる郷村である。これによれば、伝馬宿送や雑事・賄の役は止めるが、豊臣政権からの命令(「天下之御朱印」)があれば応じるよう命じており、上杉氏からの命令(「御国之於御用」)については、朱印を押し、どんな種類の御用かを書き出した文書で示し、同様の「添文」も付けるので、これに従い送るよう命じている。上杉氏は、分国内の交通・流通に豊臣政権の介入をうけ、従来の伝馬・宿送等のあり方を改めることになったのだろう[51]。注目されるのは、朱印を押し「〇〇之御用」と冒頭に記した文書を伝馬宿送等の手形として用いるとしている点である。これは明らかに前掲史料T・Uのような分類②の伝馬宿送手形とは異なる様式であり、簡潔で短い文句の文書である。しかし、管見のかぎりそのような文書は残存していない。このことは、少なくとも文禄三年三月以降には分類②の伝馬宿送手形にも、史料V・Wのように竪切紙に書いて、用が済めば廃棄、回収されるような文書を用いるようになったことを示していないだろうか。そして、この伝馬・宿送等を改める命令を当主景勝ではなく、蔵奉行の泉沢久秀が出している点は重要であろう。

おわりに

本稿では、戦国期の印判状と過所・伝馬宿送手形について考えるため、室町幕府の過所、および戦国後期の越後における上杉輝虎・景勝の過所や伝馬宿送手形を検討した。その結果、明らかにできたこと、指摘したことをまとめると、次のとおりである。

1．室町幕府の過所に関わる文書は、機能によって、①半永続的に機能する文書、②特定の目的のため限時的に機能し、必要な人・馬・荷物の数などを記して印判や花押を押した文書、③事前に関所（役所）へ②の文書の印影や花押影を含む雛形を通知するための文書、の大きく三つに分類できること。そして、戦国期越後の上杉輝虎・景勝の発給文書においては過所にかぎらず、伝馬宿送手形についてもこの分類が当てはまること。

2．輝虎期の過所・伝馬宿送手形は、分類③の通知文書は多く残存するにもかかわらず、分類①・②の文書ともにほとんど残存しないが、景勝期の過所・伝馬宿送手形は数多く残存し、過所の多くは分類①、伝馬宿送手形の多くは分類②のものであり、いずれも折紙を用いていること。一方、わずかに確認される輝虎・景勝期の分類②の過所はいずれも竪切紙（竪小切紙）を用い、当主が表向きに用いる印判とは異なる別の印判が押されていること。

3．室町幕府の過所には管領や奉行人による奉書が多用されるのと同様、戦国期の越後においても、少なくとも当主である輝虎や景勝が越後を離れる場合には、留守を預かる年寄・奉行などが過所や伝馬宿送手形を発給していたと考えられること[52]。

4．分類②の過所は、他の文書から存在することが明らかであるにもかかわらず、管見のかぎり室町幕府のものは原本を確認できず、十六世紀後半の輝虎・景勝期の越後では三点のみである。これは特定の目的をはたして機能を終えると廃棄あるいは回収されたためである可能性の高いこと。輝虎期に分類②の伝馬宿送手形を確認できないことも同様に考えられること。

以上である。分類②の過所について、前述のとおり有馬香織氏は「過書印文書」と呼ぶが[53]、前掲史料F・Gのように、印判ではなく花押（判形）が捺される場合もあることから相応しいとは言えない[54]。一方、水藤真氏は、前掲史料Bの関所印を『太平記』に登場する杉板で作った過所の事例を引用して「過書札」と呼んでいる[55]。たしかに史料Bのような厚紙で切紙の関所印は、形態として「札」は適するかもしれないが、戦国後期の越後では竪切紙が用いられており違和感は拭えない。文禄二年（一五九三）六月二十七日、上杉氏の蔵奉行泉沢久秀は、景勝とともに朝鮮に渡海した伊勢御師の蔵田亦五郎ら上下三人に肥前名護屋までの海上帰国を保証する過所を発給しているが、そこには「為其切手相添申候」と記される。(56)久秀は、年付がなく明らかに分類②の過所であるこの文書を「切手」と呼んでいたことがわかる。戦国期の越後だけでなく、近世には関所手形と同様、「関所切手」の語が通用していたこと、(57)そして、文書の機能や形態を指す語としても齟齬がないことから、分類②の過所を「過所切手」と呼んではどうであろうか。

さて、前述のように相田二郎氏は、戦国期の領主諸氏が、伝馬宿送手形の印判として当主がふだん用いる印判とは別に専用の印判を次第に用いるようになることに注目した。(58)上杉氏においては、景勝期の天正十一年以後に印文「森帰掌内」の円形朱印が、分類①の過所とともに伝馬宿送手形として専用に用いられる。しかし、分類②の過所切手については、すでに輝虎期から当主の表向きの印判とは別の印判が用いられていた。このことは、前掲史料Ⅰの長尾藤景や右述の泉沢久秀のように、奉行が過所切手の発給に大きく関わっていたことが考えられよう。このように奉行が印判を押し竪切紙で用件のみ記した過所切手が、分国内で機能・通用していたことは、分国内の関所・役所・宿駅などに周知を徹底させるために必要な官僚組織・支配体系が整備されていたことを意味しよう。

はじめにで述べたように、山室恭子氏は、印判状の残存する数量が増加することから、上杉氏では景勝期になってようやく印判状化—非人格的・官僚制的で強力な政権に歩みつつあったと評価した。しかし、右のとおり過所や伝馬宿送手形については必ずしもそうとは言えず、残存数はわずかであっても、用済みとして回収・廃棄されたであろう数を考慮すれば相当であったことは容易に想定される。(59)残存する文書の多寡ではなく、文書一点一点の機能や意義をふまえながら、戦国期の武家領主の発給文書、そして印判状をあらためて位置づけていく必要がある。

註

（１）相田二郎「第四部　印判状」（同『日本の古文書』上、岩波書店、一九四九年）、同『相田二郎著作集第二巻　戦国大名の印章 印判状の研究』（名著出版、一九七六年）など。荻野三七彦『印章』（吉川弘文館、一九六六年）。佐藤進一『［新版］古文書学入門』（法政大学出版局、一九九七年）など。

（２）前掲註（１）佐藤進一『［新版］古文書学入門』。

（３）拙著『戦国期発給文書の研究―印判・感状・制札と権力―』（高志書院、二〇〇五年）。

（４）後述するように伝馬と宿送を併せて用いる手形が多いことから、その場合や総称する場合には「伝馬宿送手形」と記す。個別の場合には「伝馬手形」「宿送手形」と分けて記すことにする。

（５）新城常三「過所」「伝馬手形」、丸山雍成「宿送」（『国史大辞典』吉川弘文館）。

（６）相田二郎「伝馬人足の手形」（初出一九三九年、のち同『中世の関所』吉川弘文館、一九八三年所収）。

（７）相田二郎前掲註（６）論文、同「長尾上杉氏の印判并に印判状に関する研究」（初出一九三九年、のち前掲註（１）書『戦国大名の印章　印判状の研究』所収）。

（８）山室恭子『中世のなかに生まれた近世』（吉川弘文館、一九九一年）。

（９）阿部洋輔「上杉景勝の発給文書について」（石井進編『中世をひろげる』吉川弘文館、一九九一年）。

（10）木村康裕「上杉景勝の過所」（同『戦国期越後上杉氏の研究』岩田書院、二〇一二年）。

（11）有馬香織「室町幕府奉行人発給過所についての一考察」（『古文書研究』第四八号、一九九八年）。

（12）岡野友彦「久我家の「宇宙」印と源氏長者」（初出一九九五年、のち同『中世久我家と久我家領荘園』続群書類従完成会、二〇〇二年所収）。

（13）井原今朝男「中世の印章と出納文書―諏訪社造営銭徴収システムと武田家の有印文書―」（有光友學編『戦国期印章・印判状の研究』岩田書院、二〇〇六年）。

（14）上杉家文書（『新潟県史資料編３中世一』三〇五号、以下『新潟』三〇五と略す）。

（15）矢田俊文「戦国期幕府・守護の発給文書とその機能」（初出一九九六年、のち同『日本中世戦国期権力構造の研究』塙書房、一九九八年所収）など。

(16) 佐藤博信「上杉氏家臣羽門田氏の歴史的位置」(初出一九九〇年、同『続中世東国の支配構造』思文閣出版、一九九六年)。
(17)『親元日記』文明五年七月十二日条(竹内理三編『増補続史料大成第十一巻 親元日記 二』臨川書店、一九六七年)。掲載写真は、国立公文書館所蔵の写本(「日々記」、請求番号一六三―〇〇四六)である。
(18) 有馬香織前掲註(11)論文。
(19) 前掲註(17)『親元日記』文明五年九月四日条。
(20)「集古文書」(『大日本史料』第八編之七)。
(21) 蜷川家文書(『大日本古文書家わけ第二十一 蜷川家文書之一』六七号)。
(22) 及川亘「旅行者と通行証―関所通過のメカニズム」(高橋慎一朗・千葉敏之編『移動者の中世 史料の機能、日本とヨーロッパ』東京大学出版会、二〇一七年)。
(23)『相州文書』十五(東京大学史料編纂所所蔵影写本)。
(24) 清浄光寺所蔵文書(遠山元浩・皆川義孝「時宗総本山清浄光寺所蔵史料について」『駒沢女子大学研究紀要』第二〇号、二〇一三年)。
(25) 過所に実効性をもたせるには発給者にその力がなくてはならない。発給者の権力が衰退すれば過所の役割を果たさなくなる。また、例えば将軍の代替わりごとに過所を改めて受給するのはそのためであろう。
(26) 個人蔵文書(『上越市史別編1上杉氏文書集一』二六九号、以下『上越』二六九と略す)。
(27) 蜷川家文書(『大日本古文書家わけ第二十一 蜷川家文書之三』八〇四号)。
(28) 及川亘前掲註(22)論文。
(29)「謙信公御書集」巻四(『上越』三五八)。
(30) 弥彦神社文書(『上越』一〇四四)。
(31) 保阪潤治氏所蔵文書(『上越』一〇一三)。
(32)「伊佐早謙採集文書」十三(『上越』一〇〇八)。掲載写真は東京大学史料編纂所所蔵影写本である。
(33) 吉江文書(『上越』四八七)。

(34)　米沢市立図書館所蔵文書(『上越』五五三)。
(35)　当時小河可遊斎は越後・上野の境目で物流の拠点であった上野の小川城にいたとされる(大貫茂紀「小川可遊斎と大名権力」『戦国期境目の研究』高志書院、二〇一八年、初出二〇一〇年)。
(36)　木村康裕前掲註(11)論文。
(37)　『越佐史料巻五』所収相沢清右衛門所蔵文書(『上越』一八一八)。
(38)　長岡市立中央図書館所蔵文書(『上越』二八六五)。
(39)　従来、両通のように印判(朱印)を押し、奉者が署判を加えたり、「奉之」と記す文書を一括して奉書式印判状(朱印状)と呼んできたが、文書の機能にあわせて検討しなおす必要がある。
(40)　板屋文書(『上越』二〇六二)。
(41)　蓼沼文書(『上越』二七六四)。
(42)　板屋文書(『上越』二二〇〇)。
(43)　成簣堂古文書(『上越』二七一二)。
(44)　蓼沼文書(『上越』二三八六)。掲載写真は東京大学史料編纂所所蔵影写本である。
(45)　拙稿「長尾景虎(上杉輝虎)の権力確立と発給文書」(初出二〇〇〇年、のち拙著前掲註(3)書所収)。
(46)　当時景勝は、織田信長の軍勢による越中侵攻に対処するため、越中との境にある天神山城まで出陣しており、史料Ⅴは陣中まで来た木場よりの飛脚に渡したものと考えられる。陣中という落ち着かない状況で発給された可能性も含めて検討する必要がある。印文未詳の小印は他に事例がなく判然としないが、通過する役所で確認印として押された可能性もあろう。
(47)　新潟県立歴史博物館所蔵文書(『上越』一九八〇)。
(48)　阿部洋輔「東蒲原の中世」(『東蒲原郡史通史編1』第三編古代・中世第二章、東蒲原郡史編さん委員会、二〇一二年)。
(49)　景勝が兵粮を湊から湊へ渡海運送させるために出した過所には、天正十四年(一五八六)五月十五日付から文禄三年(一五九四)三月十六日付まで、印文「摩利支天 月天子 勝軍地蔵」朱印と印文「森帰掌内」の方形朱印を上下に並べて、月日の文字の上に押すものを四点確認できる(『上越』三〇九六・三二三九・三五九九・三六〇〇)。出雲崎・府内湊・寺泊・新潟といった分国内の湊から、佐渡・三国湊・越前敦賀という分国外の湊までそれぞれ運送させるための過所であり、分国内の過所とは別のものであったことがうかがえる。

(50) 古間区所蔵文書(『上越』三六〇三)。

(51) 文禄三年正月、景勝は秀吉から伏見城惣構の堀普請手伝いに四千人動員され、多くの兵粮などの物資を海上から敦賀経由で運送しており、その一環として陸路の運送整備も行われたと考えられる(拙稿「伏見城普請と京都上杉邸御成」『上越市史通史編2中世』第三部第六章第三節、上越市、二〇〇四年)。

(52) 年未詳ながら、景勝が春日山の留守居である黒金景信に宛て「印判二根」を遣わし、偽りなく発給するよう伝える書状がある(榎本文書『上越』三七七〇)。

(53) 有馬香織前掲註(11)論文。

(54) 例えば、応永五年(一三九八)十二月十一日付の幕府奉行人奉書による過所では「以代官判形」の文言がみられる(佐竹文書『室町幕府文書集成 奉行人奉書篇上』五九号)など、花押が押されることもあったと考えられる。

(55) 水藤真『木簡・木札が語る中世』(東京堂出版、一九九五年)。

(56) 「伊勢古文書集」二下(『上越』三五五〇)。

(57) 五十嵐富夫『近世関所の基礎的研究』(多賀出版、一九八六年)など。

(58) 相田二郎前掲註(6)。

(59) 以前私は、景勝や甲斐の武田晴信が発給した感状を考察し、感状とは権力が不安定で未確立な時期において、家中や味方する幅広い領主・武士層をつなぎとめるために発給する場合が多くみられ、早急に大量に発給する必要から印判を使用したと位置づけた(拙著前掲註(3))。残存する印判状の数量の多寡のみで権力の有り様を論じることはできない。

戦国期守護の寺社統制と幕府・朝廷
――大内氏分国を中心に――

川岡　勉

はじめに

戦国期は地域権力の自立性が高まりをみせる時代であり、大名領国を一つの独立した地域国家とみなすような見方さえ示されている。これは、今谷明氏の京兆専制論(1)や、戦国期の「天下」を畿内に限定して捉える神田千里氏の学説(2)など、戦国期の幕府を畿内近国のみを支配する事実上の地域政権とみなす理解と表裏の関係にある。これに対して、戦国期の「国役」を分析して室町幕府―守護体制の存続を指摘した今岡典和氏(3)や、足利将軍家を中心とする戦国期の幕府のあり方を究明した山田康弘氏(4)らによって、幕府が畿内近国のみならず全国に及ぶ機能を保持していたことが明らかにされつつある。

文書論に関連して言えば、今谷氏は奉行人奉書などが取り扱う公事の件数を手がかりに幕府管轄領域の変遷を論じ、永正年間に幕府の畿内政権としての性格が濃厚になるとした(5)。これに対し、今岡氏は幕府文書のもう一つの柱である御内書が守護をはじめとする地域権力との通交において最も重要な文書であったことを指摘し、幕府を畿内政権と捉えることに疑念を表明する(6)。御内書は将軍家の私信に近い様式をとるとはいえ、御判御教書に代わって軍勢催促や感状の機能を果たすほか、和睦調停や上洛要請、官途・格式授与などに広く用いられ、公的な性格を色濃く帯びていたのである。また、奉行人奉書についても、畿内近国以外を対象とする文書が消滅したわけではなく、その点からみても幕府を畿内政権とするのはやはり正しくあるまい。

戦国期には守護による分国支配が一体的なまとまりを強めており、戦国期の権力論は大名ごとの研究を中心とせざるをえない面をもつ。しかし、各地域の自立性が高まるからといって、全国的な秩序や権力編成のあり方が歴史認識の射程から見失われてしまうことになってはならない。戦国期の諸大名や領主は、各種の官位や栄転・偏諱等を獲得するため、音信を交わし金品を送付するなど、京都の公武権力に接近する動きを示した。戦国期の地域権力を論じるにあたって、京都を中心とする全国的な政治・経済・文化的な秩序との関連を議論に組み込んでいくことが求められているのである。

京都との関係を考える上で、重要な意味をもつのが分国内の寺社の統制をめぐる問題である。河内国観心寺を事例に中世後期の地域寺院の動向をたどった大石雅章氏は、南北朝内乱を契機に本寺東寺による観心寺への支配は衰退し、本寺支配に代わって室町期の公権として荘園の諸所職の保証機能を果たしたのは室町幕府―守護権力であったと論じた(7)。一方、大田壮一郎氏は、豊前国宇佐宮に対する足利将軍家―在京守護大内氏の連携による造営・法会再興などの事例をもとに、十五世紀前半に中央―地域が相互に規定しあいながら本末関係の再定義や地域寺社の興隆がなされていたことを論述している(8)。氏によれば、十五世紀後半以降は、中央の求心力低下と守護の自立化により分国内で完結した造営・祭祀構造へと変化していくという。

しかし、戦国期においても、諸国の寺社に関する事案が幕府や朝廷などで扱われるケースを見出すことができる。例えば、次の史料(「伺事記録」)は、天文九年(一五四〇)の豊前国羅漢寺住持職相論が幕府で処理されたことを示す。

〔史料1〕(9)

大内(義隆)太宰大弐雑掌正法寺与禅正僧豊前国(下毛郡)羅漢寺住持職門派相論事

両方二問二答之趣披見之処、雖枝葉多、宗門之儀也、既建仁寺開山雖為山僧、改衣躰入禅室歟、況龍磋首座対建仁常庵和尚取名之上者、非他門之段、令落居者哉、惣別於諸家改門派事在之、兼又証文紛失之儀、故大内義興卿大永七年十月廿八日判形之文章詳也、仍禅正出帯之　御判已下文書無手継所見之間、令相当右文言訖、然何為禅正離山身以一方問掠給奉書之段、理不尽之沙汰太不可然、所詮任大内都督被証申之旨、至当住龍磋可有御成敗乎、宜為　上意矣、

天文九年五月九日　　　散位光任（以下、十名略）

「伺事記録」は幕府の御前沙汰の記録であり、幕府奉行人として活躍した飯尾元連とその孫尭連が筆録したものが尊経閣文庫に伝えられている。〔史料1〕は尭連が書き留めた「伺事記録」に見える意見状であり、豊前国守護である大内義隆の雑掌と禅正僧との間で羅漢寺住持職をめぐる争いが起こり、その裁定が幕府によってなされたことが判明する。このように戦国期においても寺社関連の相論が中央で扱われている事案があり、また大内氏分国では寺社の造営や法会に中央が関与するケースも認められる。寺社統制が分国内で完結したと言い切るのには疑念を抱かされるのである。

本稿では、戦国期の大内氏分国における寺社統制や寺社関連相論を通じて中央と地方の関係を考察する。戦国期において、守護の分国支配と分国を超える秩序がどのような関わりを持っていたかが浮かび上がってくるはずである。

1　大内氏分国における寺社統制システム

⑴　大内氏による寺社統制の整備

室町期の守護による支配形成の上で寺社を掌握することの重要性については、これまでも様々な指摘がある。榎原

雅治氏は、播磨赤松氏の守護役は軍役と寺社修造役に集約されるとし、守護の一国公権者たる地位の指標をなす守護段銭成立の前提には、国衙掌握とならんで国内寺社の掌握があったと述べている[10]。そして、若狭や備前における国内寺社群のネットワークの存在を指摘し、守護はこれを掌握することで一国公権者たらんとしたと論じた。守護の公権が在地の信仰と祭祀秩序を一つの基盤として成り立っていた側面が照射されている。

十五世紀半ば、幕府―守護体制の変質に伴い権門支配が後退する中で、守護が分国に対する一円的な支配を強め、分国内の領主に対する優位な立場を基礎に多くの公共的な機能を担うようになる[11]。守護の支配する分国が一体化して凝集性が高まり、分国法の制定へと結実していくケースも見られた。とりわけ、大内氏の場合は、組織的で整然とした分国支配機構を発達させていたことで知られる。評定衆・奉行人などの官僚機構や政所・侍所・記録所・文庫等の諸機関、守護代―小守護代―郡代・郡奉行・段銭奉行などの行政組織、国内領主たちから「分限注文」を提出させて所領の所在地や知行高を掌握する仕組み、袖判下文による給恩地の宛行と御家人制、そして大内氏掟書の制定など、分国支配機構の整備は他の守護に比べて抜きん出たものがある[12]。

これは寺社統制についても同様であり、大内氏は分国単位の宗教秩序の確立に努めている。大内氏分国全体―各国レベル―各寺社単位に寺社奉行が設置されて、氏寺・菩提寺を中心とする寺社保護政策が展開した[13]。十五世紀半ばに氏寺興隆寺の祭礼を分国全体で支える体制が構築され、十六世紀前半には伊勢神宮を勧請した高嶺大神宮が山口に創建され、その造営も分国全体で支援する仕組みが整えられた[14]。十五世紀半ば以降、分国内の寺社領の掌握も進められたようであり、「分国中寺社御尋[15]」（寛正三年）・「惣国寺社領」の糺明[16]（明応八年）がなされ、各寺社から知行状況を報告させている。

(2) 守護法廷に持ち込まれる寺社関連相論

寺社関連の相論に限らないが、大内氏分国では早い段階でかなり整った訴訟制度が成立した。例えば、応永年間の長門国正法寺と由利伊豆入道の所領紛争のケースでは、訴人・論人から訴陳状を提出させ、双方の証拠書類を吟味した上で、裁定を下した奉行人奉書が出されている。(17) この奉行人奉書をうけて、係争地を寺家の雑掌に渡すことを命じた守護代の施行状が発給され、小守護代の打渡状が与えられた。(18) 長門一宮神領内の訴えを出す際には注進状を提出することを求め、それがない場合は許容しないと法に定めている。(19) 所領紛争においては証拠書類の有無が裁定の決め手になっていたが、書類が偽造されるケースに備えて偽文書の疑いがある時は奉行所に文書を提出させ引き合わせることとされた。(20) 地下役人に実否を尋ね、代官の書状や荘内の散使から起請文を提出させる場合もあった。(21) 双方の言い分がともに根拠なしと判断されれば、大内氏によって係争地が収公されることになる。(22) 以上のように、大内氏分国では十五世紀初頭以来、守護裁判における手続きの整備が進められていたのである。

守護法廷に持ち込まれた寺社関連相論として、八幡護国寺領の筑前国宇美宮社務職をめぐる争いについてみてみよう。文明十一年九月の宇美宮社務房祐目安案によれば、後鳥羽院政期に房祐の先祖房清が宇美宮を相伝し、房清の兄宗清が筥崎宮を相伝するという取り決めがなされたにもかかわらず、宗清の子孫たちが度々宇美宮領を押領して房清の子孫たちと争いを繰り返していたという。(23) 筥崎宮を相伝した宗清の子孫たちは、石清水八幡宮の別当家である田中家であり、宇美宮の本家という立場で宇美宮への介入を図っていた。

〔史料2〕(24)

当宮社務職事、八幡田中殿進止之処、近年対本家令儀絶、剰護国寺之正税以下悉皆無音之条、帯古今之 綸旨・同証文等、被下申阿弥陀院処、当年之一流各別之様被支申之旨、去年春以来院主承訖、但此子細於国沙汰決断、其斟酌在之、所詮可被経 聖断之由議定之次第、度々相触之処、房祐参洛事者、不可叶也、於山口申披度由被懇望之間、奉抑留院主、相待参決、殊催促及数ケ度之処、今者又結句被違変此旨歟、雖差日限遅参訖、徒去今両年

馳過之間、於于今者、当職事、可被任彼御下知之旨、対院主被申訖、仍執達如件、
明応四年十二月廿四日
相良(正任)遠江守殿
沙弥在判
杉(武明)平左衛門尉
左衛門尉在判
杉(武道)勘解由左衛門尉
左衛門尉在判
宇美社務御房

この史料は明応四年(一四九五)に宇美宮社務職の相論を裁定した大内氏奉行人連署奉書であるが、宇美宮社務職が自らの進止下にあると主張する田中別当家は、近年社務房祐が本家に対して義絶し、神宮寺である護国寺に納めるべき社領年貢も進上しないとして提訴し、配下の阿弥陀院を下向させた。これに対し、守護大内氏は、「此子細、於国沙汰決断、其斟酌在之」と判断し、「可被経　聖断」と決議して告知した。ところが、房祐は「参洛事者、不可叶也」と述べて山口における裁定を懇望したため、大内氏は阿弥陀院を抑留して対決させようとしたが、房祐が催促に応じず守護法廷に出頭しなかったので房祐側の敗訴となったようである。

その後、永正十七年(一五二〇)に相論が再燃し、房祐の子房秀が守護代杉興長吹挙状を携えて山口に出頭し、訴訟を繰り広げた[25]。その結果、大内氏は房秀の帰社を認めて社務職を回復させた。翌十八年二月には「近年不知行目録」にある社領の還補を認める大内氏奉行人奉書が房秀に与えられている[26]。これに対し、田中家の雑掌按察法橋が下向して房秀の社務職還任は本家の承認を得ていないと主張し、房秀は大永二年(一五二二)六月に杉興長に目安を進上して反論を加えている[27]。

この相論から読み取れるのは、第一に戦国期における本家支配の動揺である。宇美宮社務の房祐・房秀父子は、本家と義絶し、守護大内氏を頼んで本家の承認なしに還任を実現しようとするなど、田中別当家から自立的な動きを強めている。第二に、提訴された大内氏は、「此子細、於国沙汰決断、其斟酌在之、所詮可被経　聖断」と議定し、相論は聖断を経るべきものとして国における裁定を遠慮・回避する姿勢を示している。これは相論が本末関係に関わる事案であったからであろう。本末関係に関わる相論は、本来的に国においてではなく中央で裁定すべきだとする認識が存在していた可能性が高い。しかし、本相論は当事者の房祐が京都ではなく山口での裁定を懇望したため、大内氏の法廷で裁定がなされることになった。ここから、第三として、寺社相論の裁定が京・山口のどちらの法廷でなされるかは、当時の状況や当事者の主体性に左右される面が大きかったことが導き出される。そして第四に、分国内の寺社は、中央法廷よりも守護法廷における裁定を求める傾向を強めていたことも読み取れよう。明応段階で敗訴した房祐の子房秀は、永正十七年に守護代杉興長吹挙状を携えて山口に出訴して社務職還任を勝ち取る。房秀は守護法廷における裁定を有利に進めるために守護代との提携を強め、また同十五年の大内氏当主義興の京都からの帰国を踏まえて再審に乗り出したのであろう。

天文五年(一五三六)九月、田中家の雑掌按察法眼奏禅は大内氏分国における石清水八幡宮領の年貢収納状況について、「方々押領之儀候之条、去夏も在山口させ百日計逗留候つれ共、然々無其儀候」と歎いている。(28) 大内氏による一体的な分国運営がなされる中で、寺社関連の訴訟や請願も多くが山口の守護法廷で処理されていた。そのような中で、本家側の雑掌が山口に長逗留して訴訟に及んでも押領を排除することは容易でなかったのである。

2　中央に持ち込まれる寺社関連相論

前節でみたように、守護が自立性を強める戦国期には守護法廷の比重が高まり、大内氏分国の訴訟の多くは山口で裁定された。とはいえ、訴訟が中央に持ち込まれる事例がないわけではない。「はじめに」で掲げた〔史料1〕は、それを示すものである。

(1)　天文九年豊前国羅漢寺住持職門派相論

〔史料1〕からは、大内氏分国の一つである豊前国の羅漢寺住持職をめぐる相論が起こり、大内氏の雑掌正法寺と禅正僧が幕府法廷で争った結果、天文九年五月九日に一一名の幕府奉行人が連署して裁定が下ったことが分かる。関連する『大館常興日記』同年三月九日条には、「大内太宰大弐申豊前国羅漢寺住持事、去々年掠申、御下知給候僧ハ大内無許容候、然共御下知被成たる事候間、被成返候て当住（大内として居置候）相定候ハ、可畏存候、分国之事にて大内進退之寺之儀也」とあり、去々年(天文七年)に幕府の下知を得て住持職を掠め取った僧が出現したのが相論の発端であったとみられる。大内氏はこれに反発し、当寺は大内氏が進退する寺であり、当住の僧龍磋も大内氏が定め置いていたと主張した。ただし、「然共御下知被成たる事候間、被成返候て当住（大内として居置候）相定候ハ、可畏存候」と述べているのが注目される。これは、大内氏の進退する寺院であったとはいえ、幕府の下知が示された以上は、それを撤回させて大内氏が定めた当住を入れるのは憚られるという意味であろう。

実際、この後の経過を『大館常興日記』でたどると、大内氏は奉行人の松田氏や伊勢氏らを通じて幕府に働きかけ、幕府法廷における両僧相論にもちこんでいる。幕府は双方の主張を聴取して証拠書類を吟味するなど審理を進め、幕府内談衆の細川高久・摂津元造らが大内方の支持を表明する中で、五月九日に当住龍磋の住持職を安堵する裁定が下されるのである。幕府の下知を撤回させるのではなく、幕府法廷において有利な判決を導き出すという大内氏の戦術が功を奏したことが分かる。

ここからは、大内氏の分国支配が強い自立性を持っているとはいえ、幕府が介入してきた場合、それを正面から否定することはできなかったことがうかがわれる。守護の分国支配(国成敗権)は幕府の公的保証力(天下成敗権)を否定するものではなく、むしろ天下成敗権が国成敗権の上位に存在する構造が顔をのぞかせているのである。

(2) 諸国の寺社関連相論の裁定が中央に委ねられる事例

豊前国羅漢寺住持職をめぐる相論と同様に、戦国期の寺社関連相論が中央に委ねられる事例は、大内氏分国以外でも広く確認できる。

① 出雲国鰐淵寺・清水寺の座次相論

天文十四年(一五四五)八月、出雲を支配する尼子晴久の居城である富田城において、千部法華経読誦の法会が開催された時、左座の席次をめぐって鰐淵寺と清水寺の争いが生じた。この相論は、尼子氏による裁定から、山門による裁定へ、さらに朝廷による裁定へと移行していくことになる。出雲国内においてともに有力な天台宗寺院である鰐淵寺と清水寺は、それぞれ天皇の綸旨や女房奉書、天台座主の令旨などを得て自らの優位を主張した。これに対し尼子氏側は、「御証文等無紛候、雖然、彼方江茂綸旨并座主様・其外之数通有之事候、是又為私押而難有裁許儀候、所詮両寺有御上洛可被仰究之旨、以御一通被仰出候」(29)とあるように、顕密寺社同士の階層秩序をめぐる争いを整序できず、両寺を上洛させて中央の裁定に委ねようとした。こうして、両寺は山門内部の対立を利用しながら朝廷に働きかけていったが、朝廷はまず清水寺の主張を認める綸旨、ついでそれを撤回して鰐淵寺の主張を認める綸旨を出すなど対応は混乱を極めた。鰐淵寺側は山門大衆の強訴により勅裁の変更を勝ち取り、清水寺側も神輿動座の構えを見せるなど、権門の圧力により国政が左右される権門体制特有の構造が再現されている。相論の途中で清水寺は近江六角氏に助力を依頼したが、六角氏は「為　叡慮被仰出候上者、是非難申」と述べて、朝廷の裁断に口を出すことを回避する姿勢を示している。(30)

②浄土真宗高田専修寺の越前国内での末寺の帰属をめぐる相論

永禄年間、越前では浄土真宗高田専修寺派における内紛に伴って末寺の帰属をめぐる争いが起こり、朝倉氏の法廷への提訴がなされた。そこで朝倉氏奉行人による審議がなされたところ、堯恵派と真智派の双方に綸旨や幕府奉行人奉書があることが判明した。「従京都之御下知、一事両様之段、於殿中取沙汰候、一段御咲事候」とあるように、朝廷や幕府の無定見ぶりが露わになる中で、朝倉氏側は「於此上、御棄破之御綸旨調御下候は、無別儀一途可被仰付」と述べており、以前の裁定を無効にする綸旨の発給が確認されなければ朝倉氏で裁定することはできないとしている。(31)朝倉義景書状に「御下知次第可申付候」とあるように、相論の裁定を保留し、中央の意向に沿って決する意向を表明するのである。(32)このように、訴訟当事者双方に朝廷・幕府などの証文が存在する場合は、大名は裁定を回避し中央の裁定に委ねる姿勢を見せている。

③本山派修験の上野国年行事職をめぐる極楽院と大蔵坊の係争

永禄年間、武田信玄が勢力を伸ばしていた上野において、本山派修験の上野国年行事職の座をめぐって極楽院と大蔵坊の相論が生じた。信玄が「更以私難決是非候之間、為可奉得　門主之御下知、両人罷上候」(33)と述べているように、武田氏は勝手に裁くことができないので双方に上洛して本山の聖護院門跡の裁許を仰ぐように指示した。その一方で、信玄は極楽院を年行事職にしようと足利義昭に働きかけていたようで、義昭が聖護院道澄に送った書状には「如先規対極楽院可被申付候哉、信玄茂内々寄存趣被聞召訖、旁其通可然候」とある。(34)これに対し道澄は、極楽院を推す義昭の意向に敬意を表わしつつも、「雖然既及相論上者、互ニ申分可有之候哉、修験法度、不混自余子細共、殊更信玄分国中成敗有様之由候間、慥不遂糺明申付候者、可及後難儀候」と返信して慎重な対応を見せている。[35] ここには、将軍家や武田氏の支配権の中に包摂できない本山派の支配体系が確認されよう。

④信濃諏訪社の社官の列座に関する相論

信濃の一宮諏訪社では社官の座席をめぐって争いが生じ、永禄十二年(一五六九)十月八日の武田信玄の書状に「就列座之儀、被経　奏聞之処、勅許珍重候、殊　綸旨拝見候畢、於普天下有誰可覃異儀歟[36]」とあるように、武田氏は列座に関して朝廷に伺いを立て、綸旨を得て解決を図っている。

⑤相模岡崎金剛頂寺・真福院の法流公事をめぐる相論

天正三年(一五七五)、相模岡崎の金剛頂寺が門下の真福院の所行を訴えて訴訟を起こした時、「両寺共本寺江罷上、可被決理非之旨、太守被下知云々[37]」とあるように、太守(北条氏)は両寺を本寺である東寺のもとへ上洛させて理非の判定を求めている。

以上のように、戦国期の守護や地域権力は、分国内に存在する寺社勢力を完全に統制しきれない構造的限界をしばしば露呈させている。上嶋康裕氏は、尼子氏が出雲鰐淵寺・清水寺の座次相論で朝廷に判断を委ねた理由について、大名においては提出された証文の真贋を見極めた上で判断する方法が成熟していなかったためと主張している。[38] 証跡の存在をもって裁定基準とする地方(大名)と証跡の中身を審議し裁定を行う中央(朝廷)という対比を提示するのである。しかし、尼子氏が朝廷に判断を委ねた理由を裁定方法の違いから説明するのは疑問である。前節で触れた大内氏の事例から考えても、証跡の中身を審議して裁定する方式は、すでに十五世紀の段階で地域権力の側で整備されていたとみられる。尼子氏が朝廷に判断を委ねたのは、双方に綸旨などの証文が存在したため両者の優劣の判断を回避したとみるのが自然である。

豊前国羅漢寺住持職の相論の場合、幕府の下知が示され、それは大内氏にとって服しがたい内容であったけれども（下知に従えば大内氏の住持職進退権が否定される）、しかし大内氏はこれを正面から覆すことはしていない。そこには、「御下知被成たる事候間、被成返候て当住大内として居置候相定候ハ、可畏存候」、すなわち幕府の下知が出されている以上、それを覆すのは憚られるという心理が存在していた。大内氏は、あくまでも幕府法廷の場で自らに有利な判決が出るように工作していく。幕府に提訴された以上、幕府の法廷で解決するしかなかったのである。

ここからは、中央の決定が問題を抱えている場合には中央の法廷で再審議してもらうしかなく、中央の裁定を地域権力が覆すことは回避しようとする基本姿勢が導き出される。複数の裁定機関が並立し、訴人の選択によりそれぞれへ提訴されるという中世の裁許のあり方は戦国期においても克服されてはいない。どこの裁定機関で審議されるかはあくまでも当事者の意向によった。上嶋氏は、地方での裁定と中央での裁定との関係は、重層的なものというより、別個に存在しており複数の法圏が分立された状態だと表現している(39)。しかし、両者の関係はやはり重層的と捉えるべきではないか。重層的だからこそ、中央の裁定文書の理非判断が求められる時には裁定が中央に委ねられたと考えられる。

地域権力が自立性を高めていく戦国期においては、筑前宇美宮社務職相論で当事者が参洛を忌避して山口での裁定を懇望したように、中央の裁定から地方の裁定へと移行していく傾向にあった。しかし、分国を超える宗教秩序に関わるような、地域権力の手に余る案件は、朝廷や幕府、諸権門など中央の法廷に委ねる事例が認められるのであり、そこには重層的な権力秩序の存在を見出すことができる。これは、戦国期においても、天下成敗権（幕府・朝廷）―国成敗権（守護）の重層関係により統治する仕組みが消滅したわけではないことと対応している(40)。この仕組みは潜在的に存続しており、それは単なる観念にとどまらず、折にふれ、諸勢力の思惑に応じて現実的機能を果たす場面が出現するのである。

3　戦国期の本家支配と守護権力

(1) 大内氏の朝廷への接近

これまでみてきたように、諸国の守護・地域権力は都鄙の重層的な権力秩序を前提として存立していたのであり、中央の朝廷・幕府・諸権門との良好な政治的関係の維持に努めていかざるをえなかった。西国屈指の有力守護であった大内氏は、特に京都との関係を重視したことが知られ、応仁の乱に参陣して西軍に加わった政弘、永正年間に中央政界を主導した義興など、歴代当主が上洛して在京諸勢力と強固な人脈を築き上げた。

大内義隆は上洛こそ行っていないものの、将軍家や幕臣、公家や朝廷と音信を取り交わし、僧侶や文化人と連絡を取り合うなど、京都との緊密な関係を保持した。義隆は和漢の学芸や古典を重視し、故実・儀式・典礼を尊重して、京都の文化を摂取するのに熱心であった。うち続く戦乱の中で、大内氏は近隣の守護・領主との関係を有利に展開し、また分国支配を強化するために、公武の伝統的な権力・権威を最大限に活用する姿勢を示したのである。

義隆が公卿に列して将軍義晴と位階の上で肩を並べる存在になった天文十年(一五四一)以降、義隆は幕府を介さず朝廷と直接結びつく傾向を強めていくように見受けられる[41]。義隆の公家化・貴族趣味などと呼ばれてきた現象である。義隆は即位式の費用や禁裏修理料を献上して昇進を重ね、官位序列の上では将軍家を凌駕するようになる。大内氏は分国内の有力寺社の造営許可・諸役免除などに関して朝廷からの綸旨を申請し、勅願寺の指定や勅額の下付を勝ち取るなど、朝廷との緊密な関係を背景に寺社統制を図っている。

これまで戦国期の朝廷については政治的にも経済的にも衰退していたことが強調されがちであったが、近年、室町・戦国期の天皇家が公家社会において裁判権を行使するなど政治権力として機能していたことを指摘した井原今朝男氏の研究[42]や、寺院間相論・禁裏大工惣官職相論・中下級公家間相論などを取り上げて分析した神田裕理氏の研究[43]などが登場して、朝廷の政治的役割に光が当てられつつある。中世の裁判機関は複数併存し、訴訟人は自己にとって最も適切なところに提訴したが、戦国期の朝廷も訴訟先に選択される場合があった。神田氏によれば、朝廷の裁定案件は本末関係という社会的な立場や身分秩序に関わるものが中心であり、また朝廷・幕府の双方が関与しているケースでは、朝廷が理非の判断を行い、幕府はそれに基づいて実際的な対処を行うという分掌関係がみられたという。朝廷の裁定は決して形式的なものではなく、朝廷を政治と切り離された「権威」や文化的存在としてのみ位置づける見方は正しくないのである。

前節で取り上げた諸国の寺社関連相論が朝廷や幕府・諸権門によって裁定されている事例からみても、戦国期の朝廷が政治的機能を果たす存在であったことは間違いあるまい。そして、大内氏にみられるように、戦国期の守護はしばしば朝廷に直結する傾向を強めている。これは戦国期守護が地域社会の抱える諸課題を担う国単位の基本的な行政官としての役割を果たしており、武家権門のみならず権門体制全体を地域的に支える存在と位置づけられていたためであろう[44]。前述の出雲鰐淵寺と清水寺の座次相論では、後奈良天皇女房奉書において尼子氏は「くにのかみ」と呼ばれ[45]、両寺の問状・答状でも「国守」と表記されている[46]。守護が国司に擬されるのは、戦国期守護が単に武家権門に属する行政官にとどまらず、中世国家総体を支える存在へと役割を拡大させていることを反映するものと言えよう。

(2)　石清水田中別当家の下向と本家支配

大内氏分国では、寺社関連の訴訟や請願の多くが守護法廷で処理される一方で、中央の法廷に委ねられるケースもあった。ただし、分国内の寺社は中央法廷よりも守護法廷における裁定を求める傾向を強めており、山口の守護法廷の機能が拡大していたように見受けられる。それは、本家支配から自立性を高めつつあった地域寺社勢力にとって、守護法廷における裁定に持ち込んだ方が有利であったからにちがいない。

第1節で取り上げた筑前の宇美宮社務職をめぐる相論では、明応年間に敗訴した房祐の子房秀が永正十七年に守護代杉興長吹挙状を携えて山口に出向き、本家(石清水田中別当家)の主張を斥けて社務職の安堵を勝ち取っている。房祐・房秀父子は、本家と義絶し、守護勢力を頼んで社務職への還任を実現したのである。このように、永正末年から天文年間にかけて、大内氏分国では守護勢力の圧力が高まり、在地諸勢力が守護方と結びつく中で、本家支配は動揺を見せていった。

同じ筑前の早良郡次郎丸名では、本家石清水社から代官職に補任された隅田氏と守護代杉興長の被官箱田氏の相論が起きている。箱田氏は本家の補任状を保有せず契約状を根拠に次郎丸名の権益獲得を目指しており、享禄二年(一五二九)に守護大内氏は箱田氏の主張を退けて隅田氏の勝訴と判定するものの、[47] 箱田氏はその後も興長の権勢を背景に訴訟を繰り返し、興長も箱田氏を擁護する姿勢を崩していない。[48]

筑前国内の石清水八幡宮領の多くが守護勢力の代官請となり、[49] 石清水領の住人たちの中に守護勢力の被官となる者も少なくなかった。天文五年(一五三六)九月の田中家雑掌按察法眼奏禅の書状には、「当時者地下之儀、悉く守護被官ニ罷成候間、本家不被及御進退候」、「当所之儀、地下各為党いたるまて、守護其外方々被官ニ被成、御本家御被官ハ一人も見す候」とある。[50] 守護勢力による被官化の進行により本家支配が脅かされていた様子がうかがえよう。宇美宮における本家支配の排除も、永正～天文年間にかけて見られたそうした動向の一端を示すものと考えられる。ところが、天文末年、筥崎宮遷宮に伴う石清水田中別当家の筑前下向を機に、宇美宮に対する本家支配が復活することになる。

筥崎宮が焼失したのは明応元年(一四九二)のことであったが、[51] 本家石清水八幡宮は朝廷に再興を願い出て、田中奏清の弟である五智輪院孝済が筥崎宮座主として下向した。五智輪院は石清水八幡宮護国寺内の一子院であり、社僧である孝済が筥崎宮造営の使命を帯びて筑前に下ったのである。[52] 筥崎宮の本殿・拝殿は天文十五年に完成したようである。[53] 孝済は本家の意を呈して大内義隆に願い出、大内氏から朝廷に申請がなされて、同十九年九月一日に筥崎宮遷宮を認める後奈良天皇綸旨が出された。[54] そして、勅裁を受けて翌天文二十年に本家である田中教清が筑前に下ることになった。

〔史料3〕[55]

「　　　　ひろはし大納言（兼秀）とのへ

「（異筆）教清筥崎へ罷下候時、申請御奉書案文、正文大内義隆留之、」」

「仰　天文廿　二廿二」

たなかけうせい（田中教清）ほういん（法印）、はこさき（筥崎）のやしろへまかりくたり候につきて、御いとま（暇）の事申きこしめし候、まかりくたり候ハ、、大弐（大内義隆）にあひたつし候へとおほせられ候へく候よし申候へく候、かしく、

〔史料4〕[56]

田中法印（教清）罷下之由申候、下官存知之仁候、於事被加芳言者、可為祝着候、頼存候、恐々謹言、

（天文二十年）二月廿二日　　　兼秀

大内殿（義隆）

〔史料3〕は、下向する田中教清に大内義隆と連絡をとるよう求めたことを広橋兼秀に伝える後奈良天皇女房奉書であり、〔史料4〕は兼秀が義隆に対して教清下向の便宜を図るよう依頼した書状である。武家伝奏を務める広橋兼秀は、娘が義隆の側室であり、兼秀自身も天文五年に山口に下向するなど、義隆と親密な関係にあった。教清は、こうしたバックアップを受けて大内氏に接触し、筥崎宮の遷宮、そして石清水八幡宮領の回復に努めていくのである。

〔史料5〕[57]

「案文」

八幡護国寺領宇美宮検校職并神領等之事、八幡田中殿先規以来御進止之処、近年無命（明カ）輩号政務職押領候之条、就今後御下向、被誼（宜）右理、依無其紛被成　大府宣候、則可有御入部之由候間、諸事可有馳走旨候、恐々謹言、

八月八日　（吉田）興種在判
（杉）宗長在判
（陶）隆満在判

杉　豊後守殿（興運）

天文二十年とみられるこの大内氏奉行人連署状からは、田中別当家による宇美社領回復を認める大府宣が発せられたことが読み取れる。『石清水八幡宮史　史料編』に収められた田中家雑掌申状にも、「九州箱崎宮遷宮之儀、為叡慮被仰下之、下国之刻、宇美與申社領数ケ年不知行之所々、此儀大内殿エ被申理、被返付候時者、神忠無是非者歟、証文・大府ノ宣備在」とあり、[58]教清が大内氏に申請して不知行となっていた宇美社領の返付を実現したことが分かる。また、八月二日には社領の百姓村山治忠が田中家雑掌に宛てて「宇美御　社領事、今度　御本家様就御下向、御社務職之事、以御政連々被成　御下知候、誠御百姓中大慶此事候」と書いた言上状を提出し、本家支配の復活を歓迎する意向を表明している。[59]田中教清の筑前下向を機に、石清水八幡宮による本家支配が再建されたのである。

寺社本所領回復の動きは宇美社領だけで確認できるのではない。筥崎宮に関しても、社領の蓮池・益田の返還を求める訴えがなされ、天文十七年に還補を認める奉書が下されている。[60]翌十八年九月七日の大内氏家臣連署書状によれば、筥崎宮に徳政が適用され、武家被官が保持する土地を社家に去り渡す命令が出されている。[61]さらに、翌十九年にも、大村丹後守に宛行われていた社領那珂西郷を返還する奉書が筥崎大宮司に与えられている。[62]

天文二十年の田中教清の筑前下向時には、石清水八幡宮領である筑前の三カ所(和田・乙犬・大隈)で代官を務める蓮城坊慶隼を改易する命令が出された。慶隼は懇望して当所の代官職を請け負っておきながら、請文の旨に背いて数百石の未進に及んでいたという。[63] 筥崎宮の座主を務める五智輪院孝済が執り成したため、いったん改易は延期されたが、まもなく守護代の手で慶隼は追放され、三カ所は本家の直務とされた。[64] 追放された慶隼は、本家に対し遺恨を抱いたという。[65]

このように、天文十年代以降、危機に瀕していた石清水八幡宮領の再建が進んでおり、とくに同二十年の田中別当家の筑前下向は、社領回復の大きな契機となった。守護大内義隆が朝廷・公家との関係を親密化させる中で、義隆の後援をうけて本家支配の回復が進んだものと考えられよう。

ところが、まもなく陶隆房(のち晴賢)らがクーデターを起こし、天文二十年九月一日に義隆は自害に追い込まれる。この時、二条尹房・良豊父子、三条公頼、持明院基規、小槻伊治ら多くの公家衆も殺害されている。義隆の死は、大内氏分国における寺社本所領のあり方に少なからず影響を及ぼさずにいなかったであろう。実際、本家に背いて筥崎宮から追放されていた蓮城坊慶隼が、杉氏に代わって筑前守護代となった陶氏の勢力を頼んで筥崎宮に帰社している。[66] さらに、筥崎宮の座主を務める五智輪院尊清(孝済の子)も本家に敵対する姿勢を示し、本家の直務となっていた筑前三カ所(和田・乙犬・大隈)は公領とされてしまうのである。[67] 尊清の主張に従って三カ所を公領に召し置く旨を伝える大内氏奉行人連署奉書が田中別当家に宛てて出されているから、[68] 公領とは大内氏の直轄とされた所領を意味したと思われる。田中家側が、この在所は本家の進止地であると主張して公領化に抵抗したのは言うまでもない。田中家側は、すでに那珂西郷が公領となっている上に、重ねて三カ所まで公領に組み込まれるのは迷惑千万だと述べていることからみて、[69] 公領化の動きは筑前国内で広く展開していたようである。

大内義長政権期に顕著な公領化政策が実施されたとする指摘が佐伯弘次氏によってなされており、[70] 三村講介氏も公領＝大内氏直轄領の代官職が給人に与えられる事例や、直轄領が給地として宛行われる事例を検出している。(71) 陶氏らにとって、寺社本所領保護よりも軍兵の功に報いるため給地や預置地の確保は最優先課題であったろう。そのため、本家支配を排除して公領化が推進されたのではないだろうか。義隆が本家支配の再建に協力的な姿勢を示したのとは違って、陶氏のクーデター後は本家の意向に背く対応が目につくようになる。(72) 戦国期における荘園支配の成否は、守護をはじめとする地域権力の姿勢に大きく左右されるものであったことがうかがえるのである。

おわりに

中世後期の守護が発給する文書を通覧すると、十五世紀半ばまでは幕命の遵行が大きな比重を占める。これは幕府―守護を基軸とする文書行政が全国的に展開していたことを示していよう。しかし、幕府の全国支配が後退する十五世紀半ば以降、各守護が自立性を高めていく中で、幕府から守護に宛てた文書が減少する一方、守護の発給する文書は多様な展開を見せる。大まかな傾向として各守護家では家臣の奉書様式の文書が増加するが、その形式や機能、署判者の性格などは様々であり、折々の政治状況に規定されて時期的な変化も見られる。また、守護家当主や守護代・宿老などが署判する文書のあり方も一様ではなく、分国内の諸勢力との関係に規定される面は少なくない。このような多様性を随伴しながらも、戦国期には守護の権限が拡大し、分国内の多くの案件は守護の文書によって処理された。幕府の文書が機能する場面は縮小し、主たる対象は畿内近国を中心とするようになっていくのである。

とはいえ、戦国期においても守護の分国支配を超える秩序が消滅したとみることはできない。本稿では、寺社関連相論の分析を通じて、守護法廷の裁定と中央の裁定が重層的に存立していたことを指摘した。諸国の守護が、分国を超える宗教秩序に関わるような、自らの手に余る案件について、朝廷・幕府・諸権門など中央の法廷に裁定を委ねる事例が認められた。それは、戦国期にあっても、天下成敗権（幕府・朝廷）—国成敗権（守護）の重層関係により統治する仕組みが消滅したわけではないことを意味している。この仕組みは潜在的に存続しており、単なる観念にとどまらず、折にふれ、諸勢力の思惑に応じて現実的機能を果たす場面が現われる。こうした分国支配を超える秩序について、それを「礼の秩序」というような言い方で権力構造の外在的な要素として処理すべきではあるまい。朝廷・幕府・諸権門などの機能を組み込んだ戦国期権力論が構築されなければならないのである。

分国を超える秩序は、諸国の寺社統制のみならず、荘園支配についても影響力を及ぼす。永正五年、石清水八幡宮の田中別当家の家督をめぐって清徳丸と清若丸の間で争いが生じた時、大内義興は清徳丸に対して「御相論事、公儀未決候哉、其間分国中、御神領所々事者、先以可為御知行之由、加下知候」と申し送っている[73]。清徳丸に対する分国中の知行権の保証は、あくまでも中央で裁定が下されるまでの間、という限定付きでなされているのである。

大内氏分国の石清水八幡宮領荘園では、永正〜天文年間にかけて、在地勢力による本家支配排除の動きが顕著になる。これに対し、義隆が朝廷との親密な関係を深める天文十年代以降、大内氏の後援をうけて本家支配は回復傾向を見せる。とりわけ、筥崎宮の遷宮に伴う石清水田中別当家の筑前下向を機に、本家支配が再建された。しかし、まもなく陶氏のクーデターによって義隆が死去すると、寺社本所領が大内氏の公領に組み込まれる事例が増えていくのである。

中世後期の荘園制については、室町期荘園制が守護在京制の崩壊に伴い解体したとする見方が有力であるが[74]、戦国期にも荘園制の存続を認めようとする見解も存在する[75]。中世後期には諸権門が自己完結的に荘園支配を行うのは困難であり、室町幕府—守護体制に依存し、この体制に支えられる形で荘園年貢の確保を図った。中世後期の荘園制を支えていたのは幕府—守護体制であり、この体制は武家権門の骨格をなす仕組みであるにとどまらず、諸権門が共通の存立基盤とした支配装置でもあった。

ところが、十五世紀半ば以降、幕府―守護体制の変質とともに、荘園年貢の京上を促すメカニズムが機能を低下させる。応仁の乱、明応の政変などの事件を経て、多くの守護が京都から国元へと拠点を移したことで、荘園年貢の確保を体制的に保障するシステムは機能不全に陥った。こうなると、各荘園の衰退は時間の問題である。戦国期には、荘園年貢の未進が増加し、下地も違乱・押領されて不知行地が広がっていくことになる。

とはいえ、戦国期に守護在京制は崩壊したものの、室町幕府―守護体制の枠組みは解体しきったわけではない。そして、幕府―守護体制の存続は、条件さえあれば荘園を存続・回復しうる余地を残すことになる。実際、大内氏分国における石清水八幡宮領の再建は、それを示していよう。戦国期にあって、荘園支配の成否は政治状況、とりわけ中央国家と地域権力の関係性に規定される面が大きかった。その関係性をどのように整序するかが地域権力にとっては大きな課題であり、本末関係や寺社本所領への対応をめぐって、権力内部に確執が生じることにもなった(76)。分国支配と分国を超える秩序とは、対立を孕みながら深く結びつき、相互に作用しあう関係にあったと言うことができよう。

註

(1) 今谷明『室町幕府解体過程の研究』(岩波書店、一九八五年)。
(2) 神田千里『織田信長』(筑摩書房、二〇一四年)。
(3) 今岡典和「幕府―守護体制の変質過程―十六世紀前半の「国役」を中心に―」(『史林』六八―四、一九八五年)。
(4) 山田康弘『戦国時代の足利将軍』(吉川弘文館、二〇一一年)。
(5) 今谷明『室町幕府解体過程の研究』(前掲)。
(6) 今岡典和「御内書と副状」(『日本社会の史的構造　古代・中世』思文閣出版、一九九七年)。
(7) 大石雅章『日本中世社会と寺院』(清文堂出版、二〇〇四年)。
(8) 大田壮一郎『室町幕府の政治と宗教』(塙書房、二〇一四年)。
(9) 「伺事記録」(『山口県史　史料編　中世1』)。

(10)榎原雅治『日本中世地域社会の構造』（校倉書房、二〇〇〇年）。
(11)川岡勉『室町幕府と守護権力』（吉川弘文館、二〇〇二年）。
(12)松岡久人『大内氏の研究』（清文堂出版、二〇一一年）。
(13)山田貴司「大内氏の「別奉行」―周防国氷上山興隆寺の場合―」（『七隈史学』三、二〇〇二年）。
(14)関連する研究は多いが、近年のまとまった成果として平瀬直樹『大内氏の領国支配と宗教』（塙書房、二〇一七年）がある。
(15)長享二年六月二日難波通次申状（「新宮神社文書」一、『山口県史　史料編　中世2』）。
(16)明応九年卯月二十日大内氏奉行人連署奉書写（「防長寺社由来」『戦国遺文　大内氏編』一〇七八号）。
(17)応永十八年卯月二十九日大内氏奉行人連署奉書（「正法寺文書」三八、『山口県史　史料編　中世3』）。
(18)応永十八年四月二十九日陶盛長遵行状・同年八月十五日安岐盛輔打渡状（「正法寺文書」三九、『山口県史　史料編　中世3』）。
(19)応永二十七年七月十一日中村専阿書状案（「住吉神社文書」二一九、『山口県史　史料編　中世4』）。
(20)永享七年九月九日梵穎痴鈍袖判宛行状（「大井八幡宮文書」六、『山口県史　史料編　中世3』）。
(21)文安五年六月二十七日大内氏奉行人連署奉書（「日置八幡宮文書」一〇、『山口県史　史料編　中世3』）。
(22)正長二年三月二十一日大内氏奉行人連署奉書案（「住吉神社文書」二二〇、『山口県史　史料編　中世4』）。
(23)文明十一年九月宇美宮社務房祐目安写（「石清水文書」二〇〇、『新修福岡市史　資料編　中世2』、以下「石清水文書」の出典は同じ）。
(24)明応四年十二月二十四日大内氏奉行人連署奉書写（「石清水文書」一六七）。
(25)大永二年六月十八日宇美社務房秀目安写（「石清水文書」一七六）。
(26)永正十八年二月十五日大内氏奉行人奉書写（「石清水文書」一七二）。
(27)大永二年六月十八日宇美社務房秀目安写（「石清水文書」一七六）。
(28)（天文五年）九月十八日按察法眼奏禅書状（「石清水文書」九八）。
(29)（弘治二年）卯月三日横道久宗・馬木真綱連署書状（『出雲鰐淵寺文書』一七二）。

(30)(弘治三年)九月二十日三上士忠書状(「出雲清水寺文書」、『戦国遺文　佐々木六角氏編』七七九)。
(31)十月二十三日治慶書状(「専修寺文書」一〇七、『真宗史料集成4』)。
(32)十一月十四日朝倉義景書状(「専修寺文書」一五一、『真宗史料集成4』)。
(33)(永禄十一年カ)七月十二日武田信玄書状(「住心院文書」、『群馬県史　中世3』二四二二)。
(34)八月四日足利義昭書状写(「住心院文書」、『群馬県史　中世3』二七三八)。
(35)九月五日聖護院道澄書状写(「極楽院文書」、『群馬県史　中世3』三三七六)。
(36)(永禄十二年)十月八日武田信玄書状(「守矢文書」、『信濃史料』巻十三)。
(37)天正三年九月二十九日東寺宝輪院宗秀等連署書下(「金剛頂寺文書」、『神奈川県史　資料編　古代・中世(3下)』八三〇三)。
(38)上嶋康裕「戦国期の中央—地方の法秩序—鰐淵寺・清水寺座次相論を中心に—」(『年報中世史研究』三八、二〇一三年)。
(39)上嶋前掲論文。
(40)天下成敗権と国成敗権に関する筆者の見解については、川岡勉『室町幕府と守護権力』(前掲)および同「中世における王権と天下成敗権」(『愛媛大学教育学部紀要』五六、二〇〇九年)を参照のこと。
(41)山田貴司氏は、天文十一年から十二年にかけての出雲遠征の敗戦以後、大内氏は幕府と距離をとるようになる一方、朝廷や公家とは加速度的に親近性を高めていくことを指摘している(山田「大内義隆の『雲州敗軍』とその影響」、黒嶋敏編『戦国合戦〈大敗〉の歴史学』山川出版社、二〇一九年)。
(42)井原今朝男『中世の国家と天皇・儀礼』(校倉書房、二〇一二年)。
(43)神田裕理『戦国・織豊期朝廷の政務運営と公武関係』(日本史史料研究会、二〇一五年)。
(44)新田一郎氏は、室町期には守護が国衙機構を吸収し、国単位の行政の仕組みが固まる中で、国郡を基本的な単位として統治する空間的分節構造が守護によって担われることを指摘している(新田「建武政権と室町幕府体制」『新体系日本史1　日本国家史』山川出版社、二〇〇六年)。
(45)後奈良天皇女房奉書(『出雲鰐淵寺文書』一六五)。

(46)弘治二年六月鰐淵寺二答状案・弘治二年六月清水寺三問状案(『出雲鰐淵寺文書』一八五・一八六)。
(47)(享禄二年カ)十一月二十一日大内氏奉行人連署奉書写(「石清水文書」一四〇)。
(48)天文二年五月十五日大内氏奉行人連署奉書写(「石清水文書」一二八)。
(49)文亀二年三月杉武道請文写(「石清水文書」一二八)。
(50)(天文五年)九月十八日按察法眼奏禅書状(「石清水文書」九八)。
(51)『親長卿記』明応元年十二月十四日条。
(52)十二月五日・十二月十六日筥崎社本家雑掌申状(「石清水文書」一六六・一六四)。
(53)広渡正利『筥崎宮史』(一九九九年、文献出版)一二〇二頁。
(54)九月一日後奈良天皇綸旨(「石清水文書」一二一)。
(55)(天文二十年二月二十二日)後奈良天皇女房奉書(「石清水文書」七八)。
(56)(天文二十年)二月二十二日広橋兼秀書状(「石清水文書」七九)。
(57)八月八日大内氏奉行人連署状写(「石清水文書」一七四)。
(58)田中家雑掌申状(「石清水八幡宮文書」、『石清水八幡宮史　史料　第四輯』四〇八頁)。
(59)天文二十年八月二日村山治忠言上状(「石清水文書」一六八)。
(60)天文十七年十一月八日木下氏豊・白石基行連署書状(「田村大宮司家文書」一三四、『筥崎宮史料』)。
(61)天文十八年九月七日大内氏奉行人連署書状写(「田村大宮司家文書」一四二、『筥崎宮史料』)。
(62)天文十九年十月十一日龍造寺隆信奉書(「田村大宮司家文書」一四三、『筥崎宮史料』)。
(63)(天文二十二年)九月十六日佐賀中興歳書状(「石清水文書」一五九)。
(64)筥崎社本家雑掌手日記(「石清水文書」一六五)。
(65)六月二十日毛利房広書状写(「石清水文書」一三三)。
(66)六月二十日毛利房広書状写・筥崎社本家雑掌手日記(「石清水文書」一三三・一六五)。
(67)八月二十三日後藤則定請文写・九月後藤則定申状写(「石清水文書」一六二・一六三)。石清水側の主張によれば、三カ所の年貢は筥崎宮の造営費用に充てられていたが、下地の進止権については本家が握っていた。ところが、筥崎宮の座主を務める五智輪院尊清は、在所を押さえ置いて本家の進止権を否定し、当地を大内氏の公領とすることで年貢確保を図ったようである。
(68) 八月七日大内氏奉行人連署奉書写(「石清水文書」一五三)。
(69) 九月二十日毛利房広書状写(「石清水文書」一五一)。
(70) 佐伯弘次「鎮西探題館の位置と構造―文献史料からみた―」(『博多研究会誌』創刊号、一九九二年)。
(71) 三村講介「中世後期における大内氏の直轄領」(『九州史学』一三六、二〇〇三年)。
(72) 周防国分寺領などでも、クーデター以後、陶氏らによる押領が激化したことが確認され(弘治三年三月二十日国分寺知事一室覚円手日記、「周防国分寺文書」一〇七、『山口県史　史料編　中世2』)、武士による寺社領への侵害は大内氏分国全体において広く進行していたものと思われる。
(73) 永正五年十月十五日大内義興書状写(『大日本古文書　家わけ第四　石清水文書』八〇六号)。
(74) 伊藤俊一『室町期荘園制の研究』(塙書房、二〇一〇年)。
(75) 志賀節子『中世荘園制社会の地域構造』(校倉書房、二〇一七年)。
(76) 真木隆行氏は、大内氏が寺社保護策を推進することは家臣の勢力拡大の抑制につながり、これに対する反発が大内氏の権力基盤を揺るがすことになると指摘している(真木「大内氏と寺社」大内氏歴史文化研究会編『大内氏の世界をさぐる』勉誠出版、二〇一九年)。

〔付記〕　本稿は、科学研究費補助金・基盤研究(B)「中世後期守護権力の構造に関する比較史料学的研究」(15H03239、研究代表者／川岡勉)による研究成果の一部である。

戦国・織豊期毛利氏妻室の文書と署名
――「つほね」呼称・候名・実名――

西尾　和美

はじめに

本章は、戦国・織豊期における武家妻室の文書について、毛利隆元室尾崎局、同輝元室清光院を中心に論じるものである。本章が焦点をあてるのは、女性の文書の差出者の署名、および女性宛の文書の宛所である。

佐藤進一氏は、『新版 古文書学入門』の冒頭第一章「第一節　古文書とは何か」において、文献史料の一部である古文書について、「『特定の対象に伝達する意思をもってするところの意思表示の所産』、すなわち甲から乙という特定の者に対して、甲の意思を表明するために作成された意思表示手段、これが古文書である」、「この特定者に対する意思表示という点が古文書の本質」であると述べている(1)。

すなわち、差出者と受取者が特定されることは、古文書の本質的要件にかかわると言えるが、戦国・織豊期の文書に大きな比重を占める書状は、特定の差出者や受取者が明記あるいは明示されていないこともしばしばである。本章が扱う女性の文書、女性宛の文書になると(2)、「つほね」呼称が広く使用されていることなどから、差出者や受取者の特定はより難しくもなる。その困難は、文書を一次史料とする歴史研究において、女性の文書や女性宛の文書が活用される機会の少なさにもつながる。さらに、そのような研究状況の継続は、歴史上の女性の個人名が不明であることを自然化し、それをあらためて問題として問う意識を希薄にもしよう。

しかし、文書においても女性の個人名の特定が難しいことは、もちろん自然な結果ではない。現代が過去を歴史として再構築するという行為の前提に、文書の作成と機能があり、また伝来に規定された史料の残存状況あるいは編纂という営為が大きく介在している以上、女性の個人名を特定する困難には、過去から現代に至る各段階の社会に存在したジェンダー非対称なありようとその歴史的蓄積が反映されていると考えられなければならない(3)。それゆえ、本章では、社会のジェンダー非対称をふまえて文書を論じることを重視する。分析に際して本章が注目する署名と宛所名は、「つほね」呼称、候名《さぶらいな》、そして実名である。

1　「つほね」という呼称

本節では、毛利隆元室尾崎局、同輝元室清光院を中心に、文書に見える「つほね」呼称について考察する。本来ならば、同女たちをどのように呼称するかということじたい、一つの判断を示すことにもなるが、本章では、読者の便宜を考えて、右の呼称を用いている。関係者については章末の略系図を参照されたい。

さて、尾崎局、清光院ともに、「つほね」と署名する、あるいはそのように宛てられた文書は複数存在する。

最初に、尾崎局について述べる(4)。天文十九年（一五五〇）と比定される八月四日毛利元就井上衆罪状書(5)は、毛利元就が長年家中で対立関係にあった井上一族を滅ぼした件につき、大内氏へ報告したものである。大日本古文書が端裏書かとする部分には「おさき御つほね　まいる」、本文末尾には「此由興盛へ可レ被二仰遣一候也」と見えるように、元就が、息子隆元室である尾崎局に宛て、その実父内藤興盛（大内氏守護代）へ取り成しを依頼したものである。従来、大内義隆養女として隆元へ嫁した尾崎局が果たした婚家と実家とのパイプ役を示す史料として注目されてきたが、本節では、宛所が「おさき御つほね　まいる」であることに注目する。元就の署名は「もと就」である。

元就が、尾崎局のみならず、津和野の吉見広頼へ嫁いだその娘、すなわち自身の孫娘に対しても、「つほね」と宛てている例がある。元亀初年の頃、吉見氏と毛利氏の間に雑説が立ち、母娘が心配し、尾崎局から元就に確認したところ、元就が起請文を書いた。元就の署名は「むまの頭もと就」、宛所は「おさき御つほね　よしミ御かた御つほね　まいる　御返事　申給へ」である。(6) 後日、吉見広頼とその父正頼から元就に書状が送られてきている。元就の起請文は、尾崎局母娘の不安解消にとどまらず、吉見氏に対する毛利氏の心底の保障として機能したのである。吉見正頼・同広頼への元就の返信にも「尾崎局方・津和野御局方」との語が見える。(7)「つほね」が、家中内の存在であるか、家中外の存在であるかによって、「つほね」に付される語が、城内の曲輪名(「おさき」)と家名や居城の所在地名(「よしミ御かた」、「津和野」)に区別されていることも注意される。

隆元や輝元が、妻、母である尾崎局に「つほね」と宛てた例もある。出陣中の隆元から尾崎局に宛てた一通は、互いの様子の確認と娘の養育に触れたものである。隆元の署名は「ちん（陣）より　隆元」、宛所は「御つほね　中給へ」である。(8)

元亀元年(一五七〇)八月十五日毛利輝元書状(9)は、母尾崎局が吉見氏に嫁いだ姉から尽力を頼まれた大一庵の善福寺住持職任命の件について送った返信である。宛所は「おさき御つほね　まいる御中　御返事」、自身の署名は「少の太郎てる元」である。

この頼まれごとの成就を、娘へ報告した尾崎局の消息の宛所は、「御つほね　まいる　中給へ」であるが、尾崎局自身の署名は「よしたら　つほね」である。やはり対外的なものだからであろうか。吉田郡山城の尾崎丸である「おさき」ではなく、「よした」と付している。(10)

文書において当主室が「つほね」と差出者名を記し、またそのように宛てられたことは、輝元室清光院においても変わらない。

その中で、注目されるのは「こほり山つほね」と署名する文書である。

〔史料1〕天正十五年五月十六日郡山局願文写(11)

一　たひ〳〵《度々》かくら《神楽》の事

一　つちのへむま《戊午》のとし女

一　ミつのとのうし《癸丑》のとしおとこ

このふたりのきねん《祈念》にて候、

一　つちのへむまのとし、そくさい《息災》にて、

くに《国》へくた《下》りつきまいらせ候

一　ミつのとのうしのとし、ゆミや《弓矢》よく候て、

そくさいにてくにへ御もとり《戻》の事、

一　このふたりきねんのために、いなかにて

御いせ《伊勢》御両しや《社》さまへ御神せん《饌》ひやツくわん《百貫》、このあき《安芸》よりむら《村》山殿へわたし《渡》まいらせ候わんまゝ、きねんの事たのミまいらせ候と申候、このためにくわんし《願紙》をまいらせ候、御よろこひ又々かしく、

天正十五ねんひのとのい《丁亥》のとし

五月十六日

より
こほり山
つほね

御いせ

むら山殿

まいる

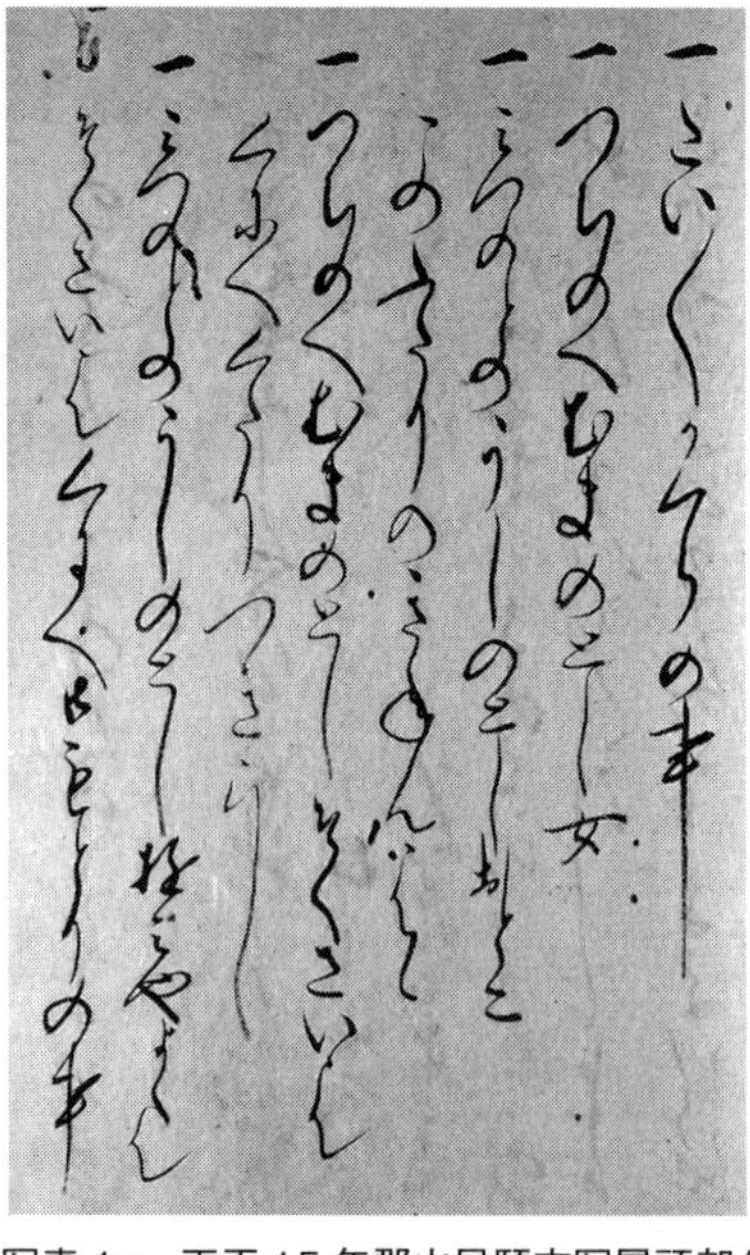

写真 1a　天正 15 年郡山局願文写冒頭部分
（山口県文書館所蔵）

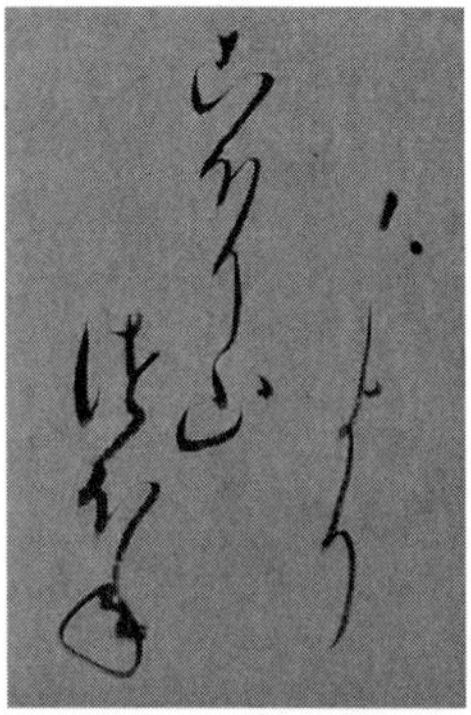

写真 1b　同 署名部分

〔史料2〕年月日未詳郡山局消息(12)

（包紙捻封ウハ書）
「（捻封墨引）　　　　　こほり山

たなもり《棚守》左こん《近》大夫との　　　　　つほね

御返事　　　　まいる

申給へ　　　　　　　　　」

月なミ《次》の御くやうほう《供養法》御しんせん《神前》にて御とりおこなひ《執行》候て、御くわんしゆ《巻数》御ふたまほり《札守》おくりたまハり《送給》候、めてたくいたゝきまいらせ候、ことに御たるさかな《樽肴》御うれしく思ひまいらせ候、いよ／＼御きねん《祈念》たのミ入まいらせ候／＼、なをかさね／＼申うけ給候へく候、めてたく又々かしく、

（礼紙切封）

「　　（切封墨引）　　」

〔史料1〕（写真1）、〔史料2〕包紙ウハ書には、ともに「こほり山」と付した「つほね」という署名が記されている。
〔史料1〕は、「つちのへむま《戊午》のとし」の女と「ミつのとのうし《癸丑》のとし」の男の祈念のために、安芸の土地を伊勢両社へ神饌として村山氏を通して寄進したものである。それぞれの干支は、清光院および輝元の生年を示す。五条目からは、当時、輝元は国を離れて出陣中であることがわかる。天正十五年（一五八七）五月という時期から、秀吉の九州平定にかかわる出陣と理解される。四条目からは、同時期、清光院は国を離れ上坂していたと推測され、九州平定戦時においても、毛利氏当主妻室の上坂が確認される。そうであれば、差出者である「こほり山つほね」は、あるいは吉田郡山城で当主夫妻の無事帰還を祈る女房衆かとも思われる。しかし、輝元については「御もとりの事」と丁寧語が

使われ（五条目）、清光院については「くたりつきまいらせ候」と謙譲語を用いていることから（四条目）、「こほり山つほね」は清光院自身と判断される。社寺への祈願の依頼は、当主妻室の役割の一つであったと考えられる。

したがって、〔史料2〕で、厳島神社の棚守左近大夫に月次の供養法の執行、巻数・札守、樽肴等の礼を述べている「こほり山つほね」も清光院と考えられる。

〔史料3〕年未詳十一月卅日　本丸局消息[13]

御大き（儀）にて人給候、ア ことに見事のミつかん（蜜柑）一折、御うへさま（上様）へ御あけなされ候、一たん（段）と御きけん（機嫌）にて御しやう（賞）
くわん（玩）なされ候、イ きのふハ御ふミのおもむき御うへさまへくはしく（詳）申あけまいらせ候、とり〳〵に御きねんあそ
はし候よし、ウ かす〳〵めてたく御うれしく思ひまいらせ候、いよ〳〵何事もおほしめすまゝの御きねんたのミ入
まいらせ候、返々きのふの御く（供）米いくちとせ（幾千歳）まてと御ちやうたい（頂戴）なされ候、めてたく、かしく

十一月卅日　　御ほん丸

より

たなもりさま

まいる　　つほね

申給へ

〔史料3〕は、厳島神社の棚守氏から蜜柑と供米が届いたことに対する本丸局よりの礼状である。『広島県史』資料編古代・中世Ⅱでは、広島城本丸局消息としている。蜜柑を「うへさま」が大層喜んで賞玩なされた（傍線部ア）、棚守氏からの昨日の書状の趣旨を「うへさま」へ詳しく申し上げた（傍線部イ）、（「うへさま」が）供米を幾千歳までと頂戴なされた（傍線部ウ）などと述べる箇所からして、「御ほん丸　より　つほね」は「うへさま」と同一人物ではない。「うへさま」（上様）は当主にも当主妻室にも用いられる語である。[14]「うへさま」が輝元であった場合、この「つほね」が清光院である可能性も考えられなくはないが、「ほん丸」に「御」が付いていることから、この局は女房と見る方が妥

当ではないかと思われる。また、密柑が清光院の好物で、関係者が入手に短息している史料があること（後述）、〔史料1〕〔史料2〕から社寺への祈念の依頼が当主妻室の役割と考えられることなどを考え合わせると、「うへさま」は清光院であり、「御ほん丸　より　つほね」は、その側近の女房である可能性が高いと考えられよう。

このような当主妻室と女房衆に共通する「つほね」呼称の使用は、両者の役割の共通性をも反映している。[15]

その一つに関係者から当主への取り次ぎがある。清光院については、近世にかけても「つほね」署名の文書が知られ、輝元（関ヶ原以後は宗瑞）の副状的性格を持って機能していたことが知られる。いずれも実家宍戸をはじめ関係者の家へ宛てた文書の中に、「そうすい《（宗瑞）》さまより、此御かき物そのはう《（方）》へつかハし《（遣）》給候御意に候まゝ、只今渡し申候[16]」、「おもてさま御はん《（判）》の事、たゝいまうけとりわたし申たく候へ共、たんは《（丹波）》よりうたのせう《（雅楽丞）》くたり《（下）》のとき、すなわちとゝのへ《（整）》つかわし《（遣）》候ハんまゝ、まつ〳〵こゝもとより、このふん申きかせ候へと、おもてさまよりもおほせ《（仰）》られ候まゝ、その心へかんよう《（肝要）》ニて候[17]」などの文章が見える。輝元の文書においても、「それの事、ミち《（通）》良時、われ〳〵うち存のすちめ《（筋目）》にて候まゝ、心中とうかん《（等閑）》なく候、（中略）、くわしくうちより申さるへく候[18]」、「委敷《（くわしく）》はうちより可ㇾ被ㇾ申候[19]」などと見える。清光院が「筋目」の諸家の家督相続や知行に関して輝元へ取り次ぎ、輝元の文書もまた清光院の文書が副えられて機能することを前提に発給されていること、換言すれば、「おもて」＝輝元、「うち」＝清光院の文書発給がセットになって機能していることが知られる。

尾崎局が、吉見に嫁いだ娘からの依頼を元就や輝元に取り次いでいることや、旧稿で触れたように実家家臣の勝間田氏への印判状を発給していることも、やはり同様の事例であろう。

輝元の時代、側室二の丸にも同様の役割が看取される。実家の児玉元兼に宛てた二の丸消息には、「殿さまより三郎へもん《（衛門）》とのへ御心つけとも御入候、御ねん比《（懇ごろ）》の御い《（意）》ともにてと御心やすくおほしめし候へく候、かめしゆとの事、心へ《（得）》申候、申上候てきつかい《（気遣い）》申へく候[20]」、福嶋五郎左衛門の跡目を娘ねゝいに遣わす輝元書状には「いさい《（委細）》は二の丸より申へく候[21]」と見える。

さらに、時代は下るが、毛利秀就の身近にあって毛利秀元とのやりとりを取り次ぐ「中将(市川元利妻)」の存在も知られ[22]、当主側近の女房たちにも同様の役割があった。

以上、文書の署名と宛所に見える「つほね」呼称に注目した本節からは、第一に、ともにそのように称される当主妻室と女房衆の役割の共通性があらためて確認される。それは、一面では、当主妻室となる可能性をもつ女性の裾野の広さをも示していると同時に、一面では、当主妻室の役割が、女房衆のそれと同じく、家における公的なものであることを示している。両者の「つほね」呼称の共通性は、その二つの意味で注意される。

しかしながら、第二に、前述した吉田、吉見や津和野、郡山を付した「つほね」呼称が、隆元室尾崎局、吉見広頼室、輝元室清光院を示すように、対外的に居城名やその所在地名、あるいは家名を付して名乗ることは、管見の限り、限定的である。近世に下るが、元和元年(一六一五)、清光院が義理の娘(実母は輝元側室二の丸)と吉川広正との婚約成立の祝いを述べた消息にも、「つほね」呼称は見えないながら「より　はき」(萩より)とある[23]。

「天正九年村山檀那帳」を見ると、「郡山之分」として「御屋形様　御かミさま　御つほねさま」、「雲州富田」として「毛利十郎(元秋)殿　同かミさま　同御太方さま　十郎殿さとやの御かミさま(中略)大方之御つほねさま　かミさまの御つほねさま」、「高山之分」には「小早川殿様　御かミさま　御つほねさま」、「備中猿懸」として「毛利治部(元清)大輔殿　同御かミさま　同大方さま　同才菊殿様　桂内蔵大夫殿　同かミさま」のように書き上げられている[24]。当主の妻室は居城ごとに「御かミさま」と称され、「御つほねさま」とは別記されている。「御つほねさま」には、「大方之御つほねさま」「かミさまの御つほねさま」なども見える。

この書き分けを参考にすると、「つほね」呼称に居城やその所在地名、家名を付して対外的に名乗り得たのは、同檀那帳で「御かミさま」と記されている存在と重なる。以上から、当主妻室は、女房衆と「つほね」呼称の共通性をもちつつ、その地位は家における女房衆の頂点に立つものとして区別されていたと結論されよう。

2　候名《さぶらいな》

本節では、文書の署名や宛所に見える毛利氏当主妻室の候名について考察する。角田文衛氏によれば、候名とは、「内裏(禁裏)、院宮、将軍家、公卿、大名、富豪その他に仕える女性の名の総称」で、平安時代中期の初めには宮廷・貴族の女性名として確立したとされ、さらに、桃山時代には、それらのうちの若干は、公家、有力な武家や寺家に仕える女房たちの間でも用いられたという(25)。

〔史料4〕に掲げた尾崎局消息の署名には、「こしゝう」(小侍従)という候名が見える(写真2)。

〔史料4〕毛利隆元夫人大内氏消息(26)

ウすけ(助)六にも、かうつる(幸鸛)きけん(機嫌)にさわり(障)候とも、よく〳〵いけん(意見)をも申候へと、この物かへり(帰)候するとき御ゆわせ(言)候へく候、われ〳〵申事おは一かうきゝまいらせ候ハす候、そなたより御申候事をこそおそれ(恐)候まゝ、申事にて候、このふミ(文)こなたへ給候へく候、又々かしくさとまいらせ候よし申候まゝ、とりむかひまいらせ候、われ〳〵よりかやうに申候とハ御申候ましく候、アいつものとよう(土用)のくようほう(供養法)なとの事とも、よく〳〵

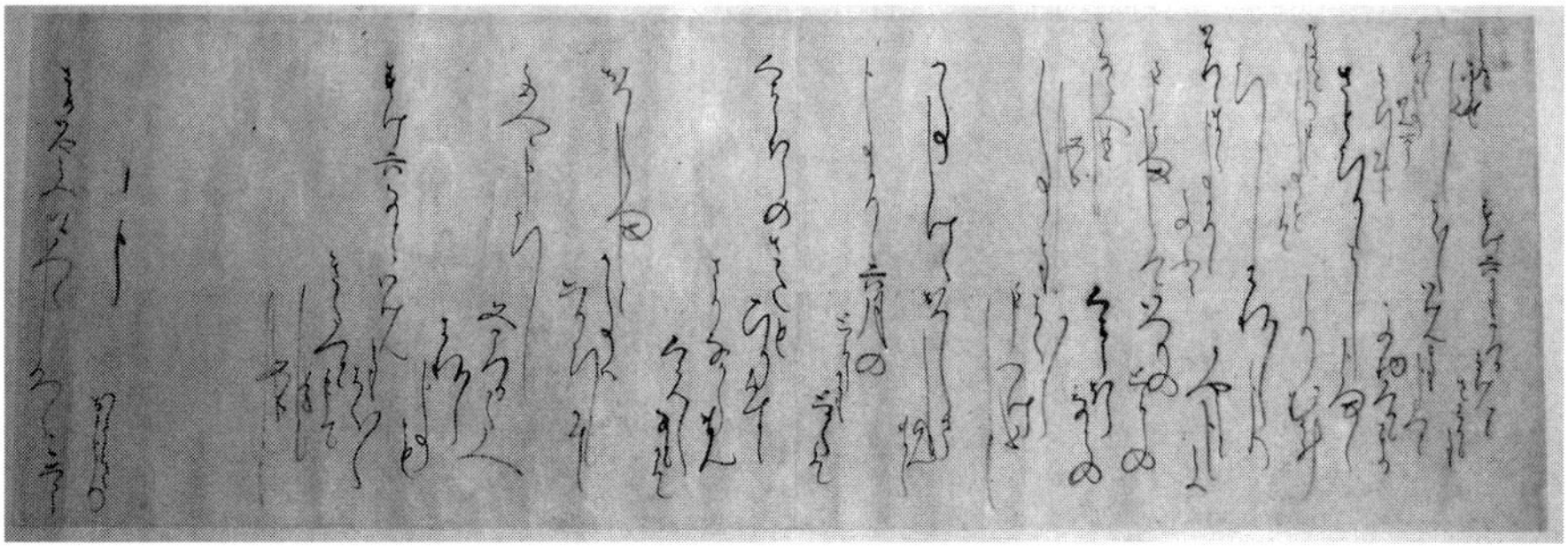

写真 2a　年月日未詳毛利隆元夫人（大内氏）消息（毛利博物館所蔵）

御申つけ候へく候、御事しけく（繁）おハしまし候ハんまゝ、申事にて候、六月のとようにも、とかく候て、くようほうのさた（沙汰）も御いり候ハす候、さりなから、まんくわんし（万願寺）なとにて、おハしまし候御事ハしり（知）まいらせ候ハす候、御心へ（得）ニ申まいらせ候、又[イ]かうつる（幸鶴）かたへわれ〳〵申事とも、すけ六なとかいけん（意見）とも、よく〳〵きゝ候へと御申て給候へく候、又々かしく

（切封ウハ書）

「（切封墨引）　おさき　より
こしゝう

[エ]さゝめ
御やとへまいる
人々申給へ　」

〔史料4〕の宛所（傍線部エ）に見える「さゝめ」（笹目）は、永禄五年（一五六二）七月、元就、隆元らが出雲に発向する途中、同月下旬に陣した石見都賀の地名である。(27) したがって、〔史料4〕は同時期のものと比定される。隆元に、土用の供養法なども行うように、六月の土用にもその沙汰をしなかったので、と述べていることから（傍線部ア）、七月という比定も妥当であろう。同時期、尾崎局は「こしゝう」という候名を名乗っていることが知られる。

次の〔史料5〕・〔史料6〕にも尾崎局の「こしゝう」という候名が見える。〔史料5〕の差出者名に見える「こ」は、その省略形と考えられる。

〔史料5〕毛利隆元夫人大内氏消息(28)

[エ]返々、そのうへニても、なを〳〵御おんミつ（隠密）の御事ともニて候ハヽ、ちきにもうけ給候するや、何となり

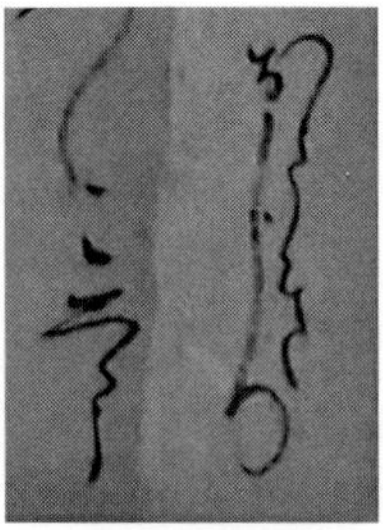
写真 2b　同 署名部分

とも、御申のまゝたるへく候、又々かしく
ア又御ともしさまへ何もうかゝひまいらせ候御事御いり候するときハ、ひらさけん（平佐源）七郎ニて申まいらせ候へとの御
事、心へ（得）まいらせ候、イにやうほうしゆ（女房衆）にハ小しゝうニておほせ（仰）られ候へく候、御たつね（尋）ウニて候まゝ申まいらせ候、
御悦又々かしく

（捻封ウハ書）

「（捻封墨引）　より
まいる　さへもん（左衛門）大夫との　こ
御申　」

〔史料6〕毛利隆元夫人大内氏消息[29]

そのふんにこそ申まいらせ候、いよ〳〵とてもかいふんわれ〳〵ゆたんなく申きかせまいらせ候へく候、そ
のたん御心やすくおほしめされ候へく候、オしせん（自然）ゆたんの事とも御いり候するときハ、こなたへ御ともしな
くおほせきかせられ候する事、何よりめてたく思ひまいらせ候へく候、御悦又々かしく
アたかはる（隆春）ニておほせきかせられ候御事、いち〳〵こゝろゑ（心得）まいらせ候、イいせん（以前）も五りう（竜）御かもしさまへも申まいら
せ候ことく、ウわれ〳〵かやうに候ていまいらせ候するほとニてハ、てるもと（輝元）なひ〳〵のこゝろもちの事ハ、かい（外
ふん聞）われ〳〵ゆたん（油断）なく申きかせ候するまゝ、そのたんにおき候てハ、御きつかひ（気遣）御いり候ましく候、エなに事も
たかもと（隆元）の御とき（時）ニちかひ（違）まいらせ候事御いり候ましく候、てるもともなひ〳〵

（切封ウハ書）

「　（切封墨引）　おさき

より
まいる　かつらさへもん《桂左衛門》大夫との　　こしゝう
御申給　」

〔史料5〕は、元就へ伺い事をする際の連絡のありかたについて述べた桂左衛門大夫就宣宛の尾崎局消息である。元就へ伺い事をする際は平佐源七郎を通すようにという指示を心得た旨、返信している（傍線部ア）。その内容から、時期は永禄六年八月の隆元の死後、間もない頃のものと推定される。輝元の名が見えないことから輝元元服の同八年二月以前と考えられる。〔史料5〕で注目されるのは、傍線部アに続く傍線部イで、女房衆には小侍従すなわち尾崎局からその旨を申しつけると述べていることである。ここからも、女房衆の頂点に立つ尾崎局の地位が確認される。

〔史料6〕は、直接の宛所は桂左衛門大夫宛となっているが、兄弟である内藤隆春から伝えられた元就の意向、とくに輝元と宍戸氏三女（清光院）との婚姻について、隆元生前の約諾に違わぬこと、輝元には尾崎局から内々申し聞かせることを述べたものである。輝元の名が見えることから、永禄八年二月の輝元元服以後、かつ輝元と清光院との婚姻の同十一年十二月以前と考えられる文書である。

〔史料7〕毛利元就自筆書状[30]

此ほとはいさゝか中まいらせ候事候て、御力をうけ候ところに、てる元ニおほせ（仰）わけられ、こま〳〵とうけ給候、
まことに〳〵めてたく候、めてたく候、ことにてる元よりもあひたつねられ候事共候まゝ、さやうの事又かれこ
れ申まいらせ候、申わけられかたく候へ共、御たつね候て、きこしめされ候て給へく候〳〵、くれ〳〵よろつめ
てたく候〳〵、かしく

（切封ウハ書）
「　　（切封墨引）　　むま

こしゝう殿□中給へ　　もと就」

〔史料7〕で、元就は、尾崎局が元就の依頼によって輝元に申し聞かせて分別をさせ、詳細な報告をしてくれたことを喜んでおり、また輝元とも話して、元就としては満足のいく事態になったことがうかがわれる。具体的な内容は記されていないが、〔史料6〕に見える尾崎局の輝元への申し聞かせをふまえた書状かと思われる。〔史料7〕の宛所が「こしゝう殿□中給へ」であることも、〔史料6〕と一連のやりとりであることを推測させる。

以上、〔史料5〕～〔史料7〕はいずれも、元就との連絡系統、輝元と宍戸氏女との婚姻という隆元亡き後における毛利家の重要事項に関するものである。そのような書状のやりとりにおいて、尾崎局は「こしゝう」と名乗り、元就は「むまもと就」（右馬元就）と署名し、「こしゝう殿□中給へ」と宛てている。そうであれば、「こしゝう」と署名する〔史料4〕に見える隆元の身体に関わる供養法の執行や家臣を含む輝元の養育（傍線部イ・ウ）もまた、夫妻や親子で完結する話題なのではなく、毛利氏の家の課題であることがよく理解されよう。「こしゝう」という名乗りはそのような場面で用いられているようにも見える。

なお、元亀二年（一五七一）と推定される木原喜三郎（元定）宛の消息によれば、晩年、尾崎局は「さいせう」（宰相）と名乗っていたと思われる。木原喜三郎は、弘治元年（一五五五）十月晦日に芸州厳島で自殺した陶方の武将重見通種の子である。父の死後、兄と共に元就に召し出されていたが、兄は不心得により家が断絶し、幼少から輝元に仕えていた喜三郎にもその影響が及んだらしい。元亀二年、元就生前のことである。同家には、喜三郎を案じ慰める輝元の書状、輝元への奉公を認める小早川隆景や元就自身の書状が伝えられている[31]。

その中に、「つほね」と署名され、上包に「さいせうわたくし」と記された、やはり喜三郎を案じ慰める年月日未詳消息[32]が存在する。「てるもとつね〳〵ねんころ《（懇）》の事ニて候まゝ、てまへ《（手前）》ニおいてハおろか候ましく候まゝ、心やすく候て候、いまとうさ《（当座）》のあとさききつかゐ《（気遣）》のほとせうし《（笑止）》ニて候、人々何かと申候とも、かまい《（構）》てすこしもきつかいとも候ましく候、なすへもかいふんこのよし申事候、なをくしんたい《進退》の事おろかハ候ましく候まゝ、やかてうへ《元就》ニも御ふんへつ《分別》候ハんまゝ、心やすく候へく候」と述べる文面は、輝元母尾崎局のものと考えて間違いない。そうであれば、尾崎局は元亀二年には、「さいせう」(宰相)と名乗っていたことになる。「わたくし」と付された意味は不詳だが、元就の下した処分であり、周囲への配慮もあることゆえ、その語が付されたのであろうか。このことも、候名を記した同女の発給文書が本来、単なる私信ではないことをあらためて示唆しよう。

清光院については、「御南様」という長く用いられた他称や、近世になって「はき」(萩)、「みやのやと」(宮野宿。宮野は現山口市の地名)という居所にちなむ名乗りは見られるが、このような候名は管見の限り確認されない。

尾崎局は大内義隆養女として毛利隆元に嫁したが、吉見正頼に嫁した大内義興女にも「せうしやう」(少将)という候名が確認される。毛利元就継室のひとり乃美氏女についても、元就死後の時期であるが「小少将」という候名あるいはその省略形「こ」が確認される[33]。秀吉の甥小早川秀秋に嫁した輝元養女(実は宍戸元秀女。清光院には実の姪)もやはり「くないきやう《宮内卿》」「宮内きやう」と称されている[34]。豊臣秀頼母の女房である大蔵卿(大野治長母)や宮内卿(木村重成母)はよく知られているが、毛利氏においても、輝元側室二の丸に付けられ、一生秀就に仕えたという市川元利の妻は「中将」と称されている[35]。

以上、本節では、毛利氏妻室の候名について尾崎局を中心に述べたが、候名も当主妻室に限らず、女房衆にも見られたことが知られる。その経緯や、候名相互の違いなど詳細は本章では追究できない。

3　女性たちの実名

本節では、尾崎局と清光院のほか、毛利氏血縁の女性たちにも対象を拡げ、女性たちが実名を記した文書に目を向ける。

毛利弘元の後室で元就を育てた「大方様」、元就室妙玖、元就継室三吉氏女・乃美氏女・中の丸、隆元室尾崎局、輝元室清光院、同側室二の丸など、戦国・織豊期の毛利氏当主の妻室として知られる女性たちにおいても、今日その実名が知られる者は少ない。

ただ、その事実は、彼女たちが実名を呼ばれ、実名を名乗る現実がなかったことを意味するわけではない。尾崎局には、実名と見られる「あや〳〵」（「あやや」と読むと思われる）とウハ書に記す印判状が知られる。実家内藤氏の家臣勝間田氏に宛てたもので、同氏が、尾崎局が「つほね」と称される以前からその名で接する親しき間柄であったことをうかがわせよう。(36)

〔史料6〕の尾崎局消息に「五りう御かもしさま」と見える宍戸隆家室すなわち毛利元就女には、「しん」という実名が知られる。〔史料8〕は、同女が杉原直良室に、安芸の沼田から伊予へ嫁がせた長女への随行を追って頼んだ消息である。

〔史料8〕宍戸隆家室消息写(37)

一ふて《筆》とり《取》むか《向》ゐまいらせ候、まつ〳〵ぬた《沼田》よりいよ《伊予》へ五もし事御やり候、それニつき候て、それさまの事、か
やう申へく事ならす候、はゝかり《憚》おゝく《多》候へとも、まへ〳〵《前々》より御ふち《扶持》の事候まゝ、それさまの事、御いり候て
給候へと、たかかけ《隆景》よりも申され候や、ひようもしさま御いけん《意見》候て、御とうしん《同心》のよし《由》、ぬたよりのつかゐ《使》、
こゝもとへすくにこし候て申候、ま事に御うれしくこそ候へ、いよ〳〵御とうしんめてたく、かしく
この御返事により候て、きつと御むかへ《迎》にてもまいらせ候へく候、くわしくはのふなを《信直》へたかいへ《隆家》より申さるへ
く候、この御返事にしかとの事うけ給候、やかて〳〵御むかへまいらせ候へく候、御悦、又々かしく、
「はもしさままいる申給へ　　　　　　　　ち

しん」

傍線部に「たかかけ《隆景》よりも申され候や」と見える通り、同『閥閲録』には杉原直良室宛の小早川隆景書状写も収められている。そこで隆景は「五りう《竜》御れう《寮》人の事、ようせう《幼少》より御とりそたて《育》の事候まゝ、このときいま一たん《段》御とゝ《届》け候へかしとそんし《存》候」と述べており、杉原直良室が「五りう御れう人」、すなわち隆家・しん夫妻の娘（長女）を幼少より養育したことが知られる。(38)宍戸隆家室は、娘の幼少期よりの養育者である女性に対して、「しん」と署名する文書を送っているのである。

ちなみに、この娘の子が、伊予河野氏最後の当主通直である。その妻は吉見広頼女、毛利輝元の姉が吉見広頼に嫁いで産んだ娘である。同女は、河野通直ついで毛利元康と、毛利氏に深く関わる婚姻を重ね、実家吉見へ戻った後も、異母弟広長の素行と家督問題をめぐって、輝元との間にやりとりが知られる親密な姪であった。輝元書状には同女の「やの」という名が見える。(39)

さて、近世に下るが、吉川広正室となった毛利輝元女たけ（母は側室二の丸、児玉元良女）も、嫡子長松（のち広嘉）の養育者に実名で消息を出している。〔史料9〕にその一通を掲げる。

〔史料9〕年未詳六月五日吉川広正夫人毛利氏自筆消息(40)

御きふんのほとくハしく又やかてうけ給たく候、もしやくにて候ハヽ、ひうか《日向》殿にも五もしいまた《未》にて候まゝ、心に何とおほしめし候とても、さやうもなりまいらせ候ましく候まゝ、何かときつかい申候、くすしの事にゆたん候ましく候、ゑんしゆいんと申候てもやくなとにハときにより候ハんまゝ、その心え候へく候、こまく〳〵申たく候へとも、これもいそきやう〳〵申候まゝ、わけ《訳》ミへ候ましく候、めてたき御さうまち申候〳〵、めてたくかしく

五月十四日の文、見申候、長まつ《松》七日のひ《日》より、むし心にてねつき《熱気》いて、きふんあしく御入候よし、さりなから、

ゑんしゆいん《延寿院》くすりにて、十一日より少つゝさめ候て、しよく《食》なとハ少つゝ御入候よし、さやうに候ハヽ、やく《疫》にてハ御入候ましきと、あんと《安堵》申候、きねん《祈念》やうしやう《養生》に五郎さゆたん《油断》なく候よし、さやう御入候ハんと、おしもおち五郎さきつかい《気遣》のほと、すもし申候、やくにてさへなく候へはと思ひまいらせ候、ほととお《程遠》く候へは、何かときつかひ申候、このひきやく《飛脚》もおそくつき申候、こゝもとにもふしに《無事》廿三日のひ御つき候て、そこもとの事くハしくうけ給、あんと申候、こゝもともふしに御入候まゝ、心やすく候へく候、長まつねつき少つゝさめ候て、やくにてハ御入候ましきよし申候まゝ、あんと申候、さりなから、何かとあんし申候、めてたき御さう《左右》まち申候、めてたくかしく、

六月五日　ち

おち　たけ

おしもまいる

〔史料9〕は、吉川長松が寛永初年に証人として江戸に下った時期のものと思われる(41)。熱を出した長松の看病に当たるおち、おしもから報告を受けた、国元の母広正室の消息である。薬で少し熱も下がり、食べられるようになったというので安堵しつつも、繰り返し「やく」(疱瘡のことか)ではないかと、関係者への影響も含めて心配している。文中に見える「おち」は御乳、おしもは御付きの女房と思われる。同女らに宛てた消息で、母広正室は「たけ」と署名している。

『吉川家文書』には、このたけに宛てた「いま」と署名する複数の消息が伝来する。大日本古文書が毛利輝元夫人宍戸氏自筆消息とする一三九二～一三九五号文書、および一四三二号文書の五通のうち、一三九三号文書をのぞく四通である(42)。

たけの実母である輝元側室二の丸は、たけが五歳のときに死亡している。「いま」が清光院であれば、清光院は義

理の娘との消息で、「御たけ」と宛て、自らは「いま」と名乗っていることになる。以下、「いま」が清光院の実名の可能性について検討する。

四通に記された「ち　いま」という署名に若干の異同がないとは言えないが、同一人でもあり得ると考えられる。また、前闕でたけ以外の宛所をもつ一三九三号文書をのぞき、たけ宛の四通がすべて共通して「御しよ《書》かたしけなく《忝》候」ほか類似の文章で始まることも、「いま」が同一人であることを示唆しよう。「御たけ」宛の「いま」の消息の内容は、日常的な情報交換、ご機嫌伺い、問い合わせへの返信などであるが、親しい者同士のやりとりの常として詳細はわかり難くもある。うち一通を〔史料10〕に掲げる（写真3）。

〔史料10〕毛利輝元夫人宍戸氏消息(43)

エ なお〱、見事の一色下され候、かす〱《数々》かたしけなく《忝》しやう〱わん《賞翫》いたしまいらせ候へく候、いくよりも御き《気》色なとよく御さ《座》候て、かなた《彼方》こなた《此方》あそはし候て、めてたくこなたにて祝まいらせ候、オ何も〱御めにかゝり申

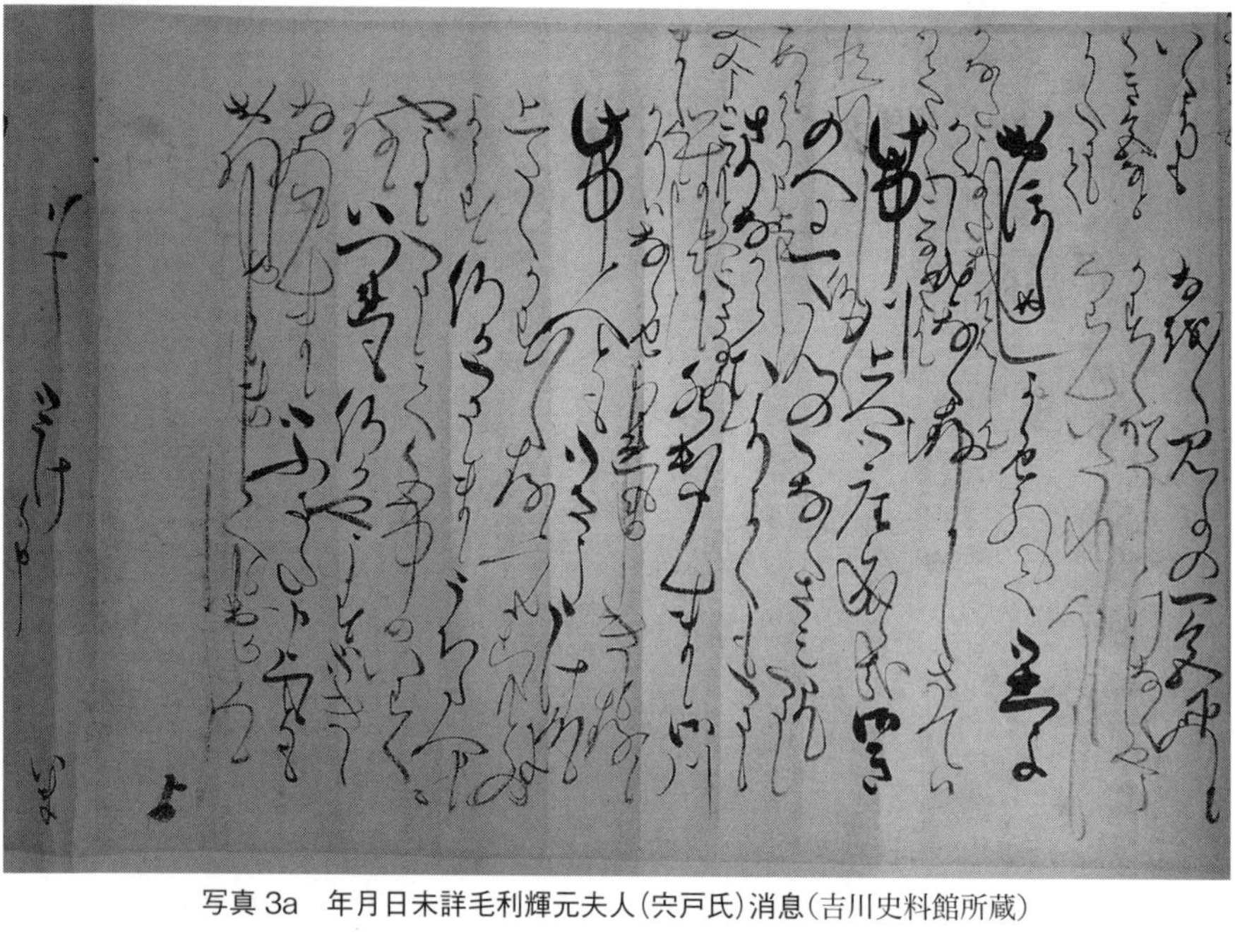

写真3a　年月日未詳毛利輝元夫人（宍戸氏）消息（吉川史料館所蔵）

上候へく候、又今ハこゝもとへハ御さなされ候ましく候、かしく、
アおほしめしよらせられ候て、御しよ（書）、かたしけなく存まいらせ候、さてハイ此中川上へ御座被成候哉、御きのへに一
たん（段）の御なくさミにて御さ候、さりなから、ひより（日和）よくも御さ候ハす候まゝ、水出候ハんまゝ、御川かり（狩）ハなら
せられ候ましきと存候、此中人とも御さうう（左右）け給候に、上たくかすく〳〵存候へ共、ウこゝもとのようす（様子）、何か御さ
候まゝ、うちたへ（絶）申候やうに御さ候て、御心中めいわくニ存候、いつれも何かやうすハ御きゝなされ候ハんまゝ、
御ふさた申上候ともおほしめし候ましく候、おかしく候、かしく

（捻封ウハ書）
「（墨引）御たけ　　　　ゟ
　　　　　　御中　　　いま
　　　　　　　　　　　」

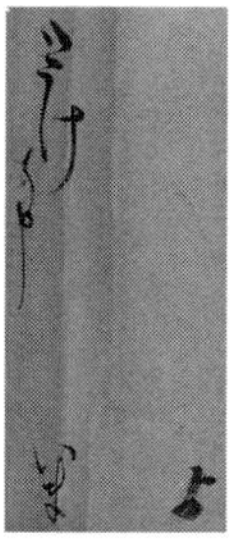
写真3b　同宛所・署名部分

〔史料10〕は、たけからの便りに対する礼で始まる（傍線部ア）と同時に、たけからの贈り物や、たけの川上はじめ各所への遊覧にも触れている（傍線部エ・イ）。たけが「いま」を訪ねて話す間柄であり、「いま」からたけへは諸情報や訪問時期などについても伝えられている（傍線部オ）。また、元和二年（一六一六）の婚姻後も萩に屋敷を与えられてお屋敷様と呼ばれるたけと「いま」とは、互いの様子を聞き知る身近な距離にいたことがうかがえる（傍線部ウ）。

寛永二年（一六二五）九月、吉川広正の父広家は、その死に臨んで、息子の妻であるたけに感謝を述べ、後事を託した書状を遺しているが、自分の幼い娘については「御南さま」すなわち清光院へ進上し、ゆくゆくは清光院のつながりで京都の興正寺へ遣わしてくれるよう頼んでいる。[44] そこにも、同年四月の輝元死後も維持されている輝元室とたけとのつながりがうかがわれよう。

たけの夫広正が「清光院様御好物付而」、「密柑」を「短息」している書状も知られる。[45]「清光院様」という呼称から、その書状は寛永二年四月の輝元死後、清光院の死の同八年六月以前のものである。輝元死後、山口宮野に移った清光

院の晩年は、大きく生活が変化する中で、長く病がちとなったと推測される。[46] 吉川広正による密柑の短息は、そのような清光院へのたけ夫妻の見舞いであったのかもしれない。

このように、たけと「いま」、たけと清光院の親しき交流がそれぞれに確認されるとき、注目されるのは、前述の「いま」と署名する文書がすべて、吉川家において「宗家古文書二　輝元公二之丸様」「宗家古文書三　二之丸様秀就公　輝元公短冊」として伝来する巻子に含まれていることである。各巻子の題簽にはたけの実母である「二之丸様」の語が見えるが、実母二の丸が早世している以上、その記載が意味する輝元の妻・たけの母という立場にあたるのは、清光院をおいて外にない。輝元の娘、吉川広正室を「御たけ」と呼称する立場もきわめて限られていよう。清光院はその立場からして、二の丸生前においても、またその死後においても、輝元と並んでその子どもたちと、さまざまな折に名や座を連ねたり、贈答をしているのが見られ、[47] たけの婚姻や出産等にもさまざまな関わりが知られる。[48] 『吉川家文書』には、「いま」と署名する文書に続いて、清光院の手細工と伝えられる刺繡作品が所収されている。[49] 吉川史料館に所蔵される繊細なその作品は、たけの婚姻に際して贈られたと伝えられ、今なお鮮明な色彩を残していて美しい。

以上の諸点から考えて、本章では大日本古文書の通り、たけとの交流が知られる消息を遺した「いま」を清光院と判断し、「いま」を同女の実名と考える。消息の時期は、元和二年のたけの婚姻後、かつ、いまだ清光院と名乗っていないことからして寛永二年の輝元死亡以前の時期のものであろうか。

ただ、以上には、未解決の問題も残る。旧稿でも指摘した「左馬様」に宛てられた一三九三号文書の存在である。[50] 大日本古文書は「左馬様」を吉川広正・たけ夫妻の嫡子広嘉と注記する。その人物比定はもっともであるのだが、問題は、毛利秀就による「左馬助」と「広」の官途一字書き出しが、寛永十一年十一月二日(一三九七号文書)、すなわち寛永八年六月二十日の清光院死亡後であることである。

「左馬様」が広嘉であることは疑いないであろうが、一方で、同文書が伝来するのもまた、題簽に「宗家古文書二

「輝元公二之丸様」と記された巻子である。前闕で詳細は不明なものの、たけ宛である一三九四号文書、一四三二号文書と内容的に通じる部分もあり、清光院の消息であって齟齬はないと感じられるものである。他方、「左馬様」は左馬助に限定されない呼称でもあり、寛永十一年十一月二日以前には用いられていなかったという検証も難しいとも思われる。したがって、本節では、一三九三号文書をどのように考えるかは保留するしかないものの、同文書の宛所が「左馬様」であるという一点をもって、たけ宛四通から導かれる「いま」を清光院の名とする判断を覆すこともまた難しい、と結論する。

おわりに

以上、本章では、戦国・織豊期から近世初期における毛利氏妻室である尾崎局、清光院を中心に、女性の文書の差出者としての署名や、女性宛の文書の宛所に見える「つほね」呼称、候名、実名に注目して論じてきた。ただ、長くかつ多く用いられた清光院の他称である「南」については考察の対象とし得なかった。この点については、後考を期したい。

さて、本章第1節の「つほね」呼称および第2節の候名の考察からは、家において女房衆の頂点に立つ妻室の地位と、広く女房衆とも共通するその本質と役割が浮かび上がった。「つほね」や候名が見える女性たちの文書が、家における妻室や女房たちの公的な役割を示す文書であることも確認された。

妻室の場合、対外的に、「つほね」呼称に、曲輪名ではなく、居城の所在地名や家名を付すことが見られたが、妻室が必ずしも自らを女房衆と明確に区別して名乗る呼称をもたなかったことは注意される。文書における署名・宛所そのもののありように、女性の公的役割の果たし方が看取されると指摘されよう。関連して、豊臣秀吉が毛利輝元妻室を「其方女房衆」「輝元女房衆」と称していることも想起される。[51] 一九八〇年代以降の女性史研究以来、夫妻で家を支えた妻の役割の高い評価は今や定着しているが、第1節・第2節において文書から分析したのは、そのような夫妻間に存在したジェンダー非対称である。

第3節の実名の考察からは、「つほね」呼称や候名が女性たちの存在のすべてを語るものなのではなく、実名を名乗り、その名を呼ばれる親しき人間関係と領域が、生涯にわたって存在していたことが確認された。ただ、同節の考察は、女性たちの実名を特定するためにには、毛利氏当主の妻室や娘というレベルでも、あらためての注目や労を要することを示してもいよう。当該期当主の名が判明することが自明であることと比べるとき、その非対称は鮮やかである。

なお、最後に付言するならば、本章の考察からは、限られた対象ながらも、文書における女性の呼称や名乗りが時代的に変化していることもうかがえるように思われる。同じ子の養育の話題でありながら、隆元宛の尾崎局消息には「こしゝう」という署名が見られ、尾崎局宛の隆元書状には「御つほね申給へ」という宛所が見えた。[52] 尾崎局宛の元就書状にも「尾崎御つほね」「こしゝう殿」という宛所が見られた。時期は永禄年間である。一方、寛永年間、たけは、子の養育にあたるおしも・おちに宛てて「たけ」と署名している。また、「御たけ」に宛て「いま」と署名する清光院消息はおよそ元和年間頃のものと考えられる。息子の妻に「御竹さま」と宛てて吉川広家が文書を遺したのも寛永二年である。尾崎局は輝元の母、清光院は輝元の妻、たけは輝元の娘である。この三世代の間、永禄から元和・寛永にかけてのおよそ五、六十年ほどの時間に、文書の署名や宛所に見える女性名の記載は変化したとも予想される。ただ、「しん」と署名する宍戸隆家室は、隆元の姉妹ではある。詳細は今後、より広範な対象に目を向ける中で考えてみたい。

註

(1) 佐藤進一『新版 古文書学入門』(法政大学出版局、一九七一年)一頁。

（2）前掲佐藤『新版 古文書学入門』においても、女性の文書は第三章「古文書の様式」第二節「公家様文書」の四「綸旨・御教書」で、「女房奉書」が取り上げられているにすぎない（同書一一四～一一八頁）。

（3）史料編纂の過程で「『つほね』よりの女房文、省略」と判断されたり（『閥閲録』遺漏巻三ノ一重見孫右衛門、一四六頁）、女性の「もじ」ことばがわからないという状況のあったことも知られる（同書巻四ノ二、二七三頁）。このような注記は、文書を活用する現代と文書が作成された時代との間に、それを編纂した時代が介在していることを伝えて貴重である。今日では、自治体史の資料編の編纂においても、家別の文書掲載の増加に伴って女性の仮名書き消息の翻刻も一般化しつつあると考えられるが、かつては、注記もなく省略されてきたケースも少なくなかったのではないかと推察される。西尾和美「毛利輝元養女の婚姻と清光院」（『鳴門史学』第二六集、二〇一三年二月。以下、西尾二〇一三aと表記）でも関連の言及をしている。なお、同稿二二頁で「ジェンダー非他称」とあるのは、「ジェンダー非対称」の誤りである。

（4）尾崎局については、西尾和美「戦国時代毛利氏の女性―尾崎局の生涯―」（細川涼一編『生活と文化の歴史学7 生・成長・老い・死』竹林舎、二〇一六年二月）を参照。同稿は以下、西尾二〇一六と略記する。尾崎局に関して、以下で旧稿と称するのはすべて同稿を指す。

（5）大日本古文書『毛利家文書之二』三九八。以下、大日本古文書は『毛利二』のように略記する。

（6）（元亀元年）九月四日毛利元就起請文写（『萩藩閥閲録』巻六毛利伊勢）。以下、同書は『閥閲録』と略記する。

（7）（元亀元年）九月二十八日毛利元就書状写（『閥閲録』巻六毛利伊勢）。

（8）『毛利二』六九六 年月日未詳毛利隆元自筆書状。

（9）『防長寺社証文』巻十四 山口善福寺所収同文書写。

（10）（元亀元年カ）月日未詳尾崎局消息写（右同書）。

（11）『村山家蔵證書』（山口県文書館毛利家文庫所蔵『村山書状』）。『三重県史』資料編中世1（下）（三重県、一九九九年八月）の第一部神宮文庫所蔵文書には「六十三村山文書」が収められているが、史料解題（同書一〇三六～一〇三七頁、恵良宏氏執筆）によれば、同文書は「毛利家、吉川家及び安芸、備後の家臣団からの御祓への礼状、祈禱依頼、寄進状、願文の類」であり、「神宮文庫に入る六巻の毛利家関係文書のほか、本来は一九三〇余通が存在した。それらは近世末に写されて、現在は四一冊の写本として毛利家文庫に伝わっている」と述べられており、山口県文書館の毛利家文庫に伝来する『村山書状』四一冊がそれに該当すると考えられる。〔史料1〕に掲載した郡山局願文写の原文書は、『三重県史』同巻には所収されておらず、神宮文庫には現存しないものと思われる。したがって、本稿では、毛利家文庫に伝来する写本『村山書状』から引用した。なお、同じく毛利家文庫に伝来する写本である『村山証文』にも、同文書の写が存在し、内容的には変わらない。『村山書状』、『村山証文』に収められる写の数は大きく異なるが、両者の相互関係や詳細については不詳である。

(12)「厳島野坂文書」八二二(『広島県史』古代中世資料編Ⅱ、四七四頁)。同書は、以下、『広島県史』Ⅱと略記する。

(13) 前掲「厳島野坂文書」一八五八(『広島県史』Ⅱ、一三一五～一三一六頁)。

(14) 天正十二年と推定される「右田毛利家文書」二二四 年月日未詳毛利元就継室乃美氏消息には「とのさまへもうへさまへも」と見え、輝元と清光院を指すと思われる(『山口県史』史料編中世3、山口県、二〇〇四年、五〇五頁)。

(15) この点については、西尾和美「田端泰子氏と中世女性史研究の現在」(京都橘大学『女性歴史文化研究所紀要』第二十号、二〇一二年三月)でも言及している。

(16) 元和七年五月五日「つほね」印判状写(『閥閲録』巻七四粟屋縫殿)。

(17) (慶長十四年)八月廿九日「つほね」消息写(『閥閲録』巻一二五宍戸藤兵衛)。

(18) 年未詳三月廿六日毛利輝元書状写(『閥閲録』巻三二口羽衛士)。

(19) 年未詳九月三日毛利輝元書状写(『閥閲録』巻三二宍戸権之助)。

(20)「児玉家文書」年月日未詳二の丸毛利輝元側室児玉元良女消息(『山口県史』史料編中世2、七二九頁)。

(21) 慶長八年十二月十五日毛利宗瑞書状写(『閥閲録』巻四十四福嶋五郎左衛門)。

(22) 年未詳八月十八日毛利秀就書状写(『閥閲録』巻八十九相嶋与三兵衛)。

(23)『吉川二』一二一九(元和元年)十二月廿日毛利輝元夫人宍戸氏消息。

(24)『広島県史』Ⅴ、一二八三～一三一九頁。

(25) 角田文衛『日本の女性人名』(上)(教育社、一九八〇年)四七頁・一八四～一八五頁。同書(中)(同社、一九八七年)一二二五～一二二八頁。

(26)『毛利四』一三二〇(毛利博物館所蔵。以下同じ)。
(27)三卿伝編纂所編・渡辺世祐監修『毛利元就卿伝』(マツノ書店、一九八四年十一月)四一五頁。
(28)『毛利四』一三二八。
(29)『毛利四』一三一九。
(30)『毛利二』六〇〇。
(31)(元亀二年)月未詳廿二日毛利輝元書状写・(同年)三月十九日毛利元就書状写・(同年)八月四日小早川隆景書状写(『閥閲録』巻八三重見与三左衛門)。
(32)『閥閲録』遺漏三ノ一重見孫右衛門。重見孫右衛門家が、元就の年忌に合わせて差し出し、控えはないとする一通に「妙寿寺様御自筆　月日無シ　喜三郎え當」という文書がある(『同』遺漏巻五ノ二　重見孫右衛門家蔵)。近世、同家においてすでにその記憶は不確かな様子だが、「妙寿」は尾崎局の法名である。「妙寿寺様御自筆　月日無シ　喜三郎え當」が、上包に「さいせうわたくし」と記された尾崎局からの文書である可能性が考えられよう。
(33)『閥閲録』巻百四十八下瀬七兵衛(天文二十三年九月七日)吉見正頼室少将消息。「右田毛利家文書」二一六・二一七穂田元清書状、二一九天野元政書状、二二四・二二五毛利元就継室乃美氏消息(『山口県史』史料編中世3、五〇〇〜五〇七頁)。
(34)「教行寺文書」二六慶長四年十月十一日毛利輝元消息・三一年未詳五月十八日小早川隆景消息(『兵庫県史』史料編中世一、一九八三年)。同女については、西尾和美「毛利輝元養女と興正寺門跡の婚姻をめぐる一考察」(『松山東雲女子大学人文科学部紀要』第十九巻、二〇一一年三月)を参照。以下、同稿は西尾二〇一一と略記する。
(35)『閥閲録』巻三六市川与三。元和六年七月十七日福原広俊書状写(『毛利三代実録考証』巻百十八　同日条、『山口県史』史料編近世1下、山口県、一九九九年、八〇二〜八〇三頁)。田端泰子「戦国期女性の役割分担—経済活動と財産相続—」(同『日本中世女性史論』吉川弘文館、一九九四年。初出は『日本女性生活史』第2巻中世、東京大学出版会、一九九〇年)。
(36)西尾二〇一六参照。
(37)年月日未詳しん消息写(『閥閲録』巻六八杉原与三右衛門)。前掲(35)田端論文。秋山伸隆氏は、『毛利二』六八五毛利隆元自筆書状案の宛所に「隆家」と並んで見える「しん大夫」を隆家室とし、〔史料7〕に見える「しん」をその略称ではないかとされる(同「戦国期の宍戸氏と毛利氏」『安芸宍戸氏』安芸高田市歴史民俗博物館、二〇一八年、一一頁)。

(38) 年未詳五月六日小早川隆景書状写(『閥閲録』同右巻)。宍戸隆家室については、前掲田端論文、西尾和美「戦国末期における芸予関係と河野氏大方の権力」(同『戦国期の権力と婚姻』第五章、清文堂、二〇〇五年。初出は「宍戸隆家嫡女の生涯と道後湯築城」『四国中世史研究』第六号、二〇〇一年)参照。なお、『閥閲録』の注記をはじめ、従来の研究では筆者を含めて、「五りう御れう人」を宍戸隆家室すなわち元就女と解し、杉原直良室をその養育者としていた。しかし、後に毛利輝元の幼少の娘が「御れう」と称されている例が確認されることから(『吉川二』一三九一号文書)、本稿では、「五りう御れう人」を宍戸隆家女、杉原直良室をその養育者と解釈を正すこととする。なお、『吉川二』一三九一号文書については(42)で後述。

(39) 年未詳十一月七日毛利宗瑞書状写・(慶長四年ヵ)六月九日毛利輝元書状写(『閥閲録』巻六毛利伊勢)。

(40) 『吉川二』一四三七。

(41) 吉川広嘉(長松)は、寛永元年に四歳で江戸に下り、同七年に帰国する(吉川史料館所蔵『吉川家系図』)。

(42) 大日本古文書は「二ノ丸様御手跡」という押紙のある一三九一号文書年月日未詳消息についても、毛利輝元夫人(宍戸氏)消息としている。しかし、筆者は、同文書は二の丸すなわち輝元側室児玉氏女消息と見るのが適切と考える。同文書には、「御れう(寮)〳〵えんへん(縁辺)の事、御あちや(阿茶)さまたのミまいらせ候まゝ、いつれへなりとも仰なつけられ候てくたされ候ハヽ、かたしけなく(マヽ)候へく候」という一条が見える。この内容は、元和二年毛利輝元自筆書状案に「お姫事身上事、何に分ニもおあちや様奉憑之由、二の丸時申て候」と見えることと符合する(『毛利三』一一八八)。二の丸は、慶長九年(一六〇四)に死亡しているが、関ヶ原合戦で大きく毛利氏の命運が変わる同五年に生まれた娘たけの婚姻について、生前、徳川家康側室阿茶を頼み婚姻をまとめようとしていたことが知られる。したがって、同文書は押紙の伝える通り、二の丸の手跡を伝える貴重な文書と見るのが妥当と判断する。

(43) 『吉川二』一三九二(吉川史料館所蔵。吉川家文書については他も同じ)。

(44) 寛永二年九月十四日吉川如兼(広家)書状(『吉川二』一四三一)。興正寺門跡と清光院とのつながりについては西尾二〇一一参照。

(45) 年未詳五月廿三日吉川広正書状(『吉川別集』四八二)。

(46) 西尾和美「豊臣期から江戸初期における毛利氏妻室に関する一考察―清光院と家臣・近親女性との関係を中心に―」(京都橘大学『女性歴史文化研究所紀要』第二十一号、二〇一三年三月)参照。

(47) 慶長九年八月十日惣社八幡遷宮覚(『防長寺社証文』巻九惣社八幡)。「厳島野坂文書」一二五八厳島社元旦舞楽祈念座書立(『広島県史』古代中世資料編Ⅱ、七六八頁)。『毛利氏三代実録考証』巻百十二、元和三年五月五日条(前掲『山口県史』史料編近世1下、六七四頁)。

(48) 婚姻については、(元和元年)十二月廿日毛利輝元夫人宍戸氏消息・(元和元年)十二月廿四日吉川広家書状写(『吉川二』一二一九・一二二〇)ほか、『毛利氏三代実録考証』巻百十一、元和二年七月二十一日条・二十五日条、八月一日条・六日条(前掲『山口県史』史料編近世1下、六五一～六五六頁)にも記載が見える。出産については、『同考証』巻百十四、元和四年二月二十八日条(同書七二五頁)。

(49) 『吉川二』六七五頁注記参照。六七六頁と六七七頁の間には白黒の写真版が挿入されている。

(50) 西尾二〇一三a二一頁。

(51) 『毛利三』九七七 年未詳極月晦日豊臣秀吉朱印状。『吉川一』七八五文禄元年極月廿七日豊臣秀吉朱印状。

(52) 『毛利二』六九六 年月日未詳毛利隆元自筆書状。

〔付記〕 史料調査および写真の撮影・掲載にあたり、ご高配にあずかりました吉川史料館、毛利博物館、山口県文書館に厚く御礼申し上げます。

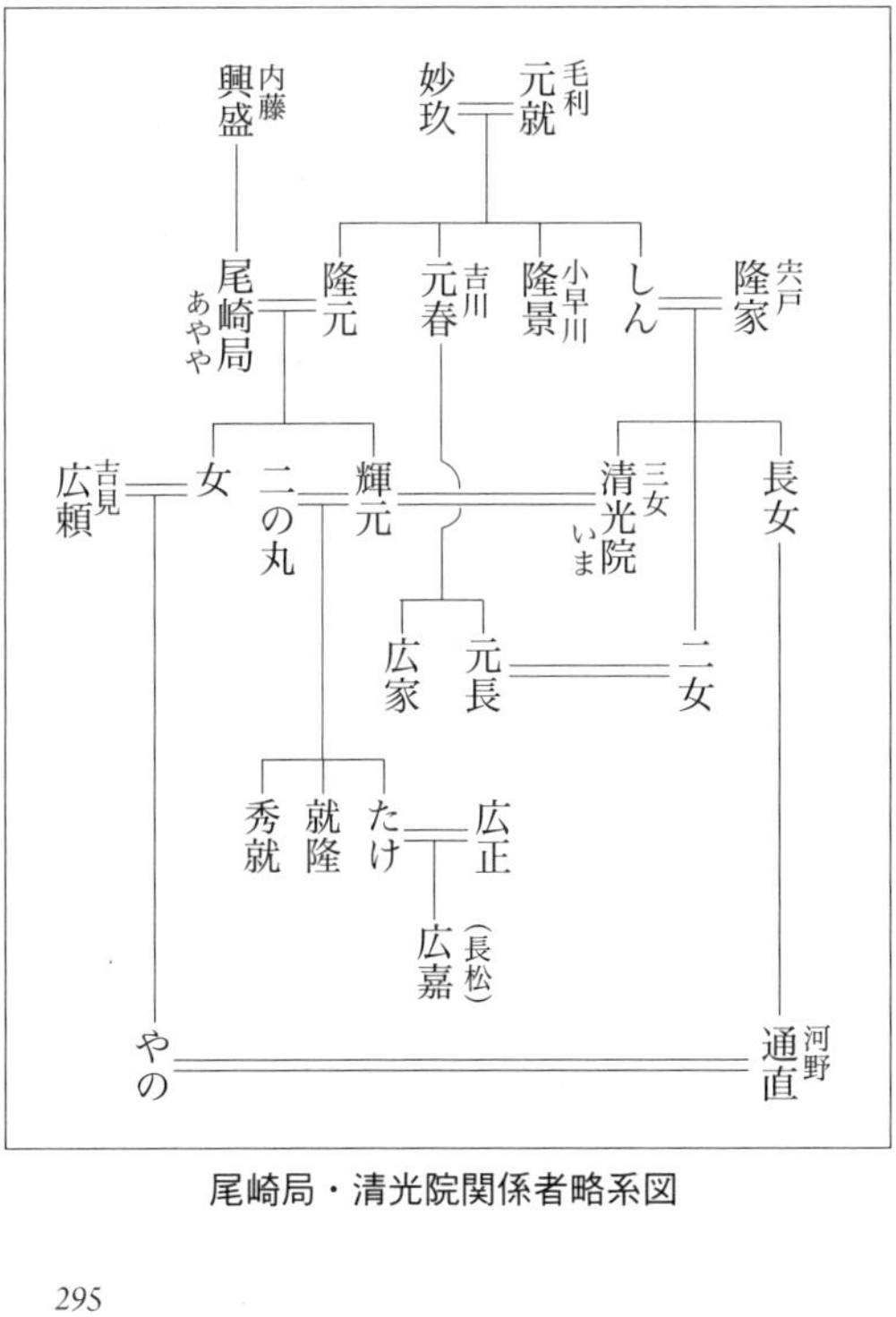

尾崎局・清光院関係者略系図

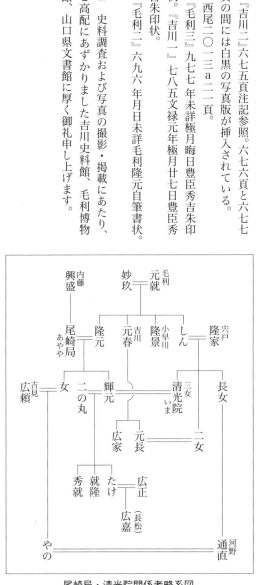

戦国期本願寺文書の一考察
――顕如期を事例として――

安藤　弥

はじめに

本稿では、戦国社会において、地域をまたぎ広域的に発せられていく文書の一事例として、本願寺文書をとりあげる。とくに本願寺第十一世で永禄二年（一五五九）に門跡となり、元亀元年（一五七〇）から天正八年（一五八〇）にかけて織田信長と「石山合戦」を戦ったことでもよく知られる顕如（一五四二～九二）の文書を検討する。

本願寺は、鎌倉時代に浄土真宗を開いた親鸞（一一七三～一二六二）の墓所（大谷廟堂）をはじまりとする。戦国時代に蓮如（一四一五～九九）の活動によって本願寺を中心とする教団が形成され、蓮如の後を継いだ実如（一四五八～一五二五）の時代に全国教団化が進んだ。さらに証如（一五一六～五四）・顕如の時代には戦国社会において屈指の宗教勢力となったことは、大坂本願寺を中心に形成された数々の寺内町の発展や、「石山合戦」に代表される「一向一揆」の相次ぐ勃発などから、よく知られていよう。本稿で検討対象とする顕如期は、戦国期本願寺教団の隆盛がいわば頂点を迎えた時期であり、それだけに当該期に本願寺から発せられた文書が多量・多様化したこともうかがえてくる。

とはいうものの、顕如文書に関する先行研究はそれほど多いわけではない。「石山合戦」開戦期の檄文(1)や終結期の大坂退去関係文書(2)、また没後に出現した譲状(3)をめぐる議論などはあるが、総合的な理解はいまだ示されていないのが現状である。その中で、太田光俊氏による顕如発給文書についての検討は重要である。[4] 太田氏は、主に「顕如上人文案」を活用し、書札礼の位置づけを行い、書留文言や紙質の変化から顕如書状の特徴の把握を試みた。そして、本願寺が門跡になったことにより書札礼が大きく変化すること、ただし、料紙に関しては一般的な傾向と異なり、引合の新規多用がみられることなどを指摘した。今後「文案」のみならず、全国各地の寺院を中心に所蔵されている原文書の分析から太田氏の見解がより確かに裏付けられることが期待される。

ところで、太田氏は、大喜直彦氏が本願寺教団文書を①宗主関係文書、②下間(家司・坊官)関係文書、③末寺関係文書、④門徒関係文書と分類したことをうけて、[5] 顕如発給文書は⑴顕如書状(消息)、⑵御印書(主に下間氏によって発給された印判奉書)、⑶法名状(門末への法名下付状)が代表的なものであるとし、とくに⑴⑵を検討対象とした。[6] 顕如史料論の総合的な議論を目指すならば、これらに加えて本願寺住職(宗主)が門末に下付(授与)する法宝物の裏書も検討対象にしなくてはならない。よって本稿では法宝物裏書も含めた検討を行うことにしたい。

そもそも、本願寺文書は、基本的に地域をまたぎ、広域的に展開することが多いという特徴を基本的に有している。それは、本願寺教団が全国的展開を見せ、各地に所在する門徒と、本山である本願寺の間に、恒常的な結びつきを保とうとする方向性があるからである。以下その具体的な実態について、いくつかの顕如文書を示しながら検討していくことにしたい。

１　法宝物裏書

本節では、顕如が本願寺住職(宗主)として全国各地の門徒集団の信仰拠点である真宗道場に下付(授与)する絵像本尊等の裏書を重要な文書史料として捉え、検討する。

絵像本尊すなわち「方便法身尊像（形）」（阿弥陀如来絵像）を本願寺住職が門徒に下付する行為については、蓮如期・文明年間以降に本格化し、実如期・永正年間にピークを迎える。絵像本尊のみならず、さらに親鸞影像や本願寺歴代影像等の下付も次第に増加していく。掛軸装になっているこれらを門徒はそれぞれの信仰拠点である道場に奉懸し、信仰生活を営んだのであるが、こうした法宝物の軸裏には、本願寺住職が、何を、いつ、どこの、誰に下付したのかを記すのが原則であった。これが裏書である。

この裏書は、すなわち本願寺と門徒の宗教的紐帯を証明する重要な史料である。さらに、現在においてはそうした宗教史料であるのみならず、地域史料としても、地名初出史料になることも多いことから、自治体史等で重要視されている。数量が多いのは繰り返すように蓮如・実如期で、実如裏書だけでも総計一〇〇〇点を超えるのは確実であり(7)、それが全国各地に所在すること自体、本願寺文書の広域性を明確に示していよう。さらに証如・顕如・教如（一五五八〜一六一四）期にも相当数は見出されている。次に顕如期の一事例を掲げる。

〔史料1〕顕如筆方便法身尊像裏書（同朋大学仏教文化研究所蔵）(8)

本願寺釈顕如（花押）
元亀三年壬申八月廿八日
下総国幸嶋郡
三村妙安寺門徒
願主釈成信
方便法身尊像

写真1　方便法身尊像
（顕如裏書）

〔史料1〕は本願寺顕如が元亀三年（一五七二）八月二十八日に下総国幸嶋郡に所在する三村妙安寺の門徒である成信

写真２　方便法身尊像
（顕如表書）

に下付した方便法身尊像の裏書である。

考察すべき主な論点は二つある。

論点①は、証如・顕如期になると、これまでより寸法の小さい方便法身尊像が増え、下付物名称・下付者・被下付者名のみが記され、日付・地名のない簡略化した裏書が増える。そうなっていく歴史的状況としては、地域門徒が結集する惣道場規模の絵像本尊の下付が一段落し、在家門徒の内仏規模の絵像本尊の下付が増加するという実態がある。そして、そうした中で〔史料1〕のような完全情報の裏書を持つ方便法身尊像の下付事例もまだ見いだせるということである。

〔史料1〕に出てくる三村妙安寺は関東における親鸞とその直弟の系譜・由緒を持つ初期真宗遺跡寺院である。すでに寺号（寺院名称）を持ち、さらには分寺して同じ妙安寺を寺号とする寺院が複数あり一定度の規模の門徒集団が地域に展開していた。こうした関東の有力な親鸞旧跡寺院は比較的、独自の存在であったが、永禄二年（一五五九）に本願寺が門跡になり、その二年後に親鸞三百回忌を盛大に執行すると、その前後から、大坂本願寺への接触が見いだされるようになる。[9] すなわち、門跡寺院となった本願寺を関東の親鸞旧跡寺院が本山寺院と認め、本末関係を結びだす傾向がこの時期に見られるのである。顕如としても関東の親鸞旧跡寺院を教団に組み込んでいくことは重要な課題であり、積極的に掌握していく姿勢が見られた。そうした中で出されたのが〔史料1〕なのである。寺院のみならず門徒に対する内仏本尊の貴重な下付事例である。

論点②は元亀三年という年である。顕如は同年、信濃国本誓寺の顕智に対しても裏書を与えた。ただし、この事例は特殊で、もともと本誓寺にあった「祖師聖人真向御影」と「祖師聖人石摺名号」にそれぞれ裏書を付すもので、いわば極書である。(10) 実見せずに付すこともあるかもしれないが、顕智が現物を大坂本願寺まで持参して顕如に見せた上で受けたという過程を想定するほうが妥当であろう。また、北九州(豊前・豊後・筑後)の有力寺院(計三か寺)にも親鸞影像が下付されたことが知られている。(11) 顕如はこの年、東・西のいくつかの寺院・門徒に対して完全記載の裏書をもって法宝物を下付、認知したのである。

元亀元年(一五七〇)に勃発したとされる「石山合戦」であるが、実際には大規模な軍事的衝突は最初のみで、元亀三年には尾張・伊勢長島などの地域で戦線が開かれたものの、中央では膠着・小康状態にあった。ただし、顕如は信長包囲網の構築に関わって、西の毛利氏、東の武田氏などとの連携を図っており、とりわけ顕如の室如春尼の姉を室とする武田信玄とのつながりを深めていた。こうした状況の中で、三村妙安寺門徒の成信もまた、おそらく大坂本願寺まで上山して、絵像本尊の下付を受け、持ち帰ったものと思われる。法宝物下付は、願主がそれを願い申し出ることを受けて本願寺住職が対応するものであるが、その制度自体は戦国期にはいまだ成熟してはいなかった。文書申請というよりも、おそらく両者が対面した上での申請であり、法宝物も直接的な受け取りが基本であったと推測される。後日の送付という形式ではないということである。

その後の「石山合戦」中においても、たとえば瀬戸内海にある家島(姫路沖)の徳號寺に伝存する天正四年(一五七六)の顕如筆十字名号をはじめとして法宝物下付の事例は見いだされる。(12) 紙本墨書の名号に裏書すること自体が希少であり、かつ顕如期の事例はさらに希少である。裏書は摩滅が強く判読困難であるが、わずかに残る干支部分の墨痕から天正四年が推定できる。願主名は比較的よく墨付が残り、宗喜とおそらくその妻の「尼永□」の連名である。これまた寺院ではなく門徒宅の本尊とみられる。

一向一揆の戦いのさなかであっても、否、あるからこそなおさら、本尊等の法宝物下付が本願寺と門徒の双方にとって重要な営為であったものと考えられる。家島に伝存すること自体が法宝物とその裏書文書の移動を考える上で非常に興味深い。

以上、法宝物裏書について寸考した。これが本願寺住職によって各地の門徒に与えるものである以上、地域をまたいで動いていく性格を基本的に有していると言える。

2　法名状

法宝物と同じように、基本的に信仰活動において発給される文書として法名状がある。文字通り法名＝僧(尼)の名を与えたことを証明するものである。法名状については大喜氏による詳細な検討があり[13]、本願寺歴代による法名状の発給が確かめられ、顕如期については二四点が数えられている。この数値自体はさらに増えるものであるが[14]、下付先を見ても全国各地にわたっていることが知られる。その中から、状況背景も含めて興味深い法名状を一つ、上に掲げる。なお、法名状の書式は各時代を通してほとんど変わらないが、授与者である本願寺住職の名と受領者の名の記される位置が証如・顕如期になると授与者が高く、受領者が低く記されることが指摘されている[15]。

〔史料2〕上宮寺尊祐法名状（岡崎市上宮寺蔵）[16]

法名　　釈尊祐
天正三年正月十三日
釈顕如（花押）

写真3　上宮寺尊祐法名状

〔史料2〕は、本願寺顕如が天正三年(一五七五)正月十三日付で、尊祐の法名を認める法名状である。尊祐は徳川家康との戦い(三河一向一揆)に敗北した三河本願寺教団の再興〜本願寺東西分派期の上宮寺住職である。この法名状の背景には次のような状況がある。(17)

永禄七年(一五六四)に三河一向一揆が終結し、敗北した本願寺坊主衆は家康領国外へ追放処分となった。上宮寺の勝祐(尊祐祖父)・信祐(尊祐父)は上宮寺門末が展開し拠点の一つとなっていた尾張苅安賀に入り、長島一向一揆の地域戦を戦い続けたらしい。ただし、幼少であった信祐の子(幸松丸)は同じく上宮寺門末の勢力が伸びていた信濃国塩崎に送られたという。そして、天正二年(一五七四)苅安賀で勝祐・信祐父子は討死し、その報告と法要のため、大坂本願寺に上山した幸松丸が出家得度し、尊祐の法名を顕如から受けたというのである(〔史料2〕)。

以上の内容にはおそらく近世の伝承的な部分もあるが、祖父・父の死をうけて出家し、法名を授かり上宮寺住職を継ぐという経緯はほぼ認めてよいと思われる。問題は尊祐の動きであるが、後年に三河還住を果たさんとする際、確かに信濃から三河に入ってきた様相が見いだせるので、幸松丸(尊祐)が信濃にいたことも言えよう。ただし、法名状を大坂から信濃へと送ることは想定しがたいので、やはり前述のように大坂本願寺まで上山し法名状を受け取ったと考えるのが自然である。それを持ち尊祐は信濃へと戻り、その後の激動の中で三河まで持ち帰ったのではないか。

ところで、この上宮寺尊祐に対して顕如は天正十年(一五八二)十二月十六日付で勝祐影像と信祐影像を同時に下付した。(18)いずれの裏書にも「参州巴豆郡志貴庄上宮寺」とあるが、この時期、尊祐はなお三河に不在であった。この二幅の下付については、尊祐側からの申請というよりも、顕如側からの働きかけが強かった可能性がある。というのは、よく知られているように、天正八年(一五八〇)の「石山合戦」終結時に顕如とその長男教如が路線対立し、教如が出奔した後、顕如のもとに帰参したのはまさしく天正十年の六月のことであった。(19)この間に教如からとくに三河を中心とする一部の門徒集団にあてて証如影像などの法宝物が集中的に下付された。すなわち、顕如と対立する教如と三河門徒らが結びつきを強めていたと考えられている。そうした背景から、教如が帰参し、本願寺教団が平時回復を志向せんとする天正十年の暮れに、顕如は尊祐に対して彼の祖父・父の影像を下付することで、結びつきを強めようとしたと考えられるのではないだろうか。

とはいえ、繰り返すように尊祐はいまだ三河還住を果たしていない時期のことである。この二幅の下付をめぐっては、紀伊国鷺森に所在した本願寺顕如、信濃国塩崎に所在したであろう上宮寺尊祐、三河の在地で尊祐の帰りを待ち、その行動支援をした上宮寺門徒団という三者の動きが絡み合う中で、実現したものと考えられる。

なお、天正十三年(一五八五)にようやく三河還住を果たした上宮寺尊祐は、三河本願寺教団の再興過程において、教如との結びつきをさらに強めつつ、地域教団の中核的人物として行動していくことになる。(20)

3　顕如書状(1)—檄文

続いて、顕如が発給した書状を検討する。ここでは、前節から時代は遡り「石山合戦」期の檄文の問題を確かめる。元亀元年(一五七〇)八月下旬以降、織田信長と軍事的に対決する決意を固めた顕如は、各地の門徒集団に対して「開山の一流」すなわち本願寺教団を危機に陥れる信長を打倒せんと蜂起を要請する書状(檄文)を発給し始めた。この檄文関連史料については、近世以降に「石山合戦」参加伝承が各寺院由緒で語られるようになることから、後世写や偽文書の存在など慎重に検討すべき点も多いが、次に三通を掲げる。

〔史料3〕顕如自筆書状(西本願寺蔵)(21)

急度申候、仍信長此表就出張、此方儀既令難儀候、此時開山之一流無破滅様、門徒輩可被抽忠節事可難有候、猶

使者可被申候、穴賢々々、

八月廿七日　　顕如（花押）

紀州門徒中

〔史料4〕顕如書状写（郡上市安養寺蔵(22)）

就信長上洛、此方令迷惑候、去々年以来、懸難題申付而、随分成扱、雖応彼方候、無其専、可破却由、慥告来候、此上不及力候、然者　開山之一流、此時無退転様、各不顧身命、可抽忠節事難有候、若無沙汰輩者、長不可為門徒候、併馳走頼入候、穴賢、

九月二日　　顕如（花押影）

濃州郡上

惣門徒中江

〔史料5〕顕如自筆書状（東本願寺蔵(23)）

近年信長依権威、爰許へたいし度々難題、いまに其煩やます候、此砌門下之輩、於励寸志者、仏法興隆たるへく候、諸国錯乱の時節、如此之儀、さためて調かたく覚候へとも、旨趣を申伸候、尚様体におゐてハ、上野法眼・刑部卿法橋可申候、穴賢々々、

十月七日　　顕如（花押）

筑後

坊主衆

門徒中へ

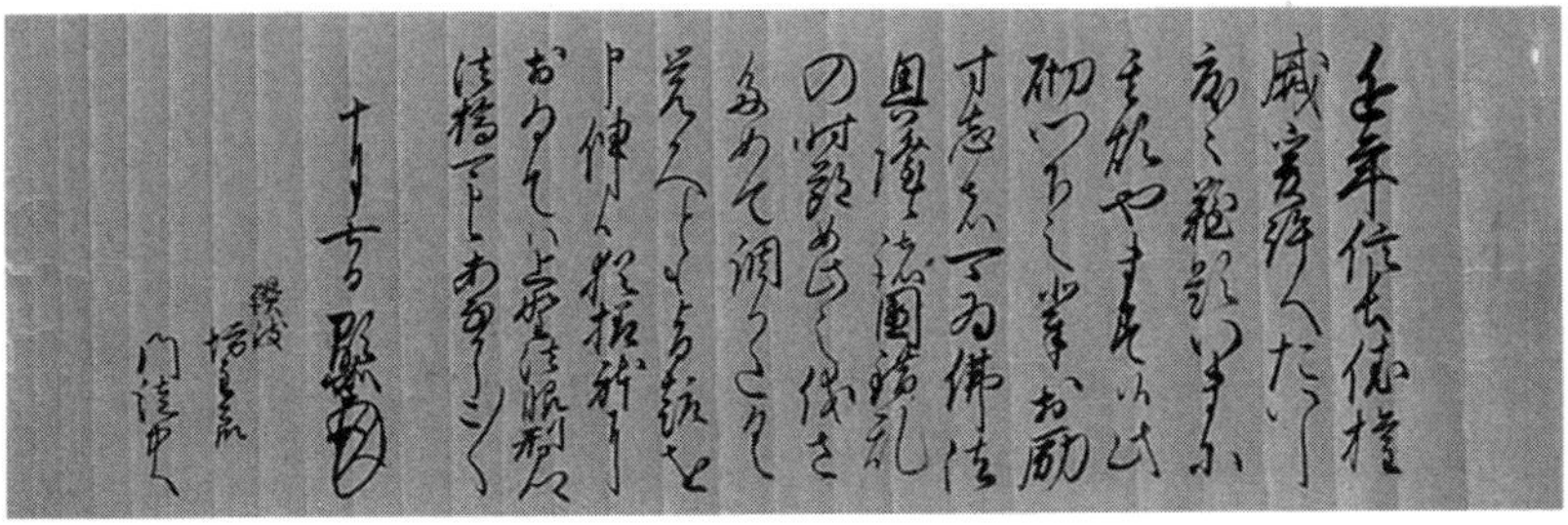

写真4　顕如自筆書状

いずれも、元亀元年すなわち「石山合戦」開戦期の発給と推定される文書で、門徒に対して「開山之一流」「仏法興隆」のために「忠節」「寸志」を求めるものであるが、それぞれ考察してみたい論点がある。

〔史料3〕はよく知られているはずの本願寺文書であるが、「石山合戦」開戦に関する論考の中ではあまり触れられていない。このもっとも早い日付を持つ顕如檄文について、論点①は顕如がいつ織田信長への軍事的攻撃を決意したかということである。確かめておくべきは、この檄文の日付の前日に三好三人衆の立て籠もる野田城・福島城に対して信長勢が天王寺に着陣したことであり、これは関係していると見るべきであろう。ただし、実際の大坂本願寺勢による足利義昭・織田信長勢への初めての攻撃はよく知られているように九月十二日夜のことであり、檄文を出し始める経緯、攻撃に至る経緯についてはさらに追究の必要がある。

また、この檄文が紀州門徒中にあてたものであることが論点②で、信長勢の中に紀伊雑賀衆がいたとみられ、当初はこの檄文に応じられる状況になかったと考えられている。[24] そこで、この檄文が西本願寺の所蔵であることも考察、推測の余地がある。発給に至らなかった可能性も考えられなくはない一方で、後に顕如が「石山合戦」終結にあたって紀伊門徒衆を頼り鷺森へ下向することからすれば、その後に本願寺に帰した可能性も考えられよう。なお、この書状では「使者」とは記されるものの、誰とは明記されていない。

〔史料4〕は「石山合戦」開戦をめぐる文脈でよく用いられる文書であるが、安養寺文書は後世写であることが指摘され、ほぼ同文で九月六日付の明照寺文書と併せて紹介されることが多い。[25] 指摘しておきたいのは、傍線部・二重傍線部の箇所で、本願寺が退転しないよう身命を顧みず忠節を尽くすことを要請し(傍線部)、無沙汰ならば門徒ではない(二重傍線部)、といういわゆる圧迫文言があることが、しばしば強調されることである。証如期から強まる門徒成敗権も含んだ本願寺の強権傾向からすれば圧迫文言の明記も了解できるが、ただし数ある檄文の中でこの二点にしか見られないことも注意すべき点ではある。そもそも、一向一揆は基本的には強制されて戦うものではない。本願寺門徒の一向一揆参加に関して、この文書に記された印象のみが強調されすぎることにも違和感がある。安養寺文書が後世写ならば、なぜこの内容が書写されて伝存したのかという問題もある。一向一揆を戦った門徒民衆の実態、金龍静氏が説く「報謝行」論[26]、近世門徒の一向一揆理解などを連関させた議論の必要がある。なお、この書状には使者に関する記述がない。

〔史料5〕については、これとまったく同日付、ほぼ同文で讃岐門徒、安芸門徒に対する檄文が各一通あることに注目したい[27]。讃岐門徒あての檄文は〔史料5〕と同じく東本願寺の所蔵で、安芸門徒あての文書は、浄土真宗本願寺派広島別院の所蔵である。

これら三通について、歴史的状況を推測してみれば、「石山合戦」開戦にあたり、使者として文書内に明記される上野法眼(下間正秀)と刑部卿法橋(下間頼廉)がこれらの文書を携えて西国に下向し、各地の門徒集団をまわったものと考えられる。しかし、安芸門徒に対しては檄文を実際に渡せたものの(だから現地に残っている)、筑後と讃岐に関しては渡せなかったのではないだろうか。戦乱による路次不通のために行けなかったか、行ったならば、渡すべき門徒集団に接触できなかったがために持ち帰り、結果として用いられることなく、そのまま本願寺に所蔵され続けて現在に至ったという可能性が考えられる。もちろん、この三か国だけでなく、他の国の門徒集団への檄文も作成されたはずであるが、この十月七日付同文文書に限ってはこれ以上、現存不明である。以上はまったくの推測であるが、広く同内容を知らせることを目的とする檄文の性格上、ありえることとして指摘しておきたい。なお、実際にこの段階で下間正秀と下間頼廉という本願寺家臣の筆頭格が二人して本願寺を離れ、西国に下向することが可能だったかどうかという点も細かいことではあるが重要であろう。

ところで、東本願寺にはさらに年不詳五月二十三日付長州門徒あて顕如書状、年不詳十月七日付顕如書状が〔史料5〕等と一括で所蔵されている[28]。この二通は法義を説く内容のみの書状であるが、檄文と同時期のものとみられている。とくに十月七日付書状はあて先の地名が記されておらず、あるいは雛形の可能性も考えられる。いずれにしても、檄文という非常時の内容文書ばかりにどうしても注目が集まるが、本願寺教団の日常においてはむしろ懇志を受け取り、法義を説く内容のほうが日常であることも知る必要があるだろう。

4　顕如書状(2)――大坂退去

いわゆる「石山合戦」はしばしばおよそ十一年間にわたって戦われたといわれる。しかし、その間に二度の和睦とその破棄があり、顕如自身も終結する天正八年(一五八〇)段階で「五年之間籠城相続」と認識していることにも注意が必要である。[29] 戦い自体も常に激烈だったわけでなく、断続的な状況の推移を見なくてはならない。ただし、大坂とその周辺のみの局地戦であったわけではなく、それを中央戦と見るならば、各地で地域戦が戦われていた。[30] 時に凄惨な事態も起こる中で、中央の大坂本願寺と各地域の門徒集団は、連動と断絶の双方を起こしつつも、基本的には連動する方向を持っていた。であるがゆえに、戦乱のさなかであっても、大坂本願寺から地域門徒集団への文書発給は続き、また各地域門徒集団からも懇志の上納が続けられたのである(もちろん途絶したところもある)。このようなやりとりが可能であったこと自体が、地域をまたぐ文書の実態として注目に値しよう。

「石山合戦」関係文書はぼう大にあり、限られた紙幅ですべての検討を提示することは困難である。ここでは、その終結期において顕如が大坂を退去したことを各地域の門徒集団に伝える書状の一つを取り上げて考察する。

〔史料6〕顕如自筆書状(西本願寺蔵)[31]

態染筆候、仍信長公与和平之儀、為　禁裏被仰出、互之旨趣種々及其沙汰候キ、彼憤大坂退出之儀ニ相極候間、此段新門主令直談、其後禁裏へ進上之墨付ニも被加判形候、此和平之儀者、大坂幷出城所々、其外兵庫・尼崎之

抱様、兵糧・玉薬以下、是已来之儀不及了簡候、中国衆之儀、岩屋・兵庫・尼崎引退帰国候、今ハ宇喜多別心之条、海陸之行不可相叶由候、たとへハ当年中之儀者、可相抱歟、乍去敵多人数取詰、長陣以後者扱之儀も不可成候、然時ハ有岡・三木同前ニ可成行事眼前候、忽開山尊像をハしめ、悉相果候ハヽ、可為法流断絶事歎入計候、就其加思案、叡慮へ御請申候、如此相済候、以後新門主不慮之企、併徒者のいひなしニ同心させられ、剰恣之訴訟中々過法候、将又予令隠居云々、世務等更無其儀候、仏法相続之儀、猶以不及其沙汰候処、諸国門下へ申ふるゝ趣、言語道断虚言ともに候、所詮開山影像守申、卯月十日至紀州雑賀下向候間、此依頼諸国門徒之輩、遠近ニよらす、難路をしのきても、開山聖人御座所へ参詣をいたさるへき事、可為報謝候、これに付ても皆々仏法に心を留られ候へく候、人間ハ老少不定の界、出るいきは入をまたさるならいなれは、急々信心決定すへし、されは信をとるといふも、なにのやうもなく、雑行雑修をすてゝ、一心に阿弥陀如来後生たすけ給へと頼申人々ハ、極楽に往生すへき事不可有疑心候、此上にハ行住座臥に念仏申され候へく候、それこそ誠に仏恩法尽のつとめになり候へく候、相構て〳〵無由断可被嗜事肝要候、尚刑部卿法眼・少進法橋可申候、穴賢々々、

七月廿八日　　顕如(花押)

奈良

惣門徒衆中へ

「石山合戦」は最終的に正親町天皇の勅命による講和という形式がとられ、天正八年閏三月に起請文が制作され、講和が整えられた。しかし、顕如の長男教如が抗戦継続を示す独自の動きを見せたために、四月に顕如が急ぎ大坂を退去することになった。顕如の大坂退去を伝える文書だけでも数多くあるが、その中でもっとも詳しく状況を記して伝えた文書がこの〔史料6〕である。その内容はすでに紹介されているが(32)、さらに詳しく確かめてみると、次のとおりである。

〔A〕信長との和平は朝廷から仰せ出されたもので、相互に交渉の結果、信長の要求は大坂退去に極まるので、このことを教如も直談し、その後、朝廷に提出した起請文に教如も署判した。

〔B〕この和平は大坂や所々の出城、兵庫・尼崎に至るまで、兵糧・玉薬がこれ以上どうしようもなくなったためである。

〔C〕中国衆は岩屋・兵庫・尼崎と引き退き帰国し、今は宇喜多も裏切り、海・陸ともに通行がかなわない状況である。

〔D〕たとえ今年中は持ちこたえても、敵の人数は多く、長く陣を張った後では調停も難しくなる。そうなれば、有岡・三木(における戦いの結末)のようになるのは目に見えている。

〔E〕そうなって「開山尊像」(本願寺に安置される親鸞の木像)をはじめ悉く失ったならば、本願寺の「法流」は断絶となり歎き入るばかりとなる。

〔F〕そこで思案の結果、天皇に調停をお願いしたのであるが、その後に教如が思いがけぬ企てを、徒者にそそのかされて起こし、顕如隠居とまで言っている。世務もそのようなことはなく、仏法相続の儀ももちろんそのようなことはないので、教如が諸国に申し触れていることは言語道断の虚言である。

〔G〕そこで、「開山尊像」を守り、去る(四月)十日に紀州雑賀まで下向したので、これからは、諸国門徒衆は(紀伊の)「開山聖人御座所」まで参詣するのが、報謝の行いとなる。これについて信心をよく獲り、雑行を棄てて一心に「阿弥陀如来、後生たすけ給へ」とたのむ人たちは阿弥陀仏の心にかない、必ず極楽に往生することを疑うことはない。その救いに対して行住座臥に念仏するのが仏恩報尽の勤めである。

〔H〕なお、(詳しくは)刑部卿法眼と少進法橋が申すのでよく聞くこと。

まず、とくに前半の〔A〕～〔D〕は顕如の戦局認識として興味深い。宇喜多直家の毛利離反によって中国路・瀬戸内海の通行が困難になったことを和睦へ向かう大きな要因と見ていたことがわかる。後述する下間頼廉・仲之添状によると、顕如は安芸に下向したい意思があったものの、それができなくなったとする。そのため、下向先は紀伊雑賀しかないという状況になったということである。

続いて、〔E〕では「開山尊像」（とそれを奉ずる自分）が失われてしまったら本願寺が断絶するという危機意識を表明した。このように顕如は「開山尊像」と自分が健在ならば本願寺は存続すると考えたため、大坂にはこだわらず、退去を選んだのである。しかし、教如はそう考えず、蓮如が開き「開山尊像」のあるべき場として大坂を守ろうとする姿勢をとることになった。そうした教如の言動の数々を〔F〕では顕如が自身の意向に背くものとして強く否定した。よく知られる顕如と教如の大坂退去をめぐる路線対立であり、のちの本願寺東西分派の出発点である。

そうした状況への対応として、〔G〕「開山尊像」とともに紀伊に下向したことを伝え、門徒衆に参詣を促し、法義を懇切に説いたのである。この点については、紀伊下向後の同年十一月にも、毎年行う本願寺教団最大の法要行事である「報恩講」を勤めたこと、(33)ただし、信長が本願寺への参詣路次を保障したのは翌年三月であることなどが関わってくる。大坂退去直後の顕如がどこまで状況を見通せていたかどうかは不分明であるが、本山参詣とそれに基づく信心獲得、報恩念仏が門徒衆にとってもっとも大切な行為であることを確かに伝えているのである。

ところで、驚くべきことと思われるが、この内容を持つ顕如書状が、金龍静氏によれば三七点あり、関連する添状・奉書も七点あるといい、「このような同じ概要の文書の一斉配布例は、戦国大名権力や織田信長政権下では見られない、大きな特徴である」という。(34)〔史料6〕はその中でももっとも遅い日付を持つ書状であり、もっとも早いのは四月十五日付の書状である。たとえば、能登法融寺文書(35)や美濃仏照寺文書(36)が挙げられるが、後者には下間仲之・頼廉添状（四月十六日付）が付いたのが特徴である。そこで前述した顕如の安芸下向意思などの補足が示されたが、同時に顕如書状の末尾に記された〔H〕刑部卿法眼（下間頼廉）と少進法橋（下間仲之）が申すということと対応しているものと考えられる。すなわち大量発給であるために使者に位置付けられる本願寺坊官下間氏らが実際に現地まで行って直接、伝えられるとは限らなくなるということである。とはいえ、これらの内容を持つ文書が、「石山合戦」直後という状況にもかかわらず、多く地域門徒衆まで届いたこと自体が重要な歴史的実態である。

5　顕如書状(3)――懇志受取状

第3・4節では、いわば非常時の顕如書状を取り上げてきたが、最後に日常的な内容の顕如書状を一つ取り上げたい。

〔史料7〕顕如自筆書状（七尾市龍光寺蔵）(37)

佐味十日講より志、尤難有こそ候へ、弥法義無由断嗜肝要候、此旨各へ申伝られ候へく候、
金子拾三両・綿六十目、慥請取候、懇志之至難有覚候、これにつけても、皆〳〵仏法に心を留られ候へく候、人間ハ老少不定の界にて候、急〳〵他力の安心決定あるへく候、信をとるといふハ、なにのわつらひもなく、雑行雑修をすてゝ、一心に弥陀に帰するこゝろの疑なけれは、必々極楽の往生は治定、このうれしさありかたさにハ、行住座臥に念仏を申され候へく候、則仏恩報尽のつとめになり候へく候、此由講衆中へ可有披露候也、穴賢々々、

十二月十五日　　顕如（花押）

能州　十八日講衆中

所々志之衆

〔史料7〕は顕如が能登の十八日講衆・所々志衆にあてて出した懇志受取状である。金子十三両と綿六十目を確かに受け取ったことを謝し、法義の大切さを説き、この内容を講衆中に披露するよう伝えた内容である。さらに、注目す

べきは、追而書で佐味十日講からの懇志がもっともありがたいとしていよいよ法義を油断なく嗜むことが肝要としている点である。佐味は所蔵する龍光寺の所在地である。この書状は能登の十八日講衆・所々志衆あてに複数作成され、とくに佐味十日講中に渡す文書について追而書を記して重ねての謝意を伝えたものであろう。

年次は不詳であるが、研究史においては、永禄二年(一五五九)に本願寺が門跡になって以降、懇志受取状については「御印書」(本願寺家臣下間氏等が顕如の意を奉じて出す印判奉書)が用いられることが多くなっていくといわれている[38]。もちろん、たとえば「石山合戦」終結期にも顕如の直状による懇志受取状は見いだせるのではあるが[39]、〔史料7〕についてては文中に路次不通等、情勢の緊迫感を思わせる表現もない。よって顕如が継職して間もない早期の文書ではないかと考えられる。いずれにせよ、第3節の最後にも述べたように、実はこうした懇志受取状や第3節でも触れた法義文言のみの文書こそ、第1・2節で取り上げた法宝物や法名状などとともに、もっとも多く日常的に発給され、大坂本願寺から全国各地の門徒集団へ運ばれていったものと考えられる。こうした日常的な内容の文書があることを前提に、非常時の内容の文書を考える必要がある。

おわりに

本稿では、本願寺文書とりわけ本願寺第十一世住職で門跡となった顕如の発給文書を中心に若干の考察を行い、もって戦国社会において地域をまたぐ文書の事例として提示してきた。本願寺が各地の門徒集団に出す文書としては、さらに本願寺坊官(家臣)の下間氏らが出す文書(単独文書、顕如書状への添状、顕如の意を奉じて出す「御印書」(印判奉書)など)があるが、本稿ではほぼ検討に及んでいない。顕如文書に関しても、「顕如上人文案」などからうかがい知れる政治的諸権力との音信関係や、譲状などの問題にはまったく触れていない。

しかし、顕如文書を考える際に基礎となる法宝物裏書、法名状、書状（檄文・大坂退去・懇志受取状）について、とくに地域をまたいで広域的に動いていく文書を中心に、その概要を示し、いくつかの特徴と理解する際の留意点について問題提起できたものと考える。さらに解明すべきは、こうした文書の発給・伝達を可能にする広域的ネットワークや関係する人物の具体的な動きをめぐる実態であろう。今後の課題の一つとして提示しておきたい。

註

（1）たとえば、神田千里『信長と石山合戦』（吉川弘文館、一九九五年）、川端泰幸「信長の「天下」と一向一揆―元亀元年の開戦をめぐって―」（『仏教史研究』第四五号、二〇〇九年）など。

（2）たとえば、小谷利明「勅命講和」（金龍静・木越祐馨編『顕如 信長も恐れた「本願寺」宗主の実像』宮帯出版、二〇一六年）、岡村喜史「大坂退出についての教如の動向」（同前）など。

（3）たとえば、金龍静「顕如譲状考」（稲葉伸道編『中世寺社と国家・地域・史料』法藏館、二〇一七年）、上場顕雄「本願寺顕如「譲状」と筆跡・花押―偽文書考―」（『同朋大学仏教文化研究所紀要』第三七号、二〇一七年）など。

（4）太田光俊「顕如発給文書について」（前掲註（2）『顕如』所収）。

（5）大喜直彦「本願寺教団文書の推移について―『御印書』と法名状を通して―」（千葉乗隆編『本願寺教団の展開』永田文昌堂、一九九五年。後に『蓮如大系』第四巻〈法藏館、一九九六年〉再録）。

（6）前掲註（4）太田論文。

（7）金龍静「実如の生涯」（同朋大学仏教文化研究所編『実如判五帖御文の研究』研究篇上、法藏館、二〇〇〇年）。

（8）『続・本願寺教如と三河・尾張・美濃』（同朋大学仏教文化研究所、二〇一四年。筆者が編集担当）。なお、本稿で用いた史料はいずれも筆者が直接実見したか、図録等の写真版で確認したものに限定した。

（9）拙稿「親鸞三百回忌の歴史的意義」（『真宗教学研究』第二七号、二〇〇六年）。

（10）「祖師聖人石摺名号」は『親鸞聖人展』（中日新聞社、一九八七年）、「祖師聖人真向御影」は『東本願寺の至宝展』（朝日新聞社、二〇〇九年）。前掲註（9）拙稿参照。

(11) 青木馨「大坂拘様終結における顕如と教如」(前掲註(2)『顕如』所収)。
(12)『播磨と本願寺』(兵庫県立歴史博物館、二〇一四年)。二〇一二年三月十二日、真宗大谷派山陽教区内寺院所蔵史料調査で青木馨氏とともに同寺を訪問し発見。同展覧会に実行委員として参画し、図録執筆等を担当した。
(13) 前掲註(5)大喜論文。
(14) たとえば、金龍静『一向一揆論』(吉川弘文館、二〇〇四年)の史料編だけでも七点がさらに紹介されている。
(15) 前掲註(5)大喜論文。
(16)『よみがえる上宮寺の法宝物』(太子山上宮寺、二〇〇四年)。
(17)『よみがえる上宮寺の法宝物』、『新編安城市史1原始・古代・中世』(安城市、二〇〇七年)など(いずれも筆者が該当部分の執筆に関与)。
(18)『新編岡崎市史6史料古代中世』(岡崎市、一九八三年)。
(19) 同朋大学仏教文化研究所編『教如と東西本願寺』(法藏館、二〇一三年)。
(20) 拙稿「天正年間三河本願寺教団の再興過程—平地御坊体制をめぐって—」(『安城市史研究』第六号、二〇〇五年)。
(21) 本願寺史料研究所編『図録　顕如上人余芳』(本願寺出版社、一九九〇年)、『大系真宗史料』文書記録編4「宗主消息」(法藏館、二〇一四年。以下「『大系』宗主消息」と略記)。
(22)『岐阜県史』史料編古代中世一(岐阜県、一九六九年)、『続・本願寺教如と三河・尾張・美濃』。
(23)『教如上人　東本願寺を開かれた御生涯』(東本願寺、二〇一三年。筆者が委員として参画し展示業務とともに図録執筆を担当)、『大系』宗主消息。
(24) 武内善信「雑賀衆と「石山合戦」」(前掲註(2)『顕如』所収)。
(25) たとえば、井上鋭夫『一向一揆の研究』(吉川弘文館、一九六九年)、前掲註(1)神田著書など。ただし、明照寺文書(上松寅三編『石山本願寺日記』下巻〈大阪府立図書館長今井貫一君在職二十五年記念会、一九三〇年〉所収)は焼失して現存していない。
(26) 前掲註(14)金龍静『一向一揆論』。
(27) 前掲註(21)『大系』宗主消息。

(28)『教如上人　東本願寺を開かれた御生涯』、『大系』宗主消息。また五月二十三日付文書については同文で備後門徒あてのものが西本願寺に所蔵されて知られる(前掲註(21)『図録　顕如上人余芳』)。
(29)(天正八年)十一月三日付三州志衆中あて顕如書状案(本願寺文書。『愛知県史』資料編11織豊1、愛知県、二〇〇三年)。
(30)拙稿「本願寺・一向一揆との戦い」(日本史史料研究会監修・渡邊大門編『信長軍の合戦史』吉川弘文館、二〇一六年)。
(31)前掲註(21)『図録　顕如上人余芳』・『大系』宗主消息。
(32)たとえば、前掲註(2)岡村論文。ただし、同文の法融寺文書を用い、内容紹介は簡潔である。
(33)青木忠夫『本願寺教団の展開　戦国期から近世へ』(法藏館、二〇〇四年)。顕如期の本願寺「報恩講」については拙稿「戦国期本願寺「報恩講」をめぐって―「門跡成」前後の「教団」―」(『真宗研究』第四六輯、二〇〇二年)、拙稿「顕如の前半生―本願寺「門跡成」から親鸞三百回忌へ―」(前掲註(2)『顕如』所収)も参照。
(34)前掲註(2)『顕如』冒頭図版「下間仲之・下間頼廉印判奉書」解説。
(35)『大系』宗主消息、前掲註(2)岡村論文。
(36)前掲註(14)金龍静『一向一揆論』史料編。
(37)『新修七尾市史』8　寺社編(七尾市、二〇〇八年。木越祐馨氏、岡村喜史氏とともに編集担当)、前掲註(21)『大系』宗主消息。
(38)前掲註(4)太田論文参照。
(39)美濃願誓寺文書(前掲註(21)『大系』宗主消息)。

太閤検地帳史料論
――検地規定の変遷と名請人の理解を目指して――

谷口　央

はじめに

これまでの太閤検地研究は、太閤検地論争にあったように、主に検地帳内に把握される名請人の階層規定の理解が中心であった(1)。そのため、検地帳内に記される名請人の名請所持地の大小や屋敷地所持に基づく階層構成が分析の中心となっていた(2)。そのような中で、これらに異議を唱える形として、検地帳の機能についての研究も見られた。例えば、中村吉治氏は、検地帳を石高による収取の基準と、その責任者を決めるものと規定し、名請人の把握は機能しないとされた(3)。また、速水融氏は検地帳の機能に領主と村落間の規定はあるが、村落と農民間を規定するものはないという、検地帳の機能を通じて、中村氏と近い名請人理解を示されていた(4)。このように、これまでの研究でも、検地帳の史料論とまでは言えないものの、名請人の位置づけを中心に、その機能についての追究は見られる。

しかし、これら研究に続く検地帳の機能に関する研究が発展したわけではなかった。例えば、近年岩波講座の出版もあり、太閤検地をめぐる研究状況の整理が平井上総氏によって行われているが、そこでは、中世から近世にかけての検地を通じての研究史上の現状の課題として、検地の実施手法と実施の契機及び知行制が挙げられるも、検地帳の機能については示されていない(5)。また、平井氏は他では現段階での太閤検地自体の研究史的課題として、検地主体とその目的、石高制、検地帳名請人を挙げており、ここでも検地帳の機能・史料論が課題として挙げられている訳ではない。(6)これは、いまだ太閤検地をめぐる研究において、検地帳面に対する史料論が見当たらず、議論されるに至っていないためと言えよう。(7)

ただ、史料論自体ではないものの、その前提となる検地帳の記述内容に対する理解及びそれに基づく機能についての研究は見られる。近年、今野真氏が発表された、中世から近世に至るまでの土地把握方法・度合いに視点を置き、そのなかで太閤検地を位置づける研究である。(8)今野氏の研究は、主に検地帳内に記載される土地面積の把握状況の理解となる。それに止まらず、その前提として検地条目にも注目されている点も重要である。その結果、慶長三年(一五九八)にあった越前国の検地の際に発給された検地条目と実際に郷村に宛てられた規定が異なることから、秀吉と検地奉行の間に検地に対する認識に乖離があったと指摘されている。

今野氏により、太閤検地全体を捉える上で、記述能力等の発展過程についての理解が深められることになった。ただ、ここでは前述のように、特に中世から近世の土地面積の把握のあり方に変化が認められるかどうかに主眼が置かれており、検地条目に記される規定の発展過程や、平井氏が課題とされる検地帳名請人の把握状況についてまで指摘されているわけではない。(9)つまり、今野氏により検地帳の読み方に対して多くの研究視点が示されたが、史料論としては未だ課題は残されていることになる。特に、今野氏自身が秀吉・検地奉行・現地役人のそれぞれを相対的に区別して分析する必要を説かれた点は貴重な指摘と考えるが、(10)今野氏の分析は、検地奉行・現地役人と検地帳の関係に留まり、他の関係については検討されていない。なかでも、政権つまり秀吉の求める規定が示される検地条目と、それに基づき作成されたと考えられる検地帳との関係は、検地帳の史料論を考える上で重要な視点と考える。

ここまで、主に検地帳の記載内容に関わる近年の主な研究について触れたが、これに対し、まさに検地帳の史料論を目指した研究もみられる。則竹雄一氏の論考である。(11)則竹氏は、慶長三年(一五九八)にあった越前国の太閤検地帳を用いて、検地帳の外形・表紙・本紙・奥書別の記載項目、正本と写本の理解に始まり、特に奥書の記載に注目して、奉行による記載形式の差と斗代の検地帳別の差や小物成の差異をまとめられている。そして、奥書の記載には、奉行裁量として形式に差があり、短期間での検地実測の状況が加味されることから、権力側の主導性を認めつつも在地の協力体制が必要であったと指摘されている(12)。

以上のように、則竹氏は検地帳の記載文言の詳細を追究する、まさにこれまでになかった検地帳の史料論の手法を例示・実践されている。特に、具体的な検地帳の史料論を進めるための手法を提示されたことは、以降の研究にもつながる貴重な成果となる。しかし、則竹氏の論考は、太閤検地の最後の直轄検地となった慶長三年(一五九八)越前国検地を対象にして、個別の検地記載の内容を分析したケーススタディとなる。もちろん、このように個別の検地を一つ一つ確認していくことは、検地帳の史料論の手法として何ら問題はないであろう。しかし、検地帳の史料論について考える場合、前述の今野氏に見られるような、太閤検地全体を見通した記載内容の変遷といった史料論も同時に追究する必要があると考える。

そこで、本稿ではここまでに見た課題克服を目指し、まずは豊臣秀吉によって定められた太閤検地規定(検地条目)は、時期を経てどのような変異を遂げるのかを明らかにすることとする。今野氏の区分に従えば、政権側の検地目的の理解の一つとなると考える。続いて、それを受けて作成された検地帳はどのような形で内容の把握に変化があったのかについて考察する。ただし、すでに面積把握については前述の今野氏による詳細な研究があるので、本稿では特にこれまでの太閤検地研究の中心的課題であり、平井氏によっても、現状として果たすべき課題として挙げられる、名請人把握認識を中心に検討を加えていくこととする。これらをあわせて分析することは、政権側の検地目的と実際の作業担当者との関係を含めた史料論として検地帳を理解する一歩となる。

1　検地条目に見る検地規定の変遷

羽柴(豊臣)秀吉による直轄検地、つまり、秀吉自身が奉行を派遣して行った検地は、古くは本能寺の変直後となる天正十年(一五八二)七月から確認できる。[13] しかし、検地規則である検地条目が作成された上での検地で言えば、天正十七年(一五八九)の美濃国検地が最初となる。[14] ただ、この条目が作成される以前から検地の原則自体は策定されていたようで、例えば一反＝三〇〇歩や畝歩制、地位別斗代の設定は、すでに天正十年には用いられていた。[15] 一方で、斗代設定と上中下別の斗代の差の刻み数(等級毎の斗代の差)には、秀吉の関白任官前後に差異があることが指摘されており、また関白任官後の検地でも、これら設定数値をはじめ、その基準・方式は、天正十七年美濃国検地ひいては文禄検地の統一基準による検地方式へと収斂しつつある過程にあったとされる。[16] では、天正十七年に条目として定められた規定は、これ以降どのように移り変わっていたのであろうか(表1)。

〔史料1〕[17]

美濃国山かた郡堺目より常陸右衛門尉検地之堺目之間、南者ならの川、北者越前堺まて検地御掟条々

一田畠屋敷共ニ五間六拾間之定、三百歩ニ縄打可仕事、

一田地上京升壱石五斗代、中壱石参斗代、下壱石壱斗代ニ可相定、其より下々ハ見計可申付事、

一畠上壱石弐斗、中壱石、下八斗ニ可相定、其より下々ハ見計可申付事、

一給人百姓ニたのまれ礼儀・礼物一切不可取之、至後日も被聞召付次第可被加御成敗事、

一御兵粮被下候上者自賄たるへし、但さうじ・ぬか・わらハ百姓に乞可申候也、

天正十七年十月朔日(朱印)

片桐主膳正(貞隆)とのへ
石田木工頭(正澄)とのへ

〔書き下し〕

美濃国山かた郡堺目より常陸右衛門尉検地の堺目の間、南はならの川、北は越前堺まで検地御掟条々

一田畠屋敷共に五間六拾間の定、三百歩に縄打仕るべき事、

一田地上京升一石五斗代、中一石三斗代、下一石一斗代に相定めるべし、其より下々は見計らい申し付けるべき事、

一畠上一石二斗、中一石、下八斗に相定めるべし、それより下々は見計らい申し付けるべき事、

一給人百姓にたのまれ礼儀・礼物一切取るべからず、後日に至るも聞こし召し付けられ次第御成敗加えられるべき事、

表1　太閤検地条目

	年	月日	国名	300歩	等級別石盛	屋敷高	村切	竿	京升	名請人	畔等除地	不正禁止自賄い	奉行裁量
1	天正 17(1589)	10月朔日	美濃国	○	○				○			○	
2	天正 18(1590)	8月9日	陸奥国	○	○(貫高)								○
3	天正 18(1590)	8月	出羽国	○	○(貫高)								○
4	天正 19(1591)	8月20日	陸奥国	○	○			○	○			○	○
5	文禄 2(1593)	8月1日	肥前国	○	△(数値無)			○				○	○
6	文禄 3(1594)	7月16日	薩摩国等	○	◎	○		(△)			○	○	
7	文禄 3(1594)	6月17日	伊勢国	○	○	○	○	○	○			○	○
8	文禄 3(1594)	8月2日	和泉国	○	○	○	○	○	○			○	○
9	慶長 3(1598)	7月16日	越前国	○	△(数値無)	○	○	○	○			○	○
同時期の検地条目(豊臣秀吉以外の発給)													
10	天正 15(1587)	7月14日	伊予国									○	
11	文禄 5(1596)	7月11日	甲斐国	○	○		○	○				○	△
12	慶長 3(1598)	6月25日	越後国								○	○	

史料出典
1:秀 2717/2718、2:秀 3376、3:秀 3412、4:「伊予小松一柳文書」、5:「伊達弥助氏所蔵文書」、6:「島津家文書」1-400/2-1100、7:『三重県史』近世1、8:『和泉市史』・『和泉史料叢書』、9:『増補駒井日記』、10:『愛媛県史』資料編近世上 32号、11:『山梨県史』通史編3近世1、341頁、12:小村著書

出典記号
「秀●●」＝『豊臣秀吉文書集』とその掲載史料番号／「伊予小松一柳文書」＝東京大学史料編纂所「影写本」3071.83-10／「伊達弥助氏所蔵文書」＝東京大学史料編纂所「写真帳」6171.62-9／「島津家文書」＝『大日本古文書』巻数及び史料番号／小村著書＝小村弌『幕藩制成立史の基礎的研究』

備　考
4：発給者は豊臣秀次／竿の長さは未記載。5：竿の長さ＝六尺二寸。6：島津領国／逃亡者の捜索／詳細石盛／基準竿。9：「小百姓」召し出し。

一御兵粮下され候上は自賄いたるへし、但し、さうじ・ぬか・わらは百姓に乞い申すべく候也

天正十七年は、二通の条目が確認できる。史料1に示した片桐貞隆・石田正澄宛のものは、本文中に「美濃国山かた郡」の記載があることから美濃国の条目と判断される。それに対しもう一方の石田三成・大谷吉継宛については、条目の指す地域を示す記載は見られない。しかし、中野等氏が指摘されるように[18]、この条目の宛先の一人である石田三成が、美濃国の検地終了時に美濃国内の南宮領を打ち渡していることから[19]、こちらも美濃国の検地条目と判断される。このことを裏付けるように、両条目の記載内容は全く同一で、ともに一反＝三〇〇歩と上田一・五石・中田一・三石・下田一・一石、上畠一・二石・中畠一・〇石・下畠〇・八石の二斗刻みによる等級別斗代設定と、下々は奉行の見計らいとする規定となる。また、これら石高は京升を基準とすることも記される。さらに、礼物等の授受の禁止と、兵糧米は政権として支給するので現場では奉行の自賄いとすること、ただし「さうし(雑事)・ぬか(糠)・わら(藁)」(カッコ内は筆者加筆)は、現地の百姓と相談して入手することとの規定が、計五か条によって決められている。

翌天正十八年は、奥羽仕置の際の条目が陸奥国と出羽国にそれぞれ出されている[20]。出羽国の条目は木村一・大谷吉継に宛てられたものである。もう一方の陸奥国のものは宛先がないが、渡辺信夫氏や小林清治氏[21]によって、同国の検地を担当した豊臣秀次[22]に宛てられたものであることが明らかとなっている。以下がその史料である。

〔史料2〕[23]

奥州会津御検地條々

一上田一段　永楽銭弐百文宛事、

一中田一段　百八拾文事、

一下田一段　百五拾文事、

一上畠一反　百文宛事、

一中畠一段　　八拾文宛事、
一下畠一反　　五拾文事、
一山畑ハ見あて次第ニ年貢可相究事、
一漆木見斗年貢可相究事、
一川役相改、別ニ御代官可被仰付事、
一田畠共ニ一段付、五間六拾間ニ可相定事、

以上

天正十八年八月九日　（朱印）

陸奥・出羽両国の条目にある規定は、全十か条の内、第七か条目のみ異なる。史料2に示した陸奥国では、等級設定が下未満の低等級の山畠相当地は、奉行の見計らいとすることの規定である。それに対し、出羽国では屋敷地・麻畠の上畠扱いの斗代設定となる。ただし、他の記載内容は同一である。なお、出羽国条目にのみ見られる、屋敷地を上畠扱いとする規定は検地条目での初出となる。

まずは両国共通の規定について見ていく。等級別斗代がすべて一条毎に記されるため、条数は十か条と増加している。ただ、規定が増えた訳ではなく、一反＝三〇〇歩である点と、等級別斗代が田畠を上中下の三等級に区分し、山畠と漆木年貢の斗代は奉行の見計らいとすること、川役調査は別奉行とすることが定められているのみである。ただし、等級別斗代は前年の美濃国に見られた石高ではなく永楽銭貫高となり、それぞれ上田二〇〇文・中田一八〇文・下田一五〇文、上畠一〇〇文・中畠八〇文・下畠五〇文となる。

このような貫高による斗代設定に対し、秀吉は陸奥国条目が出される二日前の八月七日付で、同じ陸奥国でも南に位置する長沼（現福島県須賀川市）の検地に対し、同地の仕置を担当したと考えられる片桐貞隆・青木一矩・竹中隆重

に対し、「一段付而五間六十間ニ可仕候、大縄者無用ニ候、棹打ニ可仕候、斗代事上田ニ付而壱石壱斗、中九斗、下七斗五升ニ年貢可申付候、右京升数多被申付候」(24)と、前年の美濃国と比較すると低値ではあるものの、石高による斗代設定を命じている。なお、一反＝三〇〇歩とすることは前年及び陸奥・出羽両国と同一であり、京升を基準とすることは前年の美濃国と同一となる。

ところが、現在遺る天正十八年の奥羽仕置の際の検地帳はすべて貫高が採用されており、(25)その中には長沼が属する岩瀬郡の西に接する南会津郡内の田島郷検地帳も含まれる。(26)そのため、八月七日付の秀吉朱印状に記される等級別斗代の石高は、陸奥国では採用された事例は確認できない。この理由について、一つには秀吉は当初は他国同様に石高による検地を計画したが、急遽貫高に変更したためと考えることができる。一方で、陸奥国検地条目と長沼の検地指示が出された日付がわずか二日差であることや、遺される検地条目も題名に国名の下に「会津」とわざわざ記すことから、地域によって用いる高が異なり、石高の斗代が採用されていた地域があった可能性も残される。ただ、現状ではいずれかは特定できない。(27)

翌十九年の奥州再仕置の際の条目は、秀吉ではなく同仕置の際の検地担当責任者の一人であった豊臣秀次が発給している。(28)秀次が再仕置の差配・規定について、秀吉から委任されていたためであろうと考えられ、(29)内実としては秀吉の意図が反映されたものと判断し、本章での分析対象に含めた。規定内容は、一反＝三〇〇歩で、等級別斗代が石高になり、上田一・五石・中田一・三石・下田一・一石、上畠一・〇石・中畠〇・七五石・下畠〇・五石となる。この数値は、田地は前々年の美濃国と同値であるが、畠地は低く設定されている。また、礼物等を受けることの禁止もこれ以前と同様であるが、賄いについては、基本は自賄いであるが、「ぬか・わら・薪・つらし」については「亭主」に断った上で得ることとあり、前々年同様となる。升も天正十七年の美濃国検地条目同様、京升を基準としている。

ここまでの規定の内容は、これまでのものと差はない。しかし、この条目は合計で十九か条もあり、他にも多くの規定が見られる点がこれまでと異なる。他の規定を見ていくと、まず、検地測量の基準となるものとしては、検地竿の基準になるモデルが与えられていたようで、それに基づき検地竿を作ることとある。数値自体は記されていないが、検地竿の長さが定められた初出となる。

続いて、検地奉行や検地実測担当者に対する規定について見ていくと、竿打ちの下奉行及びその担当者全員に対し誓紙を提出させることと、実測の際に監視人を送り出すことや、再検地を行い誤りが見つかった場合、竿打ち主を処罰する規定がある。また、実測の場で百姓の中で竿打ち人となった者が寄り合って囁くことの禁止もある。さらには検地実測終了後に該当地の百姓が納得するよう申し聞かせることといった規定も見られる。このように、この条目は特に検地実測時の不正を未然に防ぐ形で、厳格な規定が事細かに記されている。

その理由について、検地規定自体が時期を経ることにより厳格化したとの見方もあろう。一方で、この検地自体が再仕置であったこと、加えて、この検地条目の実際の作成が秀吉ではなく、その全権委任を受けた秀次であること、つまり秀吉が秀次に任せるにあたり、瑕疵がないよう厳格に申しつけていたためといった、奥州再仕置だからこその規定であった可能性も残される。そこで結論についてまずは保留とし、これ以降に作成された検地条目と比較することから改めて検討することとしたい。

なお、本条目では検地帳のみではなく郡別の絵図を作成し、そこには隣郡との境目や山・川・道を始め橋に至るまでを丁寧に記すことも定められている。これについては、前年には確認できない陸奥国内での石高の導入や、天正十九年(一五九一)は御前帳徴収があった年であることも勘案すると[30]、絵図についての規定は御前帳徴収に対応した記載と判断する。

奥州再仕置後は、文禄二年(一五九三)八月付で、九州肥前国松浦郡内の波多親の旧知行分における検地条目が遺される[31]。第一条では六尺二寸の検地竿によって一反＝三〇〇歩とすることが定められる。天正十九年の奥州再仕置の際に検地竿が定められていたことはすでに見たが、ここでは具体的に六尺二寸と竿の長さが定められている。第二条では田畠を上中下の三等級に区分し、実態に即してその等級を定めることとなり、第三条は、等級が下未満となる山畠について見計らうこととなっている。ただし、これまでにあった具体的な上中下別の斗代数値は記されていない。第四条は、竿打ち役人は自賄いとし、百姓に道理に外れた要求をしないよう念入りに命ずることとなる。そして、最後の第五条では、波多氏が松浦党水軍であったことと関わる内容で、朝鮮へ渡っている水夫人足を呼び返すが、今後改めて水夫は朝鮮への渡海要員として用いられること、また波多氏奉公人の妻子を離散させないためか、その在所に置いておくことが定められている。

第五条は、波多氏に直接関わる内容のため例外規定として良いと考えるが、残る四か条は他地域同様の検地に関する規定となる。本条目は、これまでと比較すると簡略的な書き方となる。しかし、そのような中で検地竿の長さが具体的に記される点は、これ以前にも一反の規定や京升規定が当初より見られることなども勘案すると、秀吉の検地に対する志向の中に、統一的な単位設定の意図が念頭にあったことが示されることになる。なお、本条目には斗代が記されてはいないが、この検地では石高が採用されている(32)。

翌文禄三年(一五九四)は、六月に伊勢国、七月に島津氏領国、八月に和泉国にて行われた検地の際の三地域の条目が遺される。まず伊勢国検地条目は全十三条となる。

〔史料3〕(33)

伊勢国太閤御検地之事

就伊勢国御検地相定条々

一田畑屋敷六尺三寸棹を以、五間ニ六拾間ニ三百歩ヲ壱反と可致検地事、

一上田壱石五斗、中田壱石三斗、下田壱石壱斗、下々者見計可相定事、

一上畑壱石弐斗、中畑壱石、下畑八斗、下々見計可相定事、
一屋敷方壱石弐斗たるへき事、
一山畑・野畑・川原・畠先斗代官〔聞〕届ケ、其上見計斗代可相定事、
一山手銭・塩浜小物成之事先指出申付、其上見計年貢可相定事、
一在々之上中下并井懸り・麦田・日損・水損、念を入見分斗代可相定事、
一村切傍爾を立、入組無之様ニ可相定、今迄傍爾相紛ニ付隣郷之上使申談、新傍爾さかい可相定事、
一升者京升ニ相定、則検地為奉行在様ニ京升を相調可遣、前之升を悉集可取上事、
一検地面〔帳脱〕百姓ニもうつさせ請状申付、以来斗代違・さほ違等無之様ニ可申付候、則検地為奉行其在々之長面ニ判を仕可渡置、
一如御法度自賄ニ可仕候、但さうじ・薪・ぬか・わら地〔於〕下人ニ乞可召遣事、
一給人百姓ニたのまれ、礼儀・礼物を取、私曲之族相有之ハ、互聞付次第遂糺明、さほ打之もの不相届ニ付而ハ可加成敗、主人相紛付而ハ、無用捨在様ニ可令言上事、
右之条々相守、下々迄此一書を遣、さほ打ニ可申付也、

文禄三年六月十七日　御朱印

羽柴下総（滝川雄利）との
服部采女（一忠）との
稲葉兵庫（重通）との
岡本下野守（良勝）との
一柳右近大夫（可遊）との

朽木河内守〔元綱〕との
新屋〔庄〕東玉との

注）（　）内は筆者挿入・〔　〕内は筆者訂正

〔書き下し〕

伊勢国太閤御検地の事

伊勢国御検地に就き相定める条々

1 一田畑屋敷六尺三寸棹を以って、五間に六十間三百歩を壱反と検地致すべき事、
2 一上田一石五斗、中田一石三斗、下田一石一斗、下々は見計らい相定めるべき事、
3 一上畑一石二斗、中畑一石、下畑八斗、下々は見計らい相定めるべき事、
4 一屋敷方一石二斗たるべき事、
5 一山畑・野畑・川原・畠、まず斗代を聞き届け、その上見計らい斗代相定めるべき事、
6 一山手銭・塩浜小物成の事、まず指出申し付け、その上見計らい年貢相定めるべき事、
7 一在々の上中下ならびに井懸り・麦田・日損・水損、念を入れ見分し斗代相定めるべき事、
8 一村切傍爾を立て、入組これ無き様に相定めるべし、今まで傍爾相紛れるに付いては、隣郷の上使申し談じ、新たに傍爾さかい相定めるべき事、
9 一升は京升に相定め、則ち検地奉行として在り様に京升を相調え遣わすべし、前の升を悉く集め取り上げるべき事、
10 一検地帳面百姓にもうつさせ請状申し付け、以来斗代違い・さほ違い等これ無き様に申し付けるべく候、則ち検地奉行としてその在々の帳面に判を仕り渡し置くべし、

11一御法度のごとく自賄に仕るべく候、但し、さうじ・薪・ぬか・わら地下人に乞い召し遣わすべき事、

12一給人百姓にたのまれ、礼儀・礼物を取り、私曲の族これあるに於いては、互いに聞き付け次第糺明を遂げ、さお打ちのもの相届かざるに付いては、成敗加えるべし、主人相紛れるに付いては、用捨無く在り様に言上せしむべき事、

右の条々相守り、下々まで此の一書を遣し、さお打ちに申し付けるべき也、

第一条では一間の長さを六尺三寸、一反＝三〇〇歩と定め、第二条・第三条で田畠の等級別斗代を、それぞれ上田一石五斗から二斗下がり、上畠一石二斗から二斗下がりとし、田畠共に下々については奉行の見計らいとすること、第四条では屋敷の斗代を上畠と同一の一石二斗とし、第五条では山畠等の低等級地の斗代設定について奉行の見計らいとすること、また、山畑等の低等級斗代となる地について、まずはこれまでの斗代を確認し、その上で奉行の見計らいによって斗代設定することとしている。続く第六条では、山手銭や塩浜小物成について、第五条同様に、これまでの斗代を確認した上で(ただし、ここでは指出にて)、奉行が具体的な年貢高を設定するとしている。そして、第七条は「井かゝり」や「水損」など、年貢減免が必要となる地の奉行見計らいの規定、第八条では村境確定、第九条では京升への升の統一と旧来升の回収を命じている。また、第十条は検地帳記載内容の現地百姓との照会・確認、第十一条は自賄い規定と雑事・薪等を現地調達とすること、第十二条は検地奉行・役人の礼銭・礼物授受の禁止、不正の禁止についての規定となる。

以上が条目の内容である。前半五か条の田畠屋敷地の基本的な設定では、等級別斗代や一反の大きさについては従来と変更点は見られないが、一間の長さが六尺三寸と規定されていることが注目される。前述のように、検地条目が作られるようになった当初から、一反規定や京升への統一が示されるなど、その意図はあったように感じるが、それがここにきて厳密化し、一間の長さも条目内に含める形で詳細まで確定・強化したことになる。

　また、本条目では低等級地と位置づけられる山畠以外に野畠・河原畠を記したり、また、これまでにない塩浜年貢等の小物成や、麦田や水損等の荒地を具体的に記したりするなど、従来と比べ、全体を通じて詳細な年貢項目に対しての斗代・年貢高設定と減免処置を求めている。基本的に年貢徴収の基盤となる事項の詳細把握の強化が求められたためと考えられる。村境の規定が加わったことも、この一連の強化につらなるものと考えられる。このことは検地奉行及び検地担当役人に対する規定からも窺える。つまり、不正に対してのみではなく、後に年貢減少につながらないように、検地結果を在方にも共有させるよう、特に在地百姓に検地帳の写しを遣わすなどの規定が加わっている。いわば検地帳に基づく領主と村落を結ぶ年貢規定が示されたこととなる。

　このように、文禄三年伊勢国検地条目により、これまでの条目にも意図としてはあった、全国的な単位統一や年貢増徴を意図した厳密な把握及び斗代設定に関わる規定が確定し、また詳細化している。しかし、検地実測担当者に対する規定については、天正十九年の奥州再仕置の際と比較すると、むしろ減少している。回答を保留していたが、ここでの伊勢国での事例から、陸奥国での再仕置の際の検地実測担当者に対する規定強化は、恒常的な面よりも再仕置であった点や秀次に委任していた点が強く現れていたことを示すのであろうと判断される。

　続いて、翌七月にあった九州南部の島津領国であった検地の際の検地条目について見ていく。(34) この検地に関わる条目は同日付で二種作成されている。まず、一つ目は「嶋津分国検地御掟条々」の題目が付く全五か条の条目となる。第一条は他国逃散百姓の還住とその調査命令、第二条は、給人知行分は検地の上で所替えして宛がうので、検地奉行に対し用捨することを求めないこと、第三条は検地対象地の百姓から礼物等を受けないこと、第四条は検地奉行に対し無礼な対応を行う者がいた場合、連帯責任として在所全体を処罰対象とすること、第五条は、検地奉行の無分別な対応は、百姓からその物頭を通じて訴えること、以上となる。これらの規定からは、百姓の耕作地確保にあるように、確実な年貢・夫役徴収体制の構築と、給人と知行地の分離、郷村の連帯責任体制の構築を志向する点が注目される。

また、検地奉行に対する礼物禁止は以前と同様となるが、島津領国の場合、この際に検地奉行から提出させていた誓紙案文が遺されている。(35) 検地奉行の不正・怠慢に対する厳格な対応が改めて確認される。

もう一通の条目は全七か条となる。その中身は一反＝三〇〇歩とすると同時に、そこには「あせ(畦)・井ミそ(溝)」は含まないと、これまでには見られない三〇〇歩の詳細を規定した上で、村を四等級に分け、さらにその中で田畠の上中下の等級別斗代の規定、屋敷地の斗代を一石とすること、町方屋敷は一石三斗の斗代とするが、上中下の等級を付けることといった、検地の基本数値設定を規定したものとなる。等級別斗代は表2に挙げたように、上ノ村の上田一石六斗を最高とし、下々ノ村の下畠三斗が最小の石盛となる。

ここでは初めて内容別に検地条目が分けられており、特に数値規定が定められた後者については、これまでにない、村の等級分けである村位付けが加えられた点が特徴となる。この検地は、領主である島津氏が朝鮮半島へ出陣して留守にしている際に実施された検地であるが、このことと前者の検地実測方法・方針規定も合わせて全体として考えると、島津家臣団に対する在地との関係を解消するといった、島津氏とその家臣団内の主従体制の見直しを意識した点が、この検地の独自の方針として強く見られる。ただそれを除くと、石高制定と、村落支配体制の強化が検地により創設されようとしたことが読み取れる。

表2　島津領国検地の石盛

村位	田			畠		
	上	中	下	上	中	下
上ノ村	1.6	1.4	1.2	1.2	1.0	0.8
中ノ村	1.4	1.2	1.0	1.0	0.8	0.6
下ノ村	1.2	1.0	0.8	0.8	0.6	0.4
下々ノ村	1.0	0.8	0.6	0.7	0.5	0.3

注）単位は石

同文禄三年八月以降に実施された摂津・河内・和泉の三か国の検地の中では、和泉国のみ検地条目が遺される。(36) 和泉国の検地条目は二種遺されるが、(37) 両条目とも一か条ずつ抜けているようで、全十三か条がその全容と考えられる。(38) 内容は、二ヶ月前にあった伊勢国の検地条目とほぼ同一となるため、ここでは略する。

最後に、秀吉没年となる慶長三年(一五九八)に実施された、越前国の検地条目について見ていく。(39) 全十三か条と条数は文禄期の検地条目のいずれと比較しても大きな違いは見られない。しかし、田方・畠方とも等級別の斗代数値が具体的には示されず、第二条に「在所・同田畠上中下能々念を入」や、第三条に「田方斗代、其村其田地之上中下随可相定候事」とあるように、村別の田畠の等級を定めることが規定されている。残る箇条は、第四条後半の屋敷地は上畠と同一斗代とすること、第五条の山畠の奉行裁量による見計らい、第六条の耕作不能の野・河原を検地対象に含めないこと、第七条の村境の規定、第八条の京升への統一、第九条の小物成規定、第十条の本年貢への加徴である口米の規定、第十一条の竿打ち役人の不正禁止、第十二条の自賄いと薪等の入手規定、そして最後の第十三条が「検地帳ニ判をすへ、地下庄屋長百性小百姓とも二悉ク召出相渡、請状可取事」とあるように、小百姓に至るまで全員を召し出した上で検地帳に判を据えて渡し、その内容を承諾したことを示す請状を提出させること、以上が規定されている。

大半は文禄期の規定と変化はないが、等級別斗代が具体的に示されない点は、これまでの検地条目と大きく異なることになる。これに対し佐藤満洋氏は、前述の第二条に「在所・同田畠上中下」、また第三条では「其村其田地之上中下」の記述が、各在所(村)別に等級付けをするように指示していると解釈できることから、慶長三年の越前国での太閤検地では村位制が採用されていたと指摘されている(40)。確かに、前述の箇所を村と田地それぞれに等級があったと解釈することは可能であろう。しかし、前に見た文禄三年(一五九四)にあった島津領国での検地の際にあったように、具体的かつ詳細な村位を示した斗代数値が定められたことは越前国では確認できない。また、島津領の太閤検地と同じく文禄三年にあった伊勢国での太閤検地では、確かに村により基準となる等級別斗代数値が異なる場合が見られるが、それは奉行による差異、つまり村位制の採用ではなく奉行による裁量による差異であったことが確認される(41)。以上を勘案すると、本条目では村位制が採用されたわけではなく、検地奉行の裁量により、できる限りの高斗代、つまりできる限りの年貢収奪をそれぞれの在所(村)から目指すため、あえて基本となる等級別斗代を示さなかったと考えるべきと判断すべきと考える。

他には、最後の箇条にある検地帳の村への提出時に、小百姓まで含む全員が確認・承諾することを命じている点がこれまでと異なる。慶長三年に至り、等級付けとそれに基づく斗代設定の厳格化が進み、また、小百姓を含む全村民が完成した検地帳を請ける対象者となっていることからは、逃散や一揆防止を念頭に置いた検地帳に基づく村落の把握体制、またそれを元とする年貢収納体制の強化をさらに進めていこうとしていたと考えられる。

以上、豊臣秀吉が自ら発した検地条目及び、事実上それに該当すると考えられる奥州再仕置時の豊臣秀次が発した検地条目について、その発給順に確認した。そこから明らかになった点についてまとめると、第一に京升への統一や一反＝三〇〇歩への統一といった基準単位が当初より明確に表れ、また検地奉行・役人については、不正に繋がる礼銭等の授受禁止や自賄いの規定等が当初より継続して規定されている。また、田畠別等級別斗代の具体的な数値設定は当初より見られ、そこには時期を経て屋敷地を上畠扱いとする点が加わるが、在所(村)別に最も適応する数値を与えるためか、村位制が導入され、そして最終的には国全体とする大きな範囲での基準数値設定は見られなくなる。さらに、基準単位の一つである検地竿と間尺の長さについては当初は規定が見られなかったが、秀次への委任と関係するのか、奥州再仕置の際に規定が作られるようになった。その後、文禄二年には一間＝六尺二寸と具体的に明記されるようになり、翌文禄三年以降は一間の長さは全国的に統一され、その数値は前年とは異なり一間＝六尺三寸となった。

文禄期になると、条目数自体は増加するが、そこでは村切り規定、年貢種類の増加、斗代設定対象の増加及び詳細化、そして、慶長期になると村人全員と繋がる台帳といった規定が加わることになる。これらは、一方には年貢・諸役の賦課の基本となる石高設定が強く意識されていたことが読み取れ、他方にはその徴収単位となる村が検地帳によって策定されていったこと、そして、その方向性が強化されたことが読み取れる。

これに対し、最後となる慶長三年には、検地終了後に小百姓まで召し出すことを命じながら、それまでも含め、一

表３　天正17年伊福田村

名請人	上田		中田		下田		上畠		中畠		下畠		屋敷		総計	
	筆数	面積	筆数	面積	筆数	面積	筆数	面積	筆数	面積	筆数	面積	筆数	面積	筆数	面積
太郎衛門尉	1	2142													1	2142
又七	1	930	2	510			1	261	1	282			1	15	6	1998
いふた寺			1	210	2	762			1	240	3	426	1	324	8	1962
五郎左衛門尉			1	570	1	231	2	705			2	105	1	21	7	1632
太郎左衛門尉			1	441			4	909			3	196	1	45	9	1591
与三郎			4	732					3	360	3	345	1	84	11	1521
作大夫							2	1104			1	300			3	1404
又二郎					1	165			2	762	1	264	1	66	5	1257
与二郎			1	321	1	102	1	162	1	201	1	423	1	30	6	1239
六郎衛門尉							1	1005			1	30	1	30	3	1065
馬二郎・又二郎							1	990							1	990
二郎衛門尉			1	210	1	120	1	90	1	60	3	456	1	30	8	966
与七郎	1	513					1	183			2	153	1	45	5	894
馬二郎							1	180	2	546			1	30	4	756
与一									1	297	1	372	1	12	3	681
さく（ま）					1	282	1	72							2	354
舛若											2	315	1	15	3	330
金蔵					1	246							1	72	2	318
若大夫													1	60	1	60
平内													1	30	1	30
総若													1	21	1	21
水口													1	15	1	15
惣請													1	12	1	12
合計	3	3585	11	2994	8	1908	16	5661	12	2748	23	3385	19	957	92	21238

注）　面積単位は歩（1反＝300歩）　3歩単位

度も検地帳に登録される名請人についての規定は全く見られない[42]。検地条目での規定が年を追って、特に斗代設定や村切り等が具体的に厳密化しているだけに、この点については、検地帳の史料としての読み方を考える上でも検討すべき課題となろう。そこで節を改め、今度は具体的な検地帳の記載内容を分析することから、検地帳名請人は具体的にどのように定められ、時期によってどのような異同があるのかを中心に、検地条目との関係も意図しつつ追究していくこととする。

2　天正期と文禄期の検地帳把握状況の比較―伊勢国を事例に―

検地条目が遺される国・地域の中から、本節では伊勢国を検討して、検地条目と検地帳との関係及び名請人設定について見ていくこととする。伊勢国での太閤検地は、前節の検地条目にあるように文禄三年（一五九四）六月以降に実施

表4　文禄3年伊福田村

名請人	上田		中田		下田		上畠		中畠		下畠		屋敷		総計	
	筆数	面積	筆数	面積	筆数	面積	筆数	面積	筆数	面積	筆数	面積	筆数	面積	筆数	面積
与三郎	4	957	4	1145	1	144	4	222	5	1733	7	507	1	150	26	4858
与七郎	2	1171					3	292	1	54	1	260	1	64	8	1841
太郎左衛門	3	1091			2	16	4	290	2	146	3	210	1	50	15	1803
五郎左衛門			1	352			5	1387					1	42	7	1781
四郎左衛門	1	880	1	204			5	650			2	12	1	24	10	1770
又二郎	2	711					4	322	2	450			2	70	10	1553
馬二郎	1	90	1	24			7	1188			1	18	1	24	11	1344
六郎衛門	1	180					2	832			1	60	1	65	5	1137
増若	2	393					4	360			2	215	1	24	9	992
又七	1	378					2	361	1	96			1	40	5	875
二郎	1	108					2	301	2	412			1	24	6	845
二郎衛門			1	210			3	147	1	90	3	320			8	767
二郎左衛門											2	680			2	680
六郎左衛門	1	426													1	426
金蔵	1	231							1	110			1	45	3	386
四郎衛門							1	120	1	240					2	360
三大夫			1	100			1	156			1	5	1	70	4	331
紙屋									1	60	1	200			2	260
おうし(こしぬけ)													1	36	1	36
又二郎・おうし													1	30	1	30
平門うは													1	20	1	20
惣庵											1	12			1	12
合計	20	6616	9	2035	3	160	47	6628	17	3391	25	2499	17	778	138	22107

注）　面積単位は歩(1反＝300歩)　1歩単位

されている。また、それ以前に行われた検地としては、蒲生氏郷によって実施された天正十七年(一五八九)の検地がある。[43]現在遺される検地帳の中で、両検地のものが共に遺される村落が一つ存在する。一志郡伊福田村である。そこで、ここではこれら検地帳を比較検討することから、天正期と文禄期の名請人把握・記載の異同について見ていくこととする。

まず、天正十七年分[44]について表3から見ていくと、名請人数は「惣請」を含め二三人で、そのうち屋敷地保有者は一九人となる。屋敷地保有率は八二・六%の高率となる。面積は田方二町八反二畝一五歩・畠方三町九反三畝四歩、屋敷も含めた総数は七町七畝二八歩となる。また、ここでの面積把握は最小単位を三歩としている。

これに対し、文禄三年の伊福田村検地帳は、単独ではなく隣接する岩倉村と合わせて一冊の検地帳に混在してまとめられている。[45]そのため天正十七年のものと比較する前に、まずは伊福田村分のみの把握が必要となる。地字を頼りに見ていくと、文禄三年検地帳内に記載される地字の内、「川井・半じ（ぢ）かの・小さいけ・西のほた・まさき・かうさ（高座）・中山・墓ノ谷・上わ（は）た・小わう・川原・かいと・かしの木か
いと・松川原・わた・竹（たき）かひろ・ししはな」（カッコ内は筆者の判断）は天正十七年検地帳もしくは、現在の小字に確認できる。(46)

　続いて、検地帳と両村の石高の関係を見ると、文禄三年検地帳全体は末尾に一六〇石一斗三升六合と記されるが、この石高は「元禄郷帳」内の伊福田村九三．三石と岩倉村六六．八三石の合計と一致する。(47)そうすると、文禄三年検地帳内での比率はこの石高とおおよそ合致するはずである。そこで、今度は岩倉村側を確認していくと、現在の小字から岩倉村と確認できる地字である「ちひろ・東まへ・くらはさま・向(迎)・刑部垣内(カッコ内は筆者の判断)」が検地帳の先頭部と末尾部にまとまって現れる。

　その部分となる先頭から六〇筆目までのすべてと、末尾部の中から明らかに伊福田村の地字と考えられる箇所を除いた一九六～一九九筆目・二〇五～二一六筆目・二一八～最後の二二三筆目に、検地帳内の中間部で岩倉村の地字と確認できる七五・八八・八九筆目の石高を合計すると、六九石六斗七升六合九才となる。この石高は元禄期の岩倉村の村高をわずかに越えるが、岩倉村域は本検地帳のおおよそ先頭部と末尾部にかたよる形で把握されていると考えて良いであろう。また、残る不確定地字についても、ここまでに確認した箇所で、すでに岩倉村の村高を越えていることから、基本的に伊福田村に含まれる可能性が高いと判断される。すると、天正十七年には伊福田村内に屋敷地を保持する与三郎の屋敷地が含まれる地字「西ノ坊」と、同人の畠地のみがある地字「下ノ坊」は伊福田村と考える。(48)

　完全ではないものの、おおよその村域が確認できたところで、文禄三年の伊福田村の検地帳記載状況を表4に見ると、天正十七年と比較すると名請人数が一人減少している。しかし、名請人の右肩部に「寺分」と記される与三郎分の三筆四反二畝二〇歩(＝一二八〇歩)が与三郎に含まれるため、つまり、「いふた寺(飯福田寺)」分が与三郎の名請地

となったためと考えると名請人数に差はない。一方で、そこに把握される人物は、全く同一という訳ではなく、六割五分程度の一致率にしかならない。五年の間に代替わりなどがあった場合も想定されるが、他の変化理由の詳細は不明である。ただ、人数に変更がなく、かつ面積総数が三反程度の上昇に止まることから、名請人個別の平均所持面積に大きな変化は見られない。

ところが、等級は上田・上畠の総数が増加し、下田・下畠の総数が減少し、田畠とも上昇傾向となる。これは名請人個別で見ても同様で、例えば、天正十七年に上田を保持していない与三郎・太郎左衛門(尉)・又二郎・馬二郎・六郎衛門(尉)・舛(増)若・金蔵の七名が、文禄三年には上田を保持している。その結果、上昇しているのが石高で、具体的には、六十七石五斗強から約九十石強への増加となる。同様に数量が上昇しているのが耕作地全体の筆数である。これは田・畠共にである。前述のように、面積が微増であることから、個別の耕作地把握が詳細化したことを示し、一筆あたり二三一歩であったものが一六〇歩となっている。ただ、屋敷地は大きな変化はなく微減となる。

以上に見る検地帳の比較検討の結果は、前節で見た検地条目の内容とも連動している。まず、名請人については規定がなく、政権として何らかの目的が具体的に付されたわけではない。それに対応するのか、検地帳に記載される名請人も変化は見られるが、人数に差がないことから、特にその把握深度の進捗は確認できない。一方、検地条目では天正期から文禄期へと進む中で、年貢の基盤となる項目の詳細把握や、斗代設定の強化による年貢増収の意図を読み取ったが、検地帳に把握される内容についても、年貢増収を目的としたと考えられる等級上昇による石高増加・耕作地把握の詳細・厳密化が進んだ結果を示している。なお、検地条目と検地帳の記載状況が繋がることから、政権=豊臣秀吉の主たる目的を検地奉行が個別で淡々と遂行していた事実も物語ることにもなる。(49)

3　文禄期(天正期)と慶長期の検地帳把握状況の比較―越前国を事例に―

続いて、前節同様に検地条目が遺り、豊臣秀吉にとっては最後の直轄検地となった越前国の慶長三年(一五九八)の検地帳について、その前後の土地台帳に把握される内容と比較検討していくことで、その実態を確認していく。

越前国の太閤検地については、すでに木越隆三氏による研究があり[50]、文禄期に作成された土地台帳と慶長期の太閤検地帳の両方が遺される丹生郡横根村についての比較検討も見られる[51]。そのため、すでに知られる内容も多いが、木越氏の目的は検地帳作成過程の復元にあるため、本節で目標とする名請人の比較検討については確認されている訳ではない。そこで木越氏に学びつつ、特に名請人に視点を置いて確認していくこととする。

まずは「文録弐年越前国丹生郡横根村歩割帳[52]」の表題を持つ土地台帳である。本帳は、田方・畠方・屋敷方別に記載されており、一筆には地字・面積・名請人のみが記される。また面積は「歩」と一歩の半分を意味すると考えられる「半」が用いられるのみで、町・反等の単位は用いられていない。木越氏によると、天正十二年(一五八四)にあった丹羽長秀の検地結果に基づく、村で作成した私的な土地帳簿とされる[53]。丹羽検地では検地帳自体は作成されていないが、土地単位が歩のみである点や、丹羽検地の際に作成された検地打渡状の記載も田・畠・屋敷別で把握していることから、ここでの木越氏の指摘は従うべきと考える。文禄二年に何らかの必要性があり、横根村内で作成もしくは写された土地台帳であろう。そのため作成は文禄二年となるが、そこに記される内容は文禄二年に特定されるのではなく、天正十二年、もしくはそれ以降のいずれかの状況と考えられる。

名請人別の耕作地の保有状況は、全三七三筆、名請人七五名、総面積六三九二三・五歩となる。全体として田方の耕作地が多い点が特徴となる。名請人の特徴は、肩書部に隣村や郡名が記されるものがあり、多くの入作者がいるこ

ととなる。これについて、木越氏は地字を確認することから村域自体が入り組んでいたことを指摘されている。(54)

続いて、御牧勘兵衛が検地奉行を勤めた「慶長三年七月十八日越前国丹生郡横根村御検地帳(55)」では、全体として全三八九筆、名請人八二名、総面積は六五八三〇歩となり、田畠等を個別に文禄二年歩割帳と比較検討すると、田方の面積は微減であり、逆に、畠方と屋敷地の面積は大幅な増加となる。ところが、両者の筆数の変化はさほどないため、地目変更による変化ではなく、特に畠方の一筆あたりの耕作面積の上昇が顕著に現れることになる。

名請人を個別で見ていくと、慶長三年検地帳には、村内で三番目・四番目となる大土地所有者である佐助や左衛門二郎のように、文禄二年歩割帳には名を表さなかったが、慶長三年に突如として大土地保有者として現れる者がいる。ただ、他の土地所有量の多い者に関しては、ほとんどが両検地帳に現れており、また入作者が多い点など文禄二年歩割帳と類似する。名請人は七五人から八二人と一割程度の増加はあるが、入作者が多い点も考慮すると、特にこの時の検地ではその把握が重視されていた訳ではなかったということになる。

慶長三年の検地では確認できない事項として石高の変化がある。この検地帳で把握される村高は、末尾の記載で言えば「四百六石八斗九升四合」となる。これに対して、木越氏が計算される文禄二年歩割帳に記載される耕作地の石高総数は約二五八石となる。(56)面積・筆数などの耕作状況や名請人把握などに大きな増加がない中で、村高だけが大幅に増加している。慶長三年越前国の太閤検地は全体で十八万石と大幅な出目があったことも勘案すると、この検地は石高の増加が主たる目的であったと考えられる。(57)(58)

なお、木越氏は、これら両帳面に現れる地字の差異から村からの不正確で曖昧な小字申告や、村切の再編があったことを想定されている。(59)仮にこれが事実であれば、今回の帳面の比較は、母体となる横根村域自体が異なることになり、全く無意味になる可能性がある。しかし、木越氏自身も指摘されるように、他地域も含めた太閤検地で見ると、例えば山城国の検地帳に記される地字名が杜撰であったことが知られる。(60)また、筆者自身も天正十八年(一五九〇)に三河国であった太閤検地によって作成された検地帳に記載される地字は、前年にあった徳川五か国総検地によって記される地字とは一致せず、また、徳川五か国総検地の地字は現在と一致する場合が多いことに対し、太閤検地帳の地字は現在と繋がらないことを明らかにしている。[61] 特に後者の三河国の事例は、慶長三年の横根村と同一の事例となる。これらの事例に加え、名請人に大きな変化がなく、また入作地も文禄二年同様に多く確認でき、加えて全体として把握される面積や筆数にも大幅な変化がないことから、木越氏が主張されるような地字申告の曖昧さや村切再編はなかったと考えてよいと判断する。

以上が、慶長三年にあった越前国太閤検地によって作成された検地帳の内容の一事例である。越前国の場合、筆数の把握は微増であり、耕作地把握については伊勢国ほど明瞭な厳密・詳細化までは確認できない。しかし、年貢増徴に直接つながる石高の増加が顕著に表れる点や、逆に条目には規定されていない名請人把握の伸張は見られない点は、条目の規定に従って検地が実施されたことを示すことになる。また、田畠別で見る場合、耕作面積の増減が大きく見られることは、この検地によって、従来からの状況をそのまま認めたのではなく、耕作地把握のための具体的な作業が何らかの形で行われたことを示すことになる。

では、今野氏が指摘される、[62] 政権(秀吉)と検地奉行の検地に関する認識の乖離についてはどのように考えるべきであろうか。これを解くため、慶長三年の越前国検地の際に検地奉行が秀吉から与えられた条目ではなく、検地奉行が各村に与えた検地帳末尾に記される条目について確認する。

〔史料４〕[63]

　右今度検地之上を以相定条々

一六尺三寸棹を以、五間六拾間三百歩壱反ニ可相定候事、

一田畠并在所之上中下能々見届、斗代相定事、

一口米壱石ニ付而弐升宛、其外役米一切不可出事、
一京升を以年貢可致納所候、売買可為同升事、
一年貢米五里百性として可相届、其外ハ代官給人として可被持事、
慶長三年
七月十八日　　　　御牧勘兵衛尉

第一条が一間の長さが六尺三寸とすることと一反三〇〇歩の基本数値の規定、第二条が田畠及び在所の等級と斗代の規定、第三条が口米規定、第四条が京升の使用、そして最後の第五条が年貢の運搬についてとなる。なかでも最後の第五条は、前節で見た秀吉から各検地奉行に発給された検地条目には記載されていない内容となる。逆に、秀吉が各奉行に与えた条目から除かれた内容は、1田・畠・山畠の個別の斗代決定方法、2村切の方法、3山手銭・小物成等の決定方法、4奉行・役人の不正禁止と自賄い、5検地帳の村への手渡し方法とその際の請状の入手、以上となる。

まず、各村に与えられた条目についてであるが、こちらは1数値・升等の基本規定、2全体に通じる等級付けの基本姿勢、3口米と年貢納入方法の三種にまとめることができる。1・2は今回の検地及び今後も規定する基本数値であり、3は年貢収納に関わる規定となる。逆に除かれたものは、すべて検地奉行及び同役人に対する検地に当たっての、特に斗代設定に関する方法・対象や、検地実施に対する心構えを規定したものとなる。そう考えると、検地奉行は政権(秀吉)から与えられた検地条目から、新たに定められた数値・升や具体的な年貢納入に関わる、いわば村方に直接関わる内容のみを伝えているということになる。つまり、検地条目の内容をすべて村に対して伝えていないからといって、検地奉行は政権の意図をくみ取っていなかったとは言えない。むしろ、作成された検地帳を見る限り、各検地奉行は秀吉の意図をくみ取って検地作業をこなしていたと考えられる。

このことは、今野氏が指摘される小百姓についても同様である。慶長三年の越前国検地条目は、確かに小百姓も含

表5　慶長3年法寺岡村耕作状況

名請人	田		畠	
	筆数	面積	筆数	面積
小兵衛	5	5208	6	1202
五郎右衛門	9	4237	5	5894
甚右衛門	0	0	1	40
惣右衛門	8	1772	7	14054
弥兵衛	1	24	0	0
計	23	11241	19	21190

田畠合計 32431

面積単位は「歩」

表6　慶長12年法寺岡村耕作状況

名請人	田		畠	
	筆数	面積	筆数	面積
小兵衛	10	2651.9	31	1374.8
三郎二郎	13	2800.7	0	0
甚右衛門	11	2758.9	13	553.5
五郎右衛門尉	12	2602.6	20	841.4
弥兵衛	10	2710	19	788
小三郎	10	1355.8	8	435
宗右衛門尉	9	1346	9	415.5
小右衛門尉	0	0	2	86
大郎右衛門尉	0	0	1	170
をとく	0	0	3	183.4
計	75	16225.9	106	4847.6

田畠合計 21073.5 面積

面積単位は「歩」

む形での検地帳の確認を行うことが最後の箇条で規定される。しかし、これは検地帳での名請人把握とは全く別枠の問題であり、名請人把握については条目に具体的な規定は見られない。そして、本節で明らかにしたように、実際の検地帳内の名請人についても、小百姓の把握へと拡大した事例は確認できないのであり、秀吉が小百姓を把握しようと意図したことは、本条目からも、またそれに基づいて作成された検地帳からも読み取れない。あくまで小百姓も含めた村総体として、ここで作成された検地帳に基づく支配体制を受け入れることを命じた、つまり、村という単位が検地帳によって強く規定されることを意図した、ということになるのである。

最後に、慶長三年の検地帳によって把握された面積や名請人はどのように位置づけられるのかについて、今度は法寺岡(傍示岡村)の慶長三年検地帳とその九年後の川崩れに伴い作成された慶長十二年(一六〇七)名寄帳[64]を比較することから見ていくこととしたい。

慶長三年の法寺岡村は、表5にあるように、わずか五人の名請人が記載されるのみで、筆数も四十二筆のみとなる。これに対し、慶長十二年名寄帳は、表6にあるように、前記の五人をすべて含む十名が名請人として現れ、筆数に至っては四倍強の一八一筆と大幅に増加している。ただ、把握される面積は慶長三年の方が多く、これは名請人個別で見ても同様である。なお、石高は両帳とも同一となる。

面積の減少は川崩れが原因の可能性があるため判断は難しいが、石高に変更がないことと、慶長三年の太閤検地の面積数値の方が高いことから、太閤検地での面積把握が、少なくとも慶長十二年に対し劣っている訳ではないことは認めても良い。それに対し、各耕作地一片となる筆数及び、それに連なる名請人把握は大差となる。このことは、慶長三年の越前国検地では、名請人把握及び、その名請人を配置した耕作地一筆毎の把握については厳密には行われていなかったことを示す。一方で、条目では等級及び斗代設定と小物成・口米の設定、村切規定が特に具体的に記されてはいるが、名請人の厳密な把握は規定されていない。加えて、慶長十二年名寄帳と比較して石高に変化がなく、前述のように、総体としての面積把握は十分できていたと考えられることから、年貢・諸役等の徴収の基本となる村全体としての耕作地把握と斗代設定に基づく石高の増加は実際に実現できており、あくまで慶長三年太閤検地での検地条目に規定される目標は達成できていたことになる。

この結果も含めて、慶長三年にあった越前国太閤検地についてまとめると、伊勢国の天正期と文禄期の比較とは異なり、面積把握や各筆の把握の厳密化はわずかに見られるのみで、石高数値の上昇が主として行われていた。検地条目に見られるように、この検地の主目的が年貢の基盤となる項目の詳細把握と斗代設定の厳密化を中心とした年貢増徴にあったため、その基となる石高の増加が強く求められた結果と言える。ただ、田畠の比率の変化や、わずかとはいえ全体としての面積増加が見られることから、従来把握のままではなく、間尺の変更や一反数値の変更以外に、何らかの耕作地の確認作業はあったと考えられる。しかし、名請人の厳格な把握は目的にはなかったようで、こちらは伊勢国同様に、特に変化は見られなかった(65)。

むすび

太閤検地は、秀吉が全国統一を進めていた時期から没年に至るまで十数年間実施されている。そのため、そこでの規定はすべてが一致する訳ではない。史料としての検地帳を見る場合、そのことは常に念頭に置いておく必要がある。そこで、本稿では、まずは検地規定である検地条目の変遷について見ていった。その結果、政権の目的として、第一に一反三〇〇歩規定、京升利用、そして後には一間の長さといった単位規定があったことを理解した。そして、検地奉行の不正等についての規定も常に見られた。次に意図した事柄としては、各耕作地の等級設定とそれに伴う斗代設定である。太閤検地によって石高制が創設されたが、その理由として、一つには、前述の単位設定と同様に、村全体の高を定めることによる単位としての統一化が強く求められていたと考えられる。また、この石高は年貢・諸役の基本数値ともなったこともあり、検地が繰り返される中で、その把握強化が推し進められていた点も確認できた。さらに、検地帳が村全体を把握した台帳となり、同時に年貢・諸役等の収納単位として機能することも意識された。その結果、検地条目では、村切りの強化、村境把握の強化が定められ、また最後には小百姓も含めた村内の全住人が納得した上での検地帳を単位とする村把握が意図されていた。

検地帳は、このような政権の目的を受けて、検地条目規定の強化と連動して、斗代設定や村全体の理解を強化していくことになる。一方で、これまでの太閤検地研究で最も注目されていた名請人設定は、基本的には規定されていなかった。そして、そのことは検地帳内に見る名請人についても同様で、斗代設定強化による石高増加に反し、その把握強化は見られなかった。また、斗代設定等の強化に従い村高の増加は見られるが、名請人の把握強化がなかったこととも関係して、個別の耕作地把握が強化され続けたわけではなかったと考えられる。あくまで求められたのは検地帳による村全体の把握であった。

以上の理解は、はじめにで記したように、中村吉治氏や速水融氏によって指摘された点に近い内容となる。とはいえ、その指摘がそれ以降意識され続けたわけではなく、結果としてこれまで検地帳を読み解く際に抜け落ちていた指摘とも考える。また、すべての検地事例を見ているわけではないが、太閤検地全体を見る上での意識として考えるべき指摘となっているとも考える。そう考えると、史料としての検地帳の理解及びその機能を考える際、このような理解の上で、改めて検地帳を読み解く必要が本稿での分析結果により指摘できたと考える。つまり、検地帳分析の課題の一つである名請人に対する理解も含んだ検地帳史料論である。もちろん、各検地を個別に見て、ここでの指摘が通じるのか否かの判断を行う必要は残されるが、それについては改めて検討していくこととしたい。

註

（1） 太閤検地論争については、社会経済史学会編『封建領主制の確立―太閤検地をめぐる諸問題―』（有斐閣、一九五七年）参照。本書には、太閤検地論争の中心であった安良城盛昭氏・宮川満氏・後藤陽一氏の報告内容がまとめられる。ここでの議論の中心となっているものは、小農自立・名請人と役屋設定など、名請人の位置づけが主となっており、検地帳の史料としての機能が議論されたわけではない。

（2） 筆者も、検地帳の分析方法として階層構成を理解することから検地研究に入った。これについては、拙著『幕藩制成立期の社会政治史研究―検地と検地帳を中心に―』（校倉書房、二〇一四年）第三章の一部、初出二〇〇〇年を参照されたい。

（3） 中村吉治『幕藩体制論』（山川出版社、一九七二年）、初出は一九五八・一九五九年。

（4） 速水融『近世初期の検地と農民』（知泉書館、二〇〇九年）、初出は一九五六年。

（5） 平井上総「検地と知行制」（『岩波講座日本歴史』第9巻中世4、岩波書店、二〇一五年）。他にも同講座では、牧原成征「兵農分離と石高制」（『岩波講座日本歴史』第10巻近世1、岩波書店、二〇一四年）にて太閤検地について触れられているが、主に知行制(石高制)について述べられている。

(6) 平井上総「豊臣期検地論」(織豊期研究会編『織豊期研究の現在』岩田書院、二〇一七年)。なお、平井氏は太閤検地の名称は不適格であるとし、豊臣期の検地との名称を用いている。

(7) 後述する則竹雄一「慶長三年越前国太閤検地帳の基礎的研究」(『獨協中学・高等学校　研究紀要』第二十九・三十号、二〇一六年)でも、註(9)として「検地帳の史料論的研究は、近世文書一般の解説のなかで取り上げられるに過ぎない」とされる。

(8) 今野真「太閤検地の土地把握と計算・記述能力(下)」(『織豊期研究』第十五号、二〇一三年)。

(9) ただし、今野氏は前掲註(8)論文及び同「織豊期の「小百姓」―歴史学の現代的課題にふれて」(『宮城歴史科学研究』第七四号、二〇一四年)により、検地帳名請人自体ではないものの、それに関わる「小百姓」認識についての指摘は見られる。

(10) 今野氏註(8)論文、四五頁。

(11) 則竹氏註(7)論文。

(12) なお、筆者も検地帳記載方法と奉行の関係についてかつて指摘したことがある。これについては、拙著『幕藩制成立期の社会政治史研究―検地と検地帳を中心に―』(校倉書房、二〇一四年)第九章、初出は二〇〇九年参照。

(13) 平井上総「豊臣期検地一覧(稿)」(『北海道大学文学研究科紀要』第一一四号、二〇一四年)表A内の山城国(三二頁)。

(14) 秋澤繁「太閤検地」(『岩波講座日本通史』第11巻近世1、岩波書店、一九九三年)一一〇頁。

(15) 秋澤氏註(14)論文、一一九頁にて天正十年二月の播磨国惣社領荒田帳(『大日本史料』第十一編之二、一三頁、ただし奥付は三月二十四日付となる)に、これらが確認され、また、同箇所では同八年の同国総検地まで遡る可能性が指摘される。

(16) 秋澤氏註(14)論文、第三章。ただし、秋澤氏の論考は文禄期については記載がないため、天正十七年以降、この規定がどのような変遷であったのかについては記されていない。

(17) 芥川龍男編『お茶の水図書館蔵成簣堂文庫　武家文書の研究と目録(上)』(㈶石川文化事業財団　お茶の水図書館、一九八八年)三二九頁、史料写真は三二三頁。

(18) 中野等「石田三成の居所と行動」(藤井讓治編『織豊期主要人物居所集成』思文閣出版、二〇一一年)にて、石田三成は浅野長吉との連署により、天正十七年十一月十六日付で美濃国内の三〇〇石を南宮領として打ち渡していることから、この直前にあった美濃国での検地奉行であったことを指摘されている。なお、これ以前に、石田三成が美濃国の検地奉行であったことについては、今井林太郎『石田三成』(吉川弘文館、一九六一年)一〇七頁にも指摘が見られる。また、中野氏は、同著『石田三成伝』(吉川弘文館、二〇一七年)九二頁にて、改めてこの条目について指摘されている。

(19)「天正十七年十一月十六日付石田三成・浅野長吉連署状」(東京大学史料編纂所影写本『蒲生文書』3071.53-22)。

(20) 渡辺信夫「天正十八年の奥羽仕置令について」(小林清治編『戦国大名論集2 東北大名の研究』吉川弘文館、一九八四年、初出一九八二年)四三〇頁以下にて、陸奥国のものは豊臣秀次に同行した一柳氏に遺ることと、実際に秀次は陸奥国会津の検地を秀吉から命ぜられていることから、秀次に発給されたものであると推察されている。

(21) 小林清治『奥羽仕置と豊臣政権』(吉川弘文館、二〇〇三年)一六〇頁にて、一柳氏を豊臣秀次の臣と断定し、前註の渡辺説に従っている。

(22)「(天正十八年)八月十二日付豊臣秀吉朱印状」(『豊臣秀吉文書集』4、吉川弘文館、二〇一八年)三三八三号に、「其上検地之儀、会津者中納言(豊臣秀次)」(カッコ内は筆者加筆)とあることから確認できる。

(23)「(天正十八年)八月九日付奥州会津検地条々」『豊臣秀吉文書集』4、三三七六号。

(24)「(天正十八年)八月七日付豊臣秀吉朱印状」『豊臣秀吉文書集』4、三三七五号。なお、本史料中にあるように、検地実測方法についての指示も見られ、ここでは大縄ではなく竿による実測、つまり厳密な実測が求められていたことも確認できる。

(25) 註(12)拙著第八章、初出は二〇〇九年。

(26)「田島郷検地帳写」(『田島町史』第5巻、自然・原始・古代・中世史料、一九八一年、三一五号)。なお、長沼が含まれる岩瀬郡内の検地帳は遺されていないため、同郡内で使用された高は不明である。

(27) なお、註(21)小林氏著書第二章にて、八月七日に朱印直書を得た片桐は『佐竹家譜』の在番者には名がなく、青木は白河在番、竹中は結城在番であり、長沼は小野木重次が在番者として記されるが、これが修正されたのか否かは後考に待つとされている(一四三頁)。

(28) 天正十九年の陸奥国検地は、豊臣秀次と徳川家康が秀吉から委任されて検地を行っている。詳細については註(12)拙著第八章参照。なお、本条目が陸奥国の検地を対象としているものであることについては、小林清治『奥羽仕置の構造―破城・刀狩・検地―』(吉川弘文館、二〇〇三年)第四章及び、註(12)拙著第七章むすび参照。なお、本史料については、同年にあった尾張国検地のために作成されたものとの指摘がある(中野等「豊臣政権と尾張」『織豊期研究』創刊号、一九九九年)。それに対し、筆者は従来の研究にある陸奥国宛と判断する。その理由については、註(12)拙稿第六章むすびおよび、同書第八章注(20)を参照されたい。
(29) 後述するように、本条目内には検地竿の元が渡されていたことが記されることから、秀吉から検地条目が事前に秀次に渡されており、それを秀次が自身で書き改めた上で検地担当者に渡したと推測される。
(30) 秋澤繁「天正十九年豊臣政権による御前帳徴収について」(『論集中世の窓』吉川弘文館、一九七七年)。本書では、天正十九年五月に徴収指示が出て、十月がその徴収時期であり(二一一頁)、その際には、島津氏を事例として、御前帳と同時に「一郡あての絵図」(二一二頁)の徴収があったことが史料上からも確認されている。なお、秋澤氏は、絵図の徴収があったことは『多聞院日記』天正十九年七月二十九日条(二一五頁)からも確認されることも指摘されている。加えて、本史料は同書二三一頁に掲載され、陸奥国に宛てられたものとされる。
(31) 松下志朗『石高制と九州の藩財政』(九州大学出版会、一九九六年)第四章にて、波多親が、同年五月には改易となっていたことが記される(一三六頁)。
(32) 註(31)松下氏著書第四章一三七頁。
(33) 『三重県史』史料編近世1、三重県、一九九三年、三一四頁。
(34) なお、本稿で扱う文禄三年七月拾六日付検地条目の出される五日前の七月十一日付で村位を三等級とする「検地斗代注文」(『大日本古文書』家わけ第十六　島津家文書之二、一九五三年、一〇九九号)が出されている。これについては、佐藤満洋「太閤検地における村位別石盛り制の研究」(藤野保編『九州と豊臣政権』国書刊行会、一九八四年)に解説が見られるので、そちらを参照されたい。
(35) 『大日本古文書』家わけ第十六　島津家文書之二、一一〇一号。
(36) 例えば、註(34)佐藤氏論文や、『高槻市史』第1巻本編1、一九七七年など、従来研究論文や自治体史では、摂津・河内・和泉の三か国へは同一の検地条目が出されたとされ、近年も平井上総「豊臣期検地一覧（稿）」（『北海道大学文学研究科紀要』一四四号、二〇一四年）表Aでは、三か国とも八月三日付で検地条目が発給されたとされる。しかし、平井氏がその典拠覧に記す著書にはそのことが確認できる記述は見られない。むしろ逆に、『新修大阪市史』第3巻（大阪市、一九八九年）では、「文禄三年の検地条目は、摂津国の村々では、いまだ見いだされていない」とあり、また、『河内長野市史』第二巻、本文編近世（河内長野市、一九九八年）には、「河内国には、かなり多くの文禄検地帳が遺っているが、文禄の検地条目は、まだ、発見されていない」（三三頁）とある。このことから、本条目は和泉国限定で考え、摂津・河内両国では検地条目は見つかっておらず、内容が異なる可能性があるとすべきである。また、筆者の指摘を裏付けることとして、前述の『河内長野市史』では、文禄検地では和泉国検地条目に規定される六尺三寸ではなく、「六尺五寸」竿が用いられたことが確認されている（三五頁）。

（37）両条目とも日付は同一で、「福原文書」（『貝塚市史』第三巻　史料、一九五八年、六〇頁）は畠方の上中下の等級別斗代が記される箇条がなく、また、浅野長吉と宮城豊盛が本条目の発給者となっている。一方、「かりそめのひとりごと」（『和泉史料叢書―拾遺泉州志　全―』和泉文化研究会、一九六七年、九一頁）では、第三か条目に「上畑壱石弐斗、中畑壱石、下畑八斗、下々見計可相究事」が入り、逆に、前史料の八か条目にあった「村切ニ榜示を立（以下略）」と記される村切りに関する規定が抜けている。これについては、すでに朝尾直弘「三百五十歩＝一反の太閤検地」（『朝尾直弘著作集』第二巻、二〇〇四年、初出一九六九年）や、『新修大阪市史』第3巻、一九八九年など論文・自治体史によって指摘されている。

（38）註(34)佐藤氏論文一七六・一八三頁では、畠地の等級別斗代の箇条がないことだけ注目し、自身が主張される村位制に摂津・河内両国が対応するため、村位が確認できない畠地は石盛が条目に規定されていなかったのでは、とされる。しかし、そもそも豊臣秀吉が発給した検地条目が同一検地奉行に二種の規定を与えたことを確認することはできない。また佐藤氏が、村位制が採用されると主張される田地についても、本条目内には島津領国に規定されるような村位別斗代規定はなく、また村位別とされる田方の斗代規定も例外が見られる（摂津国は一七四頁第12表・河内国は一八三頁第16表、和泉国は村位別石盛を明らかにできていない・一八六頁）。加えて、検地条目は多くの写しが作られて各在所に配られるものであり（本条目末尾に「右之条々旨相守、下々迄此書を写遣（以下略）」とある）、その際に写し誤りにより一か条抜けがあることは、例えば、天正十七年（一五八九）に徳川家康が領国内郷村に出した七か条定書にも見られるように（『愛知県史』資料編12　織豊2、二〇〇七年、一五六一号）、やむを得ないことと考える。
(39)　駒井重勝著藤田恒春編・校訂『増補駒井日記』文献出版、一九九二年、二七一頁。
(40)　註(34)佐藤氏論文一九五頁。佐藤氏は、文禄期の和泉国・伊勢国の検地条目にある「在々の上中下（中略）念を入見分、斗代可相究事（第八条）」とある文言を村位制の成立の根拠とされるが、これは村自体の村位を定めることまでは言い切れないと考える。このことに、註(38)にも記した、田方検地帳内の斗代の非統一と、畠方には村位制採用の形跡が見られないことも勘案し、現状では、村位制の全国的な展開は文禄期には見られなかったと判断する。
(41)　註(12)拙著第九章。
(42)　これについては、脇田修『近世封建社会の経済構造』（御茶の水書房、一九六三年）一四八頁・註(4)速水氏著書二〇〇頁等にて、すでに指摘が見られる。
(43)　これまで蒲生氏郷による検地は、「天正十五年九月吉日付勢州飯高郡田原村水帳」（『松阪市史』第四巻検地帳(1)、一九七八年）の存在から、天正十七年のみではなく同十五年（一五八七）も実施されたと考えられてきた。しかし、今野氏註(8)論文、三二頁により、本検地帳は本来文禄三年に作成されたものであることが明らかにされている。
(44)　「天正十七年丑年一志郡飯福田村検地帳」（X58-16）、徳川林政史研究所所蔵史料。
(45)　「勢州一志郡内伊福田村・岩倉村御検地帳」、『松阪市史』第四巻検地帳(1)、一六二頁。
(46)　現在の小字は、『角川日本地名辞典24三重県』（角川書店、一九八三年）掲載の小字一覧にある松阪市飯福田町及び、一志郡嬉野町岩倉による。
(47)　「元禄郷帳」（内閣文庫所蔵史料叢刊　第56号『天保郷帳(二)・附元禄郷帳』汲古書院、一九八四年）四一二頁。
(48)　与三郎は表3にあるように、天正十七年伊福田村検地帳内に六番目の耕作地を持つ人物であり、また、屋敷地を保持する人物である。それに対し、文禄三年検地帳の与三郎が保持する屋敷地は、ここで伊福田村と判断した「西ノ坊」以外にはない。このことも、これら地字が伊福田村のものであることを裏付けることになる。
(49)　前述のように、註(9)今野氏論文では、政権と検地奉行との間で検地認識の乖離があったとされるが、検地帳を具体的に見る限り、このような状況は確認できない。

(50) 木越隆三『織豊期検地と石高の研究』(桂書房、二〇〇〇年)第一章。
(51) 木越隆三「太閤検地帳はどのように作成されたか」(渡部尚志・長谷川裕子編『中世・近世土地所有史の再構築』青木書店、二〇〇四年)。
(52) 『福井県史』資料編6 中・近世四、一九八七年、一七頁。
(53) 註(51)木越氏論文、一九一頁。
(54) 註(51)木越氏論文、一八九頁。
(55) 『福井県史』資料編6 中・近世四、二八頁。
(56) 註(51)木越氏論文、一九二頁。
(57) 藤井讓治「豊臣期における越前・若狭の領主」(『福井県史研究』一二号、一九九四年)。
(58) なお、これについては、すでに註(51)木越氏論文、二〇〇頁に同様の指摘が見られる。
(59) 註(51)木越氏論文、一九六・一九七・二〇〇頁。
(60) 須磨千頴「山城上賀茂の天正検地」(『論集中世の窓』吉川弘文館、一九七七年)・同「地名記載が現実離れしている検地帳について—天正十三年上賀茂検地帳の事例—」(『日本歴史』六六八号、二〇〇四年)。
(61) 註(12)拙著、第二章。初出は二〇〇〇年。
(62) 註(8)今野氏論文、四四頁。
(63) 『福井県史』資料編6 中・近世四、四〇頁。
(64) 両帳とも、『永平寺町史』史料編、一九八七年に翻刻掲載されている。
(65) なお、筆者は三河国額田郡片寄村の天正十七年の徳川五か国総検地帳と翌十八年の太閤検地帳を比較検討し、太閤検地帳に記載される名請人が減少していることを明らかにしている。このことも、本稿2・3節で確認した太閤検地での名請人把握状況を裏付けることになると考える。詳細は、註(12)拙著、第二章。初出は二〇〇〇年参照。

〔追記〕本稿は、文部科学省科学研究費基盤研究(B)一般「中近世移行期検地帳の史料学的研究とデータベースの構築—太閤検地研究の再検討」(課題番号18H00713・研究代表者谷口央)による成果の一部である。

執筆者一覧

矢田俊文　奥付上掲載

高橋一樹（たかはし かずき）　一九六七年生れ、武蔵大学人文学部教授。［主な著書］『中世荘園制と鎌倉幕府』（塙書房）、『東国武士団と鎌倉幕府』（吉川弘文館）、『中世武士と土器』（共編著・高志書院）

小谷利明（こたに としあき）　一九五八年生れ、八尾市立歴史民俗資料館館長。［主な著書論文］『畿内戦国期守護と地域社会』（清文堂）、「織豊期の南近畿の寺社と在地勢力」（『南近畿の戦国時代』戎光祥出版）、「畿内戦国期守護と室町幕府」（『日本史研究』五一〇号）

田中慶治（たなか けいじ）　一九六二年生れ、葛城市歴史博物館館長補佐。［主な著書論文］『中世後期畿内近国の権力構造』（清文堂）、「関ヶ原合戦後の「大坂城―五畿内外構え」体制と新庄陣屋・陣屋町」（『新庄藩主桑山一族の興隆』）、「松永久秀と興福寺官符衆徒沙弥衆中坊氏」（『松永久秀』）

森田真一（もりた しんいち）　一九七四年生れ、群馬県立歴史博物館学芸員。［主な著書論文］「戦国期の越後守護所」（福原圭一ほか編『上杉謙信』高志書院）、「永享三〜四年の都鄙間交渉からみた上杉憲実」（江田郁夫ほか編『中世の北関東と京都』高志書院）

村井良介（むらい りょうすけ）　一九七四年生れ、岡山大学大学院教育学研究科准教授。［主な著書論文］『戦国大名権力構造の研究』（思文閣出版）、『戦国大名論　暴力と法と権力』（講談社）、『論集戦国大名と国衆17　安芸毛利氏』（編著・岩田書院）

播磨良紀（はりま よしのり）　一九五七年生れ、中京大学文学部教授。［主な著書論文］「豊臣政権と豊臣秀長」（三鬼清一郎編『織豊期の政治構造』吉川弘文館）、「徳川家康の花押について」（矢田俊文編『戦国期の権力と文書』高志書院）、「今川義元の西上と〈大敗〉―桶狭間の戦い」（黒嶋敏編『戦国合戦〈大敗〉の歴史学』山川出版社）

高橋　充（たかはし みつる）　一九六五年生れ、福島県立博物館専門学芸員。［主な著書論文］「奥羽と関東のはざまにて―戦国期南奥の地域権力―」（入間田宣夫監修『講座　東北の歴史』第三巻（境界と自他の認識）清文堂）、『東北の中世史5　東北近世の胎動』（編著・吉川弘文館）

片桐昭彦（かたぎり あきひこ）　一九七三年生れ、新潟大学人文学部准教授。［主な著書論文］『戦国期発給文書の研究―印判・感状・制札と権力』高志書院）、「戦国期武家領主の書札礼と権力―判物・奉書の書止文言を中心に―」（『信濃』第66巻12号）、「明応関東地震と年代記―『鎌倉大日記』と『勝山記』―」（『災害・復興と資料』第10号）

川岡　勉（かわおか つとむ）　一九五六年生れ、愛媛大学教育学部教授。［主な著書論文］『室町幕府と守護権力』（吉川弘文館）、『中世の地域権力と西国社会』（清文堂出版）、『山城国一揆と戦国社会』（吉川弘文館）

西尾和美（にしお かずみ） 一九五七年生れ、ノートルダム清心女子大学文学部教授。［主な著書論文］『戦国期の権力と婚姻』（清文堂）、「戦国時代毛利氏の女性―尾崎局の生涯―」（細川涼一編『生活と文化の歴史学7 生・成長・老い・死』竹林舎）、「毛利元就継室たちと関ヶ原」（『ノートルダム清心女子大学紀要』第40巻第1号文化学編）

安藤 弥（あんどう わたる） 一九七五年生れ、同朋大学教授。［主な著書論文］「戦国期本願寺家臣団の基礎研究」（『東海仏教』第六三輯）、「宗教一揆論という課題」（『日本史研究』第六六七号）、『大系真宗史料』文書記録編13儀式・故実（法藏館）

谷口 央（たにぐち ひさし） 一九七〇年生れ、首都大学東京人文社会学部教授。［主な著書論文］『幕藩制成立期の社会政治史研究―検地と検地帳を中心に―』（校倉書房）、『関ヶ原合戦の深層』（編著・高志書院）

【編者略歴】
矢田 俊文（やた としふみ）
1954 年　鳥取県生まれ
1982 年　大阪市立大学後期博士課程単位取得満期退学
1996 年　大阪市立大学博士（文学）
2019 年　新潟大学人文学部教授 退職
現　在　新潟大学名誉教授

〔主な著書〕
『日本中世戦国期権力構造の研究』（塙書房、1998 年）
『日本中世戦国期の地域と民衆』（清文堂出版、2002 年）
『上杉謙信』（ミネルヴァ書房、2005 年）
『中世の巨大地震』（吉川弘文館、2009 年）
『地震と中世の流通』（高志書院、2010 年）

戦国期文書論

2019 年 11 月 15 日第 1 刷発行

編　者　矢田俊文
発行者　濱　久年
発行所　高志書院

〒 101-0051 東京都千代田区神田神保町 2-28-201
TEL03 (5275) 5591　FAX03 (5275) 5592
振替口座　00140-5-170436
http://www.koshi-s.jp

印刷・製本／亜細亜印刷株式会社
ISBN978-4-86215-199-5

室町・戦国期関連図書

上杉謙信	福原圭一・前嶋敏編	A5・300 頁／6000 円
増補改訂版上杉氏年表	池　享・矢田俊文編	A5・280 頁／2500 円
今川氏年表	大石泰史編	A5・240 頁／2500 円
北条氏年表	黒田基樹編	A5・250 頁／2500 円
武田氏年表	武田氏研究会編	A5・280 頁／2500 円
戦国法の読み方	桜井英治・清水克行著	四六・300 頁／2500 円
戦国期境目の研究	大貫茂紀著	A5・280 頁／7000 円
校注・本藩名士小伝	丸島和洋解題	A5・220 頁／4000 円
北関東の戦国時代	江田郁夫・簗瀬大輔編	A5・300 頁／6000 円
中世の権力と列島	黒嶋　敏著	A5・340 頁／7000 円
織豊権力と城郭	加藤理文著	A5・370 頁／7000 円
北陸の戦国時代と一揆	竹間芳明著	A5・350 頁／7000 円
中世土佐の世界と一条氏	市村高男編	A5・400 頁／8000 円
戦国大名大友氏と豊後府内	鹿毛敏夫編	A5・420 頁／8500 円
関ヶ原合戦の深層	谷口　央編	A5・250 頁／2500 円

中世史関連図書

中尊寺領骨寺村絵図読む	入間田宣夫著	A5・360 頁／7500 円
中世武士と土器	高橋一樹・八重樫忠郎編	A5・230 頁／3000 円
博多の考古学	大庭康時著	A5・250 頁／5500 円
中世石工の考古学	佐藤亜聖編	A5・270 頁／6000 円
中世瓦の考古学	中世瓦研究会編	B5・380 頁／15000 円
板碑の考古学	千々和到・浅野晴樹編	B5・370 頁／15000 円
国宝 一遍聖絵の全貌	五味文彦編	A5・250 頁／2500 円
新版中世武家不動産訴訟法の研究	石井良助著	A5・580 頁／12000 円
琉球の中世	中世学研究会編	A5・220 頁／2400 円
幻想の京都モデル	中世学研究会編	A5・220 頁／2500 円
上杉謙信	福原圭一・前嶋敏編	A5・300 頁／6000 円
北関東の戦国時代	江田郁夫・簗瀬大輔編	A5・300 頁／6000 円
十四世紀の歴史学	中島圭一編	A5・490 頁／8000 円
中世の権力と列島	黒嶋　敏著	A5・340 頁／7000 円
城館と中世史料	齋藤慎一編	A5・390 頁／7500 円
中世城館の考古学	萩原三雄・中井　均編	A4・450 頁／15000 円
貿易陶磁器と東アジアの物流	森達也・徳留大輔他編	A5・260 頁／6000 円
陶磁器流通の考古学	アジア考古学四学会編	A5・300 頁／6500 円
治水技術の歴史	畑　大介著	A5・270 頁／7000 円

［価格は税別］